普通高等学校"十四五"规划商贸类专业问题导入式数字化精品教材

国际服务贸易教程与案例

International Service Trade Course and Cases

袁永友　王玉婷　徐声星　◎主编

华中科技大学出版社
http://press.hust.edu.cn
中国·武汉

内容提要

本教材设置国际服务贸易教程与国际服务贸易案例两大板块。上篇为国际服务贸易教程，系统地讲述了国际服务贸易相关理论知识，从服务与服务业、国际服务贸易分类与统计到国际服务贸易理论及政策、规则，再到世界服务贸易的发展、国际服务外包与数字贸易，既研究了国际服务贸易的发展，又结合新兴贸易形式对服务贸易进行了探讨。下篇基于《服务贸易总协定》（GATS）对国际服务贸易的分类，覆盖了GATS 12个大类的服务贸易内容，介绍了国际服务贸易案例，在同类教材中具有鲜明的实践特点。

本教材坚持理论领先、问题导向、以案说理，并配以大量数字资源，强调科学性、时代性和新颖性，注重培养学生的国际视野、开放意识和独立思考能力，突出了国家意识、文化自信和人格养成的特点，有利于与学生互动。本教材力图在知识上与时俱进，增加了TPP、CPTPP、RCEP中与服务贸易有关的前沿性知识，并有机融入习近平新时代中国特色社会主义思想和对外开放新论述。

图书在版编目（CIP）数据

国际服务贸易教程与案例/袁永友，王玉婷，徐声星主编．—武汉：华中科技大学出版社，2023.8
ISBN 978-7-5680-9480-1

Ⅰ．①国… Ⅱ．①袁… ②王… ③徐… Ⅲ．①国际贸易-服务贸易-教材 Ⅳ．① F746.18

中国国家版本馆CIP数据核字（2023）第152373号

国际服务贸易教程与案例
Guoji Fuwu Maoyi Jiaocheng yu Anli

袁永友　王玉婷　徐声星　主编

策划编辑：周晓方　陈培斌　宋　焱
责任编辑：林珍珍
封面设计：廖亚萍
责任监印：周治超

出版发行：华中科技大学出版社（中国•武汉） 　　　　武汉市东湖新技术开发区华工科技园	电话：(027) 81321913 邮编：430223

录　　排：华中科技大学出版社美编室
印　　刷：武汉市籍缘印刷厂
开　　本：787mm×1092mm　1/16
印　　张：20.25
字　　数：443千字
版　　次：2023年8月第1版第1次印刷
定　　价：49.80元

本书若有印装质量问题，请向出版社营销中心调换
全国免费服务热线：400-6679-118　竭诚为您服务
版权所有　侵权必究

普通高等学校"十四五"规划商贸类专业问题导入式数字化精品教材

编委会成员

顾 问

袁永友（武汉纺织大学外经贸学院）

主任委员

刘汉霞（武汉纺织大学外经贸学院）

委 员 （以姓氏拼音为序）

龚 锋（湖北大学知行学院）

胡春华（武汉纺织大学外经贸学院）

胡柳波（武汉东湖学院）

胡晓峰（武汉工程科技学院）

李 林（武昌首义学院）

刘 力（武昌工学院）

马光菊（武汉学院）

彭 艳（武汉纺织大学外经贸学院）

王笑影（京东物流集团）

王 艳（武汉华夏理工学院）

王玉婷（武汉纺织大学外经贸学院）

詹義洲（三峡大学科技学院）

张 舫（武汉纺织大学外经贸学院）

张迎燕（武汉纺织大学外经贸学院）

总 序

Introduction

党的二十大报告指出,我国进入了全面建设社会主义现代化国家、向第二个百年奋斗目标进军的新征程,高质量发展是全面建设社会主义现代化国家的首要任务。高质量发展要坚持教育优先发展、科技自立自强、人才引领驱动,加快建设教育强国、科技强国、人才强国,坚持为党育人、为国育才,全面提高人才自主培养质量,加快建立人才资源竞争优势,培养德智体美劳全面发展的社会主义建设者和接班人。

站在两个一百年奋斗目标的历史交汇点,培养全面建设社会主义现代化国家所需要的应用型人才,是我国应用型本科高校的历史使命和责任担当。应用型本科高校区别于传统学术型、研究型高校,它是满足地方经济社会发展对应用型人才的需要以及推进我国高等教育大众化进程的产物。应用型本科教育坚持对应用型人才的培养,强化专业体系的应用性、职业性和发展性。《中国教育现代化2035》明确提出"优化人才培养结构""加大应用型、复合型、技术技能型人才培养比重",使得大力发展应用型本科教育、强化应用型人才培养,成为高等教育改革发展的时代命题。

教材建设是高等教育改革发展的一项重要内容,高质量的教材是培养合格人才的基本保证。办好应用型本科教育,培养应用型人才,要求我们重视应用型本科教育教材建设,编写和出版具有应用型本科教育特色的教材。编写一套适应新时代发展趋势的应用型本科高校经济管理类教材,与中国经济发展同频共振,是编者多年来的愿望。

那么,如何做好应用型本科高校经济管理类教材的编写工作呢?习近平总书记说过,"我们中国共产党人干革命、搞建设、抓改革,从来都是为了解决中国的现实问题",编者根据习近平总书记讲话精神,在编写具有自身特色、解决中国现实问题的应用型本科高校经济管理类教材时注重以下几点。一是在体系上坚持进行基本理论介绍,注重数字经济前沿理论的引入。在重视基本理论的描述和学科知识的介绍的基础上,引入数字经济背景下的新理论、新理念和新方法。二是在内容上强化问题意识，坚持问题导向。通过实际情境中的问题引出分析问题、解决问题的思路、方法和技巧。三是开发本土案例，讲好中国故事。在学习借鉴西方企业经营管理经验的同时，注重开发中国本土案例，让世界看到中国企业品牌力量和发展前景。

为了做好这项工作，我们邀请了一批应用型本科高校教授、博士、骨干教师和本地优秀企业家，共同撰写《国际服务贸易教程与案例》《市场调查与数据分析》《会计基础实务》《情商与管理沟通》《大学生创业基础》《商务谈判》等一系列教材。这批教材涉及国际经济与贸易、工商管理、市场营销、大数据会计等专业，既涉及专业基础内容又涉及专业核心内容，既有理论又有实践，其共性是在大数据背景下反映新时代应用型人才培养的要求。在华中科技大学出版社的大力支持下，我们终于迈出了实现梦想的第一步。

虽然这些教材还有很多不尽如人意之处，存在诸多不足，但所有编者为贯彻落实教育部《普通高等学校教材管理办法》，本着育新人、兴文化、展使命的初心，以只争朝夕、追求卓越的精神，对接学科前沿，为促进教学信息化改革、实现经济管理类教材提质增效做出了不懈的努力，他们辛勤的汗水体现在每一本教材的字里行间。后期我们还会进行第二批教材的编写工作。

在教材即将付梓之际，我们对华中科技大学出版社的支持表示衷心感谢！

教材如若有不妥之处，敬请各位专家学者批评指正，提出宝贵意见！

丛书编委会

2022 年 11 月

前 言
Preface

近年来,随着数字全球化和服务全球化的发展,服务贸易已经成为国际贸易的重要组成部分和国际经贸合作的重要领域。以全球价值链为主导的国际分工日益发展,世界贸易组织、经济合作与发展组织等国际组织开始重新认识服务在全球价值链增加值创造、经济结构转型升级、可持续发展中的作用。世界贸易组织预测,到2040年,服务贸易在全球贸易中的占比将大幅提升50%。① 对于我国而言,扩大服务贸易规模、优化服务贸易结构、发展数字服务贸易是提高国际竞争力的一项重大举措,是全面建设社会主义现代化国家的必要之举。为适应国际贸易学科发展趋势,满足国际服务贸易的人才培养需求,我们撰写了本教材。

本教材编委会成员长期致力于国际服务贸易的理论研究与教学实践,从2010年承担有关服务贸易的国家社会科学基金项目开始,编委会成员先后提出高校国际经济与贸易专业拓展服务贸易方向、国际服务贸易专业创新思路与对策、区域经济服务贸易差异化发展策略和服务贸易发展高地建设等建议和内容。2013年,编委会成员在东北财经大学出版社出版了《国际服务贸易》,并被评为优秀教材。2022年,编委会成员立项并完成了文华云联盟网络示范课程建设项目"国际服务贸易",并开展了线上与线下混合式教学实践,积累了一定的教学经验。

习近平总书记在2021年中国国际服务贸易交易会全球服务贸易峰会上的致辞中指出,服务贸易是国际贸易的重要组成部分和国际经贸合作的重要领域,在构建新发展格局中具有重要作用。为推进我国服务贸易的发展,普及国际服务贸易知识,使不同层次学生深入掌握国际服务贸易相关知识,本教材在编写时注重如下几点。第一,设置国际服务贸易教程与国际服务贸易案例两大板块。上篇为国际服务贸易教程,系统地讲述了国际服务贸易相关理论知识,从服务与服务业、国际服务贸易分类与统计到国际服务贸易理论及政策、规则,再到世界服务贸易的发展、国际服

---

① WTO. 到2040年服务贸易占全球贸易比重或将增长50%[EB/OL]. (2019-11-06)[2023-06-01]. http://chinawto.mofcom.gov.cn/article/ap/n/201911/20191102910676.shtml.

务外包与数字贸易，既研究了国际服务贸易的发展，又结合新兴贸易形式对服务贸易进行了探讨。第二，突出了国际服务贸易案例，基于《服务贸易总协定》（GATS）对国际服务贸易的分类，覆盖了 GATS 12 个大类的服务贸易内容，并专门编入教材的下篇，在同类教材中具有鲜明的实践特点。第三，力求引用最新的数据资料，并辅以数字资源和思政元素，全书引用非常多的案例，旨在帮助学生提高服务贸易理论水平和理解能力。

本教材文字通俗易懂、逻辑清晰，注重对知识的讲解与应用，具有较强的理论性和实用性。上篇每一章都以学习目标、情景导入开篇，并提出问题引导学生思考，同时附有本章小结、复习思考等内容，以巩固学生的学习效果。本教材既可作为初学者和本专科学生的教材，也可作为国际服务贸易从业人员的参考用书。

本教材由袁永友、王玉婷、徐声星主编，第一章由袁永友、王玉婷编写，第二章、第四章、第五章由王玉婷编写，第三章由彭汉文、王玉婷编写，第六章由赵杨旸、王玉婷编写，第七章由袁永友、张家瑞编写，第八章、第九章、第十章由王玉婷、袁永友编写，第十一章、第十二章由袁永友、张家瑞、徐声星编写。万红焱、王晶、张纯梓、朱唐瑶、郭康丽、熊姗姗等教师参与了部分案例收集、数据整理和数字资源收集等工作，杨梦妮、韦丹婷、王娅、罗佳琪、丁善文、方慈等学生也为本教材的资料和数据更新做了大量的工作。在此，我们对所有参编人员表示衷心的感谢！

在编写过程中，编者参考了国内外相关教材、专著及论文等，并吸纳了其中的些许观点，在此对这些作者表示衷心的感谢，同时敬请作者谅解，因篇幅限制不能一一注明出处。由于时间和精力有限，书稿难免存在疏漏之处，欢迎各位专家学者提出批评和建议。

教材编写委员会

2023 年 3 月

目 录
Contents

上篇　国际服务贸易教程

第一章　服务与服务业 …………………………………………… 3

　　第一节　服务经济思想概述　/　4
　　第二节　服务和服务业的基本概念　/　12
　　第三节　服务业的发展趋势　/　23

第二章　国际服务贸易分类与统计 …………………………… 29

　　第一节　国际服务贸易概述　/　30
　　第二节　国际服务贸易的分类　/　36
　　第三节　国际服务贸易统计　/　46

第三章　国际服务贸易理论 …………………………………… 55

　　第一节　传统贸易理论与国际服务贸易　/　56
　　第二节　新贸易理论与国际服务贸易　/　59
　　第三节　对外直接投资与国际服务贸易　/　62
　　第四节　与国际服务贸易相关的价值理论　/　70

第四章　国际服务贸易政策 …………………………………… 76

　　第一节　国际服务贸易政策概述　/　78
　　第二节　国际服务贸易自由化政策　/　81
　　第三节　国际服务贸易保护政策　/　91

第五章　国际服务贸易规则 ………………………………………… 101

第一节　《服务贸易总协定》 / 103
第二节　多哈回合中的服务贸易谈判 / 129
第三节　服务贸易的区域性协议 / 132

第六章　世界服务贸易的发展 ………………………………………… 141

第一节　世界服务贸易发展概况 / 142
第二节　发达国家和地区的服务贸易发展 / 149
第三节　发展中国家和地区的服务贸易发展 / 155

第七章　国际服务外包与数字贸易 …………………………………… 169

第一节　国际服务外包概况 / 170
第二节　国际服务外包的兴起和发展趋势 / 177
第三节　中国服务外包的发展 / 181
第四节　数字贸易的发展 / 191

下篇　国际服务贸易案例

第八章　国际运输和旅游服务贸易 …………………………………… 203

第一节　国际运输服务贸易概述 / 203
第二节　国际旅游服务贸易概述 / 206
第三节　典型案例 / 210

第九章　国际金融和教育服务贸易 …………………………………… 221

第一节　国际金融服务贸易概述 / 221
第二节　国际教育服务贸易概述 / 227
第三节　典型案例 / 234

第十章　国际通信和建筑服务贸易 …… 244

第一节　国际通信服务贸易概述 / 244

第二节　国际建筑服务贸易概述 / 250

第三节　典型案例 / 252

第十一章　国际商业、分销和文化服务贸易 …… 261

第一节　国际商业服务贸易概述 / 261

第二节　国际分销服务贸易概述 / 268

第三节　国际娱乐、文化和体育服务贸易 / 271

第四节　典型案例 / 275

第十二章　环境、健康及其他服务贸易 …… 286

第一节　国际环境服务贸易发展概述 / 286

第二节　国际健康服务贸易发展概述 / 293

第三节　典型案例 / 296

参考文献 …… 307

上篇　国际服务贸易教程

上篇主要介绍国际服务贸易的理论、分类与统计、政策和发展趋势等，由七章组成，即服务与服务业（第一章）、国际服务贸易分类与统计（第二章）、国际服务贸易理论（第三章）、国际服务贸易政策（第四章）、国际服务贸易规则（第五章）、世界服务贸易的发展（第六章）、国际服务外包与数字贸易（第七章）。每章均包括学习目标、情景导入、本章概述、延伸阅读、本章小结和复习思考等内容。

第一章 服务与服务业

学习目标

- 熟悉服务经济思想的发展史;
- 掌握服务和服务业的基本概念;
- 掌握服务业的基本分类;
- 了解服务业的发展趋势,了解服务业在我国国民经济中的战略地位,树立我国建设贸易强国的信心。

情景导入

服务贸易仍是全球贸易中最具活力的一部分

尽管前些年新冠疫情在全球肆虐扰乱了国际经济和贸易的正常秩序,世界经济受到了严峻的挑战,但国际服务贸易仍是全球贸易中最具活力的一部分。世界贸易组织(WTO)2022年2月发布的服务贸易报告显示,2021年前三季度,全球服务贸易同比增长25%,与货物贸易增长保持同步,计算机、金融和商业服务等数字化可交付服务是增长的主要驱动力。运费飙升使全球运输服务同比增长45%,与2019年同期相比增长12%。2021年前三季度,计算机服务保持强劲增长,累计出口较2019年同期增长34%。发达国家和发展中国家的计算机服务出口都出现了快速增长,其中,美国增长29%,毛里求斯增长42%,爱尔兰增长51%,乌克兰增长63%,孟加拉国增长68%。

互联网流量在疫情期间达到顶峰。据国际电信联盟(ITU)估计,2021年全球国际互联网带宽增长了30%。但与2019年相比,2021年前三季度电信服务费用下降了4%,反映出全球电信服务价格特别是捆绑通信服务价格稳步下降。

在运输服务的支撑下，中国和韩国的服务出口分别增长了37%和12%。得益于计算机服务，巴基斯坦和印度等其他亚洲经济体的服务出口超过了疫情前水平。

世界贸易组织总干事恩戈齐·奥孔乔-伊韦阿拉在报告的前言中表示，世界正面对一个自然和人为风险及灾害不断增加的未来。提高信息透明度和可预测性，对于决策者和企业来说至关重要。世界贸易组织正在就服务、投资、农业、电子商务和中小微企业等事项进行谈判，这将为包容性和多样化的贸易创造更多机会，并使经济在未来更具韧性。重振国际合作而不是退回到孤立主义，才是更有希望让世界经济恢复活力的道路。

（资料来源：世界贸易组织报告显示：全球服务贸易仍低于疫前水平［N/OL］．经济日报，2022-02-08，https：//world.gmw.cn/2022-02-08/content_35501386.htm．内容有改动）

问题与思考

1. 什么是服务？服务有哪些特征？
2. 什么是服务业？服务业可以划分为哪些类型？
3. 谈谈你对服务业与第三产业的理解。

第一节　服务经济思想概述

贸易属于经济范畴，服务贸易是服务经济的重要组成部分。随着社会生产力的发展，服务业的内容在不同时期有很大的变化，人们对服务业的认识不断提高。服务经济思想的演变大致可以分为以下三个阶段。

一、工业革命前的服务经济思想

这一时期人们对服务的认识经历了两个阶段。第一阶段是朴素认识阶段。1600年到1750年，服务活动已经广泛存在，有些服务活动在社会中发挥着重要的作用。例如，重商主义者虽然关注本国的对外贸易及海运活动，但在主观上没有考虑服务自身有无内在价值，他们的注意力集中在这些经济活动是否会增加王国收入与财富，即对一国国民财富是否有贡献和贡献的大小上。

服务活动有助于增加国民收入是法国古典政治经济学创始人布埃尔·L. 布阿吉尔贝尔（P. Le Pesant de Boisguibert）提出来的，他在其著作《论财富、货币和赋税的性质》中指出服务业涉及医生、律师、马戏团演员、国王、军队、文官等。他注意到服务经济活动之间的相互依赖性，例如一个农夫与一个牧民进行小麦和兽皮的交易，彼此满足温饱和保暖的需求，就是相互依赖性的表现。具有相互依赖性的服务最终表现在消费这一阶段，服务和其他消费活动一样，成为经济上可用的、能够创造价值的活动。

随着资本主义经济的萌芽和发展，学者们开始从资本的角度认识服务活动和服务业的作用，并将服务活动按社会经济活动的进程进行思考，这就产生了早期的服务经济思想。

第二阶段是古典经济学家的认识阶段。英国古典经济学家的代表人物亚当·斯密（Adam Smith）虽然没有专门论述服务业的著作，但他的代表作《国富论》中包含丰富的有关服务的内容。斯密认为，劳动可分为两类，即"有一种劳动，加在物上，能增加物的价值；另一种劳动，却不能够。前者因生产价值，可被称为生产性劳动，后者可被称为非生产性劳动。制造业工人的劳动，通常会把维持自身生活所需的价值与提供雇主利润的价值，加在所加工的原材料的价值上。反之，家仆的劳动，却不能增加什么价值。制造业工人的工资，虽由雇主垫付，但事实上雇主毫无所费。制造业工人把劳动投在物上，物的价值便增加。这样增加的价值，通常可以补还工资的价值，并提供利润。家仆的维持费，却是不能收回的。雇用许多工人，是致富的方法，维持许多家仆，是致贫的途径"。这一划分标准反映出斯密对物质生产和提供服务价值的认识。斯密还认为，"家仆的劳动，却不固定亦不实现在特殊物品或可卖商品上。家仆的劳动，随生随灭，要把它的价值保存起来，供日后雇用等量劳动之用，是很困难的"[①]。

这一观点说明斯密关注消费品的耐用性，认为服务一旦实现也就消失了，不具有有形商品的可储存性和耐久性。需要特别指出的是，斯密并非说这类活动不产生成果，但被一些后来者误认为其对服务业持非生产性的观点。

斯密判断劳动是生产性的还是非生产性的有两个主要标准，即是否有利于资本增值和是否有利于财富积累。他还给出了一个列表，将神职人员、律师、医护人员、作家、艺术家、喜剧演员、音乐家、歌手、剧院舞蹈人员、其他私人服务者和家仆，包括国家的佣仆（王室、公务员和军队）都划分为非生产性的服务经济活动角色。同样，运输、银行、贸易等商务活动也被认为是非生产性的。

知识角：
非生产性服务的支出是负担？

---

① 亚当·斯密. 国民财富的性质和原因的研究（上卷）[M]. 郭大力，王亚南，译. 北京：商务印书馆，1972.

工业革命时期的服务经济思想

◆ **1. 让·巴蒂斯特·萨伊对服务的探讨**

法国经济学家让·巴蒂斯特·萨伊（Jean-Baptiste Say）提出了与亚当·斯密不同的观点。他认为服务也需要获取知识和技能，有资本的需求。在其著作《政治经济学概论》中，萨伊指出，医生在给出专业建议使其患者受益前，必须承担多年学习的成本，律师、歌手、乐师也是同样的道理。他认为，贸易是与工业生产类似的活动，能为产品增加价值。他以银行业举例说明，银行的服务活动之所以是生产性的，是因为银行家需要特殊的专业知识，他们从别人那里接收或支付货币，或者提供能够在各地兑换的汇票，这与金银交易其实是一样的。他的观点既指出了服务业生产是非物质性的产出，又指出了服务的特点，这一点与费雪在1906年和西奥多·舒尔茨在1960年所提出的"人力资本"概念相似。

◆ **2. 约翰·斯图亚特·穆勒对服务的探讨**

英国经济学家约翰·斯图亚特·穆勒（John Stuart Mill）在其著作《政治经济学原理》中对"服务"进行了界定。他认为，服务是指劳动产生的效用，并未固定和体现在任何物品中。穆勒还指出，这种效用分三种情况：第一种是固定和体现在外界物体中的效用，即运用劳动使外物具有能使它们对人有用的性质；第二种是固定和体现在人身上的效用，即运用劳动使人具备对自己和他人有用的品质，所有与教育沾边的人的劳动均属此类；第三种就是上面界定的服务。由上可知，穆勒对服务生产性和非生产性的判断，取决于服务是否改进了个体和社会的生产力。

◆ **3. 马克思对服务的探讨**

德国思想家马克思（Karl Heinrich Marx）在《资本论》和《剩余价值学说史》中对生产性劳动和非生产性劳动进行了探讨。虽然欧洲产业革命后出现了机器工业和产业资本的扩张，但当时服务业的作用和今天完全不能相比，所以马克思主要研究实物商品的生产，服务业不是其研究的重要领域。这一点与亚当·斯密相似。马克思是这样界定服务的："服务这个词，一般来说，不过是指这种劳动的特殊使用价值，就像其他一切商品也提供自己的特殊使用价值一样；但是，这种劳动的特殊使用价值在这里取得了'服务'这个特殊名称，是因为劳动不是作为物，而是作为活动提供服务的。"[①] 根据马克思的观

---

① 马克思恩格斯全集（第26卷）[M]. 北京：人民出版社，1972：35.

点，只要劳动生产力还没有提高到能够使人类物质极其丰富的程度，物质生产将继续占有优先的主导的地位。

马克思还将服务业分为两种。一种是可以物化的服务劳动，把自己的劳动固定在某种物上，并且确实使这些物的价值提高了。这些服务劳动都是生产商品，即创造使用价值和价值的劳动。马克思以运输服务为例对生产性服务进行了分析，认为生产性服务是生产过程在流通领域的延伸，因此运输服务是生产劳动创造价值。另一种马克思称之为纯粹的服务，这种服务"不采取实物的形式，不作为物而离开服务者独立存在"①。这种服务劳动所提供的消费品是一种无形产品。马克思将官吏、艺术家、牧师、律师、教师等职业活动归入纯粹的服务。这些人的服务可分为三类。第一类是艺术家，如演员、音乐家等，他们的表演服务有使用价值和交换价值。如果他们的表演被录制成片，他们的劳动就物化了，若不被物化，他们的劳动一经提供随即消失。第二类是教师和医生。马克思认为有一些服务是训练、保持劳动能力，使劳动能力改变形态等，总之，是使劳动能力具有专门性，或者仅仅使劳动能力保持下去，例如学校教师、医生的服务等，这些服务应加入劳动能力的生产费用和再生产费用。第三类是国家官吏、军人、法官等。马克思认为他们的劳动有一部分不仅不是生产性的，而且实质上是破坏性的，但他们善于通过出卖自己的"非物质"商品或把这些商品强加于人，而占有很大部分的"物质"财富。对于上述三类纯粹的服务，马克思都肯定服务是商品，有使用价值和交换价值。

◆ 4. 弗雷德里克·巴斯夏对服务的探讨

法国古典经济学家弗雷德里克·巴斯夏（Frédéric Bastiat）在《和谐经济论》中提出了他的服务价值论，他指出，服务的交换是人类的最高法则，前资本主义社会是人为的、不自然的，资本主义社会是和谐的、自然的。他认为，在这个社会中，和谐的建立是以交换为基础的，这种交换方式就是相互服务。服务就是为满足别人欲望而做出的努力。也就是说，人们通过交换，互相帮助、互相替代工作，从而发生相互的服务。同时，价值存在于相互服务的比较评价之中。所谓价值，就是发生交换的两种服务之间的关系，它反映服务提供者所做的努力和服务接受者所节省的努力。

◆ 5. 威廉·配第和科林·克拉克对服务的探讨

早在17世纪，英国经济学家威廉·配第（William Petty）就提出，随着经济的发展，工业相比农业占有更重要的位置，而商业又将比工业占有更重要的位置。20世纪30年代，英国经济学家A·费希尔（A Fisher）在《安全与进步的冲突》一书中总结概括了这一现象，并总结了每个阶段的不同变化和特点。他指出，生产结构的变化表现为各

---

① 马克思恩格斯全集（第26卷）[M]. 北京：人民出版社，1972：35.

种人力、物力、资源不断地从第一产业转向第二产业，再从第二产业转向第三产业，这种产业变动的过程是技术变动引发生产方式变动的自然结果，是即使政府进行干预也无法阻止的。这些论述对于揭示劳动力在三次产业中转移的规律起到了重要的作用，但真正明确地指出经济进步与劳动力产业分布相关关系的是英国经济学家科林·克拉克（Colin G·Clark）。1940年，克拉克出版了《经济进步的条件》一书，他以20多个国家各部门的劳动力投入和总产出的时间序列数据，指出了劳动力在三次产业间分布的结构变化理论。克拉克发现，一个国家内从事三大产业的劳动力比重会随着人均国民收入的提高而变动。随着经济发展，第一产业国民收入和劳动力比重逐步下降，第二产业国民收入和劳动力的比重上升，经济进一步发展，第三产业国民收入和劳动力的比重也开始上升，这就是著名的克拉克定理。由于克拉克定理是建立在配第观点的基础之上的，或者说是对配第观点的印证，因此，经济学说史上将配第的观点和克拉克的观点综合称为配第-克拉克定理。之后，美国经济学家库兹涅茨（S. Kuznets）和法国经济学家富拉斯蒂埃（Jean Fourastié）对此定理做了进一步补充和论证，使该定理在服务业和服务贸易研究中发挥了更大的作用。

三 现代科技革命时期的服务经济思想

20世纪60年代中期到20世纪末，社会上出现了许多有重要地位的现代服务理论观点，也出现了许多服务经济理论的经典文献和代表学者。

◆ **1. 维克托·福克斯对服务经济的探讨**

美国经济学家维克托·福克斯（Victor R. Fuchs）是现代服务经济理论的重要开创者。他在1968年出版的《服务经济学》被认为是西方学者第一次明确以服务经济为研究对象的专著。他认为，服务型社会的判断标准是一半以上的就业人口在服务业，这个国家（美国）在经济发展中处于一个领先阶段，是世界历史上第一个实现了"服务经济"的国家——超过半数的就业人口不再从事食品、服装、房屋、汽车以及其他有形商品生产。他以1930—1960年的数据说明，就业向服务业转移的原因并不在于商品和服务在收入弹性上的差异，而是在于人均产出（生产率）的差异。这些差异有多方面的原因，包括技术、劳动力素质和资本密集度。他还认为，许多部门的生产率部分地依赖于消费者的知识、经验和动机。

◆ **2. 希尔对服务经济的探讨**

希尔（Hill）于1977年在其著作《论商品与服务》中指出，一项服务生产活动是这样一种活动，即生产者的活动会改善其他一些经济单位的状况。这种改善可以采取消费主体所拥有的一种商品或一些商品的物质变化形式，另一方面，这种改善也可以关系到某个人或一批人的肉体或精神状态。不管在哪一种情形下，服务生产的显著特点是，生产者不是对其商品或本人增加价值，而是对其他某一经济主体的商品或个人增加价值。可见，希尔认为服务活动也是生产活动，这种活动能为其他经济单位提供价值。希尔认为，服务应向某一经济单位提供，这一点是服务生产所固有的，它和商品生产形成鲜明的对照，在商品生产中，生产者也许不会想到谁将获得正在制造的商品。他指出，就服务来说，实际生产过程一定要直接触及某一进行消费的经济单位，以便提供一项服务，服务在其生产时一定要由消费者获得，这个事实意味着，服务是不能由生产者堆到存货中的。这一观点说明了服务的无形性、非储存性和生产与消费时空的一致性。

◆ 3. 威廉·鲍莫尔对服务经济的探讨

美国学者威廉·鲍莫尔（W. J. Baumol）从相对负面的角度看待服务的增长。1967年，他在《美国经济评论》上发表了题为《非平衡增长的宏观经济学：城市危机剖析》的论文，论文针对美国大城市的服务业出现的"成本病"（cost disease）提出了著名的观点——服务业效率低。鲍莫尔将经济活动分为两个主要部门，即具有正劳动生产增长率的进步部门和不存在劳动生产增长率的停滞部门。进步部门主要是指制造业，而停滞部门是指服务业。他认为，和制造业相比，服务业在生产方法和技术方面存在差异。非基本部门（服务业）因为工作本身就是最终产品，基本上没有采用资本和新技术的空间，也就没有提高生产率的可能。鲍莫尔举例指出，在表演艺术市场上，300年前演奏莫扎特的四重奏需要四个人，而300年后演奏同样一首曲子仍然需要四个人，劳动生产率没有变化。这篇论文是鲍莫尔对服务业理论进行研究的标志性文献。

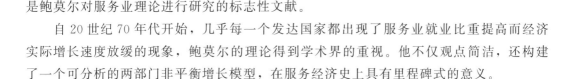

知识角：鲍莫尔病

自20世纪70年代开始，几乎每一个发达国家都出现了服务业就业比重提高而经济实际增长速度放缓的现象，鲍莫尔的理论得到学术界的重视。他不仅观点简洁，还构建了一个可分析的两部门非平衡增长模型，在服务经济史上具有里程碑式的意义。

◆ 4. 辛格曼对服务经济的探讨

服务业包括除农业和工业之外的所有经济活动，是一个复杂的经济体。经济学家们的研究对象开始从"服务部门"转向"服务产业"，因而服务业的复数形式（services）开始取代其单数形式（service），其内部异质性受到更多的关注。

1978年，美国经济学家辛格曼（Singelman）根据服务的不同性质和功能特征对服务业重新进行分类，将服务业分为四个子类别：分配服务业（distribution services，如运输、通信、贸易等），生产者服务业（producer services，如银行、商业服务、房地产等），社会服务业（social services，如教育、邮政、医疗护理、公共和非营利性服务等），私人服务业（personal services，如旅游、旅店、饭店、家务料理、修理等）。这种分类方法反映了经济发展过程中服务业内部结构的变化,对后来的研究产生了深远影响,至今仍然是服务业分类的基本文献。许多学者特别关注生产者服务业,称其为生产性服务业,并认为它是当代工业社会必须重视的先进服务业。

◆ 5. 我国学者对服务经济的探讨

自20世纪80年代开始,全球经济竞争的重点从货物贸易转向服务贸易,服务贸易兴旺发达的程度成为衡量一个国家现代化水平的重要标志,中国服务贸易也呈现飞速发展的状态,制造业和服务业相互渗透。江小涓等人指出,到21世纪,产业融合已经成为一种普遍现象,在融合程度最高的信息产业里,信息制造和信息服务已密不可分。[①] 生产性服务业与制造业融合互动符合服务经济时代现代产业演进的基本规律,就发展阶段来说,生产性服务业的发展是这种融合的早期业态,这种融合模式下,专业化分工是两者融合的主要驱动要素。而现代生产性服务业与制造业的延伸,主要是借助现代化的数字技术,分别向对方的生产环节延伸,出现了制造服务化和服务制造化趋势。制造服务化就是制造业将其生产过程向原本属于服务业的环节延伸,出现了定制化生产、柔性制造和产品的全生产周期管理模式;服务制造化就是服务业把自己的产业链向制造业环节延伸,参与制造业的生产过程,从事原本属于制造业的经济活动,表现出越来越多的制造业特征。

在现代经济条件下,借助先进的数字化管理网络,服务企业可以充分发挥自己在存量客户、渠道资源和市场感知度方面的独特优势,大力拓展自己的产业链,将触角向制造环节延伸。数字技术出现之后,大数据、云计算、人工智能、区块链、5G等正在深刻地改变着传统服务业的认知。

服务经济思想的演化总结于表1-1。

表1-1 服务经济思想的演化

时期	学者	代表作	对服务经济的主要观点
工业革命前	布埃尔·L.布阿吉尔贝尔	《论财富、货币和赋税的性质》	服务经济活动之间具有相互依赖性。这种相互依赖性表现在消费这一阶段,服务成为经济上可用的、能够创造价值的活动
	亚当·斯密	《国富论》	劳动分为生产性劳动和非生产性劳动。服务一旦实现,也就消失了,不具有有形商品那样的可储存性和耐久性。服务性消费不利于财富积累

---

① 江小涓等. 服务经济——理论演进与产业分析[M]. 北京:人民出版社,2014.

续表

时期	学者	代表作	对服务经济的主要观点
工业革命时期	让·巴蒂斯特·萨伊	《政治经济学概论》	服务也有资本的需求,需要获取知识和技能。服务业生产是非物质性的产出,服务和现在所指的人力资本之间存在一定的关系
	约翰·斯图亚特·穆勒	《政治经济学原理》	服务是劳动产生的效用,并未固定和体现在任何物品中,表现为给予一种欢乐、消除不便和痛苦,时间可长可短,但不会使人或物的性质得到永久性的改善。服务生产性和非生产性的判断,取决于服务是否改进了个体和社会的生产力
	马克思	《资本论》《剩余价值学说史》	服务这个词,一般来说,不过是指这种劳动的特殊使用价值,就像其他一切商品也提供自己的特殊使用价值一样;但是,这种劳动的特殊使用价值在这里取得了"服务"这个特殊名称,是因为劳动不是作为物,而是作为活动提供服务的
	弗雷德里克·巴斯夏	《和谐经济论》	服务就是为满足别人欲望而做出的努力。服务的交换是人类的最高法则
	威廉·配第和科林·克拉克	《经济进步的条件》（克拉克）	随着经济发展,第一产业国民收入和劳动力的相对比重逐步下降,第二产业国民收入和劳动力的相对比重上升,经济进一步发展,第三产业国民收入和劳动力的相对比重也开始上升
现代科技革命时期	维克托·福克斯	《服务经济学》	服务型社会的判断标准是一半以上的就业人口在服务业。就业向服务业转移的原因并不在于商品和服务在收入弹性上的差异,而在于人均产出(生产率)的差异。许多部门的生产率部分地依赖于消费者的知识、经验和动机

续表

时期	学者	代表作	对服务经济的主要观点
现代科技革命时期	希尔	《论商品与服务》	服务生产者的活动会改善其他一些经济单位的状况。服务在其生产时一定要由消费者获得，服务是不能由生产者堆到存货中的
	威廉·鲍莫尔	《非平衡增长的宏观经济学：城市危机剖析》	和制造业相比，服务业效率低。服务业因为工作本身就是最终产品，基本上没有采用资本和新技术的空间，也就没有提高生产率的可能
	辛格曼	—	将服务业分为分配服务业、生产者服务业、社会服务业和私人服务业四类
	江小涓等	《服务经济——理论演进与产业分析》	产品制造和服务提供在生产和消费全过程中相互渗透

 思考

为什么说产品制造和服务提供在生产和消费全过程中相互渗透？试举例说明。

第二节　服务和服务业的基本概念

没有服务就没有服务业，没有服务业的发展也就没有服务贸易的发展。在介绍国际服务贸易之前，我们首先对服务与服务业的概念进行介绍。

一、服务概述

（一）服务的定义

经济学将满足人类欲望的物品分为自由物品（free goods）和经济物品（economic goods）。前者是人类无须努力就可以自由获取的物品，有些是有形的，有些是无形的，如雨水、阳光和空气等；后者是人类需要付出代价才可能获取的东西，既有有形的物，也有无形的服务或"非物"。由于人们对"服务"的认知程度远不如有形的商品或货物，所以服务至今还没有一个为人们普遍接受的定义。服务常常是摸不着的东西，其应用的范围也越来越广泛，对它进行解释的学者也越来越多。

"服务"在古代有"侍候、服侍"的意思。随着时代的发展，"服务"不断被赋予新的意义，现已成为整个社会经济生活中不可或缺的活动。社会学意义上的服务是指为别人、为集体的利益而工作或为某种事业而工作，如"为人民服务""为群众服务"等。在现代社会，尤其是人们消费过程中，"物"和"非物"的关系呈现多元化和多极化，变得越来越复杂，有时"物"和"服务"很难被截然分开。

1968年，维克托·福克斯指出，服务就是在生产的刹那消失的活动，它在消费者在场参与的情况下提供，是不能运输、积累或储存的。

1974年，斯坦通（Stanton）指出，服务是一种特殊的无形活动，它向顾客或工业用户提供所需的满足感，与其他产品销售和其他服务并无必然联系。

1983年，莱特南（Lehtinen）指出，服务是与某个中介人或机器设备相互作用并为消费者提供满足的一种或一系列活动。

1990年，格鲁诺斯（Gronroos）指出，服务是以无形的方式，在顾客与服务职员、有形资源等产品或服务系统之间发生的，可以解决顾客问题的一种或一系列行为。

"现代营销学之父"菲利普·科特勒（Philip Kotler）给服务下的定义是：一方提供给另一方的不可感知且不导致任何所有权转移的活动或利益，它在本质上是无形的，它的生产可能与实际产品有关，也可能无关。

根据上述对服务概念的不同探讨，可以对服务做如下定义：服务是区别于一般有形商品的，主要以活动形式满足其他经济单位的个人商品或服务的需要，并增加其价值的特殊商品。[1]

（二）服务的特征

◆ 1. 无形性

因为服务是由一系列活动所组成的过程，而不是实物，所以服务具有无形性，我们不能像感觉有形商品那样看到、感觉或者触摸服务。服务的这一特性导致服务交易面临严重的信息不对称，服务提供者难以像介绍有形商品那样向消费者展现服务，消费者在消费服务前也不能感知服务，即使是消费后，消费者感知到的也不是服务本身，而是服务的结果，因而服务的逆向选择和道德风险随时存在。随着科学技术的进步，有些服务能通过一定载体（如磁盘）被固定下来，此时"无形"变成"有形"。

---

[1] 王唯薇，沈树明，王志坚. 国际服务贸易［M］. 上海：上海大学出版社，2021.

◆ 2. 异质性

服务是由人表现出来的一系列行动,服务的品质和效果取决于服务过程中相关的人。由于没有两个完全一样的服务提供者,也没有两个完全一样的服务消费者,也就不会产生两种完全一样的服务。服务的异质性主要是服务提供者和服务消费者之间的相互作用,以及伴随这一过程的所有变化因素所导致的差异。服务质量取决于服务提供者和服务消费者的配合度,如服务消费者的受教育水平、道德修养、社会阅历、处事经验、精准表达其需求的能力和意愿会直接影响服务提供者提供的服务质量和效果。在一定的条件下,不同的服务消费者对同一类型的服务通常会有不一样的感受和评价。服务提供商无法确知服务是否按照原来的计划和宣传提供给消费者,而服务消费者对服务需求的程度是有弹性的。有时候服务可能会由中间商提供,这就更加大了服务的异质性。从消费者的角度来讲,这些中间商提供的服务仍代表服务提供商。因此,服务的差异性既为服务业创造优质的服务开辟了广阔的空间,也为劣质的服务留下了一定的余地。

◆ 3. 生产和消费的不可分离性

服务的生产和消费在时空上往往具有不可分离性,即服务的双向性,如课堂上的教师和学生、医疗服务中的医生和患者都是双向的关系。区别于多数有形商品的先生产,然后存储、销售和消费的模式,大部分服务是先销售,然后同时进行生产和消费。这意味着服务进行生产的时候,消费者通常是在现场的,而且会观察甚至参与到生产过程中来。离开了服务的消费者,服务的生产者就无法提供服务。有时候,同一种服务同时面向很多消费者,比如音乐会、演唱会等,这也说明了在服务的生产过程中,服务的生产者和消费者之间往往会有相互作用。但在一定条件下,服务生产和消费可以时间相同、地点不同。例如网课、跨国银行服务等,服务的生产者和消费者就处在不同的地点。这种特殊现象并不会改变服务生产和消费的不可分离性。此外,服务生产和消费的不可分离性要求服务提供者和消费者都必须了解整个服务传递过程。

◆ 4. 不可储存性

服务的不可储存性也指服务的易逝性,即不能被储存、转售或者退回的特性。一项服务生产过程的完成,意味着服务消费过程的终结。如果服务不被消费,也就没有服务的生产。比如,一个有100个座位的航班,如果在某天只有80位乘客,它不可能将剩余的20个座位储存起来留待下个航班销售;一个咨询师提供的咨询也无法退货或者转让给他人。这也意味着生产服务的固定资产有可能被闲置,此时服务生产可以不发生。

由于服务无法储存和运输,服务分销渠道的结构和性质与有形产品差异很大,为了充分利用生产能力,对服务的需求进行预测并制订有创造性的计划成为重要的决策问题,而且由于服务无法像有形产品一样退回，服务生产者必须制定强有力的补救策略，以弥补服务失误。

◆ 5. 所有权不可转让性

所有权不可转让性是指服务的生产和消费过程不涉及所有权的转让。对于大多数服务来说，购买服务并不等于拥有其所有权。服务在交易完成后消失，消费者所拥有的对服务消费的权利并未因服务交易的结束而产生像商品交换那样实有的东西。如航空公司为乘客提供服务，但这并不意味着乘客拥有了飞机座位的所有权。服务的这一特征导致服务消费者有时感受服务时会产生心理障碍。这一特征是服务的易逝性所导致的，也是服务风险的根源。

在上述特征中，无形性是服务最基本的特征，也是服务的核心和本质。其他特征都是在这一特征基础上衍生出来的，如图1-1所示。

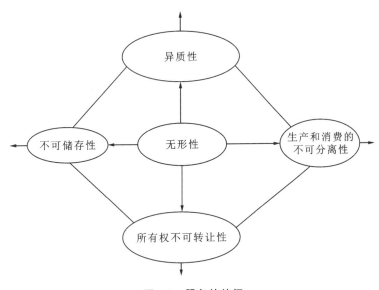

图 1-1 服务的特征

服务按有形或无形的程度也可以进一步划分，图1-2显示了不同服务的无形程度。

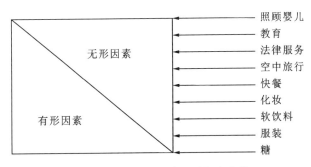

图 1-2 按服务有形或无形程度分类

服务与服务业是一种什么关系?

二 服务业概述

(一) 服务业的定义

在人类经济发展史上,先后出现了农业和畜牧业、手工业和商业的社会大分工。商业属于服务业,它是各类经济部门或人与企业的集合。当今社会所指的服务业是在机器制造业基础上形成的一种社会服务,如物流、邮政、电信、运输、商贸、餐饮、信息、文化等行业服务;服务业还包括以政府、事业单位等为主体的公共服务,如教育、医疗、环保等。

服务业也常常被称为"第三产业",这个概念最早源于西方国家,不少经济学家从不同的角度对第三产业进行了分析研究,试图揭示第三产业的经济范畴和发展规律。

1935年,英国经济学家费希尔在其所著的《安全与进步的冲突》一书中,最先提出了"第三产业"的概念,并将其用于国民经济产业结构的划分,从而形成三大产业的分类法。按照费希尔的观点,第三产业泛指旅游、娱乐、文化、艺术、教育、科学和政府活动等以提供非物质性产品为主的部门。

1957年,科林·克拉克丰富了费希尔第三产业概念的内涵,把国民经济明确地分为三大部门:第一大部门以农业为主,包括畜牧业等;第二大部门包括制造业、采矿业等;第三大部门是服务业,包括建筑业、运输业、通信业、商业、金融业、专业性服务和个人生活服务、政府行政、律师事务和军队服务等,第三大部门又被称为第三产业。

也有学者把服务业定义为生产或提供各种服务的经济部门或企业的集合。西方国家比较通行的服务业定义是"以产出无形产品(非实物产品)为主的产业"。

严格来说,服务业不能直接等同于第三产业,服务业是既区别于制造业又区别于第三产业的生产部门。服务业与制造业的区别主要体现在以下四个方面(见表1-2)。

第一,从商品形态来看,制造业产出的商品是有形商品,而服务业产出的是无形商品,这也正是服务无形性的体现。

第二,从生产中心来看,制造业是以产品为中心组织运作,而服务业是以人为中心组织运作。制造业通常是根据市场需求预测或订单制订生产计划,在此基础上采购所需物料,安排所需设备和人员,然后开始生产。制造业中由于设备故障、人员缺勤、产品质量问题等引起的延误,可以通过预先设定一定量的库存和富余产量来调节;而服务业则离不开人,服务通常需要由具体的人来提供,服务的对象也是人。

第三,从生产目的来看,制造业产出凝聚资本、劳动力、技术等要素的最终商品,并通过市场实现其价值；而服务业往往属于生产的不同环节，例如运输服务、保险服务，不是为了生产最终商品而出现。

第四，从库存调节来看，制造业可以用库存来调节供需矛盾，服务业往往无法用库存来调节供需矛盾。市场需求往往是波动的，而企业的生产能力通常是一定的，制造商可以利用库存应对这种需求波动，即预先把产品生产出来，以满足高峰时的需求或无法预期的需求；而服务具有不可储存性，对于很多服务业来说，无法预先把服务"生产"出来提供给以后的消费者。

表1-2　服务业与制造业的区别

	商品形态	生产中心	生产目的	库存调节
制造业	有形商品	以产品为中心	最终商品	可以调节
服务业	无形商品	以人为中心	不同环节	不能调节

服务业与第三产业的区别主要体现在三个方面（见表1-3）。

第一，从界定方式来看，第三产业是减去第一、二产业的剩余，也就意味着第一产业和第二产业以外的经济活动都属于第三产业；而服务业是以各类型的服务产品为标准来界定的，是以生产或提供服务来确定服务业的范围。因此，第三产业涵盖的范围更广。

第二，从划分思想来看，第三产业以经济系统的供给分类为基础，它与第一、二产业间是单向依赖关系，第二产业依赖于第一产业提供的原料，第三产业又依赖于第二产业和第一产业的产品供应；而服务业同农业、制造业的划分，是以经济体系的需求分类为基础的，它同农业、制造业之间是相互依赖的关系。

第三，从内外经济结构来看，第三产业主要针对国内经济，而服务业则面向国内和国际两个市场。

由此可见，服务业与第三产业在思想方法和理论逻辑上是存在差异的。

表1-3　服务业与第三产业的区别

	界定方式	划分思想	内外经济结构
第三产业	减去第一、二产业的剩余	以经济系统的供给分类为基础	主要针对国内经济
服务业	以各类型的服务产品和服务为标准	以经济系统的需求分类为基础	面向国内和国际两个市场

讨论角

服务业与第三产业之间有哪些联系和区别？

(二)服务业的分类

服务业可以根据不同的分类标准,划分为不同的类别。

◆ 1. 按服务业发展时间分类

(1) 传统服务业

传统服务业是指为人们日常生活提供各种服务的行业。传统服务业属于劳动密集型,就业者不需要具有很高的技术或知识水平,它所提供的服务主要是满足消费者的基本需求,具体包括仓储、批发、零售业、餐饮、旅游、家政服务、邮电业等。传统服务业在经济发展中发挥着重要的作用,如传统服务业中的生产性服务业包含的商业流通、交通运输、邮电通信等对商品分配、消费起着不可替代的作用。随着生产专业化的不断深入,中间产品的交易量越来越大,流通服务业的发展和变革在其中起着重要的作用。

(2) 现代服务业

现代服务业是指那些依靠高新技术和现代管理方法、经营方式及组织形式发展起来的、主要为生产者提供中间投入的知识、技术、信息密集型服务产业。我国《现代服务业科技发展"十二五"专项规划》对现代服务业的定义是:现代服务业是以现代科学技术特别是信息网络技术为主要支撑,建立在新的商业模式、服务方式和管理方法基础上的服务产业。它既包括随着技术发展而产生的新兴服务业态,也包括运用现代技术对传统服务业的改造和提升。现代服务业包括两类:一类是直接因信息化及其他科学技术的发展而产生的新兴服务业形态,如计算机和软件服务、移动通信服务、信息咨询服务、健康产业、生态产业、教育培训、会议展览、国际商务、现代物流业;另一类是通过应用信息技术从传统服务业改造和衍生而来的服务业形态,如银行、证券、信托、保险、租赁等现代金融业,装饰、物业等房地产业,会计、审计、评估、法律服务等中介服务业等。

知识角:理解现代服务业特征的角度

现代服务业是一种现代化、信息化意义上的服务业,体现为整个服务业在国民经济和就业人口中的重要地位和服务业的高度信息化水平,具有高人力资本含量、高技术含量、高附加值的"三高"特色,发展上呈现新技术、新业态、新方式的"三新"态势,具有资源消耗少、环境污染少的优点,是国家或地区综合竞争力和现代化水平的重要标志。现代服务业的发展对经济增长、结构调整和城市化具有重要意义。

◆ 2. 按服务业的功能分类

现代服务业的功能分类主要有三分法和四分法,其中三分法包括消费者服务业、生产者服务业和公共服务业;四分法包括生活性服务业、生产性服务业、分销服务业和公共服务业。此处重点对四分法进行介绍。

(1) 生活性服务业

生活性服务业又称消费者服务业，即消费者在市场上购买的服务，涉及个人和家庭生活的各个方面，如家庭服务、旅馆和餐饮、修理服务、洗衣服务、理发与美容、娱乐和休闲以及其他个体服务。生活性服务主要来源于社会的最终需求，其在服务业的功能分类方法中居于中心地位，因为商品和服务的消费是所有经济活动的起点和终点，是经济福利水平的根本反映。

(2) 生产性服务业

生产性服务业又称生产者服务业。1966年，美国经济学家美国经济学家格林福尔德（H. Greenfield）在研究服务业及其分类时，最早提出了生产性服务业的概念，即生产者在市场上购买的中间服务，他认为生产性服务业既包括经营管理、计算机应用、会计、广告等与企业生产经营联系较为密切的由企业自身提供的服务，也包括金融业、保险业、房地产业、法律与咨询业等一些相对独立的产业服务。我国的《国民经济和社会发展第十一个五年规划纲要》将生产性服务业分为交通运输业、现代物流业、金融服务业、信息服务业和商务服务业。生产性服务是围绕企业生产进行的，生产性服务业主要包括研发设计与其他技术服务，货物运输、仓储和邮政快递服务，信息服务，金融服务，节能与环保服务，生产性租赁服务，商务服务，人力资源管理与培训服务，批发经纪代理服务，生产性支持服务等服务行业。在现代经济中，生产性服务是指由知识技术密集型服务推动的向规模经济和更高效率发展的服务，它在服务业中被认为是最具经济增长动力的服务。生产性服务涵盖的基本行业如表1-4所示。

表1-4 生产性服务涵盖的基本行业

序号	类别	基本行业
1	资本服务类	银行、保险、信托、典当、评估、投资、融资、拍卖、担保等
2	会计服务类	会计代理、审计事务、资产管理、信用管理、财务公司等
3	信息服务类	会展、电子商务、战略咨询、信息咨询、品牌代理、公共关系、广告等
4	经营组织类	企业托管、物流、配送、批发、商品代理、监理、经纪、租赁、环保等
5	研究技术类	产品研发、技术转让、软件开发、知识产权交易服务等
6	人力资源类	人才招募、人才培训、人力资源配置、岗位技能鉴定等
7	法律服务类	律师事务、诉讼代理、公证、调解等

(3) 分销服务业

分销服务即处于生产者和消费者之间的一种服务。分销服务通过互联网或线下渠道打造多层级分销成交平台，将供应商、经销商和消费者有机地联系在一起。它主要强调为商品供需提供服务，因为有形商品从生产者到消费者必须有商品分销，即中间销售服务环节。分销服务是《服务贸易总协定》规定的十二大类之一，包括佣金代理服务、批发服务、零售服务、特许经营、无固定地点的批发和零售等。作为一种连带性服务，分销服务分为锁住型分销服务和自由型分销服务两种。前者是不可能与商品生产阶段相分离的服务，其价值或成本完全附着于有形商品，不能独立存在，例如有形商品的库存、搬运和分销等；后者虽然与有形商品有紧密联系，但该服务可以外化为独立的交易对象，例如运输业、通信业和仓储业。

（4）公共服务业

公共服务指由政府部门、国有企事业单位和相关中介机构履行法定职责，根据公民、法人或者其他组织的要求，提供公共帮助或者办理有关公务的服务。公共服务事项是由法律、法规、规章或者行政机关的规范性文件设定的，是相关部门必须有效履行的义务。公共服务包括医疗、教育、健康和国防等服务，是21世纪公共行政和政府改革的核心理念。有学者将公共服务细分为基础公共服务（如提供水电气的服务、交通与通信基础设施服务、气象服务等）、经济公共服务（如科技推广服务、政策性信贷服务等）、社会公共服务（如公办教育、科学普及、公办医疗、公办社会保障、环境保护服务等）和公共安全服务（如军队、警察和消防等方面的服务）。

在现实社会中，以上理论定义与实践并不完全同步，例如消费性服务和生产性服务经常有所重叠，如金融服务中既有企业存款数据，又有个人存款数据；又如，餐饮消费服务中，既有为商务或公务人员提供的服务，又有针对普通居民就餐提供的服务。这对服务业的统计精准分类提出了更高的要求。

◆ 3. 服务业的统计分类

当前国际上具有代表性的统计分类方法有两种：一种是联合国标准产业分类法；另一种是世界贸易组织分类法。中国主要采用的是2003年国家统计局在《三次产业划分规定》中提出的统计分类方法。

（1）联合国标准产业分类法

在联合国统计委员会的指导下，1948年来自各国和地区的专家顾问组拟定了标准产业分类体系的草案，并听取各国和地区意见后形成了修改稿，即联合国1948年《国际标准产业分类》（International Standard Industrial Classification，简称ISIC）初稿。1958年，ISIC进行了第一次修订，成为ISIC1.0版。为进一步反映世界经济活动变化，1968年、1990年、2002年又先后审查了ISIC的结构、类目定义以及分类的基本原则，相继推出了修订版ISIC 2.0、ISIC 3.0和ISIC 3.1，其中ISIC 3.1将服务业的类目分得更细。2006年，《国际标准产业分类》进行了第四次修改，形成沿用至今的ISIC 21个部门、88个大类、238个中类和419个小类。涉及服务业的分类增加了信息和通信业、行政管理及相关支持服务、科学研究和技术服务、艺术和娱乐、其他服务业等5个门类，反映了服务业发展及其在经济活动中重要性增强的国际背景。联合国的三次产业分类法如表1-5所示。

表 1-5　联合国的三次产业分类法

产业划分	主要产业范围
第一产业	指生产食材以及其他一些生物材料的产业，包括种植业、林业、畜牧业、水产养殖业等直接以自然物为生产对象的产业
第二产业	指加工制造产业，利用自然界和第一产业提供的基本材料进行加工处理，如制造业、建筑业、自来水、电力和煤气生产、采掘业和矿业
第三产业	指第一、第二产业以外的其他行业，范围比较广泛，主要包括交通运输业、通信产业、商业、餐饮业、金融业、教育产业、公共服务等非物质生产部门

联合国标准产业分类法的显著特点是和三次产业分类法保持着稳定的联系，其分类的大项可以很容易地组合为三部分，从而同三次产业分类法相一致。

（2）世界贸易组织分类法

随着服务业的发展和《服务贸易总协定》的不断完善，人们对服务业的统计逐渐摆脱了对第三产业数据的依赖。从部门的角度看，世界贸易组织在1995年列出的服务行业多达150个，这些服务行业被划分为12个部门，每个部门下有对应的行业，每个行业下还有子行业的分部门，如表1-6所示。

表 1-6　《服务贸易总协定》涉及的服务范围

部门	分部门
商业服务	专业服务、计算机及相关服务、研究和开发服务、房地产服务、租赁服务和其他商务服务
通信服务	邮政服务、快递服务、电信服务、视听服务和其他通信服务
建筑和相关工程服务	工程建筑设计服务、工程建筑施工服务、安装与装配工程服务、建筑物的修饰与装潢服务和其他建筑服务
分销服务	佣金代理服务、批发服务、零售服务、特许经营服务、无固定地点的批发和零售服务和其他分销服务
教育服务	初等、中等、高等、成人教育服务和其他教育服务
环境服务	排污服务、废物处理服务、卫生和类似服务、自然和风景保护服务、其他环境保护服务
金融服务	保险及相关服务、银行及相关服务和其他金融服务
健康与社会服务	医疗服务、社会服务、其他与人类健康有关的服务
旅游及相关服务	饭店和餐馆、旅行社服务、导游服务和其他服务

续表

部门	分部门
娱乐、文化和体育服务	文娱服务,新闻社服务,图书馆、档案馆、博物馆和其他文化服务,体育和其他娱乐服务
运输服务	海运服务、内河运输服务、航空运输服务、航天运输服务、铁路运输服务、公路运输服务、管道运输服务、运输辅助服务和其他运输服务
其他服务	其他未被纳入分类的服务

(3) 中国服务业的统计分类

目前,我国还没有建立起完整、统一的服务业统计制度,一般用第三产业的统计体系代替服务业统计体系。但随着经济社会不断发展,产业不断融合,目前在农业、工业、建筑业中的部分服务业,尚未纳入第三产业统计范畴,因此事实上服务业的范畴大于第三产业统计范畴。2003年国家统计局在《三次产业划分规定》中通过"第三产业是指除第一、二产业以外的其他行业"的规定,明确表明了第三产业的范围。根据《国民经济行业分类》(GB/T 4754—2017),2018年国家统计局对《三次产业划分规定(2012)》中行业类别进行了对应调整,具体如表1-7所示。

表1-7 中国三大产业分类

三次产业分类	《国民经济行业分类》(GB/T 4754—2017)	
	门类	名称
第一产业	A	农、林、牧、渔业
第二产业	B	采矿业
	C	制造业
	D	电力、热力、燃气及水生产和供应业
	E	建筑业
第三产业(服务业)	A	农、林、牧、渔专业及辅助性活动
	B	开采专业及辅助性活动
	C	金属制品、机械和设备修理业
	F	批发和零售业
	G	交通运输、仓储和邮政业
	H	住宿和餐饮业
	I	信息传输、软件和信息技术服务业
	J	金融业
	K	房地产业
	L	租赁和商务服务业

续表

三次产业分类	《国民经济行业分类》(GB/T 4754—2017)	
	门类	名称
第三产业（服务业）	M	科学研究和技术服务业
	N	水利、环境和公共设施管理业
	O	居民服务、修理和其他服务业
	P	教育
	Q	卫生和社会工作
	R	文化、体育和娱乐业
	S	公共管理、社会保障和社会组织
	T	国际组织

第三节　服务业的发展趋势

自20世纪50年代以来，全球经济经历着一场结构性的变革。服务业在各经济中都占有重要地位，开始成为各国经济增长和效率提高的"助推器"。发展服务业成为各国经济发展的重要目标，服务业对经济的贡献和在吸纳就业方面发挥的作用越来越大。

一、服务业在国民经济中的地位和作用

当今各国经济增长的实践表明，服务业不但是传统意义上的社会三大产业之一，而且伴随着全球产业结构的调整不断强化，地位和作用也越来越突出。具体来说主要体现在以下几个方面。

◆ **1. 服务业在国民经济发展中的地位和作用越来越重要**

服务业在不同的经济发展阶段发挥着不同的作用：在工业化初期推动了商业、交通运输业、通信业等公共设施行业的发展；在工业化中期，推动了金融业和流通业的发展；在工业化后期，推动了广告、咨询、策划以及房地产业的发展；在信息化时代，大量新兴服务业迅速发展，占国民生产总值的比重迅速上升，超过了工农业的总和。服务业涵盖的范围非常广泛，其新业态新模式层出不穷，其发展水平成为衡量一国或地区现代社

会经济发达程度的重要标志。服务业的发展吸引了大量国内外资金流入服务业，促进了大型服务业的形成，推动了新兴服务业和过去相对薄弱的一些服务业的发展，扩大了服务业的规模和容量，加快了服务业国际化的进程，经济发展日益深化。

◆ 2. 服务业成为吸纳劳动力就业的主渠道

相对而言，服务业能创造比制造业更多的就业岗位，能带动更大程度上的就业增长，其创造的间接就业机会和数量也不断增加。服务业的发展不仅使金融、银行、保险、研发、信息技术的服务贸易范围不断扩大，就业率提高，还使文化、教育、医疗、养老以及关联服务需求不断扩大，缓解各国就业的压力。服务业投资的不断增加，使其工业活动和其他服务业活动相互作用，延长了产业链的上下游，对各类人才产生较强的吸纳能力。同时，服务的标准化、规模化、品牌化、网络化和智能化水平的发展提升，使服务业竞争力不断提高，成为各国经济可持续发展的关键因素之一。

◆ 3. 现代服务业的发展前景广阔

现代服务业是指以知识密集型为特征的服务业。所谓知识密集型服务业是指为知识的生产、储备、使用和扩散服务的行业，其特征是高附加值、高技术含量、高素质人才、高集群性，主要包括信息服务业、研发服务业、法律服务业、金融服务业、市场服务业、技术性服务业、管理咨询业、劳动服务业等。知识密集型服务业与数字经济发展密切相关，而数字经济涵盖数字产业化、产业数字化、数字化治理三个方面，数字技术产品和服务正在加速向各行各业融合渗透，对其他产业的增长和效率的拉动作用不断增强。服务业主导的产业结构变迁与经济转型升级已成为新趋势，数字经济与现代服务业的深度融合是一种历史性交汇，推动服务业结构优化和效率提升，不断提升现代服务业的科学技术水平和现代管理理念，其服务业数字化发展前景非常广阔，发展进程势不可挡。

二 服务业的发展趋势

（一）服务业快速发展的基本原理

◆ 1. 信息化是服务业发展的基础

随着以物联网、云计算、大数据和移动互联网为代表的新一代信息技术的发展，服务业的专业化分工将继续深化。信息化能够降低企业交易成本和协调沟通成本，专业化分工会创造新需求，产生新的服务产业部门和新的服务业态。

在投入要素和技术创新方面，服务业与农业、制造业存在本质性差异。与制造业"开发新产品—建立新产业—促进产业创新"的传统发展路径不同，服务业的发展路径直接受到信息技术的影响：信息技术可以带来服务业生产方式和生产过程的创新，生产企业是理性的市场主体，它们从机会成本的角度出发，发现社会服务比自我服务更节约成本、更能够发挥企业自身的优势时，生产过程中大量的自我服务才会转化为社会服务，例如财务会计战略方案、科技研发、交通运输等原来一些"内置"的服务部门出现服务共享或外部化的趋势。服务业的发展离不开生产力的发展，只有工业发展到一定程度，才能派生出为工业服务的新的服务行业。制造业借助信息技术、产品开发、新型设计、客户定制、市场营销、质量管理、测试和认证、供应链管理、金融服务等方面的服务活动增强自身成长的动力，使得制造业越来越像服务业。

◆ **2. 市场化是服务业形成的源泉**

市场化发育程度越高，服务业数量扩张和质量提升得就越快。服务业的扩张需要具备市场需求这一原动力。从供给角度来说，工业生产率的提高使商品生产规模扩大，许多生产者从直接生产中分离出去，这为服务业的发展提供了强大的物质基础和丰富的劳动力资源。从需求角度来说，只有工业快速发展，物质产品丰富，信息流、资金流、人才流、物流不断专业化，才会出现专门从事上述业务的服务行业。凡是服务业增加值占GDP比重超过世界平均水平的国家和地区，市场化的程度都是比较高的，例如美国、英国和中国香港等。一方面，市场经济在其形成和发展过程中必然推动服务业的发展，市场发展会不断地推动新的服务行业出现；另一方面，市场发育和市场体系完善本身就是服务业的发展。历史上最早的市场是商品市场，其基本内容就是物质产品的交换，随着市场不断健全和完善，资金、技术、信息等生产要素也开始有了市场价格，并且比重不断增加。随着资本市场、科技市场、信息市场的发展，大量新兴的服务业迅速出现，例如保险业、科技服务业、信息咨询业、物流业等，服务业的领域不断扩大。随着市场不断发展，人们生活水平不断提高，新的需求不断出现，新的服务行业也就不断产生，每一类服务行业的内容也会不断充实。

◆ **3. 城市化是服务业发展的结果**

生产力的发展、收入的增加、购买力的提高和各种需求的增长是服务业发展的基础，而这些因素与城市化水平密不可分。只有当一个城市的人口达到一定的数量，具有一定的规模时，服务业才有盈利的可能，才能作为产业来经营。同时，服务业内部一些高附加值的行业的发展也会与较大城市的经济联系在一起。发达国家服务业占GDP的比重远高于欠发达国家，城市明显高于农村，其原因就在于欠发达地区的服务需求很低，尤其是在农村，大量的服务和劳务都采取自给自足的方式。所以说，为生活服务的行业必须有相对集中的密集人口。只有在人口密集的地区，服务业才有发展的基础。

世界各国工业化往往和城市化建设同步。产业化、市场化和城市化是相互促进的，城市化建设必然带动基础建设、市政建设，带来商业、金融业、交通业、通信业的发展，这不仅在城市化进程中不断解决了生产者就业的问题，也提高了人们的收入，从而奠定了服务业发展的物质基础。可以说，城市化的发展对服务业的发展起助推作用。服务业的发展提高了城市现代化文明程度，提高了城市的生活质量和城市人口质量，赋予了城市新的活力。服务业发展吸纳了大量的劳动力，之后又反过来促进了城市化的发展，成为城市化发展的后续动力。

◆ **4. 全球化是服务业高质量发展的标志**

服务业全球化是经济全球化进入新阶段的表现。服务业全球化不是某个孤立的现象，而是现代产业链、价值链高质量发展的表现，也是现代服务业成为技术、知识密集型产业的典型。进入 21 世纪以来，世界服务业日益信息化和现代化，国际分工协作从传统的制造环节向生产性服务业高端环节延伸，推动了全球化经济不断向服务经济转型。服务业跨国公司迅速扩张，成为推动服务业全球化的主体。2005 年美国《财富》杂志评选的结果显示，全球最大的 500 家公司涉及的 51 个行业中 28 个属于服务业，从事服务业的跨国公司有 281 家，超过传统制造业的半数。① 越来越多的公司将后勤办公、顾客服务、商务业务、研究开发、咨询分析等非核心的业务全面外包，使国际离岸服务外包异军突起，服务业结构和业态也发生了翻天覆地的变化。跨国公司广泛运用现代技术和成果，在培育人力资源方面占据了领先地位，加速向服务型公司转型，使服务业全球化成为未来经济全球化的趋势之一。服务业全球化的蓬勃兴起，不仅从根本上改变了世界服务业的发展模式，还深刻地改变着世界各国经济、产业、技术的发展模式，对各国在全球经济中的地位和利益产生重大的影响，成为决定各国国际竞争力的关键因素，发展前景十分广阔。

总之，产业化、市场化、城市化和国际化相互影响，使得服务业在经济发展中的地位和作用越来越重要，正在成为影响未来经济增长的主导产业。

（二）服务业发展的基本趋势

◆ **1. 服务业内部结构转型升级**

服务业的发展是经济变革和经济全球化的催化剂，其内部结构从劳动密集型向知识技术密集型转变，现代服务业逐渐占据服务业的主导地位，成为服务业升级趋势的表现。传统服务业主要受劳动力要素约束，而现代服务业从业人员主要受人力资本要素约束，其高质量的增长主要来源于人力资本存量的有效积累。现代服务业具有高人力资本含量、

---

① 王子先. 服务业全球化发展五大趋势 [N]. 经济日报，2007-07-04.

高技术含量、高附加值的特点,这决定了服务业的核心要素构成是信息和人力资源的有机结合。

在互联网和数字技术快速发展的背景下,与商品生产、流通和消费有关的信息的收集、处理、加工等需求带动了信息服务业的发展,同时企业的组织结构发生变革,促使管理和市场运作等与生产的信息处理有关的部门功能逐渐强化,推动了诸如研发、会计、咨询等专业服务业的发展。

◆ **2. 服务业成为全球竞争热点**

随着各国服务市场开放度不断提高,服务业全球竞争的格局基本形成,世界服务贸易额的增长速度快于货物贸易的增长速度,全球经济竞争的重点正从货物贸易转向服务贸易。另外,服务型企业纷纷将竞争目标瞄准发展潜力巨大的发展中国家服务业市场,金融业、商务服务业等领域也成为服务型跨国企业的重点拓展领域,由若干互联网龙头企业提供平台,几乎涵盖传统意义上从生产到销售的大部分获利环节,整合产业链成为服务业发展的新趋势。

◆ **3. 服务业加快与制造业融合**

从全球视野看,一方面,许多制造企业的专业服务呈外包趋势,制造业和服务业彼此依赖程度日益加深。自20世纪90年代以来,美国企业为提高自身核心竞争力,将专业服务进行全球外包的运作,大大地提高了美国产品和服务的全球竞争力。另一方面,服务经济中的制造业对服务的需求空前高涨。计算机、汽车、家电等领域的制造商已认识到参与未来全球竞争需要提供优质的服务,他们将服务作为企业至关重要的竞争手段和关键领域。网上银行是融合传统银行、信息技术和信息服务等多个行业发展起来的新兴业态,而数字教育、数字医疗等则是传统教育、医疗行业与信息技术、信息服务业融合的结果。从通用电气、施乐、惠普、IBM到海尔,一些销售利润大的企业正迅速转变为服务提供商,可见服务业制造化、制造业服务化,服务业和制造业加快融合成为新趋势。

◆ **4. 科技服务业是科技创新的主要推动力**

科技服务业是新兴产业,以需求为导向的高新技术成为推动其发展的主要力量之一;同时,技术应用也是科技服务业的核心竞争力所在,因此,科技服务业不仅是技术的主要拥有者,也将成为新技术开发的重要促进者。在技术集约化的背景下,服务业研究开发的费用在所有研究开发费用中的比重在过去10年中不断攀升,制造业所占比重减少也恰恰证明了这一点,技术由制造业向服务业集中已经成为不可逆转的大趋势。

◆ **5. 服务业是发展中国家未来经济发展的着力点**

世界经济发展规律要求未来服务业更多地依靠市场机制和现代科技创新,扩大有效供给,提高服务效率,提升顾客消费满意度,构建优质高效、结构优化、竞争力强的服务业新体系。发展中国家经济将由高速增长阶段转向高质量发展阶段,推动服务业高质量发展,加大开放力度和内涵,提高服务领域开放水平,推动服务业进一步融入全球经济,增强新的动能。

本章小结

服务是区别于一般有形商品的,主要以活动形式满足其他经济单位的个人、商品或服务的需要并增加其价值的特殊商品。相对于有形商品而言,服务具有无形性、异质性、生产和消费的不可分离性、不可存储性、所有权的不可转让性等特征。在上述特征中,无形性是最基本的特征,也是服务的核心和本质,其他特征都是在这一基本特征基础上派生出来的。

随着现代科学技术进步和产业结构的演进,服务业在各国国民经济中的地位将不断提升,成为国民经济的支柱产业。在全球经济中,服务业具有举足轻重的作用,成为吸纳劳动力就业的主渠道,尤其是在数字技术发展背景下,数字服务业的发展前景广阔,向各行各业融合渗透,对其他产业的增长和效率的拉动作用不断增强,推动各国经济持续健康发展。

复习思考

1. 服务的基本特征是什么?
2. 服务业的分类标准有哪些?
3. 服务业与第三产业的区别表现在哪些方面?
4. 传统服务业与现代服务业有哪些区别?
5. 服务业在国民经济中的地位和作用是什么?
6. 结合实例论述发展服务业的经济效应。
7. 服务业未来的发展趋势是怎样的?

延伸阅读:
高水平对外开放
推动现代服务业发展

第二章
国际服务贸易分类与统计

学习目标

- 了解国际服务贸易的发展历史与发展趋势；
- 了解世界主要国家服务贸易统计实践；
- 理解国际服务贸易的定义与特征；
- 掌握国际服务贸易的分类；
- 掌握国际服务贸易统计体系。

情景导入

2022年度我国服务进出口情况

中国商务部30日公布的最新数据显示，2022年中国服务进出口总额59801.9亿元（人民币，下同），同比增长12.9%。其中，服务出口同比增长12.1%，进口增长13.5%，服务贸易逆差2757.1亿元。

服务贸易逆差是中国贸易逆差的主要来源。2021年，中国服务贸易逆差降到2112.7亿元，为2011年以来的最低值。2022年服务贸易逆差又有所扩大。

分领域看，知识密集型服务进出口稳定增长。据官方统计，2022年中国知识密集型服务进出口25068.5亿元，同比增长7.8%。其中，知识产权使用费、电信计算机和信息服务出口增长较快，增速分别达17.5%和13%。进口方面，保险服务进口增速较快，达35.8%。

> 一度受疫情影响严重的旅行服务进出口也在继续恢复。2022年，中国旅行服务进出口8559.8亿元，同比增长8.4%。
>
> （资料来源：2022年中国服务进出口总额同比增12.9%[EB/OL].（2023-01-30）[2023-06-25]. https：//baijiahao.baidu.com/s?id=1756425873462004871O&wfr=spider&for=pc，有改动）

问题与思考

1. 什么是服务贸易？服务业与服务贸易之间有什么联系？
2. 服务贸易与货物贸易有哪些区别和联系？
3. 服务贸易包括哪些类型？生活中有哪些服务贸易的案例？

第一节 国际服务贸易概述

一、国际服务贸易的定义

"服务贸易"这一概念最早出现在1971年经济合作与发展组织（OECD）的一份报告中，这份报告探讨了即将进行的关税与贸易总协定（GATT）东京回合谈判所要涉及的问题，随后美国在《1974年贸易法》中首次使用了"世界服务贸易"的概念。1989年生效的《美加自由贸易协定》是世界上第一个在国家间贸易协议中正式定义服务贸易的法律文件。目前，国际服务贸易尚未形成统一的精准定义，但人们普遍认为1994年关税与贸易总协定乌拉圭回合谈判达成的《服务贸易总协定》（GATS）对国际服务贸易的界定最为权威。

（一）国际服务贸易的传统定义

国际服务贸易的传统定义是对传统服务概念的延伸，是一种从进出口的视角、以进口或出口的活动方向为基本框架的定义形式。在传统定义中，一国（地区）的劳动力向另一国（地区）的服务需求者（自然人、法人或其他组织）提供服务并相应获得外汇收入的全部过程，形成了服务的出口；反之，一国（地区）的服务需求者购买他国（地区）劳动力所提供服务的过程，形成了服务的进口。服务的进出口活动即构成了国际服务贸易。

这种从进出口角度进行定义的方法显然会涉及服务提供者（劳动力）的国籍、国界、居民、非居民等问题，如劳动力概念的内涵与外延、服务是否过境、人员是否流动等。因此，要从进出口角度定义国际服务贸易，我们首先需要明确三方面的主要问题。一是服务提供者（劳动力）的内涵与外延问题。这里的劳动力含义较广，泛指服务的提供者，既可以是个体，也可以是集体。二是劳动力与服务需求者的不同国籍问题。如通过对外直接投资在境外设立分支机构，雇用当地的劳动力就地为当地的服务需求者提供服务，这里的服务提供者即劳动力，应理解为国外投资者，当地劳动力只是"代表"外商机构提供服务。三是服务是否过境以及是否发生"国民移动"问题。服务的进出口不一定要求服务、人员等实际过境，例如，电信服务只需要服务过境，而无"国民移动"；旅游、医疗等服务贸易大部分只需要"国民移动"，而无服务过境；跨国公司在海外设立附属机构，雇用当地人员为当地服务消费者提供服务，这种情形下既未发生"国民移动"，也未出现服务过境。

由传统定义所引发的上述问题一方面可以看出该定义是描述性的而非规范性的，另一方面表明了国际服务贸易活动的复杂性。

视频资源：什么是服务贸易？

（二）《服务贸易总协定》（GATS）对国际服务贸易的定义

关税与贸易总协定乌拉圭回合谈判的一项重要成果是促成了《服务贸易总协定》的产生。在一些有关国际服务贸易的重要问题上，发展中国家和发达国家之间始终存在冲突和矛盾，有关国际服务贸易的概念即是各国争论的焦点之一。在谈判的初期阶段，发展中国家认为，国际服务贸易仅仅指越境服务贸易，即不涉及消费者和生产者物理接近才能发生的服务贸易。发达国家则强烈要求把要素流动的服务贸易也包括在国际服务贸易的范畴内，甚至把服务业的对外直接投资也包括在内。发展中国家和发达国家有关服务贸易定义的分歧的背后是各自的服务业发展水平和国际服务贸易竞争力的巨大差异：发展中国家在服务贸易尤其是在资本和技术密集型服务贸易方面处于劣势地位，担心服务贸易的范围过大会影响本国服务业的发展，给国内经济和政治带来巨大冲击；发达国家由于在服务贸易尤其在资本和技术密集型服务贸易方面具有较强的国际竞争力，因此强烈要求把涉及要素流动的服务贸易甚至服务业的国际直接投资也包括在国际服务贸易范畴内。双方观点严重对立，长期僵持不下，最后基本采纳了欧洲共同体的折中意见，即不预先确定谈判范围，而是根据谈判需要对国际服务贸易采取不同定义。最终，GATS将国际服务贸易界定为以下几种：第一，从一缔约方境内向任何其他缔约方境内提供服务，即跨境交付（cross-border supply）；第二，在一缔约方境内向任何其他缔约方的服务消费者提供服务，即境外消费（consumption abroad）；第三，一缔约方在其他缔约方境内通过提供服务的实体性介入而提供服务，即商业存在（commercial presence）；第四，一缔约方的自然人在其他任何缔约方境内提供服务，即自然人流动（movement of natural persons）。

实际上，GATS对国际服务贸易的定义是将服务的提供方和消费方是否发生空间上的移动作为各种类型的服务贸易的划分依据的。

◆ **1. 跨境交付**

跨境交付中，服务的生产者和消费者均不移动。跨境交付又可分为被分离服务（separated service）贸易和被分离生产要素服务（disembodied service）贸易两种类型。前者如金融服务、教育服务、医疗服务等可以通过国际通信手段进行，形成远程金融服务、远程教育服务、远程医疗服务等服务贸易；后者也称缺席要素服务贸易，也就是在提供服务时，并不需要所有的要素都移动，可能存在某种要素如管理要素不发生移动，而是通过信息技术提供服务的情形。

◆ **2. 境外消费**

境外消费是通过服务的消费者（购买者）的过境移动实现的，服务是在服务提供者实体存在所在国家（地区）生产的。出国旅游、出国留学、出国治疗疾病等都属于境外消费的常见情形。

◆ **3. 商业存在**

商业存在主要涉及市场准入（market access）和对外直接投资（foreign direct investment，FDI），即在一缔约方境内设立机构，并提供服务，取得收入，从而形成服务贸易。机构的服务人员既可以来自母国，也可以在东道国雇用；其服务对象可以是东道国的消费者，也可以是第三国的消费者。这样，似乎又与境外消费的定义有交叉，不过商业存在强调的是，通过自己的生产要素（人员、资金、服务工具）移动到消费者居住地提供服务而产生贸易；而境外消费强调的是服务提供者通过广告、自我推销等形式引导消费者到自己所在地来，并购买（消费）服务。在境外设立金融服务分支机构、律师事务所、会计师事务所、维修服务站等都是商业存在的表现形式。

◆ **4. 自然人流动**

自然人流动主要是缔约方的自然人作为服务提供者跨境移动，在其他缔约方境内提供服务而形成的贸易。例如，A国的教授来B国授课，提供教育服务。自然人流动与商业存在的共同点是服务提供者到服务消费者所在地境内提供服务，但以自然人流动方式提供服务时，服务提供者没有在服务消费者所在地建立商业机构。

结合 GATS 对服务贸易的界定，谈一谈全球范围内暴发疫情对国际服务贸易可能造成的影响。

（三）BOP 对国际服务贸易的定义

BOP 为国际收支平衡表（balance of payments）的英文缩写。BOP 中经常项目下的"服务"指的是一成员（国家或地区）境内居民与非居民之间的服务交易。"居民"通常被理解为在一成员境内居住达一年的自然人和设有营业场所并提供货物或服务生产的企业法人。因此，BOP 定义的国际服务贸易主要是服务跨境交易。

将 BOP 关于国际服务贸易的定义与 GATS 的定义进行对比，可以发现后者把国际服务贸易的涵盖范围由前者的居民和非居民之间的跨境交易延展为居民与居民之间的交易、作为东道国居民的外国商业存在与东道国其他居民之间的交易，以及作为东道国居民的外国自然人与东道国其他居民之间的交易。

二 国际服务贸易的特征

（一）国际服务贸易的标的一般具有无形性

国际服务贸易的标的——服务作为一种活动，其本身是无形的。随着科学技术的发展，相当一部分服务可以借助一定的形式表现出来，例如电子图书、光盘等，但这些只是服务的物质载体，不同于服务本身。如果不做广泛的调查，工作人员无法确定是服务出口还是服务进口；负责监管服务进口、出口的工作人员如果不能破译储存各种各样信息的电子信号或读懂其内容，也就无法知道是服务出口还是服务进口。但是就货物贸易而言，在特定的时间和确定的地点，人们是可以看见商品、资本或信息的跨国界移动的。

马克思剩余价值论也认为，服务也可能以实物形式加以表现，因此，国际服务贸易的无形性并不是绝对的。我们在认识服务的无形性时，一定要区分服务本身和服务的表现形式。例如，厨师的烹调行为是服务，但是厨师使用的原料并不是服务，而是服务所借助的物质，烹调出来的菜也不是服务，而是服务的成果，服务正是通过这种成果表现出来的。

(二)国际服务贸易中部分服务的生产和消费具有同时性

由于国际服务贸易中大部分服务是无形的,所以与货物贸易相比,服务贸易的标的——服务一般是不能储存的,它要求服务的生产和消费同时进行,即服务的消费要在生产过程中完成,并要求服务提供者和使用者存在某种形式的接触。例如,教育服务中的教师和学生、医疗服务中的医生和患者,只有进行接触,服务才有可能成立。服务贸易如果要跨国界进行,一般伴随一定程度的商业存在。因此,国际服务贸易的自由化自然涉及开业权问题,同时涉及劳动力移动、移民政策、投资限制等问题。因而,服务的使用价值不能脱离服务生产者和消费者而固定于某一永久的商品中。例如,演唱会结束后,服务提供完毕,听众的消费活动也随之结束。这种不能以实物形式体现的服务,在社会生产力不发达、科学技术水平落后的国家具有代表性。但是,随着科学技术的发展,有些服务或者有些服务活动或劳动也可能体现在某一商品中,或者说可以和服务生产者分离。

(三)贸易主体地位具有多重性

服务的卖方往往就是服务生产者,并作为服务消费过程中的物质要素直接加入服务的消费过程;服务的买方往往就是服务消费者,并作为服务生产者的劳动对象直接参与服务产品的生产过程。例如,医生在为患者提供医疗服务的过程中,患者不仅是医疗服务的消费者,还作为医生的直接服务对象和劳动对象参与服务的生产过程。

(四)服务贸易市场具有高度垄断性

由于国际服务贸易在发达国家和发展中国家的发展严重不平衡,加上服务市场的开放涉及一些诸如跨国银行、通信工程、航空运输、教育、自然人跨国界流动等直接关系到输入国主权、安全、伦理道德等极其敏感的领域和问题,因此,国际服务贸易市场的垄断性很强。这一方面表现在少数发达国家在国际服务贸易中的垄断优势上,另一方面表现为全球服务贸易壁垒森严,各种贸易障碍林立。据关税与贸易总协定统计,全球服务贸易壁垒有 2000 多种,远超货物贸易。国际服务贸易市场的这种高垄断性不可能在短期内消失,因为相对于货物贸易自由化而言,服务贸易自由化过程不仅起步晚,遇到的阻力也更大。

(五)贸易保护方式更具刚性和隐蔽性

由于服务贸易标的物的特点,各国政府对本国服务业的保护常常无法采取关税壁垒的形式,而只能采取在市场准入方面予以限制或进入市场后不给予国民待遇等非关税壁垒的形式,并常以国内立法的形式加以施行。国际服务贸易保护的发展态势也不同于国际货物贸易，各国对服务贸易的保护往往不是以地区性贸易保护和"奖出"式的进攻型保护为主，而是以行业性贸易保护和"限入"式的防御型保护为主。这种以国内立法形式实施的"限入"式非关税壁垒，使国际服务贸易受到的限制和障碍往往更具刚性和隐蔽性。相对而言，货物贸易遇到的壁垒主要是关税，关税表现为数量形式，具有较高透明度，通过相互减让的方式消除障碍相对来说容易得多。服务贸易中遇到的壁垒主要是国内法规，难以体现为数量形式，也往往缺乏透明度，而且调整国内立法的难度一般比调整关税的难度大。

（六）国际服务贸易具有复杂性

◆ 1. 国际服务贸易标的物的多样性与服务质量的差异性

国际服务贸易与货物贸易相比，其标的物并不是单纯的商品，而是呈现多样化特征的无形商品，国际服务贸易标的物具有多样性与无形性的特点，同时服务的异质性也较明显，同一种服务的质量和消费效果往往存在显著差别。

◆ 2. 国际服务贸易涉及法律的复杂性

国际服务贸易与货物贸易相比，其涉及的法律要复杂得多。货物贸易主要适用国内外的合同法、买卖法、国际货物销售合同公约等。国际服务贸易是通过国内法、国际法相关规定进行管理的，国家对服务进出口的管理，不仅仅是对服务自身标的物的管理，还会涉及对服务提供者和消费者的管理，这就涉及市场准入、外资管理、人员签证、劳工政策等一系列更为复杂的问题。某些服务贸易如金融、保险、通信、运输以及影视文化教育等，还直接关系到输入国的国家主权与安全、文化与价值观念、伦理道德等极其敏感的政治问题。因此，国际服务贸易涉及的法律较为复杂。

◆ 3. 国际服务贸易标的物的使用权和所有权具有复杂性

在货物贸易中，交易过程一旦结束，货物的使用权和所有权同时转让，即卖方失去对货物的所有权和使用权，无权支配和使用该货物。但是，国际服务贸易中的服务提供者与消费者原则上进行的是一种标的物的所有权和使用权相分离的贸易。例如，在国际咨询服务中，某工程设计公司为业主设计某建筑物，设计图纸可视为交易标的物。工程设计完成后，设计者作为服务提供者将该图纸的使用权转移给服务进口者（业主），作为服务进口者也在事实上拥有了该图纸的所有权，但服务提供者凭借自己的智慧仍然拥有对该图纸内容的所有权。很多国际服务贸易标的物很难用所有权与使用权的分离加以判定。例如，国际旅游中，作为服务消费者的旅客所消费的服务是涉及旅游的各种服务内容，但人们难以用一种物化的媒介物说明其获得了某种使用权或所有权。

◆ 4. 国际服务贸易标的物的作价原则较复杂

货物贸易中,货物的作价原则通常是货物的生产成本加上一定的利润,而服务作价通常由实现服务交换过程可能对服务进口者带来的潜在经济利益决定,受服务提供者成本的影响较小。例如,咨询服务贸易接受方通常采用一种利润分成的原则作为作价原则,即咨询服务接受方在使用该咨询成果后的经济效益越大、利润越高,咨询费也越高,反之则较低。在国际服务贸易中也存在不受经济利益影响的作价,例如国际旅游和娱乐服务,其对服务消费者并不带来直接的经济利益。

思考

伴随着数字技术与国际贸易融合渗透不断深入,全球数字贸易飞速发展。在数字技术下,国际服务贸易发展呈现哪些新特点?

第二节　国际服务贸易的分类

服务的内容很多,几乎囊括社会经济生活的方方面面,与此相对应,国际服务贸易也具有鲜明的多样性和复杂性,其内容也相当广泛,且有不断拓展之势。目前人们对国际服务贸易尚未形成统一的分类标准,许多国际经济组织和学者出于分析与研究的需要,从不同角度对国际服务贸易进行了划分。下面选取部分有代表性和影响力的分类进行扼要介绍。

一、以服务参与者是否移动划分

山姆普森（Sampson）和斯纳普（Snape）将国际服务贸易按服务参与者是否移动分为四类,见图 2-1。

◆ 1. 跨境贸易

跨境贸易的特点是服务生产者与消费者在国与国之间不需要移动,不引起人员或资本的移动,而是借助国内信息手段实现的服务。准确地说,这种国际服务贸易等同于

图 2-1　以服务参与者是否移动对服务贸易进行划分

GATS 中的跨境交付，或称分离式服务，又可称为跨国境的远距离服务。电子金融服务、电子保险服务与远程教育服务等都属于这种。

◆ 2. 要素收益贸易

要素收益贸易是一种只有生产者移动而消费者不移动的服务贸易，或称消费者定位服务。生产者为了在消费国进行生产，必须将生产所需要的生产要素（劳动力、技术、资本等）从生产者所在国移动到消费者所在国，从而带有生产要素国际流动的特征。但是这种生产要素的国际流动一般是短暂的，而非永久的。事实上，这种国际服务贸易对应 GATS 中的商业存在。

◆ 3. 当地贸易

当地贸易是指服务的生产者在本国国内为外籍居民和法人提供服务，由于生产者不移动，故又称生产者定位服务。旅游观光与出国留学是最具代表性的当地贸易。

◆ 4. 第三国贸易

第三国贸易是生产者和消费者共同移动到第三国而发生的服务。美国的执业医师在新加坡为中国患者进行心脏移植手术，设在意大利的一家美国旅游公司为在意大利的德国游客提供服务等，都属于第三国贸易。第三国贸易要求服务的生产者和消费者都存在不同程度的资本和劳动力等生产要素的移动。

以上四种类型之间并无不可逾越的鸿沟，它们之间也有交叉。受科技进步、政府管制的松紧、供求关系的变化、交易成本的高低等因素的影响，国际服务贸易可能从一种类型转变为另一种类型。例如，放松教育管制后，有的国家允许外资进入兴办教育，那么人们不出国就可以接受外国的教育服务，此时，服务贸易将从当地贸易转变为要素收益贸易。

二、以服务在商品中的属性划分

关税与贸易总协定乌拉圭回合谈判期间，谈判小组于1988年6月提出依据服务在商品中的属性进行国际服务贸易的划分。根据这一标准，国际服务贸易可分为四类，如表2-1所示。

表2-1 以服务在商品中的属性对国际服务贸易进行划分

类别	内涵	举例
以商品形式存在的服务贸易	服务以商品或实物形式体现	电影、电视、音乐、计算机及专用数据处理与传输装置等
对货物贸易具有补充作用的服务贸易	服务对商品价值的实现具有补充与辅助作用	商品储运、广告宣传、保险等
对商品实物形态具有替代作用的服务贸易	服务伴随有形商品移动，但又不是一般的商品贸易，不似商品贸易实现了商品所有权的转移，只是向服务消费者提供服务	技术贸易中的特许经营、设备和金融租赁设备的维修等
具有商品属性却与其他商品无关联的服务贸易	服务具有商品属性，其销售并不需要其他商品补充才能实现	通信、数据处理、旅游、酒店服务等

依据服务在商品中的属性来划分国际贸易服务，将服务与商品联系起来，意味着从理论上承认无形服务与有形商品一样，既存在使用价值，也存在价值，能促进社会生产力的提高。同时，这一划分标准肯定了服务的无形性可以在一定条件下以商品形式体现。

三、以要素密集度划分

制造业按某种生产要素的密集程度可以分为劳动密集型产业、技术密集型产业、资本密集型产业等。有些学者基于货物贸易中密集使用某种生产要素的特点，按照服务贸易中对资本、技术与知识、劳动力投入要求的密集程度，将服务贸易分为三类，如表2-2所示。

表 2-2 以要素密集度对服务贸易的分类

服务贸易类别	内涵	举例
国际资本密集型服务贸易	服务中密集投入资本要素	航空运输、通信服务、工程建设服务等
国际技术与知识密集型服务贸易	服务中密集投入技术与知识要素	金融、法律、会计、审计、信息服务等
国际劳动密集型服务贸易	服务中密集投入劳动要素	旅游、建筑、维修、消费服务等

这种分类以生产要素密集程度为核心，涉及产品或服务竞争中的生产要素，尤其注重当代高科技的发展和应用。发达国家具有雄厚的资本，科技水平高，研究与开发能力强，因而主要从事资本密集型和技术与知识密集型服务贸易，如金融、信息、工程建设、技术咨询等。这类服务附加值高、产出大。相反，发展中国家受到资本和科技水平、研发能力的限制，一般从事劳动密集型服务贸易，如旅游、种植业、建筑业及劳务输出等。这类服务附加值低、产出小。因此，这种服务贸易分类方法从生产要素的充分合理使用以及各国以生产要素为中心的竞争力等方面分析，是有一定价值的。但由于当今社会现代科技的发展与资本要素的结合更加密切，在商品和服务中对要素的密集程度的分类并不是十分严格，也难以准确无误地进行区分，更不可能制定一个明确的划分标准。

思考

按照服务贸易中对资本、技术与知识、劳动力投入要求的密集程度，服务贸易可以分为三类。结合发达国家（地区）和发展中国家（地区）的要素禀赋，探讨发达国家（地区）和发展中国家（地区）服务贸易发展呈现的不同特点。

四 以是否伴随货物贸易发生划分

按照服务贸易是否伴随货物贸易发生进行划分，可以将国际服务贸易划分为国际追加服务贸易和国际核心服务贸易两类。

◆ 1. 国际追加服务贸易

国际追加服务贸易是一种伴随货物贸易发生的服务贸易。对于消费者而言，货物实体本身才是其购买和消费的核心效用，服务则在实体供货的基础上满足了某种追加的效用。对生产者和经营者而言，为了占领更大的市场份额，他们不仅积极开展商品的价格竞争和质量竞争，还注重服务竞争，服务日益成为促进货物销售的重要内容与手段。在这种情况下，服务贸易与货物贸易相辅相成，成为不可分割的有机体。这类追加服务又可大致分为产前服务、产中服务和售后服务三个阶段。产前服务主要包括产品设计、市场调研、信息收集与可行性研究等；产中服务主要有质量控制与检验、设备的维护与保养、财务会计、人事管理、安全卫生等；售后服务主要包括广告宣传、运输、安装调试、维修、退货索赔等。有些追加服务难以从某一特定的生产阶段脱离，与一定比例的生产要素相结合，完全附属于有形商品价值实体之中，不能形成独立的交换对象；也有些追加服务虽与有形商品贸易有关，但可以脱离有形商品而成为独立的交易对象。不过各类追加服务一般都相互依存，结合为一体化的服务网络。特别是随着经济服务化的发展，生产厂商提供的追加服务越来越成为其非价格竞争的重要因素。

在国际追加服务中，国际交通运输和国际邮电通信的作用较为突出。这些服务有利于促进国际分工，改善产业布局，进行产业结构调整，对于克服静态比较劣势、促进经济发展亦有助力作用。尤其是在技术不断进步的时代，交通运输和邮电通信发生了巨大的变化，经济活动的时空距离缩短，贸易中的一些壁垒消除，这对全球经济的增长尤为重要，也成为国际服务贸易的重要内容。

◆ **2. 国际核心服务贸易**

国际核心服务贸易与货物的生产和销售无关，是一种由生产者单独提供、消费者单独购买的服务。这类服务贸易随着科技与信息产业的发展，领域不断扩展，日益成为服务贸易的主体。在这类服务贸易中，按照服务生产者与消费者是否直接接触，可分为面对面型国际核心服务和远距离型国际核心服务。

（1）面对面型国际核心服务

面对面型国际核心服务是指服务的生产者与消费者要实际接触才能实现的服务。实际接触方式可以是生产者流向消费者，也可以是消费者流向生产者，还可以是生产者与消费者的双向流动。这种类型的核心服务伴随着生产要素（人员、资本等）的跨国界移动。典型的面对面型国际核心服务包括国际旅游、留学、劳务输出等。

（2）远距离型国际核心服务

远距离型国际核心服务不需要服务生产者与消费者进行实际接触，但一般需要通过一定的载体实现跨国境服务，比如以现代通信手段作为传递媒介的国际视听服务、数据处理、国际咨询等。特别值得注意的是远距离型国际核心服务中国际金融服务的发展，在国际资本移动加快的推动下，在计算机网络、遥控电信等技术广泛应用于金融服务的背景下，一个以电脑数据处理、电子信息传递和电子资金转账系统为标志的金融服务体系已经形成，远距离国际金融服务在国际服务贸易中所占的比重也日益增大。

> **思考**
>
> 在国际服务贸易形成的过程中,是先有国际追加服务贸易还是先有国际核心服务贸易?

五 国际货币基金组织的分类

国际货币基金组织(IMF)于1948年首次颁布了《国际收支手册》(*Balance of Payments Manual*)第1版,此后又先后于1950年、1961年、1977年、1993年和2008年修改了手册。目前最新版本为第6版。手册于2008年11月修改名称为《国际收支和国际投资头寸手册》(*Balance of Payments and International Investment Position Manual*)。

在第5版《国际收支手册》中,服务贸易所有内容都在"经常项目"下加以统计。国际服务贸易流量在各国的国际收支账户中占有重要位置,根据该项目所含内容,可以对国际服务贸易做统计性分类。其分类要点是将国际收支账户中的服务贸易流量分成两种类型(见图2-2):一种同资本项目相关,与国际资本流动或金融资产流动相关的国际服务贸易流量,称作要素服务贸易(trade in fact or services)流量;另一种同经常项目相关,与国际资本流动或金融资产流动无直接关联的国际服务贸易流量,称为非要素服务贸易(trade in non-fact or services)流量。

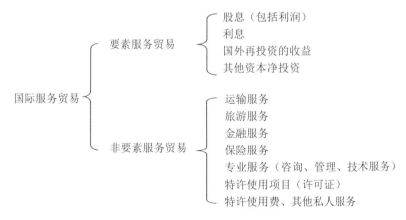

图2-2 国际货币基金组织(IMF)对服务贸易的分类

要素服务贸易的概念源于传统的生产力三要素理论。生产力三要素理论认为,经济中所有财富都来源于劳动、资本和土地(资源)提供的服务(后来马歇尔在其著作《经济学原理》中又提到了企业家才能,他把生产要素扩展为四个)。理论上,劳动服务的报酬是工资,资本服务的报酬是利息及利润,而土地服务的报酬是地租。但值得注意的是,在国际服务贸易中，土地要素所提供的服务及报酬流量一般不予考虑，因为土地缺乏流动性，无法提供跨国服务；同时劳动服务及其报酬同国际资本流动或金融资产流动只有间接关系而无直接关系，故劳动服务贸易不属于要素服务贸易。因此，要素服务贸易专指资本服务收益流量的跨国转移。

在现代国际经济体系中，国际资本流动的基本形式是国际金融资产的跨国输出和输入，主要实现方式是国际投资和国际信贷。国际投资分为国际直接投资和国际间接投资。国际直接投资的收益流量包括资本要素的报酬流量（利息或股息）和经营管理技能的报酬流量（利润），它们作为要素服务收计入国际收支账户的服务贸易项目。国际间接投资又叫国际证券（股票或债券）投资，它的主要目的是获取金融资产的利息或股息收益，也应计入国际收支账户的服务贸易项目。国际信贷包括：民间国际信贷，主要为商业信贷和银行信贷；国际金融机构信贷，主要为世界性和区域性的国际金融机构贷款；政府间贷款。这些国际信贷的利息收益流量均作为金融资产的要素报酬计入服务贸易项目。

非要素服务贸易的界分，采用的是类似第三产业的剩余法。国际收支账户统计的基本流量有两类：一类是国际经济往来的金融资产方面，即国际资本流动；另一类是国际经济往来的实际资产方面（包括商品、服务及它们单方面的转移），即经常项目流动。由于国际资本流动所产生的净值，即利息、股息、利润等是计入国际服务贸易流量中的，因此，从统计角度看，非要素服务贸易项目＝国际服务贸易项目－要素服务贸易项目＝经常项目－商品贸易项目－单方面转移项目－要素服务贸易项目。

（六）《服务贸易总协定》的分类

关税与贸易总协定乌拉圭回合谈判小组在乌拉圭回合中期审评会议后，加快了服务贸易谈判进程，在以商品为中心的服务贸易分类基础上，结合服务贸易统计和服务贸易部门开放的要求，通过征求各谈判方的提案和意见，提出了以部门为中心的服务贸易分类方法，将服务贸易分为以下十二大类。

◆ 1. 商业服务

商业服务是指在商业活动中涉及的服务交换活动。以下六类商业服务既包括向个人消费者提供的服务，又包括向企业和政府提供的服务。

（1）专业服务

该服务涉及的范围包括法律服务，会计、审计服务，税收服务，建筑设计服务，工程服务，城市规划和园林建筑服务，牙医服务，兽医服务，安装及装配工程服务（不包括建筑工程服务），设备的维修服务（指除固定建筑物以外的一切设备的维修服务，例如成套设备的定期维修、机车的检修、汽车等运输设备的维修等）。

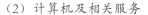

（2）计算机及相关服务

该服务包括计算机及相关服务，软件执行服务，数据处理服务，数据库服务及其他服务等。

（3）研究与开发服务

该服务主要包括自然科学的研究和开发服务，社会科学和人文科学的研究与开发服务，跨学科的研究和开发服务。

（4）不动产服务

该服务主要包括自有或租赁的不动产服务，基于收费或合同的不动产服务。

（5）无操作人员的设备租赁服务

这类服务主要包括汽车、船舶、飞机等交通运输设备租赁服务，计算机、娱乐设备等非交通运输设备服务，以及其他租赁服务等。但是，这类服务不包括操作人员的雇用或所需人员的培训服务。

（6）其他商业服务

这类服务主要包括生物工艺学服务，翻译服务，展览管理服务，广告服务，市场调研和民意测验服务，管理咨询服务，与管理咨询相关的服务，技术测试和分析服务，与农业、狩猎和林业有关的服务，与渔业有关的服务，与采矿业有关的服务，与制造业有关的服务，与能源分配有关的服务，人员提供与就业服务，调查与保安服务，相关科学和技术咨询服务，设备维修和保养服务，建筑物清洁服务，摄影服务，包装服务，印刷和出版服务，会议服务以及其他服务等。

◆ **2. 通信服务**

通信服务主要指有关信息产品及其操作、储存设备和软件功能等的服务。通信服务由公共通信部门、信息服务部门、关系密切的企业集团和私人企业间进行信息转接与服务提供，主要包括邮政服务、速递服务、电信服务、视听服务及其他通信服务，其中电信服务包括语音电话服务、分组交换数据传输服务、电路交换数据传输服务、电传服务、电报服务、传真服务、专用线路租赁服务、电子邮件服务、语音邮件服务、在线信息和数据调用服务、电子数据交换服务、增值传真服务、代码和规程转换服务、在线信息或数据处理、其他电信服务等；视听服务包括电影和录像的制作与分销服务、电影放映服务、广播和电视服务、广播和电视传输服务、录音服务及其他视听服务等。

◆ **3. 建筑和相关工程服务**

建筑和相关工程服务主要指工程建筑从设计、选址到施工的整个服务过程，包括工程建筑设计服务、工程建筑施工服务、安装与装配工程服务、建筑物的修饰与装潢服务、其他建筑服务等。

◆ 4. 分销服务

分销服务是指产品销售过程中的服务交换，主要包括佣金代理服务、批发服务、零售服务、特许经营服务和其他分销服务。

◆ 5. 教育服务

教育服务包括学前教育服务、初等教育服务、中等教育服务、高等教育服务、成人教育服务以及其他教育服务。

◆ 6. 环境服务

环境服务主要包括排污服务、废物处理服务、卫生和类似服务以及其他环境服务。

◆ 7. 金融服务

金融服务主要是指银行和保险业及相关的金融服务活动。金融服务包括以下几点。

（1）银行及相关服务

银行及相关服务包括接受公众存款和其他应付基金承兑，所有类型的贷款（包括消费者信贷、抵押、商业网交易的保理和融资），金融租赁，所有支付和汇划服务，担保和承兑，在交易市场、公开市场或其他场所自行或代客交易［主要有货币市场票据、外汇、衍生产品（包括但不限于期货期权）、汇率和利率工具（包括掉期和远期利率合约）、可转让证券、其他可转让的票据和金融资产（包括金银条块）］，参与各类证券的发行，货币经纪，资产管理，金融资产的清算和结算（包括证券、衍生产品和其他可转让工具），咨询和其他辅助金融服务，以及金融信息的提供与金融数据处理、金融咨询中介和其他辅助性金融服务等。

（2）保险及相关服务

这类服务涉及货物运输保险服务和非货物运输保险服务。货物运输保险服务包括海运、航空运输及陆路运输中的货物运输保险等；非货物运输保险服务包括人寿险、意外险和健康保险服务、财产保险服务，再保险及其再保服务，保险咨询、保险中介（如经纪和代理）、保险统计、风险评估和理赔等保险辅助性服务等服务。

（3）其他金融服务

其他金融服务是以上介绍的金融服务之外的其他金融服务。

◆ 8. 健康与社会服务

健康与社会服务主要包括医疗服务、社会服务、其他与人类健康有关的服务等。

◆ 9. 旅游及相关服务

旅游及相关服务主要包括旅馆、餐馆提供的住宿、餐饮服务及相关的服务，导游服务，旅行社及其他服务。

◆ 10. 娱乐、文化和体育服务

娱乐、文化和体育服务是指广播、电影、电视等视听服务以外的娱乐服务，主要包括文娱服务，新闻机构服务，图书馆、档案馆、博物馆和其他文化服务，体育和其他娱乐服务。

◆ 11. 运输服务

运输服务主要包括以下服务。

（1）海运服务

海运服务主要有客运服务、货运服务、船舶和船员的租赁、船舶维修和保养、拖驳服务、海运支持服务等。

（2）内河运输服务

内河运输服务主要有客运服务、货运服务、船舶和船员的租赁、船舶维修和保养、拖驳服务、内水运输的支持服务等。

（3）航空运输服务

航空运输服务主要有客运服务、航空器的维修和保养服务、空运支持服务等。

（4）航天运输服务

航天运输服务是指利用火箭等载体将卫星、空间探测器等空间飞行器发射到空间轨道的服务。

（5）铁路运输服务

铁路运输服务主要有客运服务、货运服务、推车和拖车服务、铁路运输设备的维修和保养服务、铁路运输的支持服务等。

（6）公路运输服务

公路运输服务主要有客运服务、货运服务、商用车辆和司机的租赁服务、公路运输设备的维修和保养服务、公路运输的支持服务等。

（7）管道运输服务

管道运输服务主要有燃料运输服务、其他货物的运输服务等。

（8）所有运输方式的辅助服务

所有运输方式的辅助服务主要有现货服务、仓储服务、货运代理服务。

（9）其他运输服务

其他运输服务是以上介绍的运输服务之外的其他运输服务。

◆ 12. 其他服务

其他服务指除以上十一类服务外的其他服务。

服务业根据不同的划分标准可以分为不同的类型，服务贸易也具有多样性和复杂性。那么，服务业与服务贸易之间有什么联系呢？

第三节　国际服务贸易统计

一　国际服务贸易统计的发展

随着全球服务业和服务贸易自由化的发展，国际服务贸易在世界总体贸易中的地位迅速提高，世界各国对获取及时的、准确的、可比的国际服务贸易统计数据的需求也越来越迫切。然而，由于长期以来国际上对服务贸易的概念缺乏明确而统一的界定，加之各国服务业和服务贸易的发展很不平衡，因此，国际服务贸易的统计远远落后于国际服务贸易的发展。目前有关领域缺乏统一的服务贸易的统计体系，而且对已有的统计数据缺乏系统的收集和整理，使得许多研究成果的科学性受到了限制，也影响了各国政府与企业的正确决策。

1987年，联合国统计局和国际货币基金组织统计部联合向各国的统计局和国际收支统计汇编单位发送了《服务贸易统计问题调查表》，1988年和1989年又先后两次将各国答复的意见汇总发送各国进一步征求意见，在此基础上对服务贸易国际收支统计方式进行了改进。1993年，国际货币基金组织在《国际收支手册》第5版（以下简称BPM5）

中首次将服务贸易单列,其后世界大多数国家都建立了以 BPM5 为指导的本国国际收支统计(BOP 统计)和相应的服务贸易统计。按照 BOP 统计方法,国际服务贸易仅反映居民与非居民之间的服务性交易,也就是跨境交易。2008 年 12 月,国际货币基金组织公布的《国际收支和国际投资头寸手册》第 6 版中扩展和充实了 BPM5 的相关内容,一是增加了服务贸易差额这项指标;二是将保险服务扩展为保险服务和养老服务;三是将加工和维修从货物贸易转移到服务贸易项下;四是将特许与许可证费修改为知识产权使用费;五是将通信服务和计算机、信息服务合并为通信、计算机和信息服务。

1993 年 12 月,关税与贸易总协定乌拉圭回合谈判最终结束,各缔约方签署了第一套有关国际服务贸易且具有法律效力的全球多边规则《服务贸易总协定》(GATS)。GATS 按照服务的提供者和消费者之间是否发生空间位移,将国际服务贸易划分为跨境交付、境外消费、商业存在、自然人流动四种提供方式,相应地,按照 GATS 统计原则,国际服务贸易统计既包括跨境交易(主要以跨境交付、境外消费、自然人流动方式提供),也包括境内交易(主要以商业存在方式提供)。由于服务产品和服务贸易自身的特点,以投资为前提的商业存在类服务贸易在整个国际服务贸易中占有重要的地位。

随着跨国投资和经济全球化的发展,已有一半以上的外国附属机构直接投资进入了服务业领域。外国附属机构以商业存在的方式提供的国际服务贸易目前已经超出了 BOP 统计的服务贸易范畴,但大多数国家没有将其纳入统计范围。因此,为全面反映一国国际服务贸易的实际情况,必须同时建立两套国际服务贸易统计标准,即国际收支服务贸易统计(BOP 统计)和外国附属机构服务贸易统计(FATS 统计)。

可见,一国服务贸易的统计数据不仅应包括 BOP 统计数据,也应该包括 FATS 统计数据;不仅应有总体数据,还应有能够反映分产业、分国别、分服务提供方式的详细数据。然而,实践中由于人力、财力、业务能力等情况不同,各国服务贸易的发展很不平衡:美国在服务贸易统计方面居世界前列,不仅可以提供 BOP 统计数据,也可以提供 FATS 统计数据,并可以形成分产业、分国别的详细数据,但在分服务提供方式分类统计方面进展缓慢。欧盟统计局成员基本可以提供 BOP 统计数据,在内向 FATS 统计方面也取得了一定的突破,但在外向 FATS 统计方面进展不大,按服务提供方式统计服务贸易则尚未进行。对于大多数发展中国家而言,它们的服务贸易统计目前限于 BOP 口径的服务贸易数据,在 FATS 统计方面尚处于起步阶段。

为进一步促进和协调各国的国际服务贸易统计,服从和服务于各国服务贸易的开展,1996 年,由来自联合国、欧洲共同体委员会、国际货币基金组织、经济合作与发展组织、联合国贸易和发展会议、世界贸易组织的专家组成的国际服务贸易统计机构工作组开始起草《国际服务贸易统计手册》(以下简称《手册》),目标是建立既有创意又与现行统计体系一致的新的国际统计方法。1999 年,该工作组针对《手册》与《1993 年国民账户体系》(以下简称 1993SNA)分类的协调问题进行了审议,广泛征求了各国统计部门和 BOP 汇编部门的意见,70 多个国家对此给予了答复。2000 年,联合国专家小组对

《手册》的结构和内容进行了全面的审议，并于2001年3月提交统计委员会第三十二次会议，统计委员会最终批准了《手册》。《手册》详细阐述了国际服务贸易统计的概念框架，界定了FATS统计的相关统计指标，与其他相关统计体系如BPM5、1993SNA等进行了横向对比，明确了相互间的关系，最大限度地弥补了统计体系的不足。

二 国际服务贸易统计体系

（一）BOP统计

BOP统计是一国政府或专业机构收集的有关产业和具体部门的信息，反映一定时期内一国对外贸易和资本流动的状况。就统计对象而言，BOP统计的核心是跨境贸易，其统计对象包括服务贸易和货物贸易，而且侧重于货物贸易。BOP经常项目下的"服务"指的是一成员（国家或地区）境内居民与非居民之间的服务交易，而"居民"通常被理解为在一成员境内居住满一年的自然人和设有营业场所并提供货物或服务生产的企业法人。显然，BOP定义的国际服务贸易主要是服务的跨境交易。一居民与非居民之间的服务交易。

BOP统计在各国服务贸易统计上发挥着不可替代的作用，同时国际货币基金组织和世界贸易组织这两大国际经济组织服务贸易的数据也都来源于各国的BOP统计（两者提供的数据有所不同，国际货币基金组织的统计包括政府服务，世界贸易组织的统计不包括此项内容）。

但BOP统计的不足之处也是很明显的。首先，按照BOP统计的原则，国际服务贸易只是居民与非居民间的服务性交易，主要反映的是跨境交易，涵盖跨境交付、境外消费方式的全部和商业存在、自然人流动方式的一部分，而商业存在在当前世界服务贸易中占据主导地位。其次，BOP统计与GATS之间存在服务贸易分类标准的衔接问题。目前，国际上比较通行的服务贸易BOP统计分类是BPM5中对服务贸易所做的分类，虽然它不是关于服务业的分类，但列入其服务贸易统计范围的服务部门包括以下11个组成部分：运输服务；旅游服务；通信服务；建筑服务；保险服务；金融服务；计算机和信息服务；特许权使用和许可服务；其他商业服务；个人、文化和娱乐服务；别处未包括的政府服务。一方面，该体系与各国现有统计项目完全吻合的情况很少；另一方面，该体系涵盖的部门与GATS的分类也存在较大的差别，GATS将国际服务贸易划分为商业服务、通信服务、建筑和相关工程服务、分销服务、教育服务、环境服务、金融服务、健康与社会服务、旅游及相关服务、娱乐文化和体育服务、运输服务以及其他服务共计12大类155个分部门。这与BOP统计对服务贸易部门的划分无论在项目个数还是在统计内容上都有着明显的差别，表明传统的BOP统计无法适应GATS。

（二） FATS 统计

如图 2-3 所示，FATS 统计反映了外国附属机构在东道国发生的全部商品与服务的跨境交易情况，包括与投资母国之间的交易、与所有东道国其他居民之间的交易以及与其他第三国之间的交易，核心是其中的非跨境交易，即与东道国居民之间的贸易。

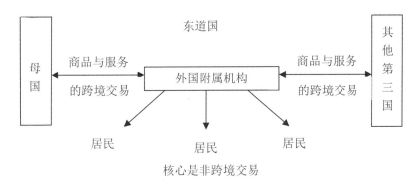

图 2-3　FATS 统计示意图

由于对任何一国而言，直接投资都是双向的，既有外国在本国的直接投资，也有本国在外国的直接投资，反映在统计上就形成了 FATS 的内向统计和外向统计。就报告国而言，记录外国机构在本国交易情况的统计，称为内向 FATS 统计（相当于服务进口）；记录本国在外国投资形成的附属机构在东道国交易状况的统计，称为外向 FATS 统计（相当于服务出口）。

目前，在反映国家（地区）之间交易的国际经济统计中，包括以记录跨境货物交易为特征的国际商品贸易统计、以记录跨境服务交易为特征的跨境服务贸易统计以及与国际投资相关的以非跨境交易为特征的外国附属机构服务贸易统计即 FATS 统计，三者互为补充，试图从不同角度全面反映国际经济交易状况。其中，FATS 统计具有以下特点。

第一，从统计范围看，FATS 统计包括外国附属机构的全部交易活动（跨境交易和非跨境交易），但其核心是企业的国内销售。

第二，从统计对象看，只有外方投资比例在 50％以上的企业才被列入 FATS 统计对象。这与外来直接投资统计的对象不同，国际上一般以外资所占比重为 10％以上（我国是 20％）的企业作为直接投资统计的对象。原因在于，FATS 统计实质上是以投资为条件的贸易统计，除反映投资状况外，更主要的是涉及贸易利益。只有外方投资人拥有并控制企业，才能决定贸易过程并获得贸易利益。

第三，从统计内容看，FATS 统计远比传统的直接投资统计的内容广泛。FATS 统计不仅包括投资的流量和存量，也包括企业经营状况和财务状况以及对东道国经济的影响，其核心内容是反映外国附属机构在东道国进行的非跨境交易以及这种交易对东道国经济和市场的影响。

服务贸易 FATS 统计与商品贸易 FATS 统计在实践中有很大的区别。人们一般将外国附属机构在东道国的服务贸易 FATS 统计内容作为广义的国际服务贸易的统计内容，而将外国附属机构在东道国的商品贸易 FATS 统计内容作为外国直接投资统计的进一步深化和补充。

（三） BOP 统计和 FATS 统计的区别和联系

BOP 统计的对象是一国居民与非居民之间的服务贸易，反映国际服务贸易的规模和结构。FATS 统计作为 BOP 统计的补充，统计对象是外国投资服务企业提供的服务贸易，反映一国服务业市场的开放程度。两者紧密联系，共同反映国际服务贸易的全貌。但是两者在统计内容上存在交叉、重叠，统计记录原则及统计范围等存在差异，两者数据的简单相加势必导致重复计算。

BOP 统计与 FATS 统计判断服务交易者归属国的标准是不同的。BOP 统计倾向于居民原则，它立足于服务交易者的常住性来判断服务交易者的归属国，认为国际服务贸易是一经济体的常住单位与非常住单位之间的交易，界定常住性的依据是经济利益中心所在地，而不是交易单位的所有权。FATS 倾向于国民原则，它从生产要素所有者的角度来判断服务交易者的归属国，认为国际服务贸易是一经济体拥有所有权的单位与其他经济体的单位之间的交易。

BOP 统计与 FATS 统计对国际服务贸易四种模式的统计范畴不同，尤其对以商业存在形式提供的服务的处理方式不同。外国附属机构在东道国与东道国居民之间的服务贸易属于 FATS 统计范围，但不属于 BOP 统计范围。在 FATS 定义下，外国投资服务企业在东道国发生的全部服务贸易均属于国际服务贸易，而不论服务消费者来源地。如此一来，服务贸易定义的内涵就由 BOP 统计的居民与非居民之间的跨境服务贸易扩展到 FATS 统计的外国投资服务企业同东道国其他居民之间的贸易，即居民与居民之间的贸易。

（四） GATS 四种贸易方式的简化统计

GATS 所定义的服务贸易的四种提供方式是目前国际上对服务贸易最为权威的定义。为了将传统的 BOP 统计和 FATS 统计逐步统一在 GATS 的四种提供方式下，《手册》提出了一个简化的统计方法，《国际收支和国际投资头寸手册》第 6 版指出，国际服务贸易不仅包含常住者和非常住者之间传统意义上的服务贸易交易，也包含外国控股在本土设立的企业提供的服务（后者已被纳入 FATS 统计），如表 2-3 所示。

表 2-3　GATS 四种贸易方式的简化统计

贸易方式	统计范围
跨境交付	运输服务，保险和养老金服务，金融服务，电信服务和信息服务（向位于外国港口的国内承运人或位于国内港口的非常住承运人提供的支持服务和辅助服务除外）；经营租赁服务和贸易相关服务；别处未涵盖的知识产权使用费

续表

贸易方式	统计范围
境外消费	当地运输服务，住宿服务，餐饮服务和其他旅行服务；别处未涵盖的维护和维修服务以及对他人拥有的有形投入进行的制造服务（即维修或加工服务费中的服务部分）
商业存在	部分建筑服务；在国外开业；建立临时性现场办事处；国外设立分支机构
自然人流动	签约服务供应商（自营职业者）；作为法人雇员的签约服务供应商；公司内部人员调动和外国公司直接雇用的外籍员工；服务销售商和负责建立商业存在的个人

（资料来源：UN et al. (2010). Manual on Statistics of International Trade in Services：125-131）

由于各国经济发展水平不同，服务业发达程度不同，对外直接投资和利用外资的规模和成效也有很大差异，参与服务贸易谈判和签订协议的积极性不同，对国际服务贸易数据需求的迫切程度也不一样，因此建立符合GATS要求并能充分满足贸易谈判和协议履行等各方面需要的国际服务贸易体系将是一个漫长的过程。基于这种认识，《手册》提议采取分阶段执行其建议的方法，以便各国可以根据这一新的国际标准框架逐步编制可利用的信息。

三、世界主要国家服务贸易统计实践

（一）发达国家的统计实践

◆ 1. 美国

从世界范围讲，美国的服务贸易统计目前是世界上最先进、最完备的。美国商务部经济分析局（Bureau of Economic Analysis，BEA）是美国服务贸易统计的主要机构，也是服务贸易统计数据首要的发布机构，其统计范围涵盖跨境贸易和附属机构销售两种服务贸易方式。跨境贸易是指居住在美国的公司和个人与居住在外国的公司和个人之间的交易；附属机构销售是指附属企业通过直接投资进行的包括出口和进口在内的销售，其中，出口是指美国公司的外国附属机构（即美国公司占多数股权的机构）在海外的销售，进口是指外国公司在美国的附属机构（外国公司占多数股权）在美国的销售。

美国国际服务贸易分类以BOP统计中关于服务贸易的分类为基础，同时和经济合作与发展组织及欧盟统计局共同确定的分类系统相对应。其统计时将整个服务贸易分为选择性服务、专项服务和运输服务。BOP统计和FATS统计主要由美国商务部经济分析局负责，以问卷调查汇总、相关统计数据参考、经济指标推算的方法实现数据的采集和加工。外向FATS统计主要通过"美国跨国公司统计"实现,内向FATS统计主要通过"外国直接投资调查"实现。

◆ **2. 加拿大**

加拿大的FATS统计是比较成功的。加拿大FATS统计的对象包括加拿大常住单位拥有多数股权或投票权大于50%的外国附属机构,但不包括加拿大公司的国外分公司。它以问卷调查方法进行统计。

◆ **3. 英国**

英国服务贸易统计的覆盖范围非常广,主要包括金融服务、商业服务、专业服务、旅游服务及餐饮服务等。英国服务贸易统计由英国国家统计局归口管理,不同行业分别提供数据,由国家统计局统一对外发布统计公报。

英国国家统计局对服务贸易统计基本的分类进行了微调,主要包括运输、旅游、通信、建筑、保险、金融、计算机和信息、版权和专利费、其他商业、私人文化及娱乐、政府等11个类别。

◆ **4. 其他发达国家和地区**

日本FATS的统计主要通过海外商业活动调查(外向调查)和外国附属公司商业活动趋势调查(内向调查)两种方式获得。这两项调查都由日本经济产业省(METI)负责,以调查问卷的方式每年进行一次。

欧洲经济区(EEA)于2007年6月20日颁布了《外国附属机构统计规定基本法律》(716/2007),欧盟统计局发布了FATS建议手册,在手册中介绍了适用于FATS汇编的一般方法体系,以确保欧盟各成员国FATS数据统计方式协调一致。欧盟成员国及候选国每年须向欧盟统计局提供FATS的相关统计数据。

(二)中国的统计实践

中国服务贸易统计的发展几经波折。自20世纪90年代开始,有关部门便着手开展中国的服务贸易统计,然而始终未形成规范的服务贸易统计制度,这直接影响了服务贸易统计工作。长期以来,中国仅有反映跨境交易的国际收支项下的服务贸易统计数据,而反映外国附属机构的服务贸易统计数据不完整,以致无法掌握中国服务贸易发展的全貌。即使是国际收支项下的服务贸易统计数据,也存在分类不够详尽的问题和一些有待完善之处。这些缺失使现有的统计信息无法全面反映中国在世界服务贸易中的参与状况,也不利于为政府科学决策提供信息支持。

虽然我国开展服务贸易统计面临诸多问题,但国际服务贸易的系统统计已逐步具备可行性，主要表现在以下方面。首先，符合国际标准的国际收支统计已经制度化。我国自 1982 年开始编制并公布国际收支统计数据，自 1996 年开始实施《国际收支统计申报办法》，目前已经形成了以银行间接申报为主、企业直接申报为辅、独立于行政管理部门统计、涵盖中国所有涉外经济领域的一套国际收支数据收集体系。同时我国采用的统计概念定义及数据加工方法符合国际货币基金组织 BPM5 的基本规范。其次，流入流出双向外商直接投资（FDI）统计已经较为成熟。我国商务部已经分别就中国外商投资（非金融类）和中国对外直接投资（非金融类）建立了相应的统计制度，可提供包括外国直接投资流量和直接投资企业经营状况在内的基本统计资料。最后，金融机构现有统计已涵盖外国附属机构服务贸易的部分内容。目前，中国证券监督管理委员会等金融部门的统计已涵盖外国附属机构服务贸易的部分内容，为中国开展金融类外国附属机构服务贸易统计奠定了基础。

国际服务贸易的发展要求中国服务贸易统计与国际服务贸易统计标准接轨，并进一步规范化和制度化。在此背景下，中国《国际服务贸易统计制度》出台了，并于 2008 年 1 月 1 日正式施行。作为中国服务贸易统计领域的开创性立法，该制度以《中华人民共和国对外贸易法》和《中华人民共和国统计法》及相关规定为依据，符合《服务贸易总协定》和《国际服务贸易统计手册》的基本要求，并结合中国服务贸易的具体情况，以保证中国服务贸易统计方向的正确性与操作的可行性。《国际服务贸易统计制度》由商务部和国家统计局于 2010 年、2012 年进行了两次修订，在此基础上完成国际服务贸易统计直报系统的升级和改造，进一步强化数据分析功能。商务部每年定期公开出版《中国服务贸易统计》报告，系统发布上年度中国和世界服务贸易统计数据，该报告在监测重点领域服务贸易企业进出口情况和为地方各级商务主管部门提供服务贸易统计信息等方面发挥了重要作用。2017 年 6 月，商务部在调查收集数据的基础上，首次发布我国附属机构服务贸易统计数据，这标志着中国服务贸易"BOP＋FATS"统计体系逐步走向成熟。

服务贸易对中国对外贸易的平稳增长、经济结构的转型升级做出了重要贡献。发布系统全面的服务贸易统计数据，可以为相关主管部门研判发展形势、预测未来前景、制定发展战略和政策奠定基础，也可以为服务贸易企业开拓业务市场提供依据与引导。

本章小结

本章主要介绍了国际服务贸易的定义、分类与统计。目前，人们关于国际服务贸易尚未形成统一的精准定义。1994 年，关税与贸易总协定乌拉圭回合谈判达成的《服务贸易总协定》（GATS）对服务贸易的界定最为权威，其将服务贸易定义为跨境交付、境外消费、商业存在、自然人流动四种提供方式。国际服务贸易具有多样性和复杂性，内容相当广泛，目前尚未形成统一的分类标准。《服务贸易总协定》提出了以部门为中心的服务贸易分类方法，将服务贸易分为

12大类，即商业服务，通信服务，建筑和相关工程服务，分销服务，教育服务，环境服务，金融服务，健康与社会服务，旅游及相关服务，娱乐、文化和体育服务，运输服务以及其他服务等。在服务贸易统计方面，国际服务贸易统计体系包括BOP统计和FATS统计。BOP统计的核心是跨境贸易，其统计对象包括服务贸易和货物贸易，而且侧重于货物贸易。BOP统计经常项目下的"服务"指的是一成员（国家或地区）境内居民与非居民之间的服务交易。BOP统计难以反映当前世界服务贸易中占据主导地位的商业存在。FATS统计弥补了这一不足，FATS统计反映了外国附属机构在东道国发生的全部商品和服务的交易情况，包括与投资母国之间的交易、与所有东道国其他居民之间的交易以及与其他第三国之间的交易，核心是其中的非跨境交易，即与东道国居民之间的交易。这两大统计体系相互补充，共同反映国际服务贸易的全貌。

复习思考

1. 简述《服务贸易总协定》（GATS）对服务贸易的定义。
2. 国际服务贸易有哪些特征？
3. 简述国际追加服务贸易和国际核心服务贸易的区别。
4. 简述《服务贸易总协定》（GATS）对服务贸易的分类。
5. BOP统计经常项目下的"服务"指的是什么？
6. 结合《服务贸易总协定》（GATS）对服务贸易的定义，分析BOP统计的缺点。
7. FATS统计和BOP统计有哪些区别和联系？

延伸阅读：
2022中国国际服务贸易交易会在北京举行

第三章 国际服务贸易理论

学习目标

- 掌握国际服务贸易的理论体系；
- 理解传统贸易理论在服务贸易领域的适用；
- 掌握对外直接投资理论在服务贸易领域的作用，做有理论素养的新时代外贸人。

情景导入

第十六届国际服务贸易论坛圆满举办

2022年9月3日，北京第二外国语学院与中国国际贸易学会共同举行的"中国国际服务贸易交易会·第十六届国际服务贸易论坛"在北京开幕。本届论坛以"经济韧性与全球合作：数字时代的服务贸易"为主题，来自联合国教科文组织、世界知识产权组织、联合国贸发会议等国际组织的代表，来自匈牙利、瑞士、美国、法国、巴西、塞尔维亚、印度、新加坡以及中国的政产学研各界专家交流思想、凝聚共识，共议数字时代服务贸易的创新与发展。

服务贸易是国际贸易的重要组成部分和国际经贸合作的重要领域，在构建新发展格局中具有重要的作用，既承担着促进世界经济发展的重任，又肩负着促进文化交流、文明互鉴的使命。本届论坛设置"经济韧性支撑全球服务贸易发展""数字经济时代服务贸易竞争与合作"两大板块，业界专家、学界学者从不同视角各抒己见，进行思想的交流与碰撞，为服务贸易发展的战略决策、学术研究、产业贸易提供了重要的智力支撑。

（资料来源：第十六届国际服务贸易论坛圆满举办［EB/OL］.（2022-09-05）［2023-05-20］https：//new.qq.com/rain/a/20220905A07GH200，有删改）

> **问题与思考**
>
> 1. 传统贸易理论有哪些？能否适用于服务贸易？
> 2. 对外直接投资理论有哪些？能否适用于服务贸易？

知识角：
国际服务贸易
理论的研究方法

第一节 传统贸易理论与国际服务贸易

传统贸易理论包括比较优势理论和要素禀赋理论等古典贸易理论以及生产区段与服务链理论和服务贸易不完全竞争理论等新贸易理论。传统贸易理论对服务贸易具有重要的借鉴意义，但由于传统贸易理论早期的研究对象是货物贸易，与服务贸易有着多方面的差异，因此，学界就传统贸易理论能否适用于服务贸易领域展开了大量探讨。这里我们重点介绍比较优势理论和要素禀赋理论对服务贸易的适用性。

一、比较优势理论对服务贸易的适用性

英国古典经济学家大卫·李嘉图（David Ricardo）提出的比较优势理论的基本逻辑在于：如果每个国家都能专门生产各自具有比较优势的商品，那么通过贸易，双方都可以享受更大的总消费和福利。该理论认为，即使贸易的一方在两种商品生产上均比另一方占有绝对优势，但只要这种优势有程度上的不同，或者另一方在两种商品生产上均具有绝对劣势，则双方仍有进行互利贸易的可能，即"两害相权取其轻，两利相权取其重"。可以

知识角：
比较理论优势

说，比较优势理论奠定了国际贸易的基础。它从供给角度解释了国际贸易的动因，并通过互利的贸易结果说明了国际分工和贸易的必要性。

但学界对于比较优势理论能否适用于服务贸易持有不同看法，目前存在三种观点：一是比较优势理论不适用于服务贸易；二是比较优势理论适用于服务贸易；三是比较优势理论修正后适用于服务贸易。

（一）比较优势理论不适用于服务贸易

R·迪克（R. Dick）和 H·迪克（H. Dicke）是最早尝试运用传统贸易理论来解释服务贸易模式的学者。他们对经济合作与发展组织中 18 个国家的资料进行跨部门回归分

析，运用显示比较优势法来验证知识密集型服务贸易的现实格局是否遵循比较优势原理。结果显示，没有证据表明比较优势理论在服务贸易模式的决定中发挥了作用。尽管这一结果可以部分归因于非关税壁垒的存在，但他们仍然坚持当时流行的观点，即如果不考虑贸易扭曲，要素禀赋在服务贸易中没有重要的影响。①

美国经济学家菲克特库迪（Feketekuty）认为，服务同商品相比具有许多不同的特点：第一，服务贸易是劳动活动和货币的交换，不是物品和货币的交换；第二，服务的生产和消费同时发生，不能储存；第三，服务贸易在各国海关进出口和国际收支表上没有体现。这些特点决定了国际货物贸易原理不适用于服务贸易。②

桑普森（Sampson）和斯内普（Snape）认为，由于传统的要素禀赋理论以生产要素不能在国际间流动为基本前提，而服务贸易通常要求服务提供者与需求者在物理上接近，因此，传统贸易理论不足以解释服务贸易。

（二）比较优势理论适用于服务贸易

这一观点认为比较优势理论完全适用于服务贸易，没有必要把服务贸易同一般国际贸易区别开来。持这种观点的学者有很多，例如，萨皮尔（Sapir）和卢兹（Lutz）曾进行了一系列著名的服务贸易的实证研究，其主要结论是传统贸易理论不仅适用于货物贸易，也适用服务贸易，要素禀赋在货物贸易和服务贸易模式的决定上都具有重要作用。③拉尔（Lall）和斯图尔特（Stewart）通过对发展中国家的海运和技术服务贸易的实证研究，也得出了相似的结论。④ 美国著名国际经济学家查理·库珀（R.Cooper）认为，作为一个简单的思想，比较优势论是普遍有效的，对传统比较优势论的依赖是基于一个简单的命题——每个团体所专注的共同利益正是自身效率更高的那项活动所带来的。这个命题总是有效的，试图解释各个团体所拥有的比较优势结构的不同理论确实存在，但是其中一些甚至全部都是错误的。正如存在于商品生产中那样，比较优势也存在于服务业中。⑤

（三）比较优势理论修正后适用于服务贸易

这种观点介于前两种观点之间，它既肯定了国际贸易的基本原理对于服务贸易的适用性，也认为将该理论直接用于解释服务贸易存在缺陷，因而必须对传统理论进行修正后再将其用于解释服务贸易。

---

① Dick R，Dicke H. Patterns of trade in knowledge，international economic development and resources transfer[M]. Tubingen，1979.

② Feketekuty G，International trade in service：An overview and blueprint for negotiations[M]. Cambridge：American enterprise Institute and Ballinger，1988.

③ Sapir A，Lutz E. Trade in services：Economic determinants and development-related issues[J]. World Bank Staff Working Paper，1981：480.

④ Lall S，Stewart F. The third world and comparative advantage in trade services，theory and reality in development[M]. London：Macmillan，1986.

⑤ 韶泽，婧赟. 国际服务贸易的相关理论[J]. 财贸经济，1996（11）：51-55，34.

迪尔多夫（A. Diordorf）分析了传统贸易理论用于服务贸易的局限性，认为服务贸易至少有三个不同于传统贸易的特征：第一，一些服务的需求仅仅是货物贸易的派生需求，不存在贸易前价格；第二，许多服务涉及要素流动；第三，某些要素服务可以由国外提供。他通过分析指出，前两个特征不影响比较优势理论在服务贸易中的运用，但第三个特征会导致比较优势原则不成立。他在改变标准的赫克歇尔-俄林模型中的个别约束条件后，率先成功地解释了国际服务贸易是如何遵循比较优势理论的。①

塔克（Tucker）和森德伯格（Sundberg）也认为传统贸易理论适用于分析服务贸易，但存在以下局限：第一，要素禀赋理论是从供给的角度来分析国际贸易的，而国际服务贸易在许多情况下主要受到需求条件而不是生产成本的影响；第二，商品和服务在研究与开发、广告等方面的效用上存在差别，这将导致服务的出口同国内市场不同的需求特征；第三，许多服务往往作为中间投入出现在生产过程中，在生产的不同阶段会出现两个不同的生产函数；第四，服务贸易受市场结构和政府管制的影响比货物贸易要大得多。他们提出，在运用传统贸易原理分析服务贸易时，需要更多地关注相关的市场结构和需求特征，以突破上述局限。②

伯格斯（Burgess）指出，传统贸易理论是可以用来解释服务贸易的。如果把标准的赫克歇尔-俄林模型做简单修正，就可以得到解释服务贸易的一般模型。他首先建立以下假设：市场完全竞争；规模报酬不变；用资本 K 和劳动力 L 两种要素生产两种产品和一种服务；将服务部门的产出作为中间投入参与最终产品的生产，而服务部门使用的全部要素同样可以用于产品生产部门。根据伯格斯模型，一个厂商是选择合约经营还是选择自身进行服务取决于服务的市场价格与要素价格。服务价格相对地超出工资和租金越高，生产厂商就越少依赖服务部门，但用于服务的支出将因要素间替代程度的不同而升降。如果技术或政策壁垒阻碍服务贸易，那么提供服务的技术差别将成为一国商品比较优势的重要决定因素。

总之，虽然目前学界对比较优势理论是否适用于服务贸易领域存在争议，但主流观点是，传统贸易理论是可以适用服务贸易的，但由于服务贸易具有许多货物贸易所不具备的特征，所以在运用传统贸易理论来解释服务贸易时，必须进行适当的修正。

二 要素禀赋理论对服务贸易的适用性

要素禀赋理论亦称赫克歇尔-俄林理论、H-O 理论。该贸易理论由瑞典经济学家俄林

---

① Deardorf A. Comparative advantage and international trade and investment in services, trade and investment in services [C] //Stern R M. (ed). Trade and Investment in Services: Canada/US Perspectives, Toronto, 1985.

② Diebold W, Feketekuty G. International Trade in Services [J]. Foreign Affairs (Council on Foreign Relations), 1988, 67 (2): 178.

在瑞典经济学家赫克歇尔的研究基础上形成,并在 1933 年出版的《地区间贸易与国际贸易》一书中提出。该理论认为各国间要素禀赋的相对差异以及生产各种商品时利用这些要素的强度的差异是国际贸易的基础,并强调生产商品需要不同的生产要素,如资本、土地等,而不仅仅是劳动力,不同的商品生产需要不同的生产要素配置。该理论同时提出,一国应该出口由本国相对充裕的生产要素所生产的产品,进口由本国相对稀缺的生产要素所生产的产品,而且随着国际贸易的发展,各国生产要素的价格将趋于均等。

要素禀赋理论的核心在于用各国生产要素丰裕程度的差异、要素价格差异、产品价格的差异解释比较优势的形成和国际贸易的成因,是对古典经济学的补充与发展,其基本观点是:一国出口的商品是那些需要密集地使用该国相对丰裕和便宜要素的商品,而进口的商品是那些需要密集地使用该国相对稀缺和昂贵要素的商品。

两国之间的要素禀赋差异不仅可以说明商品与商品之间的相对价格差异,从普遍意义上讲,也可以说明商品与服务之间以及服务与服务之间的相对价格差异,在不考虑技术因素的条件下,服务的成本取决于生产所需要素的密集程度和要素价格。

然而传统的要素禀赋理论仍然不能完全解释所有的服务贸易现象,其原因有以下三点:一是人力资本密集型服务因人力资本通过教育、培训、研究和开发获得,同时具有较强的流动性,因而不是单纯因要素禀赋获得的比较优势;二是知识密集型服务对于将技术进一步转化为生产力和国际竞争优势发挥着重要作用,并推动一国服务贸易的比较优势不断发生转移,因而包括技术、政府管制、竞争策略和人力资源等同样应该被看作构成服务贸易的比较优势的重要来源;三是服务要素的品质差异及跨境移动、消费者参与贸易过程使需求要素更加突出。这些都成为要素禀赋理论必须面对和解决的问题,而上述原因显然与服务产品及服务贸易的特征和规律密切相关。

第二节 新贸易理论与国际服务贸易

国际经济学界自 20 世纪 90 年代以来开始以新贸易理论为基础对服务贸易展开研究,其中代表性理论包括生产区段与服务链理论和马库森理论。

一、生产区段与服务链理论

科技进步使生产成本趋于下降,服务价格变得越来越低廉,这一变化导致了服务生产的分散化、迂回性。生产过程分散在不同地点,增加了生产方式组合,导致人们对服务链产生更为迫切的需求。琼斯（Jones）和克尔茨考斯基（Kierzkowski）为此提出了生产区段与服务链理论，以此来探讨企业产出水平的提高、收益的增加和要素分工的优势，以及如何促使企业转向通过服务链连接各个分散生产区段的新型生产方式。一系列协调、管理、运输和金融服务组成服务链，当生产过程分散到由不同国家的生产区段合作生产时，人们对国际服务链的需求就会明显上升，从而诱发国际服务贸易。[①]

（一）生产过程分散化

生产过程分散化如图 3-1 所示，其中，PB 表示生产区段，SL 表示服务链，(a) 表示单一生产区段，服务投入的影响在这一阶段并不明显，仅仅参与生产区段的内部协调和联结厂商与消费者的营销活动。假设某厂商位于生产区段内的技术隐含着规模报酬递增效应，且边际成本不变，则在图 3-2 中，线 aa' 表示总成本随生产规模的扩大而上升，其斜率为边际成本；截距 Oa 表示厂商和其他与生产区段有关的固定成本。

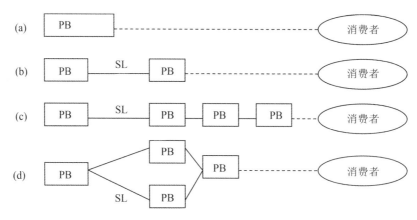

图 3-1 生产过程分散化

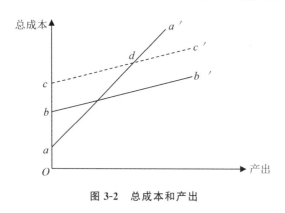

图 3-2 总成本和产出

随着生产的扩张，社会分工与专业化程度日益加深，从而加速了生产区段的分离。图 3-1 就反映了这一情况：假定生产过程分散化改变了固定成本和可变成本之间的比例，而且在生产区段之间增加投入大量固定成本可以导致较低的边际成本，就是图 3-2 中的 bb' 线反映的情形。在该阶段中，服务业起到了重要的作用。图 3-1 中的两个

---

① Jones R W，Kierzkowski，H. The Role of Services in Production and International Trade：A Theoretical Framework [M] // Jones R W，Kruger A（Eds）. The Political Economy of International Trade. Oxford：Basil Blackwell，1990.

生产区段需要通过服务来协调和联结，这种协调和联结必然需要成本，比如运输服务成本。由于生产区段的分散导致总成本增加了联结生产区段的服务链的成本，故新的成本产出线应为虚线 cc'。这些服务成本与生产规模基本无关，因为线 cc' 与线 bb' 平行。即使服务链成本随着生产水平的提升而增大，也只需要将线 cc' 画得比线 bb' 稍陡即可。但是，含有服务链的边际成本应低于相对集中生产（线 aa'）的边际成本，否则厂商将不愿意采用分散生产的方式。

（二）国际贸易中的服务链

假设世界市场的交易对象是中间产品和服务而非最终产品，一国将出口其具有比较优势的产品。但在规模收益递增的情况下，专业化生产将有效地降低产品的生产成本，也会引起企业对于分散化生产的重视。由于任何一国都不可能同时拥有在每一个生产区段和服务链的成本优势，厂商为了追求高效率，会将生产分布至全球，也就是会引入外国服务链。图 3-3 显示了外国服务链参与对服务成本的影响。H 线表示两个生产区段均在国内时的固定成本和可变成本。H' 是增加了服务链后的成本。

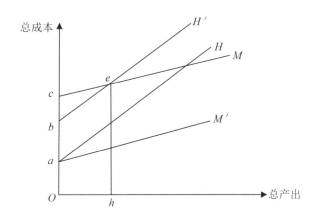

图 3-3　总成本和总产出：外国服务链的影响

若国内和国外各有一个生产区段成本较低，则国内和国外组合生产之后的成本由 M' 表示。假设固定成本仍与 H 线相同，但联系国内和国外生产区段的服务链成本大于两个区段都在国内时的服务成本，即 $ca>ba$，那么，最优化的成本-产出曲线为 beM，即当产量大于 h 时，可以采用国内和国外相结合的分散方式进行生产。

在模型中，假定国内生产区段的固定成本不变，联结跨国生产区段的服务链成本大于联结国内生产区段的服务链的成本，实际上如果国外生产区段拥有成本优势，这种优势不仅体现在可变成本上，也应体现在固定成本上，国际服务链成本也可能小于国内服务链成本，例如加拿大与美国某地的运输价格低于国内相同距离的运输价格。

以电信、运输、金融服务业为代表的现代服务技术的进步，已经卓有成效地降低了国际服务链的相对成本，使得跨国生产所需要的最小规模越来越小，即图 3-3 中 h 点逐渐左移，这极大地刺激了各厂商利用国际服务贸易链进行高效率跨国分散生产的积极性，国际服务贸易特别是生产者服务贸易获得巨大推动而不断增长。

二、马库森理论

马库森（Markusen）根据服务部门的柯布-道格拉斯生产函数和熟练服务业劳动生产的替代弹性不变函数得出的结论是，生产企业和特殊专业化服务的生产规模收益不变，而服务业与其所提供的服务总量呈规模收益递增趋势。马库森认为服务部门的产出虽竞争均衡，但并不是帕累托最优状态，因为它没有将规模效应考虑在内。他提出，服务贸易中同样存在先入者优势，收益递增规律会使率先进入服务产业的厂商以较低成本扩展规模，阻止后来者提供同样的服务，从而降低其福利水平，同样地，也使小国生产规模收益递增的趋势萎缩，使小国遭受福利损失。因此，马库森的政策主张是适当的补贴可使福利最大化，包括生产补贴和由政府提供的公共收入。

马库森的主要观点如下：第一，国际服务贸易提供者即使单纯地发挥要素禀赋的作用也能从国际服务贸易中获利；第二，由于多种熟练劳动的投入能够提高服务业部门的最终产出，在国际服务贸易中小国比大国获利更多，即小国的消费者从国际服务贸易中得到的优惠会超过小国的生产者从国际服务贸易中遭受的损失；第三，由于一些方面的专业化受到限制，仅有货物贸易并不能实现生产的帕累托最优，引入服务贸易才可以实现最大限度的专业化和帕累托最优；第四，即使存在垄断力量，关税也不一定会提高一国的福利水平，而且它会削弱全球的专业化潜力而使全球的福利水平降低。

第三节　对外直接投资与国际服务贸易

一、传统对外直接投资理论

（一）垄断优势理论

美国学者斯蒂芬·赫伯特·海默（Stephen Herbert Hymer）在其博士论文中提出了垄断优势理论，并因此被一些西方学者誉为"跨国公司理论之父"。海默研究了美国企业对外直接投资的工业部门构成，发现对外直接投资和垄断的工业部门结构有关，从事对外直接投资的企业主要集中在具有独特优势的少数部门。同时，他还分析了产品和生产要素市场的不完全性对对外直接投资的影响。海默认为，国际市场和国内市场的竞争都是不完全的，这种不完全性在商品市场上表现为产品的特异性、商标、特殊的市场技能或价格联盟等形式；在要素市场上表现为特殊的管理技能、资本市场上的便利、受专利制度保护的技术的差异等。此外，规模经济以及不同国家在关税、税收、利率和汇率上的差异等也体现出市场的不完全性。市场的不完全性使得少数企业拥有垄断优势，并能够借助优势克服跨国经营中增加的额外成本，在东道国与当地企业展开强有力的竞争。因此，跨国公司具有的垄断优势是确保其跨国生产有利可图的条件，也是国际直接投资理论的出发点。

（二）产品生命周期理论

美国哈佛大学教授弗农（Vernon）把产品周期分为创新、成熟和标准化三个阶段，不同阶段具有不同的生产成本和生产区位选择，这决定了企业应该有不同的贸易和投资战略。在产品的创新阶段，产品价格的需求弹性很低，企业具有垄断优势，选择在国内生产可以不断改进产品并保持同消费者和供应商之间的紧密联系，对国外市场的需求主要采取出口贸易的形式；在产品的成熟阶段，企业的生产技术趋于成熟，产品基本定型，产品出口急剧增加，导致生产技术散到国外竞争者手中，仿制品开始出现，出口商品的边际成本加上运输成本逐渐接近并超过进口市场的预期平均生产成本，竞争开始转向生产成本方面，因此，创新国的企业需要到与本国需求类型相似的国家投资设厂，降低生产成本，维护已占有的市场份额；当产品进入标准化阶段后，企业所拥有的垄断优势已经消失，竞争基础仅仅是价格和成本的高低，其结果是产品的生产或装配业务逐渐转移到劳动力成本低的发展中国家，原来的发明国则转为从国外进口该商品。根据产品生命周期理论，创新国会在产品处于生命周期的第二阶段时，开始向外直接投资。

（三）内部化理论

内部化理论的代表人物是威廉森（Willianson）、荷纳特（Hennart）、凯维斯（Caves）、巴克利（Buckley）和卡森（Casson）。内部化是指在企业内部建立市场的过程，以企业的内部市场代替传统市场，从而解决市场不完全带来的不能保证供需交换正常进行的问题。内部化理论认为，跨国公司是内部化一些中间产品的国际市场的组织，即跨国公司通过内部化市场而不是国际市场来实现中间产品的交易，跨国公司的直接投资实际上是设备等固定资产的出口，即用公司行为来代替市场行为。公司某些行为是否内部化的决定因素是交易成本。如果通过公司的内部机制获得某种产品的净利润高于从国际市场直接购买这种产品的净利润，公司将选择对外直接投资；反之，则选择出口。内部化理论建立在三个假设基础上：一是企业在不完全市场上从事经营活动的目的是追求利润最大化；二是当生产要素市场特别是中间产品的市场不完全时，企业有可能以内部市场取代外部市场，统一经营管理活动；三是内部化超越国界时就产生了跨国公司。

（四）边际产业扩张理论

1978年，日本学者小岛清（K. Kojima）在其代表作《对外直接投资》一书中系统地阐述了他的对外直接投资理论——边际产业扩张理论。他在考察日本对外直接投资实践的基础上提出对外直接投资应该从本国已经处于比较劣势的产业开始，即从边际产业开始，并以此进行产业转移。边际产业扩张理论认为，由于各国要素禀赋差异决定了要素相对价格、比较成本，继而比较利润率的差异，当一国某产业要素密集度较高的要素相对价格上升时，该产业就处于比较劣势状态，这时应该将该产业转移到该要素相对价格较低的国家，使要素组合合理化，增加东道国的经济总量。

（五）国际生产折衷理论

英国经济学家约翰·邓宁（John H. Dunning）提出并发展的国际生产折衷理论，通常也被称为OIL（Ownership Internalization Location）理论，其核心是三大优势，即所有权优势、内部化优势和区位优势。所有权优势是指公司具有的某些独特的生产资源，如技术优势、规模优势、组织管理优势、金融和货币优势以及市场销售优势等，这些资源能持续开发并维持竞争优势，而且能够经受其他竞争者的模仿；内部化优势即内部市场交易的利益高于外部市场交易的利益；区位优势是指能够接近消费者或进入当地市场获得某些原材料或改善生产条件的优势，包括东道国国内的劳动力成本、市场需求、自然资源、运输成本、关税和非关税壁垒、政府对外国投资者的政策等方面的优势。如果企业同时具备这三种优势，即可对外直接投资，而且具体的部门结构和国际生产类型也是由这三种优势的不同组合来决定的。

二、国际生产折衷理论在服务业的适用性

邓宁1989年出版的《服务业对外直接投资与跨国公司》一书，首次较为系统地将国际生产折衷理论运用于服务业领域，并对原有的所有权优势、内部化优势和区位优势服务企业的具体表现进行了阐述。邓宁认为，只有同时具备上述三项优势，才能进行有利的对外直接投资。如果仅有所有权优势和内部化优势而无区位优势，则意味着缺乏有利的投资场所，只能将有关优势在国内加以运用，即在国内进行生产，然后出口。如果没有内部化优势和区位优势，仅有无形资产优势即所有权优势，企业则难以在内部使用有关优势，只得转让给外国企业，即进行特许转让。具有不同优势的跨国服务企业的国际战略如表3-1所示。

表 3-1　具有不同优势的跨国服务企业的国际战略

	所有权优势	内部化优势	区位优势
特许转让	√		
产品出口	√	√	
对外投资	√	√	√

（一）所有权优势

所有权优势可以理解为一国企业拥有或能够得到而他国企业没有或无法得到的无形资产、规模经济等方面的优势。在服务业中有三个重要标准：一是所提供服务的特征和范围，即值得顾客购买的服务的构成部分，如构思、舒适、实用、效率、可靠、专业化程度，以及对顾客的态度等；二是价格，该价格减去折扣，但包括预期的售后成本（如维修成本）；三是与产品购买和使用相关的服务。跨国公司为了比其竞争对手更好地满足上述标准，要么必须独家或特许拥有特殊的技术、管理、金融或营销资产，以便以最低的生产成本生产和销售特定的产品和服务，要么拥有良好的组织能力，从而把不同资产所实现的增值活动结合起来。

概括起来，服务业跨国公司的所有权优势主要表现为以下几个方面。

◆ **1. 质量控制**

大部分服务都很复杂，包含很多人为因素。服务要么体现在货物中，要么体现在人身上，有很强的异质性。所以，保证服务质量对企业尤为重要。随着人们收入水平的提高和企业之间竞争的加剧，质量日益成为影响消费性服务和生产性服务需求的重要变量。在许多情况下，服务质量甚至比服务价格更重要，它可能成为决定跨国服务企业竞争力的最重要变量。在一些服务行业中，企业创造和保持一个成功品牌形象（属于商誉）以及企业在多个地区提供服务时实行质量监控的能力和降低购买者交易成本的能力，对于服务业跨国公司的质量形象及其竞争优势是至关重要的。

◆ **2. 范围经济**

这是指企业在地点和品种选择方面能满足顾客需要的程度。例如，连锁商店储存产品的范围越广、数量越大，就越能通过讨价还价的方式从供应商处获得较低价格的商品，相应地，消费者的交易成本也会随之降低，因为消费者只需在一处而不必跑到多处，就能买到多种商品，而连锁商店讨价还价能力的提高，也能增强其对产品和服务质量的控制。另外，在航空公司、连锁旅馆、企业咨询、金融等服务行业中，也都不同程度地存在着范围经济。

◆ 3. 规模经济和专业化

服务业企业的规模经济和专业化与制造企业没有多大区别。波音747飞机的运量与波音727飞机相比，大医院的医疗服务与小医院相比，前者的单位成本往往会更低。这同产品大规模生产的规模经济并无区别。大型服务业公司还往往得益于优惠的融资条件和折扣等。至于规模经济和范围经济产生的分散风险优势，则在保险、再保险和投资银行行业更为明显，而且，在这三个行业中，规模经济几乎是成功进行跨国经营的前提条件。

◆ 4. 技术和信息

在制造业中，衡量生产技术和产品知识成分的指数通常是创新活动占销售额的比重，以及专业人员和工程人员在总就业人员中的比重，或取得的专利数量等。在许多制造业行业，发明新产品的能力、低成本生产的能力以及提高产品质量及其可靠性的能力是关键的竞争优势。虽然服务业偏重于软技术，如管理、信息、经验等，但基本思路和原则与制造业是一致的。也就是说，在服务行业中，采用数据技术以获得、扩展、加工、储存、监控、监视、解决和交换信息并尽量降低成本的能力，是企业关键的无形资产或核心竞争优势。而且，以信息的获得、储存、加工和运输为主要内容的服务行业，情况尤为如此。然而，由于许多服务活动的数据技术含量都在不断提高，所以，依据信息密集度来划分服务业变得日益困难。就银行、保险、咨询行业来说，它们的增值活动大部分是信息的采集、加工和传输，因此，从这个角度看，它们基本上都是信息服务业。

信息经济的持续发展和跨境交易成本不断下降，直接引起了知识密集型行业跨国公司的激增。虽然各种规模的企业都得益于数据技术，但因为数据技术需要昂贵的辅助资产、固定成本或基础设施，并且能为规模经济、范围经济以及垂直一体化提供机会，所以特别有利于大型的、经营多样化的跨国公司。

获得投入或进入市场的有利机会对服务业尤为重要。比如，面向全球的商业与金融业活动之所以集中于世界几个主要城市（如伦敦、纽约、东京、巴黎、香港），或集中于这些城市的特定区域，如伦敦商业区、纽约华尔街等，就在于它们能够获得和维持这种特殊的所有权优势。另外，行业间的互补性使得许多服务行业出现融合和多元化经营的趋势，比如航空公司进入旅馆与旅游业、广告公司进入市场调研业、会计企业进入管理咨询业、金融业出现混业经营等。总之，服务行业的空间集聚以及多元化经营，为服务业跨国公司提供了进入相应市场的大好机会。

（二）内部化优势

邓宁认为，拥有无形资产所有权优势的企业，通过股权投资形式进行纵向或横向一体化经营，通过组织和经营活动，将这些优势的使用内部化。因为在这种情况下，内部化使用比非股权式转让带给无形资产所有者更多潜在的或现实的利益。当然，同时具有所有权优势和内部化优势的企业并非一定选择对外直接投资，因为它也可以在国内扩大规模，然后进行出口。所以，这两项优势只是企业对外直接投资的必要条件，而非充分条件。另外，邓宁认为，不应过分强调高技术等无形资产对市场失灵的影响，低技术在市场交易中也存在障碍。他把市场失灵分为结构性失灵和交易性失灵两类，前者主要原因是东道国政府的限制、无形资产的特性等，后者主要原因则包括交易渠道不一、交易方式僵化等。在服务业中，实现内部化优势的跨国组织形式不一定为对外独资或合资经营的股权形式，有时也可以以非股权的国际合作协议（比如特许经营）来实现跨国化。

（三）区位优势

服务的生产和消费通常是同时发生的，即服务要么同其提供者不可分，要么同其消费者不可分。这种不可分性要求服务提供者或服务消费者不能与服务在时间或空间上分割开来。这就决定了服务生产和消费过程中的区位因素的重要性。对于许多服务行业来说，对外直接投资是向外国市场提供服务的最主要形式。而且，随着贸易、制造业对外直接投资、技术转让和旅游的增加，它们对支撑其增长的服务需求也将逐渐扩大。

邓宁认为，区位优势不是企业所拥有的，而是东道国所有的。因此，与所有权优势以及内部化优势不同，区位优势是企业无法自行支配的，企业只能适应和利用这种优势。这种优势主要包括两个方面：一是东道国不可移动的要素禀赋所产生的优势，如自然资源丰富、地理位置方便、人口众多等；二是东道国良好的政治体制、灵活而优惠的政策法规而形成的有利条件，以及良好的基础设施等。

服务业跨国公司采取的组织形式取决于各种形式的相对成本和收益，以及政府干预的程度和类型。各种组织形式的相对成本和收益中，股权投资的成本主要包括以下三点：第一，进行股权投资所需的资本以及丧失该资本的风险；第二，管理、协调和监控国外股权投资的风险；第三，放弃从前向专业生产者或高效率供应商购买而得到的收益。非股权安排的风险主要是交易性的，包括以下几点：第一，与交易本身相关的成本，如寻找合适契约伙伴的搜寻成本和谈判成本；第二，与契约条件有关的成本，包括价格（由于信息不对称，签约人可能准备向承包商支付低于服务价格的报酬）、对所提供服务的详细说明、对所提供服务用途的控制、交货的次数和时间（包括存货和仓储成本）；第三，监督成本特别是质量管理和检验程序方面的成本；第四，与契约条款能否被遵守（特别是条款受到破坏）相关的成本；第五，由于实行市场交易内部化而放弃的收益。政府干预的程度和类型包括政府的直接行政干预以及财政、税收、关税和非关税等政策措施的干预。

企业把市场交易内部化而采取的组织类型，因活动的性质即交易的服务类型、组织交易的企业性质以及参与交易的国家的市场条件存在差异而有所不同。例如，如果企业的核心资产是风格独特、有竞争力的资产，而且利用这种资产生产的服务对消费者具有特别的吸引力，那么，企业一般不会采取特许经营的形式让其他企业经营。另外，服务的生产和贸易所处国际环境越动荡、越危险，企业就越倾向于将交易内部化。

具体来说，倾向于通过对外直接投资方式，而不是通过契约关系（非股权安排）方式来进行跨国生产和经营的服务业部门有以下三大类。

第一类，金融服务业、大多数信息密集型服务行业和专业服务业，如管理和工程咨询、数据服务、租赁公司、旅行社和航空公司等。在这类服务行业中，沿着增值链进行纵向一体化或者跨越增值链进行横向一体化的主要原因在于，许多专有知识和信息"只可意会，不可言传"，生产费用高，复杂而独特，但易于扶植；另外，生产活动的地区多样化也可以使服务业跨国公司获得强有力的协同优势。

第二类，倾向于前向一体化的服务行业，比如广告、市场调研、管理咨询以及与商品有关的个人服务业（如汽车维修）。

第三类，由非服务业跨国公司拥有的、与贸易有关的附属性服务企业。这类企业的目的是以尽可能多的有利条件为母公司获取收入，或为母公司生产和出口的商品和服务开拓市场。

倾向于采取少数股权投资或非股权安排形式的服务业跨国公司主要有以下四类。

第一类，旅馆、餐馆、快餐店和汽车出租公司。

第二类，需要有当地特有知识或按消费者要求生产的行业，如工程、建筑、技术服务业、会计和法律服务业等。

第三类，出于降低销售和分销成本考虑，新成立的或规模较小的制造业跨国公司，可能希望与当地销售代理商或相关服务业企业联手，或将其作为被特许企业。

第四类，投资银行和财产保险等服务行业。这些行业的风险很大，必须由一国或几国的企业集团或银团共同分担。

总之，服务业跨国公司内部化及其所采取的组织形式并不是一成不变的，而是会随着经济特别是服务业本身的发展而不断变化。

三 发展中国家服务业对外直接投资理论

传统的对外直接投资理论用于解释发达国家向发展中国家的垂直投资，或发达国家之间的水平投资。近年来，为了寻求发展中国家对外投资的理论依据，国际经济学界创立了一些新的理论，其中最具代表性的是联合国贸易和发展会议（UNCTAD）的研究成果。

（一）投资动机

2006年，UNCTAD发表的《世界投资报告》对于发展中经济体日益成为世界重要的对外投资来源这一趋势进行了调查与研究，提出了影响发展中国家跨国公司对外直接投资决策的四大动机与三大竞争优势。其中，发展中国家对外直接投资的四大动机如下。

◆ **1. 寻求市场**

根据 UNCTAD 报告,发展中国家对外直接投资的动机,最重要的是寻求市场型的外国直接投资。以寻求市场为主要动机的投资是发展中国家对外直接投资的最主要方面。

◆ **2. 寻求效率**

发展中国家寻求对外直接投资的第二个重要动机是寻求效率,主要是相对较先进(因而劳动力成本较高)的发展中国家跨国公司进行的投资。以寻求效率为主要动机的投资一般集中在电气、电子产品、成衣和纺织品生产等产业。

◆ **3. 寻求资源**

发展中国家寻求对外直接投资的第三个重要动机是寻求资源,如中国和印度经济的快速增长使它们担忧本国关键资源会出现短缺,尤其是自然资源方面,因此寻求对外直接投资。

◆ **4. 寻求现成资产**

以上三种投资动机属于资产利用战略,而寻求现成资产则属于资产扩展战略。寻求现成资产主要是发展中国家的跨国公司向发达国家投资,其主要动机是获取发达国家企业的品牌、先进技术与管理经验等现成资产。

从理论学派来看,发展中国家国际直接投资理论的代表是美国学者刘易斯·威尔斯(L·Wells)提出的小规模技术理论。刘易斯认为发展中国家对外直接投资的动机包括保护出口市场、谋求低成本、种族纽带和分散风险等。

(二)竞争优势

发展中国家跨国公司对外直接投资具备特殊的竞争优势,具体体现在以下三个方面。

◆ **1. 小规模技术优势**

发展中国家大多市场规模不大,且需求多样化,企业可以有针对性地开发满足小规模市场需求的生产技术而获得竞争优势。同时,通过对引进的技术进行改造,使生产技术更具灵活性。

◆ **2. 当地采购和特殊产品优势**

发达国家的技术转移到发展中国家以后,往往需要对其进行改造,以便适应发展中国家当地的原料供应和零部件配套生产的能力。同时,发展中国家在民族产品的海外生产上具有优势。发展中国家对外投资主要为服务于海外同一种族团体的需要，民族产品是发展中国家国际直接投资的一种重要存在形式。

◆ **3. 物美价廉优势**

发展中国家利用自己在劳动力方面的优势，开发劳动密集型的、生产灵活的、适合小批量生产的技术而获得竞争优势，并以低价位销售。

第四节　与国际服务贸易相关的价值理论

一、国际服务贸易的价值理论

（一）服务商品的使用价值和价值

服务商品的使用价值，是指服务商品具有的能够满足人们某种需要的属性。服务商品的使用价值的特殊性在于，它是不以物品资格而以活动资格供给的特别的使用价值，它不采取实物的形式，不作为物而离开服务者独立存在，也就是说，它与劳动过程紧密结合在一起，只能在活动的过程中被消费，从而满足人们的某种需要。

服务商品的使用价值一般具有以下特征：首先，具有满足人们某种需要的功能，包括满足人们某种物质需要或精神需要的功能，或者说具有能够满足人们某种需要的属性；其次，服务商品的使用价值也是构成社会财富的重要内容；最后，服务商品的使用价值在市场经济中也是交换价值的承担者，服务商品的使用价值既然能够实现其作为使用价值的职能，同样可以充当交换价值的物质承担者。服务商品的使用价值一般可以分为服务型消费品和服务型生产资料。

服务商品的价值就是凝结在非实物使用价值上的得到社会表现的一定量的抽象劳动。服务商品的价值是由劳动的凝结性、社会性和抽象性决定的，服务商品价值的决定具有同货物商品相同的特征。

服务商品的价值量是由生产该商品所耗费的社会必要劳动时间决定的，服务商品与货物商品具有同样的价值实体——凝结在商品中无差别的人类劳动，因此，服务商品的价值量也是由衡量劳动的尺度——时间来决定的。服务商品的特殊性使得服务商品价值量的决定体现出不同的特性：重复性服务商品的价值量是由生产服务商品的社会必要劳动时间决定的，创新型服务商品的价值量是由生产该服务商品的个别劳动时间决定的。总之，服务商品的价值量是通过社会必要劳动时间调节服务商品的生产来实现的。

（二）影响服务商品国际价格变动的因素

服务商品的国际市场价格是在世界市场上实际买卖服务商品时所依据的价格。国际市场价格是国际价格的货币表现，其变动受到国际价值规律的支配，取决于服务商品的国际价值和货币价值的变动。另外，随着供求关系、垄断和竞争等一系列因素的变化，服务商品的国际市场价格也会经常变动。

国际价值是服务商品国际市场价格变动的基础和中心。国际价值是形成国际市场价格的基础，并制约着国际市场价格的长期变化。如果一种服务商品在国际市场刚刚出现，或由于它还处在试验阶段，没有实现大规模生产，也没有通过充分竞争缩短社会必要劳动时间，因而耗费的国际社会必要劳动时间较多，所含的国际价值量较高，在国际市场上就表现为价格昂贵。但随着这种服务商品的劳动生产率的提高和批量生产，或同种服务商品的增加，在市场竞争中，这种服务商品的国际价值会逐渐降低，价格也就随之下跌。国际价值是国际市场价格变动的轴心，供求影响服务商品价格的上下波动，但价格的变动又会反过来影响服务商品的供应和需求，使供求逐渐趋于平衡，从而使国际市场价格从长远来看趋于国际价值。

国际市场价格是服务商品国际价值的货币表现。国际市场价格的波动，不但取决于国际价值，而且依赖于货币价值。服务商品价格只有在货币价值不变、服务商品价值提高，或者服务商品价值不变、货币价值降低时，才会普遍提高；反之，会普遍降低。在金本位制度下，服务商品价格既可以在商品价值变化的影响下上升或下降，也可以在黄金价格的影响下上升或下降。在服务商品价值不变的情况下，服务商品价格会随着黄金价格的升降而呈反比例的变化，即黄金价格上升，服务商品价格下降；黄金价格下降，服务商品价格上升。在纸币流通条件下，纸币本身没有价值，它在流通中作为金银的符号和代表执行其职能。当纸币的发行量超过服务商品流通所需要的货币数量时，纸币就会贬值，服务商品价格就会上涨，反之，服务商品价格就会下降。

在对外贸易过程中，一国的货币价值既表现为对内价值，又表现为对外价值。一国的货币价值变动除了受本国货币对内价值变动的影响外，还受到各国货币在同一时期实际购买力的对比和外汇供求关系变化的影响。在浮动汇率制度下，汇率变动频繁且波动幅度大会加剧国际市场服务商品价格的不稳定性。

供求关系直接影响服务商品国际市场价格的波动，是引起国际市场价格变化的直接且基本的因素。政治、经济、军事和自然条件等因素都会通过影响供求关系而导致国际市场价格变化。在国际市场上，供给和需求是经常变化的，且两者的变动可以是同方向的，也可以是反方向的。当市场上服务商品供求平衡时，服务商品的国际市场价格同国际价值一致。

另外，垄断、竞争、经济周期和政府政策也会影响服务商品的国际市场价格。市场垄断程度越高，垄断组织操纵市场价格的力度就越强。

二 配第-克拉克定律在服务贸易中的应用

一国服务业劳动生产率的高低与该行业劳动力数量和质量密切相关,如果服务业从业者众多且具有较高的素质,其他条件不变,该国服务业无疑具备较强的国际竞争力。配第-克拉克定律揭示的劳动力在产业间转移规律已经证实,一国人均收入越高,劳动力在服务业中所占比例越大,服务贸易越发达。

(一)配第-克拉克定律的基本内容

配第-克拉克定律作为有关经济发展同产业结构变动之间关系的经验型总结,突出并强调了服务业在经济发展中的重要作用。随着国民财富的增长,服务业在社会经济结构中的地位不断提升,服务业分工不断深化,服务业的规模和容量扩大,促进了国际服务贸易的发展。

英国经济学家 科林·克拉克在 1940 年出版了《经济进步的条件》一书,书中收集和整理了 20 多个国家的各部门劳动力投入和总产出的时间数据,在对其进行卓有成效的统计和研究后,提出了劳动力在三次产业间分布的结构变化理论。克拉克发现,一个国家内从事三个产业的劳动力比重会随着国民经济的发展和国民收入的提高而变动。随着全社会人均国民收入水平的提高,劳动力首先由第一产业向第二产业转移;当人均国民收入进一步提高时,劳动力便向第三产业转移。这一定律不但可以从一个国家的经济发展历程中得到证实,而且可以从各个不同发展水平国家的现状中得到印证,即越是发达国家,国民收入越高,产业结构中的农业所占的份额越小,制造业、服务业所占份额越大,反之亦然。因此可以说,配第-克拉克定律揭示了产业结构变化的基本趋势。

当然,这个定律也有不足之处:一是选择的国家和地区的数量不够多,数据梳理比较简单,因而其典型性和普遍性还不足;二是仅仅使用了单一的劳动力指标,并不能完全揭示纷繁复杂的产业结构变化的总趋势。

(二)服务贸易发展路径:服务业从内在化向外在化演进

服务贸易是服务业国际化的结果,其演变过程是服务业从内在化向外在化发展。

◆ 1. 服务业从内在化向外在化发展的过程

无论是消费者服务业还是生产者服务业的发展,都存在一个规律性的趋势,即服务业由内在化向外在化演进或者说服务业由非市场化向市场化转变。之前,消费者服务业的活动是由服务消费者以自产自销的内在化或非市场化的方式开展的,生产者服务业则是由生产部门在生产过程中通过内在化或者非市场化方式进行的。20世纪70年代以后,社会上出现了日益增多的提供家政、财会、营销、咨询等服务商品的专业公司,服务消费者可以在市场上购买所需的各类服务商品,包括消费者服务和生产者服务,而无须进行自我服务。生产者服务也同样,企业无须设置任何咨询部门或咨询机构,可以拿部分开支在市场上购买咨询公司的相应咨询服务。服务业这种内在化向外在化的演进趋势是专业化分工逐步细化、市场经济逐步深化的必然结果,它在很大程度上推动了服务业的独立化,扩大了服务业的规模和容量,促进了服务业的国际化进程,而这些又反过来推动了整个经济向市场化方向发展,从而使市场经济日趋深化、成熟。另外,这种演进趋势除了影响经济活动外,还会引起人们思想观念和行为方式的巨大变化。

◆ 2. 生产者服务的市场化发展

生产者服务的市场化发展一般称作订约承包或分类处理、分包等。一般来讲,促进生产者服务的市场化发展的因素主要有以下四点。第一,企业活动日趋复杂化,导致对雇员的监督日益困难。对经理人员来说,更方便、更廉价的办法是与外部供应者谈判,而不是与雇工订约来保证其以最低费用获得所需的服务投入。第二,专业化的加强和技术诀窍的变动,使得在国际市场购买某些种类的专门技能比在厂商内部生产更有利。例如,会计、法律与金融等一些服务非常专业化,一家厂商往往只是偶尔需要它,极少的需求使企业内部拥有这种专门服务要付出极高的成本,同时,也很难发挥这些服务部门的规模优势和外部效应,在专门技能需要经常更新且投资又有风险的情况下,从外部购买可以转移或降低风险和成本,这更符合厂商的战略规划。第三,信息和交通费用的下降导致服务的市场交易费用下降,这样一来就相应地降低了厂商与雇工订立固定合约的利益。例如,一个小城镇的一家厂商也许觉得雇用所需的专业律师是有利的。高效的交通与运输降低了费用,也方便了其与所雇用的设在较大城市的律师事务法律专家的接触。因此,这些厂商认为,利用厂外的法律服务更合算些,从而关掉了自己的法律部门,如果很多厂商都这样做,那么,市场中的律师服务就会迅速发展,规模越来越大,律师的技能也会越来越高。第四,在法律与工会组织的影响下,雇工的非工资费用趋于增加,例如,需要给予有偿的假期、做出病假的规定、提前通知解雇、支付大量的遣散费、重新安排工作前的磋商,以及许多其他诸如此类的规定,都提高了雇用工人的总成本。在这种情况下,从外面购买服务比内部生产更加有利。

当然,也有部分因素制约了生产者服务的市场化发展。第一,商业或生产技术中保密的需要。在许多行业中,产品创新、工艺改良与销售革新的步伐随着电子技术及其他科技的普及而加快,为了保护企业的生产机密和专利发明,企业一般通过内部提供而不是从外部购买。第二,计算机与有关电子设备的最新发展,提高了厂商监督雇员工作的能力，降低了管理成本。例如，打电话的记载就有可能把整天的营业通话的数字和性质汇集起来，而以前只有依靠人工监管才能保证对雇员工作努力程度的控制。第三，不断扩大的厂商规模与通信及交通运输的低廉费用相结合，使得保持内部扩大的职业专业化成为可能。例如，福特汽车公司能在加拿大总部雇用一批具有专门技能的税务、法律或计算机专家，福特在全世界的活动都能使用他们，这主要因为现在与过去相比，电话联系费用较低廉，商务旅行机会更多。

总之，生产者服务的市场化是在多种因素所形成的合力作用下发展的。从总体上看，经济的发展越来越强调人力资本和知识资本的作用、日益增长的迂回性和专业化分工。因此，生产者服务的市场化是不断向前推进的。从单个企业的角度来看，决定生产者服务是由企业内部提供还是从市场上购买的重要因素是交易成本，如果企业内部提供的净成本高于从市场上购买的净成本，生产者服务则倾向于市场化，反之，则倾向于内部化。

因此，服务业的发展是服务贸易的基础，服务业的国际化也会促进服务贸易的扩大与升级。

本章小结

本章主要介绍了国际服务贸易基本理论，首先介绍了传统贸易理论与国际服务贸易，涉及比较优势理论、要素禀赋理论及其在服务贸易领域是否适用，主要存在肯定论、否定论和修正论三种观点。国际服务贸易格局的变化，尤其是国际贸易中的产业内贸易的迅速发展，使得传统贸易理论遭到质疑，完全竞争和规模收益不变的假设不断得到认可，形成了新的贸易理论。在介绍新贸易理论与国际服务贸易时，主要介绍生产区段与服务链理论和马库森理论。接着本章介绍了对外直接投资理论与国际服务贸易的有关内容，涉及垄断优势理论、产品生命周期理论、内部化理论、国际生产折衷理论等，同时讨论了国际直接投资理论在国际服务贸易领域的适用性，依据邓宁的国际生产折衷理论分析了服务业对外直接投资和跨国公司的发展动因，分析了所有权优势、内部化优势和区位优势及其在具体行业的体现。最后介绍了与国际服务贸易相关的价值理论，涉及国际服务贸易的价值理论、配第-克拉克定律和发展中国家服务业对外直接投资理论。

复习思考

1. 什么是比较优势？服务贸易适用比较优势理论观点的理由是什么？
2. 对外直接投资的动因有哪些？

3. 简述国际生产折衷理论的内容。
4. 简述与服务业跨国公司有关的内部化优势。
5. 请简述国际服务贸易价值理论的基本内容。
6. 生产区段与服务链理论的主要内容是什么?

延伸阅读：
迪士尼乐园
在东京和巴黎的
不同经营结果

第四章

国际服务贸易政策

学习目标

- 了解国际服务贸易政策的演变;
- 理解服务贸易自由化与服务贸易保护政策的效应分析;
- 理解服务贸易壁垒与服务贸易开放之间的关系;
- 掌握国际服务贸易壁垒的种类;
- 掌握不同经济体服务贸易政策的依据和选择,扩大国际视野,增强法治思维。

情景导入

美国是如何促进服务贸易的?

新冠疫情对全球经济社会影响巨大。2020年,美国服务贸易总额为1.17万亿美元,比上年下降了20.5%。同期中国的服务进出口总额为4.56万亿元,同比下降15.7%,贸易额约为美国的56.5%。在服务贸易统计方式和具体操作上,中美之间仍然存在诸多差异,美国的服务贸易无论市场规模、重点行业领先企业数量,都比中国有优势,政府在维系和加强其服务行业国际竞争优势方面,采取了积极和多元的措施。

作为目前全球服务贸易第一大国,美国重视通过政府行为引导和促进服务贸易(尤其是出口)的发展。隶属于美国商务部的国际贸易管理局(ITA)下设"美国商业服务局(USCS)",承担专向的服务贸易促进职能。USCS的优势在于网络资源,其在美国50个州设有超过100间办公室,同时在美国驻75个国家的使领馆设立120多个派驻办公室,总计雇用超过1400位贸易专员提供服务。仅在2020年一年,USCS就支持了超过2.8万家公司,其中90%的公司雇员人数少于500人,近半数公司的雇员少于100人。作为美国联邦政府机构,USCS

在多个领域具备优势，包括帮助企业解决监管壁垒或复杂问题，保护知识产权，应对不公平的贸易环境，提供所需的海外信息和联络方式，并对出口提供直接的资金支持。

另一方面，USCS也积极将外部市场的购买力引流至美国国内。USCS在2019年之前通过"国际采购团项目（IBP）"促进美国出口。虽然该计划已在2019年7月1日被新的"贸易活动伙伴计划"替代，但由于相关经费安排尚未明确截止。预计贸易伙伴计划并不会放弃原有的促进美国出口的做法。IBP是美国政府与产业的共同行动，以促进国际买家到美国来与美国企业在展会上寻求合作机会，主要采取组织国外采购团体赴美参观优秀展会，并有针对性地安排系列商业活动和参观方式。美国商务部每年指定20余项贸易展作为IBP活动，与商务服务相关的包括餐饮、发电、废物处理、离岸技术、分布式技术、科研、太阳能、水环境、牙医和安防等展览，IBP提供的支持包括美国使馆的旅行协助（包括注册和签证程序）、免除或减少贸易入场费、免费参加社交活动和招待会、根据购买兴趣定制的简报和会议、现场和场外技术参观、免费试用商务设施、展会美国公司名录、免费或减价的教育课程、演示和探讨会等。

同时，ITA还利用自身优势，为美国或海外的贸易展提供两种可选的、需要付费的贸易活动服务。一种是贸易活动合作伙伴计划（TEPP），由美国商务部提供背书，起价4700美元。TEPP包括ITA活动引导、美国商务服务品牌标志、活动宣传、展会出口咨询，而展会招商则采取每个代表团820美元或封顶4900美元的收费方式，海外市场咨询收费1530美元等。另一种是贸易活动服务清单，按照在美国和海外的活动分别收费，除了在TEPP中提供的以外，还有活动数字推广服务费2205美元。

新冠疫情对美国的制造业和服务业都产生了巨大的冲击，而强化美国的服务贸易竞争优势，尤其是跨境支付和商业存在两种模式的发展，成为美国促进服务贸易的重点。为此，USCS推出"网站全球化"服务，帮助企业对其商业服务的线上策略提供支持，具体包括确定数字化目标、网站国际化和搜索引擎优化、解决后端数字基础设施需求、选择电商销售混合渠道，以及建立电商关键表现指标。

由此可见，美国重视服务贸易的促进，采取了财政支持与商业运作相结合的模式。美国重点支持对外贸易经验较为缺乏、能力比较不足的小企业，此类企业超过2500万家，数量占到美国全部企业的98%。对小企业的支持和促进，不仅能够为保护超过半数的就业岗位提供支持，而且有利于鼓励创新活动。

（资料来源：美国是如何促进服务贸易的？[EB/OL]．(2021-09-02)[2023-07-23]．http://tradeinservices.mofcom.gov.cn/article/yanjiu/pinglun/202109/119268.html，有改动）

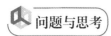 问题与思考

1. 贸易自由政策与贸易保护政策的实质性差异是什么？
2. 提高服务贸易自由化程度会带来哪些影响？
3. 一国或地区选择贸易政策时需要考虑哪些因素？
4. 服务贸易自由化对发达国家和发展中国家安全的影响有何差别？

第一节　国际服务贸易政策概述

国际服务贸易政策的含义

贸易政策是指一国为了某种目的而制定的对进出口贸易活动进行管理的方针和原则。贸易政策通常包含政策主体、政策客体、政策目标、政策内容、政策手段等基本要素。其中，政策主体是指贸易政策的制定者和实施者，一般而言就是各国政府；政策客体又称政策对象，就是贸易政策所规划、指导、调整的贸易活动以及从事贸易活动的企业、机构和个人；政策目标即贸易政策要达到的目的，贸易政策的制定必须在政策目标的指导下进行，因此，政策目标是确定和调整政策内容的前提；政策内容即实施什么政策，针对不同的对象采取什么样的相关措施；政策手段又称政策工具，即为了实现既定的政策目标，实施政策内容所采取的对外贸易管理措施，如关税措施、非关税措施、市场准入、国民待遇等，也包括建立某种贸易制度。

随着国际服务贸易与服务业对外直接投资的快速增长，其对各国国民经济以及对外经济交往的影响日益显著，国际社会以及各经济体越来越重视国际服务贸易政策选择以及制度建设。毫无疑问，国际服务贸易政策是各国在一定时期内对服务的进出口贸易所做出的原则性规定，是各国对外经济政策的重要组成部分，它与各个历史阶段的经济发展特征相适应。

二 服务贸易政策与货物贸易政策的比较

在许多情况下，各国政府对服务贸易的关注程度要比货物贸易强烈得多，而且两者之间的干预方式也有所区别。

（一）规范的对象不同

在对货物贸易进行干预与管理时，政府通常把对外贸易的货物作为规范的对象，只要不违背非歧视原则（最惠国待遇原则和国民待遇原则），进口国可以要求进口产品达到其进口规定的标准，同时按规定税率征收关税；只要外国进口产品达到进口国规定的标准，出口国就拥有管理生产过程的权利，如果某种货物不符合进口标准，进口国可以将产品拒于本国关境之外，因此调整货物贸易的政策主要是针对产品进行的。而对于服务贸易，由于服务本质上是一个过程或执行特定任务的活动，对服务贸易的干预必然涉及服务的生产过程而不是针对最终产品。服务的无形性、不可储存性等特点带来了服务最终产品的不可测量及其与服务提供者不可分割的困难。因此，调整服务贸易的政策规定大多是针对服务的生产过程或服务提供者的资格要求。

（二）干预的方式不同

通常情况下，我们将干预货物贸易的方式划分为关税措施与非关税措施。关税措施是调整货物贸易各项政策中最早、最基本的重要调控工具，也是货物贸易多边协定中规范的重要内容之一。而关税，特别是从价关税政策在服务贸易政策中却难以实施，这是因为关税政策调整的是具有物理形态的有形产品，而服务产品一般不具备关税政策调整所必需的"有形"基础，人们所能观测到的仅仅是服务提供者或消费者的出入关境，而非服务本身。同时，某项服务贸易活动的价值或流量只有在生产或消费之后才能被获知，海关移民机关难以在服务提供者或消费者出入关境的这一阶段估测其生产或消费的服务价值。因此，干预服务贸易的方式主要表现为非关税措施。

结合中国与美国的贸易现状分析贸易干预主要针对的是国际服务贸易还是国际货物贸易。

三、国际服务贸易政策的类型及演变

不言而喻，国际贸易政策是对进出口贸易活动进行管理的制度或措施。各国制定国际贸易政策的出发点是国际贸易对本国经济、政治等诸多方面产生积极作用和影响。不同国家的国际贸易政策往往是极不相同的，各国政府在不同时期对待国际贸易的态度也会有所不同。

（一）国际服务贸易政策的类型

一个国家在选择其服务贸易政策时可以采取自由贸易或保护贸易两种不同的政策。自由贸易政策是指国家对进出口贸易活动一般不进行干预，减免关税和其他贸易壁垒，让商品和服务等自由进出口，在国内外市场上自由竞争。保护贸易政策是由国家采取各种措施干预对外贸易，通过高关税和非关税壁垒来限制外国商品的进口，以保护本国市场免受外国商品的竞争，同时对本国出口商给予优惠或津贴，奖励扩大出口，以提高本国商品和服务在国际市场上的竞争能力。"奖出限入"是保护贸易政策的基本特征。

（二）国际服务贸易政策的演变

◆ 1. 第二次世界大战前的自由化政策倾向

早期的国际服务贸易规模较小，项目单一，在全部服务贸易收入中，主要是运输服务和侨汇等相关的银行服务。新的服务贸易内容，如电信、计算机软件，甚至是信息高速公路、多媒体技术、知识产权类服务及其他与现代生活相关的服务，有些是在第二次世界大战后出现的，有些则是在 20 世纪 80 年代末 90 年代初兴起的。因此，早期的服务贸易政策限制较少，再加上当时的世界政治经济体系由少数几个工业发达国家操作，所以在全球范围内基本上采取的是服务贸易自由化政策。

◆ 2. 第二次世界大战后的限制性政策倾向

第二次世界大战结束后的初期，西方国家为了恢复经济，积极从国外大量引进服务人员，并为技术转让和金融服务入境创造良好的政策环境，服务贸易开始进入有组织的、商业利益导向的发展阶段。这一阶段，美国作为世界经济的"霸主"，通过"马歇尔计划"和"道奇计划"分别对西欧和日本进行"援助"，伴随着货物的输出，大量的资金和技术等服务也输往境外，从而取得了巨额的服务贸易收入。总的来说，发达国家较少设置服务贸易壁垒，但发展中国家对服务贸易表现并不积极，并设置了重重障碍，限制境外服务的入境。

20 世纪 60 年代以后，随着世界各国医治战争创伤的结束，经济贸易迅速发展，人们普遍意识到服务外汇收入是一项不可忽视的外汇来源。同时，基于国家安全、领土完整、民族文化与信仰、社会稳定等政治、文化及军事目标，各国均对服务的输出与输入制定了各种政策和措施，其中不乏鼓励性质的政策和措施，但更多的是限制性的政策和措施，再加上传统的限制性经营惯例，极大地制约了国际服务贸易的发展。

◆ 3. WTO 运作后的自由化政策倾向

1995 年 1 月 1 日，世界贸易组织（WTO）开始运作，该组织致力于推动贸易自由化，要求成员方尽可能取消不必要的贸易障碍，开放市场，为货物和服务在国际间的流动提供便利，这对推动世界贸易自由化发挥了巨大的作用。

由于服务贸易项目繁杂、方式多样，因此，规范它的政策和法规也层出不穷，加之各国基于本国的发展水平和基本情况实施不同的管理手段，更增加了服务贸易的复杂性。如果说服务贸易自由化更多地体现于一些鼓励性的措施与法规，那么服务贸易的保护则一般是依靠一国政府的各种法规和行政管理措施等非关税壁垒来实现的，很难对其进行数量化的分析。由于在贸易壁垒和合法保护之间存在"灰色区域"，所以服务贸易自由化目标的实现比货物贸易要困难得多，其中充满不确定性和主观随意性。

从国家角度来看，发达国家的服务业有国际竞争优势，自然主张服务贸易自由化，要求发展中国家开放服务市场，以便其具有优势的服务业进入发展中国家；而服务业比较落后或某些服务部门不具备优势的发展中国家，一般对发达国家的服务业进入本国服务市场设立各种限制性法规和行政管理措施。但发展中国家有时为引进外资和先进技术，会以税收减免等优惠政策鼓励外国服务业进入本国服务市场。同时，为促进本国经济的发展，一些发展中国家也会不同程度地开放本国的服务产品市场。通常情况下，各国在经济实力强的部门和经济状况良好的时期推行自由贸易政策，而对幼稚产业或经济实力弱的产业部门实施贸易保护主义政策。

第二节　国际服务贸易自由化政策

一　国际服务贸易自由化的定义

在当今世界经济全球化趋势下，任何一个国家的经济发展都离不开世界上的其他国家，无论是发达国家还是发展中国家都被全球经济纽带捆绑在一起。经济的发展和合作使得世界各国贸易不断开放，对贸易自由化提出了更高的要求。

由于逻辑思维不同，国外学者从不同角度对服务贸易自由化进行了大量的探讨，但是关于服务贸易自由化的概念没有形成统一和正式的定义与说明，国内学者对服务贸易自由化定义的理解也各有侧重。其实，我们可以从三个方面对自由化进行广义的解释，即一国的对外贸易趋向中性、自由和开放。中性意味着在进口部门和出口部门实行不偏不倚的均衡优惠政策；自由指政府的干预有所减少；开放意味着贸易在整个经济中的地位即在GDP中所占比例提高。张汉林将服务贸易自由化定义为"一国政府在对外贸易中，通过立法和国际协议，对服务和服务有关的人、资本、货物、信息在国家间的流动，逐渐减少政府的行政干预，放松对外贸易管制的过程"①。范小新将服务贸易自由化界定为"为实现自由服务贸易的目标，提高经济效率、优化资源配置和经济福利最大化的经济目标，以及实现国家利益最大化的总体目标，各国（含国家集团）通过各种途径在本国并促使其他国家采取减少直至最终消除妨碍服务贸易自由、公平市场竞争的法律和规定，建立并维护服务贸易自由、公平的市场竞争规则的充满矛盾和冲突的曲折过程"②。

从以上定义可以看出，服务贸易自由化可以从以下几个方面来衡量：一是将是否提高或改善效率（或者说经济福利）作为衡量贸易自由化的尺度；二是将服务贸易是否更容易开展、服务贸易壁垒是否削减作为外部标志；三是服务贸易自由化是一个过程，需要体现服务贸易政策渐进的动态发展过程。

二 服务贸易自由化的经济效应

（一）服务贸易自由化对经济效率的影响

一般来说，贸易自由化可以排除阻碍合格生产者进入市场的壁垒，刺激那些有能力提供优质服务的厂商扩大生产，同时迫使那些能力有限的厂商退出市场，所以贸易自由化是实现规模经济、提高经济效率的途径之一。在理论上，努力提高经济效率创造了每个市场参与者都可获利的可能，但更重要的是会出现获利者和受害者。虽然可以通过获利者补偿受害者的损失而改善总体福利，但这种补偿性的政策实施起来复杂且具有争议性。因此，提高经济效率的政策通常被一些人反对，他们认为自己将会遭受损失而得不到任何补偿。但是，值得注意的是，实施服务贸易自由化，将竞争引入严格规制之下的行业并不意味着没有规制的竞争是服务的最优生产方式，贸易自由化的核心问题是如何使规制与竞争之间形成最佳组合，从而保证服务消费者可以获得物美价廉的服务。贸易自由化与生产率通常被假定为呈正相关，但也有研究怀疑贸易政策与全要素生产增长之间是否存在这一相关关系。

◆ 1. 贸易自由化与生产率的关系

目前学者对于贸易自由化和生产率的关系主要有以下三种解释。

（1）贸易自由化带来贸易壁垒的拆除，刺激生产率的提高

从动态的角度看，行业生产率增长不仅来源于行业内资源重置效应，还来源于企业自身的技术进步效应，贸易自由化可以促进企业自身的技术进步。

---

① 张汉林. 国际服务贸易 [M]. 北京：中国商务出版社，2002：70.
② 范小新. 服务贸易发展史与自由化研究 [D]. 北京：中国社会科学院，2002.

(2) 贸易自由化带来更广泛的市场竞争

在贸易自由化的环境中，厂商不得不参与更为广泛的国际市场竞争。如果这些厂商的规模报酬递增且自由化使得厂商或行业的产出增长，那么，厂商的平均成本将会下降，生产率得以提高。

(3) 贸易自由化能带来稳定的宏观经济环境

不管厂商的生产能力如何，稳定的宏观经济环境可以创造健康的投资环境、鼓励技术革新，更高的投资水平则伴随更快的资本替代率和更高的生产力增长率。各国在贸易自由化过程中伴随着各类规章制度的变革，减少了贸易壁垒，从而减少了贸易摩擦，可以带来更加稳定的宏观经济环境。

◆ 2. 新增长理论

新增长理论是研究长期影响经济增长率和生产率技术变革决定因素的经济理论之一，它将经济增长的源泉由外生转化为内生。新增长理论强调提高生产率的技术变革的四种内生变量：提高专业化程度带来的收益，提高人力资本存量增大带来的收益，提高经验或实践中学习带来的收益，提高投资研究与发展带来的收益。这四种内生变量中，正外溢效应会产生更高的生产率、增长率。贸易自由化改变了厂商所在的市场环境，包括技术投资、教育投资和 R&D 投资动机等，为创新和技术革新奠定良好的经济基础，同时贸易自由化比保护贸易提供更多的学习机会，为企业家学习和创造新技术、新方法提供更大的激励，促进了技术变革、技术创新，进而使生产率得到持续增长。

◆ 3. 服务的相关理论

尽管许多理论试图找到生产率增长与贸易自由化之间的联系，但没有一种理论是结论性的。此外，发展中国家实行贸易自由化后，厂商和产业的经验事实与许多现行理论也产生了一定程度的冲突。来自新增长理论所强调的内生技术革新的"棘轮"只在某些情况下符合这一关系，并且这种分析大多是针对制造业而非服务业的。相比之下，有关国际服务贸易自由化与经济效率的讨论就显得不足。然而，服务业通过自由化不仅可以提高分配效率，还可以提高生产率，且提高生产率的幅度较货物贸易更大，因为服务贸易通常涉及要素移动，外溢效应更显著。因此，服务贸易自由化对刺激技术创新从而提高生产率的作用可能比没有要素移动的商品贸易更加直接和有效。[①]

(二) 服务贸易自由化的福利效应

福利效应分析是国际贸易纯理论的一项重要内容。传统国际贸易理论认为，在自

---

① 毛传新. 国际服务贸易［M］. 南京：东南大学出版社，2009：158-161.

由贸易的理想状态下,各国能够借助自身的比较优势,分工合作,获得经济福利的增加。

服务贸易自由化加强了服务的专业化,提高了生产率,有助于不断提高国民收入,从而实现潜在的贸易利益。即使有一些国家某些服务领域不具有比较优势,但从服务贸易自由化加强服务专业化从而加强生产活动分散化的角度来看,自由化也同样能够产生正面效应。总之,不受各种贸易壁垒限制的国际服务贸易对世界、生产者和消费者都产生了正面影响。从世界范围来看,服务贸易自由化使得生产要素有效再配置,节约资源,提高贸易利益;从生产者角度来看,自由化将生产者置于更加激烈的竞争环境中,刺激各国企业不断创新,并促进服务贸易的专业化,从而提高了服务业的生产效率,同时规模经济降低了单位成本,特别是作为中间投入品的生产者服务的质量和数量的增加会对下游产业的发展起到明显的促进作用,这会增加生产者的福利;从消费者角度来看,消费者在服务贸易专业化的进程中,享受到竞争、创新和专业化带来的好处,所接受的服务质量更加优质、服务种类更加多样、服务价格更加合理,消费者福利增加。

试结合宏观经济,分析服务贸易自由化的利弊。

(三) 国际服务贸易自由化政策的选择

一国的贸易自由化在一定程度上受到相关政策的引导和影响。从前面对服务贸易自由化的福利效应分析中可以看到,作为各种实际影响因素之一的自由化政策,会给不同时期、处于不同阶段的贸易国带来不同的福利收益和成本。基于产业发展、经济增长、国家安定、领土完整、民族文化和信仰、社会稳定等政治、文化及军事目标,各国均对服务贸易的输出制定了各种政策和措施,服务贸易自由化政策的选择也成为人们的关注热点。

在国际服务贸易自由化的福利效应分析中,我们已经从微观层面分析了服务贸易自由化的影响,此处再从宏观视角进行探讨。无论是对于发达国家还是发展中国家而言,服务贸易自由化都是一把双刃剑。由于服务贸易相对货物贸易具有更加复杂的特点,服务贸易自由化在借助对外开放提高国家竞争力从而最终维护国家安全的同时,也可能对国家发展带来一定的负面影响。

(一)服务贸易自由化与国家安全

国家安全涉及国家五种基本利益,即政治利益、经济利益、军事利益、外交利益和文化利益(见图4-1)。一国采取何种安全战略取决于其追求何种安全利益和对安全的界定,而处理国家利益的方式有助于指导其制定贸易政策。在国际贸易制度中包含与国家安全利益相关的条款,如GATT第20条允许对本国短缺的商品进行管制,第21条允许在供应军工机构及为维护国际和平与安全的活动中,广泛免除对GATT所承担的义务。在服务贸易市场准入的承诺上,各国同样持比较谨慎的态度,相对于货物贸易,服务贸易更大程度上涉及国家安全所包含的各项利益。服务业能够提供大量的工作机会来解决劳动力就业问题,其包含的领域和国家安全息息相关:金融、交通运输、邮电等部门关系到国家的经济命脉;商业、医疗服务、公共、事业等部门与人民的生活密切相关;法律、会计、税务和环境保护等部门涉及国家的主权;教育、娱乐、文化等部门涉及社会公共利益和民族文化传统的保持;还有一些特殊的行业涉及国家机密和社会安全性。因此,国家安全是服务贸易自由化进程中一个最为敏感的问题,而且,服务贸易自由化对不同国家安全的影响也有所不同。

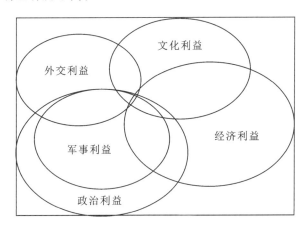

图4-1 国家安全涉及的五种基本利益

◆ 1. 服务贸易自由化对发达国家国家安全的影响

总体而言,发达国家服务业相对发达,在服务贸易中得到的福利水平较高,服务贸易自由化主要从以下四个方面影响其国家安全。

第一,在保持优势方面,服务贸易自由化可能削弱、动摇或威胁发达国家现有技术领先优势的地位,提高竞争对手的国家竞争力。

第二,在战略利益方面,由于服务优势有助于一国在未来的信息战中取得军事上的比较优势或者绝对优势,服务贸易自由化可能潜在地威胁发达国家的战略利益,特别是其长远的军事利益。

第三，在技术外溢方面，服务贸易包含大量的高技术要素和信息，一旦这些要素和信息在扩散过程中被恐怖组织掌握，会给发达国家安全造成威胁，甚至可能危及其民族利益。

第四，从长远利益来看，服务贸易自由化可能危及发达国家的政治、军事、外交以及本国所在的国际政治与经济联盟的长远利益。

基于以上这些原因，发达国家或技术领先国家认为，在服务贸易自由化进程中，有必要保持其在国际市场中的领先地位，以长期获得最大的政治、经济、军事、外交和文化利益。因此，发达国家之间或内部出台各种限制服务出口的政策，以期通过限制含有高技术要素和信息的服务出口，保持对技术落后国的技术优势。

◆ 2. 服务贸易自由化对发展中国家国家安全的影响

对于发展中国家而言，服务贸易自由化带来了加速产业发展的期望，它们迫切希望通过从发达国家进口包含大量先进技术信息的现代服务，借助发达国家的力量增强国家的经济实力，但同时不得不考虑进口服务可能带来的各种危及国家安全的负面影响。印度学者 V·潘查姆斯基从国家安全角度总结了服务贸易自由化在政策自主选择权、经济依赖、金融货币管理领域、国际化程度、新兴服务产业、国际收支、就业、国家主权和服务贸易管制等九个方面影响了发展中国家，概括起来有以下五点。

（1）经济依赖影响自主权

由于发展中国家与发达国家在服务业生产率上的差距，服务贸易自由化将进一步加深发展中国家对发达国家的经济依赖，使其丧失对经济政策的自主选择权，丧失执行符合本国利益的国内政策的空间，同时国际化程度缩小。另外，信息服务的跨国流动使得发展中国家的企业致力于通过海外信息服务业来实现设计、计算和数据加工等工作，从而节约成本，这种行为弱化了对国家政治、军事和经济机密的保护，大量信息的外流最终可能导致国家受制于外国政府，损害国家主权。

（2）激烈竞争影响经济独立

发展中国家一旦放弃服务贸易及相关政策的控制权，其新兴服务产业如银行、保险、电信和航空等将直接暴露于发达国家厂商的激烈竞争中，这对幼稚服务产业必将造成沉重打击，不利于保护民族服务业，影响劳动力就业，动摇国家经济独立的基础。

（3）影响金融领域的发展

服务贸易自由化后，发达国家金融机构将凭借其在金融服务和国际货币发行领域的优势，削弱发展中国家在金融货币管理领域发挥的积极作用。同时，服务贸易自由化要求取消对外国投资的某些限制会对发展中国家金融服务市场稳定和安全构成威胁，进而可能波及国家政权的稳定。

(4) 进口增加影响国际收支

服务贸易自由化会导致发展中国家国内市场上的一些服务被国外服务取代,同时可能形成进口服务替代国内服务使进口需求增加的局面。服务的大量进口将使发展中国家资本外流,不利于其实现国际收支平衡。

(5) 影响文化发展

由于服务产业中蕴含丰富的人文因素,服务贸易自由化预示着各国文化冲突会更加激烈,可能威胁发展中国家的文化市场,威胁本国民族文化的创造性,从而影响发展中国家精神文化的正常发展。

基于以上原因,发展中国家设立了一些贸易壁垒来限制外国服务的进口,以抵御外国文化侵入,维护本国政治、经济等主权,顺利实现本国经济发展目标。

(二) 服务贸易自由化与国家竞争力

服务贸易自由化能够推动服务部门的专业化发展,而这种专业化发展一方面可以产生规模经济效应、降低成本,另一方面可以使得服务部门的技术向标准化和服务综合化方面发展。这些无疑构成了一国服务部门竞争力的基础。服务贸易自由化带来的利弊,在国家安全利益和国家竞争力(即国家贸易利益)之间不断此消彼长。一国政府在权衡国家安全利益和服务贸易利益时将随着时间和环境不断做出调整,有时可能更多地强调国家安全利益,有时则更多地考虑维护和提高国家竞争力。例如,军用信息技术往往领先于民用信息技术,一旦前者转化为后者,将极大地推动工业、服务业,特别是服务贸易的发展,但当国家安全的要求强烈时,国家将不仅限制军民两用信息技术出口,还限制两者之间的转化,即使这样会降低国家竞争力。

服务贸易自由化给贸易国带来强有力的竞争力已经先后被迈克尔·波特(Michael E. Porter)等经济学家从不同角度做出了理论分析和数据论证,他们同时提出,获得低成本优势和寻求产品差异性是服务贸易自由化提高厂商乃至国家经济竞争力的基础。在此基础上,服务贸易自由化带来更强的竞争力的基本要素可以分解为以下六个方面。

(1) 服务技术要素方面

服务贸易自由化或依靠服务技术基础设施或借助物理载体和其他高科技方式来实现,从而促使厂商及时采用各种最新信息技术,以获得成本优势和产品差异,提高竞争力。

(2) 服务资源要素方面

高昂的初始投资产生的服务贸易对象,如数据库、网络信息、软件、音像制品、专利技术等其他知识产权产品,是国家服务资源的基本要素之一。与自身开发相比,服务贸易自由化使厂商能够获得相对低成本的服务资源,从而取得竞争优势。

(3) 服务管理要素方面

现代服务产品多属于技术和管理密集型产品,服务贸易自由化过程既是服务管理的过程,又是提高服务管理技术和质量的过程,最终会帮助厂商提高服务管理效率。

(4) 服务市场要素方面

服务贸易自由化可以为国内企业提供利用国际市场的途径。外国服务企业的进入将加剧国内服务市场的竞争,使得服务价格下降,质量提高,从而为外向型企业提供低成本参与国际竞争的外部条件,提高国际竞争力。

(5) 服务资本(投资)要素方面

服务贸易和外商直接投资关系紧密,服务贸易带来外资。外资的持续流入需要各种跨国服务来支持,从而不断提高本国市场的开放度,而本国市场开放度被认为是国家竞争力的指标之一。

(6) 服务产品要素方面

服务贸易内含的服务技术、资源、管理、市场和投资等因素的有形或无形的跨国流动,必然促进服务产品的生产和销售,从而促进国家产业升级和服务产业规模的发展,提高国家整体竞争力。

如果将以上六种要素和波特提出的关于国家竞争优势的钻石体系结合起来,就会发现这六种要素切合了钻石体系的演变过程。波特的国家竞争优势理论认为,构成一国竞争力的基本要素有需求要素、生产因素、相关与辅助产业、厂商策略(企业结构和行业竞争)、机会和政府。在这些因素形成的钻石体系演变过程中,波特指出国家经济竞争力的提高一般经历四个阶段:第一阶段为生产因素主导阶段,如农业生产优势依赖于基本生产要素;第二阶段为投资因素主导阶段,国家竞争优势主要表现为政府和企业积极投资,生产因素、厂商决策和竞争环境不断改善;第三阶段为创新主导阶段,该阶段的竞争产业建立在较为完整的竞争力钻石体系上,企业向着国际化和全球化方向发展;第四阶段为丰裕主导阶段,该阶段的竞争力来自前三阶段财富和创新技能的积累。如果说波特的这一理论在一定程度上反映了国家竞争力变化的过程,那么,服务贸易将会通过六种基本要素对后三个阶段的发展产生影响,从而获得并加强国家竞争优势,提高国家竞争力,而且这种影响会随着经济竞争力的提高而不断加深。

总之,服务贸易自由化对诸如国家安全的敏感性问题以及提高国家竞争力等发挥着越来越强烈和广泛的影响。正因为服务贸易自由化的这些影响,目前还没有国家愿意完全开放本国的服务市场,各国对服务自由化的政策取向始终处在探索之中。

(三) 发达国家与发展中国家服务贸易自由化的政策选择

发达国家对发展中国家开放本国市场的条件是以服务换货物,即发展中国家以开放本国服务市场为交换条件要求发达国家开放其货物市场,而发达国家或地区则需要相互开放本国服务市场，这就是所谓的"服务贸易补偿论"。发达国家自由化服务贸易政策主要体现在以下三个方面：一是以开放本国货物市场为条件，要求发展中国家开放本国服务市场；二是对于同等发达程度的国家或地区，相互开放本国市场；三是以维护国家安全和竞争优势为由，对本国服务出口采取管制措施。

无论是发达国家强迫其他国家开放服务市场，还是限制本国涉及敏感性问题的服务出口，都是从其自身利益出发，因而发展中国家有必要采取相应对策。

相较于发达国家，发展中国家服务业不具有竞争优势。发展中国家为保护本国幼稚服务业，保护国家经济安全和文化遗产，甚至为捍卫国家主权，对外国服务进出口采取种种限制乃至完全禁止的政策是可以理解的。在现阶段完全开放本国服务市场，特别是金融服务市场，对于发展中国家是不现实的选择，甚至对本国经济安全而言是危险的，特别是对于那些经济规模较小的发展中国家来说。然而，如果完全封闭本国服务市场，既难以有效做到，又会带来一些保护成本。因此，发展中国家既难以选择传统的保护战略（即不能选择传统的进口替代战略），又不能选择一步到位的完全自由化战略，因而混合型、逐步自由化的服务贸易发展战略就成为发展中国家的备选方案，发展中国家应逐步开放本国服务市场。具体而言，发展中国家开放本国服务市场可以按照以下五个步骤进行。

（1）逐步放松对国内服务市场的管制

对于大多数发展中国家来说，放松对本国服务市场的管制是服务贸易自由化的首要步骤。在该阶段，发展中国家面临的主要问题是如何在放松管制与允许外国服务企业进入之间做出选择，以提高本国福利。对于发展中国家来说，服务贸易自由化是一个渐进的过程，不可操之过急。那些推进本国服务市场特别是金融服务市场自由化步伐过快的国家，如泰国等，正在接受现代服务市场开放过度所带来的重大金融挑战。从1997—1998年亚洲金融危机来看，经济容量较小、经济增长放慢、服务市场开放度超越货物贸易和服务贸易自由化进程过快是危机的部分内因。该金融危机从一个侧面说明，适度开放本国服务市场，特别是与货物贸易和服务贸易的开放度相互适应，对于那些期望借助服务贸易提高经济竞争力的发展中国家来说，不仅是重要的，而且是必要的。

（2）逐步开放本国货物贸易市场，降低货物关税水平

开放本国货物贸易市场是开放服务市场的必要条件，或者说，只有先在本国货物贸易上逐步实现自由化，才能谈论服务贸易自由化问题，至少服务贸易自由化进程不能快于货物贸易自由化进程。原因在于，如果本国货物贸易被关税扭曲的话，允许本国服务贸易自由化将导致更大的损失，而小国的损失比大国更大。现代信息服务贸易是服务贸易的核心领域，其自由化更应当与现代信息产品贸易自由化相适应。目前，发达国家已大幅度削减其在信息产品上的关税水平，部分新兴工业化国家和地区也对信息产品贸易采取了低关税政策，为这些国家和地区推行信息服务贸易自由化做好了准备。然而，大

多数发展中国家在信息产品上的关税水平依然较高,如果要求这些发展中国家也像发达国家或部分新兴工业化国家或地区那样开放本国信息服务市场,其结果对发展中国家来说也许是灾难性的,至少本国因此而获得的福利收益不会更好。这说明,发展中国家甚至多数新兴工业化国家或地区在服务贸易自由化方面还有很长的路要走。事实上,即使是发达国家,也会由于它们在服务产品领域竞争力的差异而对服务贸易自由化表现出不同的态度。

(3) 逐步开放服务产品市场,减少服务产品领域非关税壁垒

理论研究表明,一国开放服务产品市场与开放服务要素市场的顺序将会给其带来不同的福利影响,不同顺序的政策选择带来的收益又会因不同的环境限制而有所不同。在服务贸易领域,由于服务对于国家安全具有的重要性,将其放在货物贸易市场开放之后是合适和稳健的政策选择。目前,发达国家也没有对外国服务提供者完全开放本国服务产品市场。所以,发展中国家可以逐步开放服务产品市场,逐渐减少服务产品领域的非关税壁垒。由此看来,多数发展中国家距离开放本国服务市场所要求具备的条件和环境依然有很大差距。

(4) 逐步开放服务要素市场,减少服务贸易壁垒

服务要素主要包括技术、资本和管理等。一旦发展中国家开放本国服务要素市场,就离实现服务贸易自由化的目标不远了,开放服务要素市场意味着国内服务竞争力的增强。事实上,目前即使是发达国家也没有完全开放本国服务要素市场,限制劳动力跨国提供服务的措施依然大量存在,特别是在欧盟成员中。逐步减少或消除服务产品即服务载体贸易上的关税和非关税壁垒,是发展中国家服务贸易自由化进程中的一项重要内容。

(5) 逐步实现服务贸易自由化

实现服务贸易完全自由化在理论上是可行的,对于世界福利是最优的,但在现实中难以被多数国家接受。现实中的服务贸易自由化必然是有约束的服务贸易自由化,即存在一定的政府干预和管制。服务贸易自由化需要逐步进行,发展中国家在此进程中享有较大的政策操作空间。只要这些政策措施得当,发展中国家在服务贸易自由化中获取的收益就有可能超过损失。

综上所述,只有提高经济竞争力,才能从根本上维护国家安全,特别是经济安全,而只有在基本的国家经济安全前提下,才谈得上提高经济竞争力。发达国家采取提高竞争力的放松出口管制政策,发展中国家采取放宽进口限制的渐进自由化政策,构成世界服务贸易自由化进程的第一步。出于国家安全和竞争力考虑,服务贸易既不可能出现古典式的纯粹自由贸易,也不可能出现进口替代那样的保护贸易,有管理的服务贸易自由化最有可能成为各国发展的预定目标,但这也需要经历一个漫长的过程。

发展中国家开放本国服务市场可以按照文中介绍的五个步骤进行。结合我国服务市场开放情况，讨论我国服务市场目前处在哪一阶段。

第三节　国际服务贸易保护政策

一　国际服务贸易保护政策产生的原因

（一）国际服务贸易保护政策产生的微观理论基础

国际服务贸易保护政策产生的微观经济学原因有以下三点。

◆ **1. 自然垄断**

从事某些行业的生产需要高额的原始投资和高技术的知识保障时，这些条件虽然不是真正的经济垄断，但客观上对其竞争者自由进入市场构成阻碍。因此当某种产业或某项服务的供给形成自然垄断时，政府通常会进行管制，如果管制措施明显歧视外国服务厂商，就构成了服务贸易壁垒。

◆ **2. 信息不对称**

在服务贸易中，服务买卖双方之间可能存在错误信息或不对称信息，特别是消费者不完全了解服务的质量或被误导时，为了保护服务消费者免受不合格提供者或掠夺性服务供应商的侵害，政府会采取有关措施，如果这类措施对外国服务提供者产生不公平待遇，就构成了服务贸易壁垒。

◆ **3. 经济外部性**

经济外部性是市场失灵的一种表现。产生经济外部性时，经济的交易成本或收益未在价格中得以反映，此时，政府就要发挥协调各种经济利益分配关系的作用。就服务贸易而言，如果政府在将外部效应内在化的过程中对外国服务提供者使用具有歧视性的措施，这也就构成了服务贸易壁垒。

(二)国际服务贸易保护政策产生的宏观因素

从宏观方面来看,国际服务贸易保护政策产生的原因实质上也是设立服务贸易壁垒的主要目的,即尽可能减轻或消除服务贸易自由化带来的不利影响,主要有以下几点。

◆ 1. 保护国内幼稚服务产业

发展中国家担心开放服务市场会冲击或扼杀国内相关的民族服务产业的健康发展,发达国家则担心来自集团内部的竞争会导致本国服务优势的丧失,于是,各国均对一些新兴的幼稚服务产业进行保护。发展中国家的电信、银行、保险以及发达国家的新兴服务行业属于保护倾向较高的行业。

◆ 2. 维持国际收支平衡

为了维护对外经济关系的利益和稳定,一国对外国服务的输入及引起的相应外汇支出进行管制,特别是发展中国家在服务贸易收支中处于弱势地位,更需要加强对金融市场的干预,维护国内的金融秩序。

◆ 3. 减轻国内就业压力

服务业的飞速发展,使得其容纳就业的人数越来越多,完全开放国内劳动力市场,势必会带来境外移民的增加,给国内某些部门的就业带来压力,于是许多政府设立贸易壁垒限制外国劳动力的自由流入,特别是面对发展中国家廉价的劳动力,发达国家不断设置这方面的贸易壁垒。

◆ 4. 保护国内经济利益和消费者利益

发展中国家为了防止占有比较优势的发达国家在服务贸易自由化中获得巨大利益从而使其经济利益受到损害,同时为防止外国服务提供商在国内服务市场上垄断价格,损害消费者利益,它们常常对外国企业在本国的业务活动实施各种强制性的检查和监督措施。

◆ 5. 维护国家主权和安全

许多服务业包括具有很强政治敏感性的基础结构和活动,如通信、金融等,一旦这些部门被外国控制,一国经济的独立性将受到极大的威胁,因此,一国一般会禁止外国服务经营者参与这些行业的经营,禁止或限制外国企业垄断有关国家利益的重要服务部门。

◆ 6. 保持本国文化的传承性

虽然教育、娱乐、影视等服务部门并不是一国国民经济命脉，但它们属于意识形态领域。为保持本国传统文化的独立性和共同的社会价值观，要防止外国文化大量入侵，因而各国都会对诸如卫星电视、广告业等部门进行保护。

二 国际服务贸易壁垒

（一）国际服务贸易壁垒的定义与特征

所谓国际服务贸易壁垒，一般指一国政府对外国服务生产者或提供者的服务或销售所设置的有障碍作用的政策措施，即凡直接或间接地使外国服务生产者或提供者增加生产或销售成本的政策措施，都有可能被外国服务厂商认为是贸易壁垒。据统计，早在 20 世纪 80 年代初期，各国就已经设计出 2000 多种服务贸易壁垒形式，用于保护本国的银行、通信、保险公司、运输公司数据处理机构和其他服务部门。国际服务贸易壁垒具有以下特点。

◆ 1. 隐蔽性强

由于服务贸易的标的——服务比较复杂，各国对本国服务业的保护无法采取关税壁垒的方式，因此只能采取在市场准入方面予以限制或在进入市场后不给予国民待遇等非关税壁垒方式。非关税壁垒相对关税壁垒来说，具有较强的不透明性，这使得国际服务贸易壁垒也具有很强的隐蔽性，也就让人们难以明确区分带有歧视性的贸易壁垒和对服务业的正常管理措施。

◆ 2. 保护性强

由于各国（尤其是发展中国家和发达国家之间）服务业的发展程度存在较大的差别，同时，服务业涉及一国的经济安全和政治利益，所以各国的服务贸易壁垒保护性普遍较强。在高强度的保护措施下，外国服务提供者或者不能进入本国市场，或者他们虽然能够进入本国市场，但是面临重重障碍，会被迫提高生产成本，削弱竞争力，甚至自动退出本国市场。

◆ 3. 灵活性强

由于服务贸易壁垒具有很强的隐蔽性，其可以表现为一国的法律性措施，也可以表现为一国的政策性措施或行政性措施，还可以表现为一国的消极怠慢行为。这些措施既可以针对外国服务在本国的市场准入，也可以针对外国服务进入本国市场后应采取的经营管理形式和方法，因此选择面很广、灵活性很强。一国可根据自己的需要，灵活选择使用适当的壁垒形式。例如，对于外国的信息服务，既可以不允许其进入本国市场，也可以在允许其进入本国市场后，要求其必须接受本国对其内容的审查，并必须使用本国的传输服务等。

◆ **4. 与投资壁垒联系密切**

由于消费服务的当地化倾向，服务贸易与投资通常密不可分，因而服务贸易壁垒也往往与投资壁垒交织在一起，并通过投资壁垒实现。无论是发达国家还是发展中国家，服务业的投资活动都受到比其他产业更严格的限制。服务业的直接投资不仅受制于东道国的投资政策，还受到国家安全战略乃至社会文化政策的约束。各种投资的壁垒在一定程度上就是服务贸易壁垒。

◆ **5. 互动性强**

国际服务贸易所涉及的各服务要素中，只要对其中的一种要素设置障碍，就可能会影响其他要素的流动，进而影响到整个服务贸易。例如，由于服务投资要靠人来管理和经营，因此，如果只允许资本流动（即允许以商业存在的形式进行服务业的投资），但不允许有关经营管理人员进入东道国，就会使整个投资所追求的目标无法实现；反之，如果只允许自然人流动，而不允许资本流动，外国服务者就无法在东道国实现规模化的服务，并给人员提供服务带来场地、媒介、设施等方面的困难。如果限制信息的流动，就会使大量的依赖于信息传递的服务无法实现，这时，即使人员、资本、货物能够流动，这种流动也不具有服务贸易的意义。

（二）国际服务贸易壁垒的种类

◆ **1. 联合国贸易和发展会议（UNCTAD）对服务业 FDI 壁垒的分类**

国际服务贸易壁垒一方面在于保护本国服务市场，扶植本国服务部门，增强其竞争力；另一方面在于抵御外国服务的进入，削弱外国服务的竞争力。UNCTAD 关于服务业 FDI 壁垒分类主要包括市场进入方面的限制、所有权和控制方面的限制以及经营方面的限制（见表 4-1）。①

---

① UNCTAD. World Investment Report 1996：Investment，Trade and International Policy Arrangements [M] Geneva：UNCTAD，1996.

表 4-1　UNCTAD 关于服务业 FDI 壁垒的分类

服务贸易壁垒类别	具体内容
市场进入方面的限制	在某些部门禁止外国投资
	数量限制（如某一部门 25％的外国股权限制）
	审核程序（有时涉及国家利益或经济净收益方面的测试）
	对外国实体法律形式的限制
	最小资本额要求
	进行后续投资的条件
	区位分布的条件
	进入税
所有权和控制方面的限制	强制外国企业与所在国投资者进行合资
	对董事会成员中外国人数量的限制
	政府指定董事会成员
	某些决定需要政府的同意
	对外国股东权利的限制
	强迫在特定时期内（如 15 年）将一些股权转让给当地
经营方面的限制	经营绩效要求（如出口要求）
	当地成分要求
	要素（如劳动力、资本和原材料）进口方面的限制
	经营许可或许可证
	版权限制
	对资本和利润汇回方面的限制

◆ **2. 按阻碍服务贸易的要素分类**

为便于理论分析，把服务交易模式与影响服务提供和消费的要素结合起来后，服务贸易壁垒可分为资本移动壁垒、人员移动壁垒、产品移动壁垒和开业权壁垒四种（见表 4-2）。

表 4-2　服务贸易壁垒按阻碍服务贸易的要素分类

服务贸易壁垒类别	主要形式	具体内容或举例
资本移动壁垒	外汇管制	政府对外汇在本国境内的持有、流通和兑换以及外汇的出入境所采取的各种控制措施
	汇率管制	外汇管制的一种形式

续表

服务贸易壁垒类别	主要形式	具体内容或举例
资本移动壁垒	投资收益汇出的限制	限制服务厂商将利润、版税、管理费汇回母国，或限制外国资本抽调回国，或限制汇回利润的额度等措施，多见于建筑业、计算机服务业和娱乐业中
人员移动壁垒	限制外国劳动力进入本国工作或就业	印度尼西亚通过大幅度提高机场启程税，限制为购物而前往新加坡的本国居民数量
产品移动壁垒	数量限制	不允许外国航空公司利用本国航空公司的预订系统，或给予其一定的服务进口配额
产品移动壁垒	当地成分要求	服务厂商被要求在当地购买设备，使用当地的销售网或只能租赁而不能全部购买等
产品移动壁垒	补贴	英国政府改变在英学习的外国留学生的补贴，由此使得学费高到足以禁止留学的程度
产品移动壁垒	政府采购	政府只向本国厂商购买公共领域服务，或以亏本出售方式垄断市场，从而直接或间接排斥外国竞争者
产品移动壁垒	歧视性技术标准和税收制度	对外国服务厂商使用设备的型号、大小和各类专业证书等进行限制，外国服务厂商可能比国内厂商缴纳更多的交易附加税、经营所得税等税收
产品移动壁垒	落后的知识产权保护体系	因知识产权保护落后，一旦遭遇外国盗版将面临服务出口损失
开业权壁垒	禁止服务进入	不允许在东道国开设分支机构
开业权壁垒	限制进入的部门、地区、投资比例、使用雇员	通过就业法规定本地劳工比例或职位等

（三）对国际服务贸易壁垒的衡量

对国际服务贸易壁垒的衡量，实质上就是对国际服务贸易壁垒一项或一揽子政策的水平、影响及有效性的数量评估。通常情况下，完善的贸易保护政策衡量指标应具备四个特征：一是可比性，即在一定时期和一定政策范围内，衡量指标在国家之间、部门之间、商品（服务）之间可进行比较；二是可解释性，即衡量指标表达的含义应简单明了；三是准确性，即衡量指标应相当准确，不会引起歧义；四是可操作性或可重复性，即衡量指标应易于不同国家的公民操作，且便于充分检验。关于国际服务贸易壁垒的衡量问题，国内外学者主要沿着两个方向展开：一是借鉴货物贸易壁垒的衡量指标；二是建立独立适用的国际服务贸易壁垒衡量指标体系。目前最常用的是第一种衡量指标，这里将详细介绍这一衡量贸易政策保护程度的指标。

◆ **1. 名义保护率**

名义保护率（NRP），或名义关税率，是指一国实行保护政策使某种商品的国内市场价格高于国际市场价格的百分比。公式为：

$$\mathrm{NRP} = (P_E - P_W)/P_W$$

式中，P_E 代表国内市场价格；P_W 代表国际市场价格。

名义保护率表示一国进口替代的情况，即外国厂商让出本国市场的情况，它在保护最终产品的同时，对生产最终产品的中间产品和原料也进行了保护。如果一国对某种商品仅仅采取边境管制措施，则名义保护率的测度方法在评估贸易政策对产出水平的影响方面是有效的。在仅使用关税的情况下，可用名义保护率衡量有关商品的关税等值。但并不是所有的政策效果都可以通过价格差异来测度。在服务贸易领域，由于各国服务价格的差异往往不仅仅是由关税壁垒引起的，还与要素禀赋、技术差异、规模经济和不完全竞争等因素密切相关，服务贸易大多难以使用关税手段进行保护，从而也就限制了NRP在衡量服务贸易保护程度方面的作用。

◆ **2. 有效保护率**

有效保护率（ERP）或称实际保护率，是相对于名义保护率而言的。这一概念由加拿大经济学家巴伯（C. L. Barber）于1955年首先提出。它是指对产品附加价值的保护情况，即实行关税保护使本国某产业加工增值部分受保护的情况，并以国内生产的附加价值的提高来衡量。据此，有效保护率亦可定义为：关税或其他贸易政策措施所引起的国内生产附加价值的变动率。公式为：

$$\mathrm{ERP} = (V' - V)/V$$

式中，V' 代表进口原料、中间产品以及最终产品都含关税时的国内加工增值；V 代表进口原料、中间产品以及最终产品都不含关税时的国外加工增值（自由贸易价格）。

有效保护率是指对包括一国工业的投入品进口与最终产品进口两者在内的整个工业结构的保护程度。若这一结构性保护的结果为正，其关税保护是有效的；反之，关税保护则是无效的。由此可见，一国的关税政策是否有效，不仅要看其最终产品的受保护程度，还要看受保护产业的进口中间产品是否也受到了一定的保护，从而使得该产业的实际保护为正。有效的关税保护取决于一个产业所面对的实际关税，而实际关税是由中间产品（投入）与最终产品（产出）的关税共同来决定的。有效保护率是用来衡量投入和产出政策对价值增值的共同影响的指标，用公式表示如下：

$$\mathrm{ERP} = \left(最终产品名义保护率 - \frac{中间产品价格}{最终产品价格} \times 中间产品保护率\right) \div \frac{中间产品价格}{最终产品价格}$$

由上边的公式可知，计算服务贸易的实际保护率，需要获取有关服务业的投入-产出系数等信息资料，但是这些详细的信息资料往往难以获得。另外，影响生产要素价格的因素可能在价值增值中没有得到反映，因而没有被包括在有效保护率的计算中，所以有效保护率并没有反映导致产出扭曲的所有政策的效果。同时，在服务贸易领域，获得与要素市场政策和要素产出系数相关的技术既不现实也不可行，这些条件限制了有效保护率作为服务贸易保护政策效果的分析工具的作用。

◆ **3. 生产者补贴等值**

生产者补贴等值（PSE）或称生产者补贴等值系数方法，最早被经济合作与发展组织用于对其成员国农业政策和农产品贸易的分析报告。这一衡量方法在许多国家的运用过程中得以改进、提高，尤其是在关税与贸易总协定乌拉圭回合谈判中被广泛接受后，日益受到重视并不断完善。

生产者补贴等值是用来测算关税和非关税壁垒，以及其他与分析相关的政策变量的保护程度的一种衡量指标。它是对政府各种政策，包括支持、税收和补贴等的总体效应进行评估。人们通常可用两种方法获得生产者补贴等值：一种是通过观察政府政策的预期效果；另一种是通过观察政策措施引起的国内价格的变动。

补贴等值下的关税效应如图4-2所示。

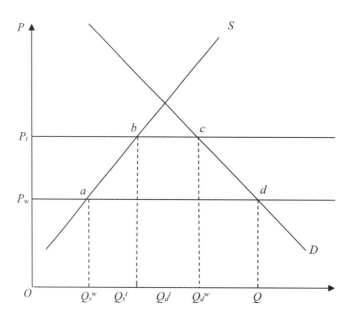

图 4-2　补贴等值下的关税效应

图 4-2 中，S 线为服务的供给曲线，D 线为服务的需求曲线，P_w 表示服务的世界价格，当服务的世界价格低于国内均衡价格时，应从价格更低的世界市场上进口服务。关税的实施使国内价格上升至 P_t，使服务消费减少。关税使国内生产者增加的福利可以用

梯形 P_tP_wab 表示。由于生产者补贴等值的衡量建立在现有关税水平的生产与消费基础上，因而不能准确地测度生产者福利水平。生产者补贴等值的关税影响体现在关税产品价格（P_t-P_w）和生产数量 Q_s^t 两个方面。同样，消费者因关税而导致的福利损失可以用梯形 P_tP_wdc 表示，消费者补贴等值（CSE）表现在关税产品价格（P_t-P_w）和现有关税水平下的消费量 Q_d^t 两个方面。由此可分别得出作为生产价值比率的生产者补贴等值和作为消费价值比率的消费者补贴等值。

$$\text{PSE} = \frac{(P_t-P_w)Q_s^t}{P_tQ_s^t} = \frac{P_t-P_w}{P_t}$$

$$\text{CSE} = \frac{(P_w-P_t)Q_d^t}{P_tQ_d^t} = \frac{P_w-P_t}{P_t}$$

生产者补贴等值方法通过比较国内价格与国外价格的差异来考察一揽子政策的净效果，考虑贸易政策的总体影响，而不仅仅考察单个政策的效果，它测算的是政府政策给予生产者的价值转移量或政府政策对生产者收益的贡献。在不同的时期、不同的国家，甚至不同的领域，生产者补贴等值是不同的。但是，补贴行为被视为不公平竞争，按 WTO 规定，进口国可以对受到补贴的进口商品征收反补贴税，其税额不高于补贴的金额。这样，出口国不仅达不到出口的目的，反而白白将本国纳税人的钱拱手送给进口国。[①]

本章小结

本章主要介绍了国际服务贸易政策的内容与分类、国际服务贸易自由化、国际服务贸易保护及其效应分析。同货物贸易一样，国际服务贸易领域存在自由主义和保护主义两种理论观点，反映在政策层面上，表现为自由贸易政策和保护贸易政策。世界经济一体化的趋势使得服务贸易自由化成为必然趋势。一般来说，服务贸易自由化可以提高服务业的经济效率，同时，能够促进要素的合理配置，节约资源，提高贸易国的福利水平。服务贸易自由化除了在经济效率、福利效应等微观方面对一国产生影响外，还对一国产生不小的宏观影响，其中对国家安全和国家竞争力这两方面都产生了不同影响。自然垄断、非对称信息和经济外部性在微观方面决定了贸易壁垒的存在，而在宏观方面，保护国内幼稚服务产业、维持国际收支平衡等原因使服务贸易壁垒的设置成为必要。服务贸易壁垒有多种分类方式，一般我们根据按阻碍服务贸易的要素，将其划分为四种，即资本移动壁垒、人员移动壁垒、产品移动壁垒以及开业权壁垒。对于服务贸易保护程度的衡量，我们常采用名义保护率、有效保护率和生产者补贴等值这三种衡量指标。

---

① 韩玉军. 国际服务贸易 [M]. 大连：东北财经大学出版社，2009：123-126.

复习思考

1. 简述什么是国际服务贸易政策,并说明它与货物贸易政策的异同。
2. 简述国际服务贸易政策的类型。
3. 什么是服务贸易自由化?简述服务贸易自由化与经济效率之间的关系。
4. 什么是服务贸易壁垒?它有哪些特点?
5. 分别说明发达国家和发展中国家服务贸易自由化的政策取向。
6. 有哪些测量国家服务贸易壁垒的方法?
7. 简述国际服务贸易自由化对国家福利的影响。
8. 什么是生产者补贴等值?

延伸阅读:
发展中国家的
服务贸易自由化

第五章
国际服务贸易规则

学习目标

- 了解WTO服务贸易谈判的背景与历程;
- 熟悉《服务贸易总协定》的基本框架;
- 了解多哈回合中的服务贸易谈判,以及主要的服务贸易区域性规则;
- 理解服务贸易与货物贸易多边规则的差异,加深对国际服务贸易体系和规则的认识和思考。

情景导入

《区域全面经济伙伴关系协定》(RCEP)的谈判历程

2020年11月15日,《区域全面经济伙伴关系协定》(Regional Comprehensive Economic Partnership,RCEP)历经长达8年艰苦谈判后,终于正式被东盟10国(文莱、柬埔寨、印度尼西亚、老挝、马来西亚、缅甸、菲律宾、新加坡、泰国、越南)和中国、日本、韩国、澳大利亚、新西兰等15个成员国签署。这标志着全球人口最多、经贸规模最大、最具发展潜力的自由贸易区诞生。

RCEP缘起于2011年2月26日在缅甸内比都举行的第十八次东盟经济部长会议。该次会议通过了组建RCEP的草案。草案的提出有两大动机。一是推进东亚区域经济一体化发展的自身需要。根据其草案,RCEP的目标是在东盟原有的5个"10+1"基础上,构建一个涵盖16国的全面、高质量、互惠的区域自贸协定,以加强相互间的经济合作,拓宽和深化经济一体化,推动区域经济增长。二是应对《跨太平洋伙伴关系协定》(TPP)的冲击需要。2011年11月17日至19日,在印度尼西亚巴厘岛举行的第十九次东盟领导人会议正式批准组建 RCEP 的草案。2012 年 11 月 20 日,在柬埔寨金边召开的第二十一届东盟峰会上,16 国领导人共同发布《启动 RCEP 谈判的联合声明》,正式启动全球最大自由贸易区建设进程。

从 2013 年 5 月的首轮谈判至 2020 年 11 月的正式签署,RCEP 历经长达 8 年、多至 31 轮的艰苦谈判,其间还举行了 4 次领导人会议、超过 20 次部长级会议,其历程可分为 3 个阶段。

1. 缓慢推进阶段(2013—2015 年)

2013 年 5 月 9 日,RCEP 第一轮谈判在文莱正式开启。该轮谈判成立货物贸易、服务贸易和投资 3 个工作组,并就货物、服务和投资等议题展开磋商。按最初设想,RCEP 谈判本应在 2015 年底结束,但由于各国经济发展水平差异很大、谈判议题分歧较大,前期谈判进展异常缓慢。截至 2015 年底,RCEP 虽然举行了 10 轮谈判和 3 次部长级会议,但直至第 10 轮谈判才就货物贸易、服务贸易、投资等核心领域展开实质性磋商。

2. 加速推进阶段(2016—2018 年)

这期间,RCEP 举行了 2 次领导人会议和 14 轮谈判。2016 年 2 月 4 日,TPP 正式签署。这一事件促使 RCEP 成员国加速推进其谈判进程,10 天之后便在文莱开启了第 11 轮谈判,2016 年全年举行了 6 轮谈判。2017 年 1 月 23 日,美国宣布退出 TPP。随后,特朗普政府开始利用双边谈判争取美国利益最大化,并使用各种政治经济手段向谈判对手施压。为应对美国的经济制裁,RCEP 成员国进一步加快推进其谈判进程。同年 11 月 14 日,RCEP 首次领导人会议在菲律宾马尼拉举行。此后一年,RCEP 成员国相继在货物、服务、投资和部分规则领域议题谈判中取得积极进展,谈判任务完成度迅速提升至 2018 年的 80%。

3. 凝心聚力阶段(2019—2020 年)

这期间,RCEP 再次举行了 2 次领导人会议和 7 轮谈判。2019 年 8 月 2 日至 3 日,RCEP 部长级会议首次在北京举行。此次会议在市场准入和规则谈判方面均取得重要进展:超过 2/3 的双边市场准入谈判顺利结束;新完成金融服务、电信服务、专业服务 3 项内容。同年 11 月 4 日,第三次 RCEP 领导人会议在泰国曼谷举行。会后发布的联合声明表明,历经 27 轮谈判,RCEP 除印度外的 15 个成员国已经结束全部 20 个章节的文本谈判。2020 年以来,RCEP 各成员方克服疫情带来的困难,全面完成市场准入谈判。11 月 15 日,第四次 RCEP 领导人会议以视频形式举行,15 国领导人共同出席并见证 RCEP 签字仪式,RCEP 最终顺利达成。

中国是 RCEP 的积极推动者,将与 RCEP 成员方一道,积极参与和支持 RCEP 机制建设,为 RCEP 经济技术合作做出贡献。

另据海关总署统计，2022年，我国对RCEP其他14个成员国进出口12.95万亿元，增长7.5%，占我国外贸进出口总值的30.8%，对RCEP其他成员国进出口增速超过两位数的达到了8个，其中对印度尼西亚、新加坡、缅甸、柬埔寨、老挝进出口增速均超过了20%。

（资料来源：RCEP八年历程是如何走过的[EB/OL].（2020-11-25）[2023-04-05］. https：//baijiahao. baidu. com/s? id＝1684313480528392709&wfr＝spider&for＝pc，有改动）

问题与思考

1. 《区域全面经济伙伴关系协定》（RCEP）的签署会带来什么影响？
2. 服务贸易区域性规则与多边规则有什么区别？

第一节　《服务贸易总协定》

一、《服务贸易总协定》的产生

服务贸易在国际贸易漫长的历史发展过程中只是作为货物贸易的辅助内容，而没有能够形成一个独立的商业领域。第二次世界大战结束后，随着社会经济的发展，服务贸易开始在经济生活中发挥越来越重要的作用，成为国际贸易不可或缺的组成部分。在服务贸易的迅猛发展下，国际多边贸易的谈判重点也从货物贸易逐步转向服务贸易。关税与贸易总协定（GATT）所进行的几轮多边贸易谈判中，贸易的自由化已经成为多边贸易谈判的主要议题。

（一）《服务贸易总协定》产生的背景

从根本上讲，《服务贸易总协定》（General Agreement on Trade in Service，GATS）的产生是当代世界经济一体化和贸易自由化发展的必然结果。20世纪60年代后，第三次技术革命成果的推广应用，极大地推动了生产力的发展，促进了社会分工与国际分工的扩大与深化。伴随着技术、运输、通信的高速发展以及发达国家对国内服务业限制的逐步放松，之前许多归于非贸易性质的服务逐渐被纳入国际交换的范围，从而促使国际服务贸易获得了迅速发展，并成为战后推动世界贸易发展的重要因素。

国际服务贸易的高速增长，尤其是发达国家在服务贸易中所处的领先地位和竞争优势，使得发达国家对服务贸易在国际间的展开尤为重视。其中增长速度最快的是美、法、英、德等发达国家。如美国在货物贸易方面的国际竞争力逐步减弱，但其国际服务贸易顺差则从1968年起迅速扩大，到1992年约占其货物贸易赤字额的60%。英国的情况也基本类似。

各发达国家在国内逐步放松对服务业的限制后，服务贸易便迅速在国际展开。如美国政府从20世纪70年代起逐步放开对服务领域的各项限制，促进了民间资本在服务产业的竞争，其中，金融、航空、信息和通信等领域服务的开放很快扩散到西欧及日本。这样，在发达国家的带动下，国际服务活动蓬勃发展起来。1967年，世界服务贸易仅为700亿～900亿美元，1980年便猛增到6500亿美元，1992年达到9800亿美元，1996年达到12800亿美元。①

服务贸易在国际的蓬勃发展客观上要求各国排除服务贸易市场准入的障碍，制定适用于服务贸易的规则，并逐步进行服务贸易自由化的市场准入谈判。但是，长期以来服务贸易问题一直被排除在关税与贸易总协定之外，其国际规则仅限于一些零散个别的条约和协定，因此，一些在服务贸易方面有优势的发达国家积极倡导建立系统的服务贸易的国际通行规则。

1962年，经济合作与发展组织制定了经常项目下的非贸易交易自由化和资本交易自由化准则。发达国家之间开始讨论服务贸易自由化问题。随后，经济合作与发展组织开始系统地研究服务贸易自由化，所探讨的内容主要包括两个方面：一是有关银行、保险、海运等具体服务部门的贸易阻碍因素和贸易壁垒；二是制定整个服务贸易规则的框架。

美国是服务贸易谈判最积极的倡导者，自1971年美国出现货物贸易逆差以来，货物贸易逆差就由服务贸易逆差来弥补。②1978年，美国向经济合作与发展组织的贸易委员会要求进行消除服务贸易壁垒的谈判，贸易委员会也同意开始这一方面的谈判。但是在谈判内容上，美国同当时的欧共体之间存在意见分歧，美国认为要制定适用于整个服务贸易的规则框架，欧共体和日本则主张先研究服务贸易各个具体部门的贸易和贸易壁垒的情况。贸易委员会最终采纳了欧共体和日本的意见。1979年开始建筑工程咨询、银行、保险和海运的谈判，并于1984年结束。在初步谈判的基础上，再开始服务贸易各个具体部门的研究和服务贸易的总体研究。最后，对服务贸易的基本原则进行了理论性探

---

① 2020国际贸易热点话题［EB/OL］.（2020-05-04）［2023-07-01］. http://www.zdcj.net/hongguanfenxi-11254.html.

② 中美经贸争端的回顾与启示：从《购银法案》到贸易战的八十年［EB/OL］.（2018-08-01）［2023-07-20］. http://news.cctv.com/2018/08/01/ARTIQSHGqrZg8ukhJRNfun0N180801.shtml.

讨，明确了货物贸易最惠国待遇、国民待遇、透明度、市场准入原则、投资和设立权等概念同服务贸易的关系。

经过发达国家范围内对服务贸易的具体研究，经济合作与发展组织在1987年公布了《服务贸易概念框架的提要》。这个文件提出了适用于服务贸易的原理、原则和规则等各种概念，强调适用于货物贸易的《关税与贸易总协定》的一般原则和规则也同样适用于服务贸易，还提出了服务贸易自由化谈判的具体方法，成为关税与贸易总协定乌拉圭回合谈判的基础。

20世纪80年代以来，美国的服务贸易顺差逐年扩大，而货物贸易则出现越来越多的逆差，美国政府强烈希望服务贸易领域有一个类似《关税与贸易总协定》的协议，以保证服务贸易的自由化。在1982年的关税与贸易总协定部长级会议上，美国首先提出服务贸易自由化问题。这表明，国际服务贸易的迅速发展，客观上要求排除服务贸易市场准入的障碍，制定适用于服务贸易的基本原则和主要规则，并逐步进行服务贸易自由化的市场准入谈判。

（二）关税与贸易总协定乌拉圭回合谈判

《服务贸易总协定》是关税与贸易总协定乌拉圭回合谈判的主要成果之一，它的产生大致经历了以下四个阶段。

◆ 1. 埃斯特角部长会议

1986年9月，关税与贸易总协定缔约方部长会议在乌拉圭的埃斯特角召开，会上讨论了乌拉圭回合部长会议宣言内容，拉开了关税与贸易总协定历史上历时最长也是最后一轮多边谈判——乌拉圭回合谈判的序幕。经过激烈的谈判，缔约各方就谈判的原则和论题达成一致，并通过了《埃斯特角宣言》。这次会议首次将服务贸易列为关税与贸易总协定的两大部分（货物贸易谈判和服务贸易谈判）之一，并规定货物贸易谈判在《关税与贸易总协定》的框架外进行。根据部长会议有关服务贸易谈判的决定，《埃斯特角宣言》对服务贸易做了如下规定：第一，谈判目的是在透明度和逐步自由化条件下扩大服务贸易，确立服务贸易总体原则和纪律的多边框架；第二，谈判手续适用关税与贸易总协定的手续和习惯；第三，谈判参加成员方的范围同货物贸易谈判参加成员方一样；第四，设置管理服务贸易领域谈判的机构；第五，在服务贸易谈判的过程中，秘书处要给予支持。

需要指出的是，将服务贸易列为乌拉圭回合谈判的重要议题，是经过激烈的讨价还价才最终确认的。发达国家（尤其是美国）坚决主张将服务贸易作为乌拉圭回合谈判的重点议题，否则便不参加该回合的谈判，并要求将服务贸易谈判纳入《关税与贸易总协定》的框架。发展中国家则出于自身服务业竞争力极弱的考虑，强烈反对将服务贸易纳入谈判主要议题，尤其担心在《关税与贸易总协定》框架下，将货物贸易与服务贸易的规则合为一体，会使发展中国家处于相当不利的地位。因此，巴西、印度等国强烈主张可以把服务贸易纳入谈判，但是要放在《关税与贸易总协定》框架之外。从这次会议的最后结果来看，相对接近发展中国家的意见，即同意以《埃斯特角宣言》提出的方案为主，对服务贸易的谈判不像货物贸易的谈判那样在全体缔约方的范围内进行，而是在同意谈判的国家之间进行。如果服务贸易的谈判取得成果，以何种形式实施（即是否列入《关税与贸易总协定》框架），到谈判结束以后再决定。

◆ **2. 蒙特利尔中期评审会议**

1988年12月，105个与会方的代表在加拿大的蒙特利尔出席中期评审会议，旨在确定埃斯特角会议以来的谈判情况以及此后两年的谈判方向。这次会议在服务贸易方面达成一致，同意制定服务贸易的原则，主张将透明度原则、国民待遇原则、最惠国待遇原则运用于服务贸易领域。欧共体在会议上坚决主张服务贸易分阶段自由化中过程和结果的相互主义原则，美国日本则反对使用相互主义原则。

会议同意，为确定服务领域谈判的部门，须制订今后谈判的日程表，由关税与贸易总协定秘书处确定第一次谈判部门的清单。但在这次会议后，在有关服务贸易原则的确定和适用性方面，谈判陷入了僵局。

◆ **3. 布鲁塞尔部长会议**

1990年7月，在前一阶段谈判的基础上，由服务贸易谈判组组长提出了服务贸易协定组长方案，后一阶段谈判以组长方案为基础。为了能在1990年12月的布鲁塞尔部长会议上达成一致，各国集中就服务贸易协定组长方案进行谈判。但是，由于布鲁塞尔部长会议上农业问题谈判破裂，服务贸易谈判也没有很大的进展。尤其是在最惠国待遇原则、国民待遇原则等在服务领域的适用性以及金融服务、劳动的移动等方面，谈判各方分歧严重。美国认为，在确定服务规则的同时，要把服务贸易自由化措施的具体约束作为重点。在整个谈判中，除了制定一般协定外，各方的自由化约束（初期准入）的谈判是很重要的，谈判中要突出自由化的具体措施，自由化约束的谈判与协定方案的讨论要同时进行。但是，有些发展中国家认为，要通过协定方案的讨论来确定权利和义务，协定方案的讨论必须优先。经过谈判各方的激烈争论，最后各国同意在部长会议上优先讨论各成员方提出的自由化措施的清单。

◆ **4. 邓克尔方案**

布鲁塞尔部长会议以后的一年多时间内，服务贸易协定方案的谈判一直未能取得实质性进展，直到1991年12月20日，关税与贸易总协定秘书长邓克尔提出乌拉圭回合谈判最终协商文本，即《乌拉圭回合多边贸易谈判结果最后文件草案》，也称为邓克尔方案。邓克尔方案对服务贸易谈判中意见对立的有关问题提出了调解方案。

(1) 最惠国待遇问题

最惠国待遇原则应作为服务贸易协定的基本原则，但是可以维持最惠国待遇的例外措施。具体做法是，在服务贸易协定生效前，通过例外措施的登记；在协定生效后，按照协定所规定的手续，在得到成员方承认之后，可以维持例外措施。

(2) 金融服务问题

明确服务贸易协定在金融服务领域的适用范围，并制定了记载金融定义等内容的"金融服务附录"。其中，为了维持信用秩序，各成员方在保护金融消费者、确保金融体系的健全性等方面可以采取必要的措施。在服务贸易协定规定的义务外，通过成员方自己的选择，可以承担更高的自由化义务，并制订了"金融服务承诺的谅解书事项"。

(3) 劳动的转移问题

制订了"提供服务自然人移动的附录"，规定自然人移动对就业、市民权、居住权或永久就业等措施不适用。协定框架之内可进行以提供服务的所有自然人移动为对象的谈判。

(4) 协定的不适用

关税与贸易总协定成员之间，如果其中一方成为服务贸易协定的成员，而另一方对协定的适用尚未做出承诺，就作为当事成员之间整个协定的不适用，排除部分的不适用。

由于邓克尔文本较好地综合了谈判各方在服务贸易方面的意见，得到了有关各方大致认可，故此后的服务贸易协定方案的谈判，主要是在邓克尔文本的基础上，围绕协定文本的定义问题及技术性修正问题来进行的。邓克尔文本有关服务贸易的协定没有经过重大修改，就在乌拉圭回合谈判结束时获得通过。1994年4月15日，各谈判方在摩洛哥的马拉喀什正式签署了《服务贸易总协定》(GATS)。

GATT服务贸易谈判进程表如表5-1所示。

表5-1 GATT服务贸易谈判进程表

时间	事项
1982年11月	关税与贸易总协定部长会议（美极力主张新一轮多边谈判应包括服务贸易，但遭到发展中国家的强烈反对）
1984年11月	关税与贸易总协定大会（统一在关税与贸易总协定内成立服务贸易信息交换组织）
1985年10月	关税与贸易总协定特别大会（确认开始新一轮谈判的准备程序）
1986年9月15日至20日	埃斯特角部长会议（正式宣布开始乌拉圭回合谈判，成立货物贸易谈判委员会和服务贸易谈判委员会）
1988年12月5日至9日	加拿大蒙特利尔中期评审会
1989年4月	于日内瓦完成中期评审，进入"部门测试"阶段

续表

时间	事项
1990年7月24日	贸易谈判委员会（制定服务贸易协定框架）
1990年12月	比利时布鲁塞尔部长会议（由于农业问题谈判破裂，其他谈判也陷入僵局）
1991年3月	恢复服务贸易谈判，开始谈判初始开价单
1991年12月	于日内瓦完成最后文件草案的第一稿
1992年1—3月	集中谈判处事开价单、要价单
1993年12月	乌拉圭回合谈判结束，达成包括《服务贸易总协定》在内的《世界贸易组织协定》，遗留部分市场准入谈判
1994年4月	于马拉喀什签署协议
1995年1月	WTO在日内瓦建立，协议生效

（三）乌拉圭回合谈判在服务贸易方面取得的成果

在关税与贸易总协定历史上，乌拉圭回合谈判第一次把服务贸易列入多边贸易谈判的重要议事日程，并设立单独的谈判组进行谈判，也就是与货物贸易谈判分轨进行。乌拉圭回合部长宣言中将服务贸易的谈判作为宣言第二部分予以发表，并对服务贸易谈判的目的做了规定。1986年9月20日关税与贸易总协定缔约国部长会议发表的《关于乌拉圭回合部长级会议宣言》称"部长们决定发动作为多边贸易谈判一部分的服务贸易谈判。这一领域的谈判应旨在制定处理服务贸易多边原则和规则的框架，包括对各个部门制定可能的规则，以便在透明和逐步自由化的条件下扩大服务贸易，并以此作为促进所有贸易伙伴经济增长和发展的一种手段。这种框架应尊重适用服务业的国家法律规章和政策目标，并应考虑到有关国际组织的工作"。该宣言还对服务贸易谈判程序、组织机构等做了相关规定："关税与贸易总协定的程序和惯例应适用于这些谈判。成立一个服务谈判组来处理这些事情……服务谈判组应向贸易谈判委员会报告情况。"经过5年艰苦的谈判，参加各方提出了数以万计的建议和方案，主要进行了以下三个方面的工作。

◆ 1. 拟定《服务贸易总协定（草案）》的文本和条款

《服务贸易总协定（草案）》共分为6个部分35条。鉴于服务贸易谈判的核心部分是有关具体承诺开放市场和国民待遇的义务，协定草案规定，各成员方在"市场准入"和"国民待遇"方面进行了谈判，按照不同的服务行业分门别类地做出具体承诺，并列入各成员方的减让表，作为协定不可分割的部分而具有约束力。同时，允许各成员方依据国内立法对有关服务行业的开放做出限制和保留。因此，这个协定在要求成员方尽可能开放服务业市场的同时，也允许发展中国家保护本国的服务行业部门。这个协定还规定了执行机构和有关磋商与争端解决程序，以及有关接受、加入、生效和互不适用的规则，表明未来的服务贸易总协定是与关税与贸易总协定相对独立的国际协议。

◆ **2. 制定关键性服务部门的协议附则**

为了使《服务贸易总协定》的原则和规则能够在一些关键性的服务行业得到具体实施，在谈判后期还设立了金融、电信、运输、建筑工程、服务人员流动、音像服务、专业咨询等小组，就协议的实施细则进行了磋商。

◆ **3. 各成员方就初步承诺开放市场进行谈判并达成减让表**

在服务贸易谈判中，各方最关心的是如何开放本国（地区）市场和如何适用国民待遇原则的问题。为此，各成员方把"市场准入"和"国民待遇"作为两项特别重大的义务，经谈判，按不同产业部门逐一做出承诺并明确列入各方的减让表方能对成员方有约束力，各方可逐一列明不同部门取得国民待遇的条件和资格。

二 《服务贸易总协定》的框架与规则解析

（一）《服务贸易总协定》的框架内容

《服务贸易总协定》是指规定各成员在开展国际服务贸易方面必须遵守的基本准则，是迄今为止第一套关于国际服务贸易的具有法律效力的多边规则。其主要由以下4大部分组成：第一大部分为适用于所有成员的基本义务的框架协定，即《服务贸易总协定》条款，该部分包括序言和6个部分（共29条）；第二大部分为根据《服务贸易总协定》第29条成为《服务贸易总协定》组成部分的涉及各服务部门的特定问题和供应方式的附件以及第2条"豁免"的附件；第三大部分为根据《服务贸易总协定》第20条的规定附在《服务贸易总协定》之后，并成为《服务贸易总协定》重要组成部分的具体承诺表；第四大部分为部长会议决定和谅解。① 具体框架见表5-2。

表 5-2 《服务贸易总协定》的结构

第一大部分：《服务贸易总协定》正文（含29条）	第1条	范围与定义
	第2条	最惠国待遇
	第3条	透明度
	第4条	发展中国家的更多参与

---

① 李杨，蔡春林. 国际服务贸易 [M]. 北京：人民邮电出版社，2011.

续表

第一大部分:《服务贸易总协定》正文(含29条)	第5条 经济一体化
	第6条 国内规章
	第7条 认证
	第8条 垄断和专营服务提供者
	第9条 商业措施
	第10条 紧急保障措施
	第11条 支付和转移
	第12条 确保国际收支平衡的限制措施
	第13条 政府采购
	第14条 普遍例外
	第15条 补贴
	第16条 市场准入
	第17条 国民待遇
	第18条 附加承诺
	第19条 具体承诺义务的谈判
	第20条 具体承诺明细表
	第21条 细目表修改
	第22条 磋商
	第23条 争端解决和执行
	第24条 服务贸易理事会
	第25条 技术合作
	第26条 与其他国际组织的关系
	第27条 利益的否定
	第28条 术语的定义
	第29条 附件
第二大部分:附件(协定正文第29条规定本协定的附件为本协定的组成部分)	关于第2条豁免的附件(含第2条最惠国待遇豁免清单)
	关于本协定下自然人移动提供服务的附件
	关于航空运输服务的附件
	关于金融服务的附件Ⅰ
	关于金融服务的附件Ⅱ
	关于海运服务谈判的附件

续表

第二大部分：附件（协定正文第29条规定本协定的附件为本协定的组成部分）	关于电信服务的附件
	关于基础电信谈判的附件
第三大部分：各成员关于市场准入和国民待遇具体承诺	（略）
第四大部分：部长会议决定与谅解	服务贸易总协定机构安排决议
	服务贸易总协定若干争端解决程序决议
	服务贸易与环境决议
	关于自然人流动谈判决议
	金融服务决议
	关于海运服务谈判决议
	关于基础电信谈判决议
	专业服务决议
	关于加入政府采购协定决议
	关于争端解决规则与程序的谅解
	关于金融服务承诺的谅解

（二）《服务贸易总协定》条款分析

◆ 1. 序言

《服务贸易总协定》序言说明了缔结该协定的宗旨、目的和总原则。具体表现如下：第一，鉴于国际贸易对世界经济发展的重要性，谈判各方希望在透明和逐步自由化的条件下，建立一个有关服务贸易原则和规则的多边框架，以促进贸易各方的经济增长和发展中国家的经济与社会发展；第二，在尊重各国政策目标的前提下，本着在互利的基础上提高各参与方利益的目的和确保各方权利和义务的宗旨，希望通过多轮多边谈判促进服务贸易自由化早日实现；第三，希望能通过增强发展中国家国内服务业能力、效率和竞争力来促进其在国际服务贸易中的更多参与和服务出口的增长；第四，对最不发达国家在经济、发展、贸易和财政需求方面的特殊困难予以充分考虑。

总之，序言用较长的篇幅和较多的文字强调了发展中国家积极参与的重要性和其自身的特殊情况。发展中国家成员应努力在今后服务贸易的部门开放谈判中充分利用《服务贸易总协定》的基本原则和目的争取对自身有利的谈判结果，使此序言从实质上而非仅仅象征性地促进各成员，特别是发展中国家成员服务水平的提高和经济的发展。

◆ 2. 第一部分：范围与定义

第 1 条：范围与定义

第 1 条共有三层含义。第一，说明了《服务贸易总协定》适用于成员影响服务贸易的各种措施，并确定了《服务贸易总协定》适用于"服务部门参考清单"所列的 12 种服务部门的服务贸易，即说明了该协定的适用范围。《服务贸易总协定》适用范围限于各成员所制定和实施的影响国际服务贸易的各项措施，其中包括中央、地方政府的措施，也包括被授权而行使有关权利的非政府性机构所实施的各项措施。当然，《服务贸易总协定》也充分考虑了政府职能，允许将各成员政府为实施政府职能而提供的基础设施和社会服务置于总协定之外，从而在原则上允许以垄断的方式为这些领域提供服务。第二，《服务贸易总协定》通过规定提供服务的 4 种模式对服务贸易的内涵加以界定，即服务贸易包括：从一成员境内向另一成员境内提供服务；在一成员境内向另一成员的服务消费者提供服务；一成员的服务提供者在任何其他成员境内通过商业存在提供服务；一成员的服务提供者在另一成员境内通过自然人存在提供服务。这个定义是对发展中国家和发达国家提案的融合。首先，它是较广的定义，不但包括发展中国家倾向的跨越国境的可贸易性服务，而且包括一国在别国的商业存在所提供的服务；其次，此定义又试图把投资和移民排除在服务贸易之外。但总的来说，这个定义是广泛意义上的服务贸易。第三，对"各国的措施"和"服务"做了解释性说明。

◆ 3. 第二部分：普遍义务与原则

第二部分是《服务贸易总协定》的核心部分之一，包括第 2 条到第 15 条共 14 条内容，确立了各成员必须遵守的普遍义务与原则，这些原则构成各成员在服务贸易中各项权利和义务的基础，要求各成员一旦签约就必须遵守。

（1）第 2 条：最惠国待遇

《服务贸易总协定》的最惠国待遇与《关税与贸易总协定》第 1 条最惠国待遇类似，原则上也是遵守无条件最惠国待遇，即每一成员对于任何其他成员的服务和服务提供者，应立即和无条件地给予不低于其给予任何其他国家同类服务和服务提供者的待遇。

第 2 条第 2 款规定在上述最惠国待遇原则的基础上，每个成员都可以实施与最惠国待遇原则不一致的措施，只要该措施已列入《关于第 2 条豁免的附件》，并符合该附件中的条件。

第 2 条第 3 款规定了另外的一项最惠国待遇例外——边境贸易例外，即本协定的任何规定都不得解释为阻止任何成员对相邻国家授予或给予优惠，以便利仅限于毗连边境地区的当地生产和消费的服务的交换。

(2) 第3条：透明度

对《服务贸易总协定》第3条规定的内容可以做如下理解：第一，所有成员均应该将可能影响《服务贸易总协定》实施的所有措施（包括国内立法及其签订的与服务贸易有关的协定）立即向各成员公布或最迟在其生效之前予以公布，只要其他成员提出，任何成员均应就其境内普遍适用的措施或国际协定的具体信息迅速予以答复；第二，对于新颁布的法律、法规或行政措施或对现行法律、法规或行政措施的修改，如果对该成员已做出的承诺构成严重影响，应立即向服务贸易理事会报告，或至少每年向服务贸易理事会报告一次；第三，每个成员均必须在世界贸易组织成立之后的两年内（即1996年底之前）至少建立一个咨询点，使其他成员能够通过该咨询点去查询该成员对服务贸易所实施的国内措施及其他相关资料；第四，推行举报制度，该条第5款规定，如果成员认为其他成员采取的措施将影响到《服务贸易总协定》的实施，可直接通知服务贸易理事会。当然，第3条之二也规定"本协定的任何规定不得要求任何成员提供一经披露即妨碍执法或违背公共利益或损害特定公私企业合法商业利益的机密信息"。

(3) 第4条：发展中国家的更多参与

第4条有以下三层含义。第一，必须充分尊重成员在整个与个别服务部门的国家政策和发展程度，这意味着发展中国家成员在维持国际收支平衡、保护幼稚服务产业方面可以得到优惠的条件。第二，发达国家成员应帮助发展中国家成员提高其服务业的效率，以增加其服务业在国际市场中的竞争力，并向它们提供有利的服务市场准入条件；为方便发展中国家成员获得有关市场准入的条件和资料（如专业资格的登记、认可和获得，服务技术的获得等），发达国家成员与其他可能的成员，应在协定生效两年内设立咨询点和联络点。第三，对最不发达国家予以特殊优惠，准许这些国家不做出具体的开放服务市场方面的承诺，直到其国内服务业具有竞争力。

(4) 第5条：经济一体化

第5条的主要内容包括以下几点：不阻止各成员参加有关服务协议，不阻碍服务贸易自由化的推进；对发展中国家之间的有关协议采取较为灵活的政策，允许其按发展水平达成某些协议；参加有关协议的各方对该协议外的国家不应采取提高壁垒的措施；任何成员决定加入某一协议或对某一协议进行重大修改时，都应迅速通知各成员，而各成员应组成工作组对其进行检查；如果某一成员认为某个协议损害了自己的利益，则按《服务贸易总协定》第21条的程序办理。

(5) 第6条：国内规章

本条共有5款，归纳起来主要包括以下内容。首先，表示对国内规章的尊重，赋予各国一定的权利，其中包括当局引进新规定以管理服务的权利，并对发展中国家做了优惠安排，准许发展中国家设立新的规定，其中包括可以在某些部门为了实现国家政策目标而采取垄断性的授权；允许各成员对服务和服务提供者提出要求以使其满足某些规定，但这类要求必须是建立在合理、客观和非歧视的基础之上，不能给国际服务贸易带来负担和阻碍。其次，对各成员当局提出了一些义务要求，如要求各方建立起司法、仲裁、管理机构和程序，以便对服务消费者和提供者的要求迅速做出反应；要求各成员对服务提供授权的申请迅速做出决定；成员不应利用移民限制措施来阻碍《服务贸易总协定》的实施，涉及人员移动的有关具体承诺在《服务贸易总协定》下达成，则应允许这种人员的移动、暂时居留和工作。

(6) 第7条：认证

本条的宗旨是有关服务的规定、标准和要求应达成一致与相互认可。本条认为一成员可以与其他成员就某些有关服务提供的准则达成协议以促进国际服务贸易的进行。而这些协议应该可以允许别的成员加入，其执行也应建立在合理、客观和公正的基础上。另外，协议的参与方应在协议生效之后的12个月内就其协议内容通知各成员，并允许别国加入，而有关协议的任何重大修改也应及时通知各成员。有的成员还提出应采用一种国际统一的标准来处理有关部门的服务。

(7) 第8条：垄断和专营服务提供者

本条要求垄断的服务提供者在有关市场提供垄断服务时，其行为不能损害其他成员的服务提供者在《服务贸易总协定》中的第2条、16条、17条所享有的权利；还规定当一个行业的垄断服务商在其垄断权范围之外的行业与其他服务提供者进行直接或间接的竞争时，不能利用其垄断地位进行竞争。而当一成员认为别国的垄断服务提供者损害了本国服务提供者的正当权益时，举证的责任在申诉一方，但不要求其提供绝密信息。本条还对垄断服务提供者的概念下了定义，包括寡头性质的垄断形式。但本条对垄断服务这种形式没做褒贬评论。

(8) 第9条：商业措施

本条要求限制某些企业在服务市场上实施影响竞争的行为，包括一些有关服务出口的反竞争性限制行为，一成员在其他成员提出这些要求时，应与有关当局进行磋商，取消这些行为。

(9) 第10条：紧急保障措施

本条与《关税与贸易总协定》第19条"对某种产品的进口的紧急措施"的原则是一致的，它准许某一缔约国在由于没有预见到的变化或由于某一具体承诺而使某一服务的进口数量太大，以至于对本国服务提供者造成严重损害或威胁时，部分地或全部地中止此承诺以弥补这一损害。而任何成员要采取这种紧急保障措施，应在之前或之后立即向全体成员通知这种措施并提供有关数据，且应与有关各方充分磋商；这种紧急保障措施应受全体成员的监督，且受影响的其他成员可采取相应的措施。

(10) 第11条：支付和转移

本条规定，除非出现第12条的情形，《服务贸易总协定》中有关服务贸易的具体承诺的执行不能因支付和货币转移方面的限制而受到阻碍，且《服务贸易总协定》的任何条款都不能影响国际货币基金组织成员在"基金协议条款"中的权利和义务。

（11）第12条：确保国际收支平衡的限制措施

本条准许一成员在其国际收支和金融地位严重恶化的情况下，确保国际收支平衡作为具体承诺的服务贸易，并采取限制性的措施，或对这种交易有关的支付和货币转移做出限制，尤其是金融地位比较脆弱的发展中国家为实现其发展目标而维持其外汇储备的要求应予以考虑。本条还规定这种限制性措施要迅速通知各成员，且不对各成员采取歧视性措施，不为其他成员带来不必要的商业和经济损失。本条还规定，采取限制措施的成员应立即就其限制措施同各成员磋商，并应用国际货币基金组织提供的有关数据资料做出判断和评价。

（12）第13条：政府采购

本条规定《服务贸易总协定》的第2条、16条和17条不适用于政府采购法规下的采购。但《服务贸易总协定》的第2条要求在《建立世界贸易组织协定》生效两年内，就政府采购问题进行谈判。

（13）第14条：普遍例外

本条规定只要符合一定的条件，在特定情况下，成员可以采取一些与《服务贸易总协定》规定不一致的措施。这些条件包括两点：一是不得在情况相似的国家之间采取武断和不公平的歧视；二是不得借机对国际服务贸易进行限制。特定的情况指的是下面两点：一是出于保护公共安全、公共卫生、环境、文化、资源等；二是为了维护国内法律和制止欺诈行为。不管是何种情况，采取的措施要及时通知各成员。

（14）第15条：补贴

本条规定，在某些情况下，补贴会给服务贸易带来扭曲性的影响，故各成员应进行多边谈判并制定必要的多边规则以避免这种扭曲的发生。谈判还应提出合理的反补贴程序并对发展中国家补贴方面的需要予以灵活处理，各成员应相互通报各自服务提供者的补贴问题，以便谈判顺利进行。本条还规定受到某成员补贴影响的另一成员可要求就此问题同该成员进行磋商解决。

◆ **4. 第三部分：具体承诺**

（1）第16条：市场准入

本条规定，对于那些以《服务贸易总协定》第1条认可的方式提供的市场准入问题，各成员应给予其他成员的服务和服务提供者以不低于其在减让细目表上已同意提供的待遇。若在一成员的细目表上给出了不止一种有关服务提供的准入途径，那么别的成员的服务提供者可以自由选择其中的一种准入途径。

(2) 第 17 条：国民待遇

本条规定，在不违反《服务贸易总协定》的有关规定而且与其细目表上的条件和要求一致的条件下，一成员应该在所有影响服务提供的措施方面，给予其他成员的服务和服务提供者以不低于其本国服务或服务提供者的待遇，这与《关税与贸易总协定》第 3 条含义相同。

市场准入和国民待遇条款是《服务贸易总协定》中最重要的条款，也是各方争论的焦点。《服务贸易总协定》在结构上的一个重要特征为不是将市场准入和国民待遇作为普遍义务，而是将其作为具体承诺与各部门或分部门的开放联系在一起。各国在进行部门开放谈判时，应充分考虑各国发展水平的不同和实际情况，以及各国竞争优势的不同，本着利益互惠的原则来达成市场准入方面的具体承诺。

(3) 第 18 条：附加承诺

该条规定，各成员可以就未包括在第 16 条、17 条内的影响服务贸易的措施进行谈判。这些措施主要包括有关资格、标准或许可事宜的措施。

◆ 5. 第四部分 逐步自由化

这部分共 3 条，其就进一步扩大服务贸易自由化的谈判原则、适用范围、具体承诺的细目表以及细目表的修改做出了规定。

(1) 第 19 条：具体承诺义务的谈判

首先，本条规定，本着进一步提高服务贸易自由化的目标，各成员应进行多轮的谈判，最迟从《建立世界贸易组织协定》生效后第 5 年开始，并在以后定期进行谈判。这些谈判的目的是减少和消除对服务贸易产生不良影响的措施，以实现有效的市场准入途径。谈判过程应本着在互惠的基础上给各方带来利益并实现各方权利与义务的平衡的原则。最不发达国家可以从本协定下的任何减让中获取好处。

其次，本条规定应充分尊重各国政府的政策目标和各国的发展水平。对某些发展中国家应允许有一定的灵活性，允许其有选择地开放部门和交易类型，并考虑到它们的发展目标。

本条还规定了谈判时应遵守的准则和程序，而准则的确立应考虑以下因素：前一阶段谈判结果的评估；发展中国家的更多参与；自愿原则；最不发达国家的特殊困难。

最后，本条规定谈判的范围：就某些部门、分部门达成新的市场准入方面的承诺；就某些部门、分部门达成新的国民待遇承诺；将那些已有协议的部门和分部门中的对市场准入方面的限制全部或部分地撤销；将那些已有协议的部门和分部门的对国民待遇方面的限制全部或部分地撤销。

(2) 第 20 条：具体承诺细目表

本条规定，各成员应将与其他成员达成的有关承诺列在其细目表中，并指明达成协议的部门和分部门。另外,本条还应包含以下内容:有关市场准入的条款、限制和条件;有关国民待遇的条件和资格;任何未就市场准入和国民待遇达成协议的支付方式;可能的话,列出承诺执行的时间表;任何实现市场准入的其他措施;承诺生效的日期;规定了有关协议的细目表应附在《服务贸易总协定》之后,使之成为《服务贸易总协定》的一部分。

这条主要说明《服务贸易总协定》附录中各部门开放谈判的承诺细目表的构成,对部门和分部门开放谈判的进行和达成具有一定的指导作用。

(3)第21条:细目表修改

本条对成员修改和撤回自己的承诺做了规定:修改和撤回承诺只能在其承诺生效3年之后,并且应在一定的时间内与受影响的其他成员达成补偿性协议,并通知服务贸易理事会。其他成员在受到影响后,有权自行采取补偿性的措施对其承诺做出相应的修改或撤回,同样也需要通知服务贸易理事会。

◆ 6. 第五部分:组织机构条款

(1)第22条:磋商

本条规定,任何成员都有权对其认为有损自身利益的做法,依据本协定的原则向另一成员提出磋商。本条第1款规定,当任何成员对影响本协定执行的任何事项向另一成员提出磋商请求时,另一成员应给予考虑,并做出积极的反应,且主动给予适当的机会予以充分的磋商。本条第2款还规定,当某成员提出的磋商没能达成圆满的结果时,服务贸易理事会可与另一成员(指当事另一成员)或其他成员进行磋商解决有关问题。本条第3款允许各成员在非歧视原则的基础上实施避免双重征税的措施等协定,并可将引起的争端提交仲裁。

(2)第23条:争端解决和执行

第22条和第23条是《服务贸易总协定》关于服务贸易引起争端时所规定的争端解决机制,是建立在《关税与贸易总协定》第22条和第23条基础上的。不同的是,在《服务贸易总协定》中,第22条和第23条并不解释与扩大《关税与贸易总协定》争端解决机制所依据的详细的争端解决程序及其谅解方面的问题。尽管第23条规定了争端解决机制,并且协定本身认为它应该是不寻求《服务贸易总协定》以外的争端解决机制而存在的。但是,读者应该注意到这次乌拉圭回合谈判中很重要的议题之一,便是各成员都努力寻求建立一个能解决商品贸易争端、解决与贸易有关的知识产权、投资措施、非关税壁垒等各方面(包括服务贸易在内)的综合性的争端解决机制,并将这种争端解决机制作为乌拉圭回合谈判成果的集中体现,也作为世界贸易组织中极其重要的组成部分。

在第23条中各谈判方基本达成共识的有3款。本条第1款认为《服务贸易总协定》的任一成员认为任何其他成员未能履行本协定项下的义务或具体承诺时,由此使某一成员在协定中的利益正在丧失或正在受到损害,受损害的成员有权向另一成员或其他有关各成员提出书面请求或建议,双方的利益都应给予考虑,以期达到双方都满意的结果,并妥善地解决该争端。

当受损害的成员认为该争端在有效的一段时间内没能达成满意的结果,或当事方不满意磋商结果时,本条第 2 款认为可将此争端提交争端解决机构。该款要求争端解决机构对此着手加以研究解决,并向他们认为有关的各方提出合适的建议,或者可对争端酌情做出裁决。如果争端解决机构认为有必要,也可以与争端有关的各方或有关联的任何政府间组织进行必要的磋商,甚至授权受损害方中止其义务和具体承诺。

本条第 3 款规定,当任一成员认为由于任何与本协定各项规定并无冲突的措施的实施,其在合理理由期望的本协定第三部分的利益受损害时,可以诉诸争端解决谅解,并按第 21 条要求进行义务调整,如果不能达成满意的协议,可以使用争端解决谅解第 22 条。

(3) 第 24 条:服务贸易理事会

第 24 条共 3 款。第 1 款规定,服务贸易理事会是为了更好地实施本协定和促进实现本协定所期望达到的目标而设置的。服务贸易理事会的职能包括:监督《服务贸易总协定》的实施以促进实现其目标;设立附属机构以有效地分散其职能。第 2 款规定,所有成员都有权向服务贸易理事会及附属机构派驻代表。第 3 款规定,服务贸易理事会选出服务贸易理事会主席并制定自己的工作原则和程序,理事会主席一经选出,他本身就不能代表他所在成员行使其职权。

(4) 第 25 条:技术合作

第 25 条共 2 款。本条要求发达国家成员和其他工业化国家成员尽量为其他成员的服务提供者,特别是来自发展中国家或地区的服务提供者提供技术援助,并由服务贸易理事会做出决定,然后在多边层次由秘书处提供。

(5) 第 26 条 与其他国际组织的关系

第 26 条规定,服务贸易理事会应不断做出适当的安排,同联合国及其专门组织机构和其他政府间有关服务方面的组织进行磋商与合作。

◆ **7. 第六部分:最后条款**

第六部分共 3 条(第 27 条至第 29 条),规定了《服务贸易总协定》中利益的否定、术语的定义和附件等内容。

(1) 第 27 条:利益的否定

第 27 条规定,各成员可以拒绝给予那些"源于"不是《服务贸易总协定》的成员,或不适用本协定的另一成员的服务或服务提供者在《服务贸易总协定》中的利益。"源于"与商品贸易中判断商品原产地类似,是判定服务及服务提供者"产地"的依据。根据《建立世界贸易组织协定》，两个成员之间互不适用《服务贸易总协定》时，其服务提供者也不能享受本协定利益。

（2）第 28 条：术语的定义

第 28 条对一些术语做了解释性说明和定义。这些术语的定义介绍如下。

① 措施：包括由各成员所采取的任何措施，而不论是采取法律、条例、行政管理行为、规则、程序、决定或任何其他形式。

② 一项服务的供给：包括服务的生产、分销、营销、销售及运输。

③ 各成员影响服务供给的措施：包括有关服务的采购、支付与使用的措施；涉及服务供给的分销和运输系统以及公共电信输送网络的进入与使用的措施；某成员的自然人和法人的商业存在在另一成员境内提供服务的措施。

④ 另一成员的自然人：指按那个成员的法律成为某一成员境内的任何自然人，或某一成员在那个成员境内拥有永久居住权的自然人。

⑤ 一成员的服务消费者：指接受或使用服务的某一成员的任何自然人或法人。

⑥ 商业存在：指以提供服务为目的，在某一成员境内的任何形式的商业或职业存在，无论是通过合并、现存企业的收购、创办独资的子公司或部分所有的子公司、合资企业、合作企业、分公司、代表处或其他。

（3）第 29 条：附件

第 29 条声明《服务贸易总协定》的附件是本协定的有机组成部分。《服务贸易总协定》的附件有不同目的。电信与自然人移动附件定义了提供服务的模式；金融服务的附件结合该部门的特点，比较谨慎地做出减让安排；空运附件则规定了《芝加哥公约》中有关交通权利对最惠国待遇条款的免责。

（三）《服务贸易总协定》附件及其解析

◆ **1. 关于第 2 条豁免的附件**

该附件是关于最惠国待遇豁免的规定，说明了一个成员在《服务贸易总协定》生效时免除第 2 条第 1 款规定的义务的条件。由于最惠国待遇第 2 条第 2 款规定了寻求豁免的无限可能性，《服务贸易总协定》的普遍适用范围会遭到破坏。对可能任意提出豁免的限制只涉及现行措施。第 2 款关于在《建立世界贸易组织协定》生效后适用的任何新豁免事项，将在该协定第 9 条第 3 款中做出规定。第 3 款关系到豁免权利，规定"在特殊情况下，部长会议可决定豁免一个成员承担本协定或任何多边贸易协定的义务，但此决定应由四分之三成员批准……部长会议或总理事会应该每年对豁免权利进行审查"。

在最惠国待遇问题上，发达国家比发展中国家有更多的豁免事项。这可能是 1993 年发展中国家不完全了解需要豁免的部门和分部门所致。这意味着如果发展中国家在 1993

年 12 月 15 日之前不能确定它们需要的豁免事项,就要遵守第 9 条的严格条件。由于 3 个主要部门和一种提供模式的谈判尚未结束,金融服务问题的部长决定、基础电信谈判和海运服务谈判规定在谈判结束前对这些部门可以订出最惠国待遇豁免事项,具体时间是金融服务和基础电信订在《建立世界贸易组织协定》生效后 6 个月,《海运服务协定》订在 1996 年 6 月。但海运服务谈判推迟至 1998 年进行。

在应用最惠国待遇原则方面,许多国家在对外国银行发放进入市场许可证的规定中仍实行互惠办法。互惠办法使一些国家在其本国的银行未获得另一国的同样广泛机会的情况下,也禁止对方银行进入其市场。这种条件与最惠国待遇原则是矛盾的,但被明确认为是有些国家提出愿意遵守的管理制度的一部分。继续谈判金融服务的目标是取消所有成员国管理制度中对外国银行的互惠办法。

有关第 2 条豁免的附件应说明一个成员在《服务贸易总协定》生效时免于承担第 2 条第 1 款规定的有关义务的条件。但附件中未提及这类条件,只提到服务贸易理事会应审查给予 5 年以上豁免的所有豁免事项。服务贸易理事会在进行这类审查时将研究造成需要豁免的条件是否仍然起主导作用,并确定进一步审查的日期。

由于对寻求豁免的合法性缺乏多边商定的标准加以判断,可能使各国滥用,因此,一些成员为了在谈判中占上风而提出许多豁免事项,从而破坏了《服务贸易总协定》的职能。各国有必要在个别关心事项和这类豁免的范围与数量的限制之间进行平衡,并且通过撤销承诺或寻求广泛使用第 2 条第 2 款的国家补偿性让步来维持。

关于豁免的终止,该附件第 6 款规定:"原则上这类豁免不应超过 10 年,并且无论如何应在以后进行的各轮贸易自由化谈判中商定。"该规定使用的措辞说明 10 年并非固定的时期,其可以延长。实际上,附件并没有为列入的豁免事项规定标准或条件,而最惠国待遇豁免表中所列大多数豁免事项都是不定期的。

◆ 2. 关于本协定下自然人移动提供服务的附件

该附件阐明了自然人流动包括某一方的服务提供者和由一个成员服务提供者所雇用的成员自然人。有关自然人移动问题的部长规定,为了在乌拉圭回合谈判结束以后继续进行使自然人移动更加自由化的谈判,根据《服务贸易总协定》使参加方做出更高水平的承诺,建立一个谈判组进行该领域的谈判,并在《建立世界贸易组织协定》生效后 6 个月内提出最后报告。

在对待资本与劳动力方面仍存在一些不相称的现象。根据《服务贸易总协定》自然人移动提供服务的附件规定,成员可就其附件规定的具体承诺进行协商,这将涉及自然人入境和暂时停留的问题。第 4 款规定:"本协定不得阻挠一成员采取措施管理自然人入境或在其境内暂时停留,其中包括采取必要措施保护通过边境的自然人的人身安全并且保证其有秩序的移动,这将不会消除或损害任何成员根据某项具体承诺所获得的利益。"同样的限制却不适用于资本的流动。《服务贸易总协定》没有限制外国直接投资的内容,但发展中国家和某些发达国家的提议表明有关商业存在所做承诺是按照管理外国投资的现行立法规定行事的,同移民法对自然人移动所做规定是一样的。

◆ **3. 关于航空运输服务的附件**

有关航空运输服务的附件适用于影响航空运输服务和相应的辅助服务贸易。它将运输权利和可能影响运输权利谈判的直接有关活动排除在《服务贸易总协定》的范围之外。该附件还适用于飞机修理和维修服务、推销空运服务和电脑预约系统服务。对于附件的实施情况,至少要每五年检查一次。澳大利亚、马来西亚、新西兰、新加坡和北欧国家建议为了迅速而准备有序地进行这种检查,需要设立空运服务工作组来收集和编制包括航空部门的统计资料与模式在内的有关信息。

◆ **4. 关于金融服务的附件Ⅰ和关于金融服务的附件Ⅱ**

有关金融服务的附件是在以马来西亚为代表的东南亚各国(即印度尼西亚、马来西亚、泰国、尼泊尔、斯里兰卡、韩国、菲律宾、新加坡和缅甸)中央银行或金融当局所提议案的影响下编写的,适用于促进金融服务的供应而又不强化自由化义务的一些措施。《服务贸易总协定》中的金融服务的附件规定了成员有权出于谨慎考虑采取一定的措施,其中包括保护投资者、存款人、保险单持有人、某金融服务提供人对之负有受托责任的人或有权确保金融制度的完整和稳定的人。在乌拉圭回合谈判中一个争议性的问题是,出于谨慎考虑而采取的国内管理措施(包括市场准入)是否应该依靠争端解决问题。《服务贸易总协定》和附件并不直接处理该问题,但是可以说其案文倾向于优先采取争端解决问题的措施。例如附件第二段(国内管理部分)规定,"不应阻止一成员出于谨慎考虑采取的措施",同时也规定"若这类措施不符合协定的规定,则不得使用它作为防止成员履行承诺或协定所规定的义务的手段"。该附件第四段(争端解决办法)规定成立小组来处理有关谨慎问题或其他金融事项的争端。此小组应具备必要的有关争议中的具体金融服务方面的专门知识。由于这类小组的权限不明,根据目前起草的附件,他们不受可能提交给他们的问题类别的限制。

有关金融服务的附件Ⅱ规定,根据最惠国待遇第 2 条和有关第 2 条豁免的附件第二段(该段载有关于根据《建立世界贸易组织协定》第 9 条允许豁免一项义务的严格规定),一个成员可以在《建立世界贸易组织协定》生效满 4 个月起 60 天内在该附件中开列不符合《服务贸易总协定》第 2 条第 1 款的金融服务的条件。附件Ⅱ还规定在《建立世界贸易组织协定》生效满 4 个月起 60 天内任何成员均可改进、修改或撤销其表格中所记载的所有或部分金融服务承诺,尽管已经有《服务贸易总协定》有关修改承诺表的第 21 条并且已规定了补偿性调整办法。

有关金融服务承诺的谅解规定了比《服务贸易总协定》第三部分更加繁杂的自由化义务。它使乌拉圭回合谈判参与者能够根据一项供选择的办法履行有关金融服务的承诺;

此项谅解是根据美国和欧共体各自提出的议案与加拿大、日本、瑞典及瑞士联合提出的议案达成的，但受到发展中国家立场的影响。发展中国家已成功地阻止通过一项金融服务自由化方案做出快速承诺的整套金融服务协定，从谅解的导言部分就可以看出这一点，该部分规定，在下述条件下可采取供选择的办法：它与协定的条款不矛盾；它不损害任何成员根据协定第三部分规定的办法将其列入承诺表的权利；应在最惠国待遇的基础上实施承诺；按协定规定成员专心致力于自由化的程度不做任何设想。

所以，对于那些选择不在谅解所阐明的基础上，而是根据《服务贸易总协定》本身做出承诺的国家来说，谅解并不是潜在问题的根源。最惠国待遇原则在谅解的基础上履行的承诺将适用于《服务贸易总协定》的所有成员，因而没有根据谅解做出承诺的成员会从那些做出承诺的国家所提供的更加自由化的金融服务中获得好处。根据谅解中说明的程序做出的承诺比《服务贸易总协定》条款中的原则阐述得更有理，在某些情况下内容也更为丰富。有一种维持现状的承诺，即对谅解中的承诺所做任何限制应只限于目前不符合规定的内容。而关于市场准入，谅解规定将现有的垄断权列入承诺表，并要求成员努力将其消除或缩小其范围。每一成员还应确保公共机构在购买或获取金融服务时享有最惠国待遇或国民待遇。谅解为外来的金融服务供应者提供金融市场的待遇和国民待遇，以便非人寿保险、再保险和三重保险、保险的辅助服务、提供与转让财务信息、财务数据处理以及咨询和有关金融服务方面的其他辅助服务来进行跨界贸易。这种进入市场不包括人寿保险或调解业务。关于进入方式，允许其他成员有商业存在，包括有权在其领土范围内建立或扩大商业设施。关于人员进入的承诺涉及高级行政人员、计算机服务、电算化服务和会计方面的专家以及同商业存在有联系的保险统计与法律专家，成员还应努力消除或限制某些特定的非歧视性措施对金融服务提供者所产生的重大不良影响。

关于银行服务业，《服务贸易总协定》中有关市场准入的第 16 条尤其值得注意，因为要在原则上使国家银行制度中一部分广泛实施的控制进入市场的做法合法化，这种控制可以在国民待遇的承诺中指明的部门或分部门加以实施。例如，该条提到根据一项经济需求测试限制服务提供人总数，可能允许采取既可吸引外国银行参与竞争，又可避免银行过剩的政策。该条提到对雇用人员的限制，也提到对提供服务的合法实体或合营企业类型的限制，并提到外国在本国企业的投资规模就是允许外国企业在本土化方面采取广泛多样的政策。

这种对市场准入的控制将按非歧视的方式实施，在对待不同国家的外国银行履行这种义务时，原则上似乎不可能出现大问题，但在执行过程中对各银行分摊配额或对市场准入的总额规定最高限量时可能会有困难。然而，如果联系到货币政策，一国货币当局要求本国银行主要或完全掌握一些活动，同本国银行相比，对外国银行毫无歧视或许就更加困难了。在这种情况下，除了在银行业务承诺表中不作为承诺外，不容易找到其他符合《服务贸易总协定》规定的办法。

谅解的非歧视性措施一节特别要求成员取消或限制"阻止金融服务供应者在成员领

土范围内以成员确定的形式提供成员所允许的所有金融服务",或"不让金融服务供应者的经营活动扩大到成员的全部领土"这类措施的不良影响。这些规定将国民待遇和市场准入结合在一起。本节所规定的有关竞争机会均等的义务似乎意在使银行走上逐步自由化的道路,直到所有国家在谅解的基础上以大致相同的水平履行承诺。

谅解中有关国民待遇的一节内容规定也比《服务贸易总协定》第17条更严格。每一成员均应确保在其领土上设立任何其他成员能够使用的支付和结算系统,以及可以获得的官方资金和一众筹资设施。此外,还规定需要任何其他成员的金融服务供应者在平等基础上提供金融服务,或成员直接或间接向这类实体提供特权或金融服务利益时,应向成员或任何单独关税区的参加者、证券交易所或期货交易所或市场、有关经纪人或任何其他组织或协会提供国民待遇。

有关金融服务的部长决定,在《建立世界贸易组织协定》生效之日起6个月内,对其他成员所做承诺水平或其他成员所履行的豁免附有条件的第2条,豁免的附件所列豁免事项不再适用。在《服务贸易总协定》中列入这些规定是考虑到美国担心有些国家在金融服务方面未做出令其满意的承诺。例如,阻止美国在金融服务方面要求互惠,这会破坏最惠国待遇原则。根据这种妥协,美国将采取两种办法将其承诺列入表中,即向已经存在于美国市场的金融服务供应者提供市场准入的机会,而对美国要根据谅解予以放宽的第二类国家则实行最惠国待遇豁免。在《建立世界贸易组织协定》生效的前6个月不实行这种最惠国待遇豁免办法,因为在此期间美国要评估其他国家的提议,并决定是否采用最惠国待遇豁免办法。

◆ **5. 关于海运服务谈判的附件**

关于海运服务谈判的附件规定,只有在海运服务谈判的部长决定授权谈判的结果实施之日,或者,如谈判未获成功,在海运服务谈判小组提出最后的报告日,本部门的最惠国待遇豁免才能生效。在这些谈判结果实施以前,一个成员可以自由改进、修改或撤销其在此部门的所有或部分承诺而不必做出补偿。部长决定规定谈判小组应在决定做出1个月后开始启动,并不晚于1996年6月结束谈判,在此之前,中止第2条和有关第2条豁免的附件第一和第二段在本部门的应用,并且无须将最惠国待遇豁免内容列入表内。参与者不应采取任何影响海运服务贸易的措施,除非是对其他国家采取的措施做出反应,以及为了维持或促进自由提供海运服务,也不应采取措施提高其谈判地位。

◆ **6. 关于电信服务的附件和关于基础电信谈判的附件**

关于电信服务的附件承认了该部门的双重作用。它涉及作为供应方式的电信,并适用于影响获得和使用公共电信运送网及服务的成员所采取的一切措施。该附件的目的是保证所有服务提供者均能按表中所载提供服务的、合理的、无歧视的条件获得,并使用公共电信运送网及服务。因此,该附件本身并不会把一项未经协商的承诺列入优惠表,使包括电信在内的任何部门自由化。承认电信的双重作用在很大程度上是由于一些发展中国家对此的极力主张,以及印度、埃及、喀麦隆和尼日利亚提交的两份意见书。附件保证使用作为一种供应方式的电信服务的条件,不能损害因目前向公众普遍提供服务的电信能力所限在表中所列进入市场的承诺。因此,一成员没有义务授权其他成员在其承诺表中规定的范围外设立、建设、获取、租借、营运或提供电信运送网络或服务。

该附件第5段规定,一个发展中国家可以按其发展水平,就加强其国内电信基础设施与服务能力并增加参与国际电信服务贸易的机会,提出获得与使用公共电信运送网络和服务的合理要求。这些条件应在成员表格中具体说明。这就为免除某些更加繁杂的规定提供了可能性。该附件第6段规定,通过国际电信联盟、联合国开发计划署和世界银行的发展方案以及获取有关国际电信服务与信息技术进行技术合作。由于发展中国家的反对,制定电信服务价格应着眼成本的问题尚未列入有关电信的附件中。这项规定会阻止发展中国家将更现代化的电信服务推广到全国较大范围实行交叉补贴。该附件第5段对使用者的权利也做出了规定,这会使发展中国家支付更多费用,并削弱它们控制电信网络的能力。跨越边界数据流动在第5段中的有关规定意味着发展中国家将不能采取加强其基础电信设施的政策措施,例如保证使用当地的数据库或复制所有输往国外的数据,虽然这些义务只适用于承诺表中所列部门,但尚不清楚它们在对跨界供应方式未做出承诺时是否适用。

三、对《服务贸易总协定》的评述

GATS的生效是GATT成立以来在推动世界贸易自由化发展上的一个重大突破,它扩大了全球贸易体制的涵盖领域,初步形成了制定规则、组织谈判、解决争端三位一体的全球服务贸易协调与管理体系。其通过规则约束、减让谈判、保障条款、惩戒措施等,形成了一套有效的运作机制,对清除国际服务贸易壁垒、推动国际服务贸易自由化起了相当大的作用。乌拉圭回合谈判结束后,在WTO的框架下,国际服务贸易自由化又取得了一些新的进展:1995年7月28日,达成了有关自然人移动方面的协定;1997年,WTO又通过了三项重要的协定,即《全球基础电信协定》《信息技术协定》《开放全球金融服务市场协定》。这些协定不仅对国际服务贸易而且对各成员的服务业的发展产生了重大影响,使各成员的服务业在以开放市场为主要目标的多边国际规则的规范下运行。

(一) GATS对国际服务贸易的影响

GATS对国际服务贸易的发展产生了深远的影响,主要体现在以下几个方面。

(1) 国际服务贸易有了第一个全球共同遵守的国际规则

长期以来,在国际服务贸易领域缺乏一套全球共同遵守的国际规则,各国(地区)

的服务贸易政策和规则的协调主要有两个特点：一是服务贸易规则以双边和区域形式为主，许多国家（地区）签订了双边贸易协定，在服务贸易上相互给予互惠待遇；二是服务贸易规则主要体现在行业领域，在国际电信联盟、国际民用航空组织、国际清算银行、国际海事组织等国际性行业组织的主持下进行有关规则的谈判。这样的双边性、行业性服务贸易规则不能完全适应国际服务贸易的发展趋势，并在一定程度上妨碍了国际服务贸易的自由化进程，减缓了世界服务贸易流量的增加。

《乌拉圭回合部长宣言》对国际服务贸易的谈判宗旨做了如下描述：这一领域的谈判应旨在处理服务贸易的多边原则和规则的框架，包括对各部门制定可能的规则，以便在透明度和逐步自由化的条件下扩大服务贸易，并以此作为促进所有贸易伙伴的经济增长和发展中成员发展的一种手段。这种框架应尊重服务业的国家法律和规章的政策目标，并应考虑到有关国际组织的工作。该宣言还提出："关贸总协定的程序和惯例应适用于这些谈判。"这表明 GATS 从一开始就吸取了 GATT 40 多年来在国际货物贸易谈判中积累的宝贵经验，并在组织机构上加以保证，从而使得 WTO 各成员在国际服务贸易领域有了第一个共同认可和遵守的国际规则。

（2）推动国际服务贸易自由化

国际服务贸易自由化是 GATS 的基本精神，这主要体现在最惠国待遇、透明度、市场准入、国民待遇、发展中成员进一步参与和逐步自由化的原则上。GATS 通过一系列措施为国际服务贸易逐步自由化首次提供了体制上的安排与保证，对于建立和发展国际服务贸易多边规范是一项重大突破。它确立了通过各成员连续不断的多边谈判，促进各成员服务市场开放和发展中成员服务贸易增长的宗旨，使各成员有了进一步谈判的基础，得以向国际服务贸易自由化的方向迈进。各成员按照 GATS 的要求，结合本国（地区）的经济发展水平，对某些服务部门实行适度开放做出了有关承诺，并提交了减让清单，而且不论是发达成员还是发展中成员都已经开始行动起来了，这有助于构筑一个更加开放的国际服务贸易大市场，促进全球服务贸易自由化的发展。

（3）促进国际服务贸易和相关国际货物贸易的发展

国际服务贸易同世界产业结构的发展紧密联系，并且具有多样性和复杂性的特点，因此 GATS 不仅会对国际服务贸易产生直接影响，还会对国际货物贸易和国际经济关系产生深远影响。GATS 的宗旨是推动全球有效开展公平自由的服务贸易，消除国际服务贸易中的壁垒，因此，GATS 的生效和运行必然首先会促进传统服务项目和高新技术服务项目的国际贸易额的较大幅度增长，这对各国（地区）服务业水平会提出新的和更高的要求，从而刺激各国（地区）研究新技术，改善经营管理，提高本国（地区）服务业水平，进而促使世界服务业整体水平提高。而新的国际服务贸易体制将促进与服务密切相关的国际货物贸易的发展。同时，由于发达成员在国际服务贸易领域存在显著的比较优势，为了更有效地发挥自己在该领域的优势，这些成员有可能会在国际货物贸易方面对发展中成员做出更多的让步，以换取后者在国际服务贸易领域的让步，这样就会促进国际货物贸易的增长。此外，新的国际服务贸易体制对对外直接投资的发展有促进作用，因此会推动国际服务贸易和国际投资活动向更深层次发展。

（4）促进国际服务交流与合作

GATS 不仅对国际服务贸易的扩大和发展起着巨大的推动作用，还将促使各成员从对本国（地区）服务市场的保护和对立逐步转向开放和对话，不断加强合作与交流。特别是在透明度和发展中国家的更多参与条款中有关提供信息、建立联系点的规定，更有利于各成员在国际服务贸易领域的信息交流和技术转让。此外，定期谈判制度的建立也为成员提供了不断磋商和对话的机制和机会。这些都会使得各成员在国际服务贸易领域中更乐意采取积极合作的态度，客观上促进了全球服务贸易的发展与繁荣。

（5）协调各成员利益

GATS 在制定协定时采取了普遍义务与承诺下的部门义务分开规范的做法，使各成员在国际服务贸易领域遵守共同原则和普遍义务的同时，根据本国（地区）服务业发展的实际，安排本国（地区）服务市场开放的步骤。协定考虑到各成员服务业发展水平的差异和转型经济体的情况，制定了国际服务贸易谈判所应遵循的方针：谈判应当在部门清单的基础上进行，所达成的义务和保留（如关于部门目录、部门与分部门等）应该建立在适当分解的水平上；给予发展中成员适当的灵活性，但必须约束在严格限制的水平内分阶段实施。这些都体现了规则的原则性与灵活性的有机统一，从而既可以推动各成员在具体服务部门的谈判迅速进入实质性阶段，也便于满足各成员不同的利益和要求。

GATS 在条文中涉及发展中成员时，鉴于其在世界服务贸易中的相对劣势地位，为发展中成员提高国际服务贸易的参与程度、加强本国（地区）服务业的竞争力、扩大服务贸易出口做了照顾性的特别规定，特别是在最惠国待遇、透明度、市场准入、国民待遇、逐步自由化，以及经济技术援助等方面。这些规定有助于发展中成员更好地参与服务业的国际分工和国际交换，使其服务业整体水平大大提高。

（二） GATS 对发展中成员的特殊意义

在关税与贸易总协定乌拉圭回合谈判及其之后举行的有关谈判中，各成员迈出了国际服务贸易自由化的第一步。但是与国际货物贸易不同的是，国际服务贸易自由化产生的贸易影响很难量化，因为在国际服务贸易领域主要采取非关税措施实施贸易保护，且主要通过歧视外方服务提供者的国内立法来实现，所以消除这些保护措施所能产生的影响也难以量化。不过多数成员都承诺不撤销或修改其已经采取的自由化措施。因此，服务出口企业可以从这些承诺中获得安全进入外方市场的好处。GATS 对发展中成员的服务业发展有以下特殊意义。

（1）有利于发展中成员的服务业在竞争加剧中形成效率

外方电信、银行和保险等服务业的进入，会促使受到高度保护的发展中成员境内相关产业采取新的措施，提供更好的服务，从而提高自己的竞争力。而且服务业竞争力的提高也会促进制造业的出口。制造业在国际市场上是否有竞争力，很大程度上取决于本国（地区）的电信、金融等服务业的效率。

发展中成员的服务业还可以从开放中得到与外方服务业合作的机会，从它们的先进技术与管理经验中受益。本国（地区）服务业可以利用政府在谈判中对服务业市场准入所设的限制，要求外方合作者提供先进的技术，开展员工培训。

发展中成员的企业在与外国企业商谈合作时，遇到的一个很大问题是不熟悉服务和技术的商业性和技术性内容，而GATS要求发达成员建立联系机构，为发展中成员的服务业提供相关的信息。

（2）发展中成员的服务业将从GATS中获得新的出口机会

发展中成员出口的服务主要是劳动密集型服务，或者是需要使用较多技术高度熟练人员的服务。从发展中成员的比较优势来看，其以下方面的服务业的国际贸易将会得到很大的发展：商业服务，建筑和工程服务，教育服务，环保服务，健康与社会服务，旅游及相关服务，娱乐、文化和体育服务等。

在已经结束的服务贸易谈判中，尽管很多成员都承诺在一定的条件下允许自然人移动，而不要求设立办事处或公司，事实上也确实有些发展中成员已经通过有技术的自然人移动输出计算机软件和健康方面（护理）的服务，但是，很多成员做出承诺时，对从事服务业的企业雇用临时的技术人员都附加了一些条件，例如要求本国（地区）公司只与境外的法人签订合同。因此，在向境外提供服务时，以商业存在形式出现的公司要比单纯以自然人移动形式提供服务更具有优势。另外，服务贸易的谈判也为发展中成员之间相互提供服务和进行合作提供了有利的条件。值得注意的是，虽然各成员方在很多服务部门做出了一些承诺，但这些承诺都是与境内的法律相联系的，有些只是确认了现有的做法，例如批准设立分公司或子公司；有些只是部分接受了新的义务。因此，对于国际服务贸易真正所面对的壁垒，不仅要看各成员方的服务减让表，而且要研究其相应的国内立法。当然，WTO要求各成员建立有关的咨询机构，这可以使贸易伙伴方的企业和政府获得相关的资料。

（三）GATS的主要局限

◆ **1. 发达成员和发展中成员利益的不平衡**

服务贸易规则对发展中成员的不利因素表现在以下两个方面。其一，该规则是依据经济合作与发展组织发达成员的标准制定的。虽然后来发展中成员有较多参与，但由于发达成员和发展中成员本身存在差距，其在内容制定上必然偏重于发达成员的利益，然而它要求发展中成员遵照执行，以对等原则进行服务贸易谈判。这种做法忽视了双方发展水平的差距，对发展中成员显然是不公平的，同时导致了GATS内在的总体不平衡。其二，发达成员借助国际多边规则的制定打入了发展中成员不具竞争力的服务业市场，却并未将普惠制等原则向该领域扩展，从而迫使发展中成员的服务业处于进退维谷的困境。

尽管GATS中也有关于发展中成员差别和优惠待遇的条款，但这些条款仅仅停留在政治意愿上，在实践操作中并不存在切实可行的条款保证和增进发展中成员在服务贸易中的利益；相反，发达成员承诺的部门大多是较易开放的部门，而对发展中成员具备比较优势和增长潜力的部门，发达成员承诺得很少。在谈判中，发达成员总是逼迫发展中成员在关键领域承诺较高的开放义务。

◆ **2. 贸易规则的约束力不强**

由于贸易规则中的国民待遇原则不具有普遍适用性，各成员依据自身发展实力按具体承诺表中所列明的服务部门和提供方式分别承诺。由于许多服务具有供需双方不可分离的特征，这种承诺方式使得这些部门的承诺减让往往形同虚设。国际服务贸易中的市场准入原则实际上是一种对境外服务进口数量的限制。在国际货物贸易多边规则中，取消数量限制是一条最基本的普遍适用性原则，而在国际服务贸易多边规则中，它与国民待遇原则一样，不是普遍适用的。这两条不具有普遍适用性的原则，大大降低了国际服务贸易多边规则的约束力。另外，服务贸易规则对各成员方政策没有严格的限制，只要求对服务贸易提供的来源不能有歧视待遇，它允许成员实施不符合甚至有损于经济效率的政策措施，这就为各成员方设置市场准入障碍打开了方便之门。

由于贸易规则对各成员方立法缺乏严格约束，而且对一些会扭曲国际服务贸易公平竞争的贸易做法也没有规定普遍适用的原则和纪律，甚至还允许继续设置限制，因此其必然会刺激某些成员在现阶段加紧对不受约束的服务部门制定限制，或采取继续沿用甚至扩大不公平的贸易做法，借此提高成员方多边贸易谈判筹码。这一点严重阻碍了服务贸易自由化的进程。

◆ **3. 减让结果不尽如人意**

服务贸易减让部门覆盖率不高，例如市场准入方面，即使是高收入国家，其覆盖率也不超过50%；不同类型国家或地区之间覆盖率差别较大，不但发达成员与发展中成员差别很大，发展中成员内部差距也很大。发达成员与发展中成员利益不平衡，发达成员承诺的服务部门大多是比较适宜开放的部门，而在运输服务、邮政服务、基础电信服务、研究与开发服务、教育服务、健康与社会服务及娱乐服务方面的承诺较少，而发展中成员在健康与社会服务及娱乐服务方面有潜在的出口利益。

此外，服务贸易壁垒无法量化的问题严重阻碍了服务贸易自由化的进程。GATT在实现货物贸易自由化方面成效卓越的根本原因在于，它抓住了"关税"这一突破口，通过多边贸易谈判降低关税以降低壁垒。而国际服务贸易则不能像货物贸易那样通过关税边境措施加以管理、调节进出口流向。因此，人们在制定服务贸易规则时，难以找到有效的突破口，只能通过立法或法规的手段进行调节，成效甚微。

第二节   多哈回合中的服务贸易谈判

 谈判进程

2001年11月,WTO第四届部长级会议在卡塔尔首都多哈通过了"多哈发展议程",正式开启多边贸易谈判的工作。根据部长级会议的要求,新设立的贸易谈判委员会在2005年1月1日前要完成以下事项:农业、服务业、非农产品市场准入、知识产权、贸易规则、争端解决、贸易与发展以及贸易与环境8项议题谈判;就新加坡议题、电子商务、小型经济体、外债与融资、技术转移、技术合作与能力建构、最不发达国家、对发展中国家的特殊与差别待遇以及谈判规则的组织与管理12项议题进行探讨,并就这些议题在第五届部长级会议中提出报告。

WTO服务贸易理事会于2002年3月19日至22日举行特别会议,就服务贸易谈判达成以下共识。一是服务贸易统计工作非常重要,而各国服务贸易的统计方法不一,对各国服务贸易的研究和发展造成一定的障碍,各个代表团都愿意继续推动这个方面的工作;虽然服务贸易统计工作应该由各成员政府推动,但也属于服务贸易理事会的共同义务,需要由理事会负责监督各成员政府的执行。二是有关自愿性自由化的议题,各成员就秘书处提出的"处理自愿性自由化待遇的可能做法"进行了讨论,并认为该文件可以作为继续推动自愿性自由化的基础,理事会主席就处理自愿性自由化待遇提出建议;欧盟、中国香港、巴拉圭分别提出了三份新议案,对这个议题的讨论提供了很大的帮助。最后,讨论决定,在2002年6月举行下一次特别会议前,理事会举行非正式会议先行讨论本案。三是由于各成员对紧急保障措施的谈判缺乏共识,2002年3月15日,服务贸易总协定工作小组主席会议通知各成员将紧急保障措施的谈判期限延至2004年3月15日。四是澳大利亚、日本、哥斯达黎加、南方共同市场国家、印度、古巴等代表团分别提出了谈判提案的建议案或书面意见;服务业谈判小组主席哈拉(Alejandro Jara)表示将与其他相关谈判小组主席会商,避免有关环保服务业谈判工作的重复。五是在未来的工作中,需要用更多时间关注双边磋商,但多边会议仍要进行,尤其是水平议题,其所涵盖的服务贸易统计及自愿性自由化待遇议题最为重要。六是决定将乌干达等最不发达国家就GATS第19条第3款授权对最不发达国家特别待遇的处理所提出的建议案列入下次特别会议议程。

2003年5月12日至22日召开的2003年度第二次服务贸易系列会议上,各成员就本轮服务贸易谈判的进展情况、服务贸易中的多边规则和纪律制定工作、服务贸易评估、最不发达国家特殊待遇模式等问题交换了意见,认为本轮服务贸易谈判应当是一个平衡的进程，市场准入谈判和规则制定谈判以及服务贸易谈判与其他领域的谈判之间都应当是平衡的；发展中国家成员呼吁发达国家成员采取切实措施，改善对发展中国家成员具有出口利益和可能的部门和模式的自由化。

2003年9月的坎昆会议中，发展中国家成员的服务产业，特别是金融服务业不够发达，与发达国家成员的服务业相比有较大差距，进一步开放服务市场会对本国的金融安全等带来威胁，因此，为了推动服务贸易有关规则的谈判取得进展，有的成员建议各成员就建立服务业紧急保障机制加强谈判，目的是建立一个"安全阀"，以消除一些成员进一步开放市场的后顾之忧。2004年3月15日，服务贸易理事会通过了延长紧急保障机制问题谈判的决定，决定对紧急保障机制问题的谈判不预设结束时限，如在本轮服务贸易谈判结束之前，成员能就建立紧急保障机制达成一致，则该机制将在不迟于本轮服务贸易市场准入承诺生效之日生效。

2004年6月23日至7月2日，服务贸易理事会系列会议就向WTO贸易谈判委员会提交的建议达成了一致，建议内容包括：敦促未提交最初出价的成员尽快提交；尽快为提交新一轮改进出价制订时间；提高出价质量并关注发展中国家成员有出口利益的部门和服务提供模式；自然人移动问题；根据谈判授权和期限完成规则谈判；对本轮服务谈判进展进行全面审议并提出可能的建议等。同年9月20日至10月1日，服务贸易系列会议期间，各成员就服务贸易规则制定工作、自然人移动和旅游等服务提供模式以及部门的进一步开放和自由化问题、双边要价和出价谈判情况以及本轮服务贸易谈判的整体进展情况等问题交换了意见。在市场准入谈判方面，成员呼吁尚未提交初步出价的成员尽快提交初步出价，并在下一步的改进出价中切实改善出价水平，促进本轮服务贸易市场准入谈判取得积极进展；在规则制定谈判方面，与会成员重点讨论了欧盟、东盟以及哥伦比亚和美国等成员在政府采购、紧急保障措施和国内规章多边纪律制定方面提交的文件，澄清了一些技术性问题，并强调了规则制定工作对于确保本轮服务贸易谈判平衡进展和取得成功的重要性。

2005年9月26日、29日和30日，服务贸易理事会召开特别会议，会议主席向贸易谈判委员会提交了进程评审、其他事项、未来工作的报告，理事会各成员意识到服务贸易谈判需要进一步明确目标，以实现各成员屡次表达的达成更高目标的愿望，为香港会议的服务业谈判确立明确、具体的目标。28日至29日的日内瓦会议上，发展中国家就发达国家关于开放发展中国家的服务业市场的计划进行了反击：南方的许多集团，包括大多数东盟国家、非洲集团、加勒比海国家及由巴西领导的拉美国家，表示强烈反对发达国家关于改变WTO规则、加速发展中国家服务业开放的提议；菲律宾大使万雷·郑汉祺（Manuel Teehankee）提交了一份由文莱、印度尼西亚、马来西亚、菲律宾及泰国联合发起的声明，提出请求承诺法应仍然成为主要的谈判方法；埃及代表非洲集团认为，建立任何目标都可能减少GATS固有的灵活性；最不发达国家认为，它们的服务业结构脆弱，提议将会使问题更加复杂；以牙买加为代表的加勒比海国家也拒绝提议，认为提议将破坏GATS所允许的灵活性和政策空间；巴西攻击提议没有尊重GATS的结构和给予发展中国家的灵活性。

2006年7月，多哈回合谈判因为WTO主要成员在农业问题上的严重分歧而被迫中止。2007年1月27日，24个WTO成员的部长级官员在达沃斯会晤，承诺尽快全面重启多哈回合谈判，但从多哈回合谈判主要的分歧方美国、欧盟、印度等的表态来看，各方在农业和非农产品市场准入问题上的严重分歧依然没有解决。2006年7月27日，世界贸易组织总理事会正式批准中止多哈回合贸易谈判。

2006年11月16日，WTO谈判委员会召开多哈回合谈判中止以来的首次全体会议，与会代表一致同意恢复多哈回合谈判的技术性讨论，并为谈判最终全面恢复做好准备。

2008年7月21日，来自35个主要WTO成员的贸易和农业部长在日内瓦聚集，试图在一周时间内就多哈回合谈判农业和非农产品市场准入问题取得突破。但几天里，谈判难以取得进展，原定一周的会期被迫延长。旨在寻求多哈回合谈判关键性突破的世界贸易组织小型部长会议在经过9天的讨价还价后，该谈判还是于7月29日以失败告终。

自此以后，多哈回合谈判在恢复正轨的道路上一直举步维艰，多哈回合谈判矛盾的焦点首先在工业品的市场准入谈判上。美国、日本要求主要发展中成员在已有基础上，大幅削减化工品、机械、电子和电气等部门的关税，但这一要求遭到发展中成员的反对。其次是农业问题。一方面，巴西等农业出口国要求美国等发达国家进一步降低对贸易造成扭曲的农业补贴以及降低农产品高关税；另一方面，美国要求约束发展中成员农业特殊保障机制的使用灵活性。此外，谈判方在服务贸易市场准入、反倾销规则以及渔业补贴问题上分歧依然较大，这使得多哈回合谈判一直停留在技术层面上，难以取得实质性的进展。

2013年12月7日，WTO第九届部长级会议在印度尼西亚巴厘岛闭幕，会议达成《巴厘一揽子协定》，这是多哈回合谈判12年僵局的历史性突破。协定内容包括贸易便利化、农业、棉花贸易、发展议题等方面。

2015年12月，WTO第十届部长级会议在肯尼亚内罗毕闭幕，除了达成《信息技术协定》扩围协议（协议扩围的201种产品年贸易额达1.3万亿美元），162个世贸组织成员还首次承诺全面取消农产品出口补贴，并就出口融资支持、棉花、国际粮食援助等达成了新的多边协议。

二、多哈回合谈判进展缓慢的原因

◆ 1. 服务贸易谈判的方法不够科学，阻碍了谈判进程

多哈回合谈判采用一揽子计划谈判方式，即所有的议题达成协议后完成谈判。这种全体一致的谈判方式适用于WTO成员较少的情况，而当时WTO已经拥有160多个成员，且谈判涉及的议题众多，让所有成员就所有议题达成一致几乎是不可能的。更何况，不同议题的分歧非常容易产生交叉影响，2006年在农业与非农产品谈判问题上出现僵局

导致所有WTO谈判（包括服务贸易谈判）全部中止就是最好的例证。同时，由于服务贸易领域采用要价-出价的谈判方式，所以各WTO成员的要价与出价及其修改的意愿、进度与效率直接影响了谈判的进度。

◆ **2. 谈判议题过于庞杂，多样化、复杂化的特征日趋明显**

由于国际贸易竞争格局的不断变化和各国服务贸易利益的多样化诉求，新的议题不断进入多哈回合谈判，仅是服务贸易就涉及人权、劳工标准、环境、补贴、竞争与反垄断、政府采购、国内法规、准入前国民待遇等方面的议题，谈判越来越复杂，各成员之间的分歧也越来越大。

◆ **3. 主要WTO成员参与谈判不够积极，没有形成积极推动谈判的合力**

由于在谈判议题上与其他成员存在巨大的分歧，谈判成果不显著，欧美等成员已经表现出对WTO体制的失望，参与谈判的意愿也越来越弱，另起炉灶的意愿增强且可能性加大，进程也逐步加快。由美国主导并积极推动的《跨太平洋伙伴关系协定》（TPP）、《跨大西洋贸易与投资伙伴关系协定》（TTIP）、《服务贸易协定》（TISA）谈判已经彰显了其开始抛弃WTO的意图。

◆ **4. 发达成员与发展中成员之间的贸易发展水平差异导致贸易利益冲突**

发达成员主导的WTO体制没有也不可能在短期内改变，欧美成员主导了多哈回合服务贸易规则的谈判，而它们也成为决定谈判进程的主要力量。多数发展中成员的服务贸易提供能力非常薄弱，谈判参与度比较低，而发达成员缺乏强烈的政治意愿来进行实质性的让步从而推动谈判。发展中成员更关心的是如何解决货物贸易方面的分歧，而不是服务贸易的进一步自由化问题。因此，在多哈回合谈判的历程中，发达成员与发展中成员之间存在的利益冲突与博弈直接影响了服务贸易谈判的进程。

第三节　服务贸易的区域性协议

一、WTO对区域贸易协议的相关规定

区域经济一体化（regional economic integration）旨在消除各国间经贸差别待遇，依其一体化程度差异，可分为优惠贸易安排（preferential trade arrangements）、自由贸易

区（free trade area）、关税同盟（customs union）、共同市场（common market）、经济同盟（economic union）及完全经济一体化（complete economic integration）。① 其中，优惠贸易安排是经济一体化比较低级和松散的形式，是指在实行优惠贸易安排的成员间，通过协定或其他形式，对全部商品或部分商品规定特别的关税优惠；自由贸易区是区域内成员间免除所有关税及配额限制，而对区域外国家仍维持其个别关税、配额或其他限制；关税同盟除撤销成员间的关税外，对外则采取共同关税；共同市场除具关税同盟特性外，还包括建立成员间人员、劳务和资本自由流通所形成的无疆界区域，如1958年欧洲共同市场及其1986年依欧洲单一法案形成的进一步一体化；经济同盟除关税同盟外，还实现了金融、财政和经济政策的协调，缩小了成员间的政策差异；完全经济一体化则是成员的经济、金融、财政等政策完全统一，并设立超国家机构。

WTO对区域贸易协议（Regional Trade Agreement）的定义为区域间签订优惠性的贸易协议提供了依据，并使得区域内进行贸易较区域外自由化程度高，该措施也是最惠国待遇的例外。鉴于区域贸易协议所追求的自由贸易与多边贸易体系具有互补性，该做法是WTO所容许的，但仍需符合相关规定。WTO成员按照1994年《关税与贸易总协定》第24条成立关税同盟及自由贸易区；或依授权条款签署发展中成员间的区域贸易协议；或依《服务贸易总协定》第5条（经济一体化）签署以促进服务贸易自由化为目的的经济一体化协议。

（一）1994年《关税与贸易总协定》第24条及关于解释本条的谅解

依据1994年《关税与贸易总协定》第24条及关于解释本条的谅解规定，对签署区域贸易协议有下列要求。

◆ 1. 成立的目的

第24条第4款规定：关税同盟或自由贸易区的目的在于便利促成区域间贸易，而不应增加非成员与此区域性组织间的贸易障碍。而且，在成立或扩大关税同盟或自由贸易区时，其成员应尽可能避免对其他世界贸易组织成员的贸易造成不利的影响。

◆ 2. 包括的范围

根据第24条第8款规定，不论是关税同盟还是自由贸易区，其构成成员间关于绝大部分贸易的关税及其他限制性商业法规必须消除。本项规定的目的在于避免发生并非真正在区域内实施自由贸易，而仅就某些特定产品形成优惠待遇，以排除或限制其他国家（地区）的产品进入其市场，最终形成的区域壁垒现象。

---

① 李杨，蔡春林. 国际服务贸易［M］. 北京：人民邮电出版社，2011：178.

◆ 3. 过渡期间

不论是关税同盟还是自由贸易区，如果其并非立即成立，而是经过一段时间逐步完成，其应在合理期限内完成。第 24 条第 5 款 c 项规定，订定任何过渡性协议（Interim Agreement，即最终将形成关税同盟或自由贸易区的协议），应列入在合理期限内形成关税同盟或自由贸易区的时间表和计划。第 24 条谅解的规定仅在少数例外情形下，合理期限才可超过 10 年；如果过渡性协议的成员认为无法在 10 年内形成关税同盟或自由贸易区，则应向货物贸易理事会就其需要较长期限的理由，提出充分的说明。

◆ 4. 关税及其他商业法规

第 24 条第 5 款规定，就整体而言，关税同盟、自由贸易区或过渡性协议成立或签署后的关税及其他商业法规，不得较以前更高或更具限制性。

◆ 5. 审查程序

第 24 条第 7 款规定，世界贸易组织成员欲订立关税同盟或自由贸易区或过渡性协议时，应立即通知货物贸易理事会，并经货物贸易理事会讨论后同意送交区域贸易协议委员会进行审查，区域贸易协议委员会审查后须将审查报告送交货物贸易理事会进行确认。

◆ 6. 组成关税同盟的成员准备提高关税约束税率时的处理程序

第 24 条第 6 款规定，在履行第 24 条第 5 款 a 项（成立关税同盟）规定的过程中，如果世界贸易组织成员为成立关税同盟而拟提高违反本协议第 2 条（关税减让表）规定的任何种类的关税，应适用第 28 条（调整关税时对受影响国家的补偿）规定的程序。另外，根据解释第 24 条谅解的规定，世界贸易组织成员为成立关税同盟而提高关税，造成区域外世界贸易组织成员的损失，则关税同盟须经谈判后提供补偿。如果双方谈判无法在合理期间内达成协议，则该关税同盟可自由修改或撤回其减让；而受损害的世界贸易组织成员也要依照第 28 条的规定，自由取消其实质相当的减让。

（二）《服务贸易总协定》第 5 条有关经济一体化的规定

世界贸易组织成员可以加入或签署以促进服务业贸易自由化为目的的经济一体化协议，但该经济一体化协议应符合下列条件。

◆ 1. 涵盖大多数部门

这是针对服务部门的数目、受影响的贸易量及服务提供的模式等而言的，为符合要求，经济一体化协议不得先行排除任何服务提供模式。

◆ 2. 消除非歧视性措施

成员间应该就覆盖大多数服务部门的不符合国民待遇原则的歧视性措施予以削减或删除，包括删除既有的歧视性措施及禁止采取新的或更多的歧视性措施。其歧视性措施消除的期限应为该经济一体化协议成立生效时，或在该协议订立后的合理期间内实施。

◆ 3. 服务贸易区域一体化的目的

该条规定，服务贸易区域一体化的目的必须是促进成员间的服务贸易，而非提高对区域外服务贸易的障碍。如果服务贸易区域一体化的结果是想修正或撤回服务贸易的特定承诺，必须在90日前通知各成员，并应适用《服务贸易总协定》第21条（承诺表的修改）第2款、第3款及第4款的规定，进行补偿谈判。

◆ 4. 有义务通知服务贸易理事会

世界贸易组织成员为服务贸易经济一体化协议的成员者，在该经济一体化协议订立、增补或有重大修正时，应通知服务贸易理事会，并经服务贸易理事会同意送交区域贸易协议委员会进行审查，区域贸易协议委员会审查完成后，将审查报告提交服务贸易理事会进行确认。

（三）授权条款所规范的重点

1979年11月28日通过的《对发展中成员的差别及更优惠待遇、互惠和全面参与的决议》第c项规定：发展中国家间依此授权条款所签署的区域贸易协议，依规定应通知世界贸易组织贸易与发展委员会，经该委员会讨论同意后，送交区域贸易协议委员会进行审查，区域贸易协议委员会审查完成后，将审查报告提交贸易与发展委员会进行确认。

二 主要的与服务贸易有关的区域性规则

（一）《北美自由贸易协定》

北美自由贸易区指美国、加拿大、墨西哥三个地理位置相邻或相近的北美洲国家。《北美自由贸易协定》（North American Free Trade Agreement，NAFTA）于1992年8月12日签署并于1994年1月1日生效。协定的主要目标是在15年内逐步消除贸易壁垒，实现商品、服务、劳动力和资本的自由流动以及劳工、环保标准和法律的一体化，使美国、加拿大和墨西哥成为世界上发展最快的贸易集团，实现整个北美地区经济的最大增长。

《北美自由贸易协定》的宗旨是减少贸易壁垒，促进商品和劳务在缔约国间的流通；改善自由贸易区内公平竞争的环境；增加各成员国境内的投资机会；在各成员国境内有效保护知识产权；创造有效程序以确保协定的履行和争端的解决；建立机制，扩展和加强协定利益。

《北美自由贸易协定》不仅将 1989 年的《美加自由贸易协定》（America-Canada Free Trade Agreement）中所含的国家间权利义务扩大到墨西哥，而且在原来双边条约的基础上扩大了范围，进一步深化了适用于有关部门的具体规定。《北美自由贸易协定》中关于服务贸易的规定既吸收了《美加自由贸易协定》的经验，又借鉴了《服务贸易总协定》在谈判和起草过程中的问题解决办法。在 20 世纪 90 年代初中期，《北美自由贸易协定》被认为是当时所有政府间贸易协定中包含较全面的服务贸易自由化措施的协定，其对服务贸易自由化做了大量的、十分具体的规定。协定第一章就将"消除贸易壁垒，促进成员国之间的货物和服务的流动"作为一般目标。之后，协定第十二章"跨境服务贸易"、第十三章"通信服务"、第十四章"金融服务"以及第十六章"商务人员的临时入境"等部分对服务贸易自由化做了专门或专章规定。根据 NAFTA，这三个国家在服务贸易方面采取了"否定清单"的做法，即各国承诺对所有服务行业实施国民待遇和最惠国待遇原则，除非在协定的国别附件中被明确列入例外或具体例外。

知识角：
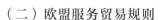
《北美自由贸易协定》的内容

（二）欧盟服务贸易规则

在欧盟以区域经济一体化推动地区经济发展的步伐中，服务领域的一体化和便利化是欧盟一体化进程的重要内容。因此，在积极参与多边框架下服务贸易谈判的同时，欧盟更加注重提升其内部服务业市场的一体化程度，消除壁垒，破除垄断，确保盟内各国的服务企业充分竞争，以增强其服务领域在全球的整体竞争力。在建立统一大市场初期，欧共体提出包括服务在内的四大基本自由流动，即货物、人员、资本、服务的基本自由流动。欧盟有关国际服务贸易的法律规定主要体现在原欧洲共同体的有关法律文件中，其中包括《罗马条约》这一基本法以及在此基础上派生的主要由欧洲理事会制定和发布的条例、指令、决定、建议和意见等。其中，条例对各成员国具有直接适用的效力，无须再经过各成员国的立法程序；指令有时也可由欧洲委员会发布，一般是规定一定的目标或结果，再由各成员通过国内立法确定具体实施办法；决定一般是针对具体事项的，适用于具体的成员国和个人，对接受该决定的成员方或企业具有直接执行的效力；建议和意见是任意性的，对成员方没有约束力。近年来，由于欧盟服务领域自由化的步伐明显滞后于货物领域，服务贸易流动面临的诸多壁垒严重阻碍了欧盟服务业的发展。面对服务领域发展的需求和面临的困境，在将欧盟建成"世界上最具竞争力和活力的以知识经济为基础的经济体"目标的指导下，欧盟开始采取一系列措施推进盟内服务领域的自由化进程，力图在服务领域实现真正的内部统一市场。

◆ 1.《罗马条约》对服务贸易自由化的规定

《罗马条约》共有 6 大部分 248 条，并附有 11 份议定书和 3 个专约以及若干清单。《罗马条约》在序言中开宗明义地强调其目的为：消除分裂欧洲的各种障碍，加强各成员国经济的联结，保证它们的协调发展，在欧洲各国之间建立更加紧密的联盟基础等。《罗马条约》中首次提出建立欧洲共同市场，实现盟内货物、人员、资本、服务四大基本自由流动。《罗马条约》第 2 条规定：共同体将把建立统一市场和成员国之间日益接近的经济政策作为其任务，以促使共同体内经济的协调发展、可持续和平衡的扩张、稳定性的巩固、生活水平的提高，建立成员国之间更加紧密的联系。

与一般国际条约不同的是，《罗马条约》是无期限的，而且没有规定退出条约的程序，却有欢迎其他欧洲国家参加共同体的条款。这表明欧洲经济共同体的倡导者把六国共同体看作一个更加广泛的欧洲一体化进程的基础和起点。《罗马条约》涉及的内容极其广泛，其核心内容是建立关税同盟和农业共同市场，要求逐步协调经济和社会政策，实现货物、人员、资本和服务的自由流通。关于工业品关税同盟，条约规定在 12 年过渡时期内分三个阶段，逐步取消成员国的现有一切关税和贸易限制。《罗马条约》还规定，在过渡时期结束前应实现人员、劳动和资本的自由流通。此外，为使各国运输政策、贸易政策、经济发展政策、国际收支政策接近一致，其对国内税率、竞争规则、财政收入等也做了规定。

◆ 2. 共同商业政策建立具体服务市场的策略

为确定建立共同商业政策，并促进其实施，欧盟采取双边和多边的方法实现。在双边部分，首先确认市场准入的障碍，选择优先行动的目标；确认解决贸易障碍的最佳时机，如加强执行现存国际义务，进行新国际规则谈判或双边正式（非正式）谈判；改进双边与多边措施的协调一致，并配合其他行动如工业合作与技术协助；改进执委会、成员国、工业界与代表团间市场开拓活动的协调。在多边方面，主要的议题包括以下几点。一是确认贸易障碍。建立贸易障碍数据库（依产业类别）送交各成员更新补充，对纺织、汽车、化学等提出开放市场的提议，并与文件资料交叉查证。二是消除贸易障碍并推广市场准入。建立优先目标、检视可运用的手段及方法拟定的策略、设定执行时程，并在适当场合与第三国进行交涉。在共同体预算所拟定的市场推广活动中，主要是协助欧洲公司确认市场商机、参加第三国市场商展及商务洽谈会以提高欧洲产业的形象，推广欧洲产品及服务形象，支持双边及多边市场开放行动等。三是欧洲执委会负责贸易政策、区域业务及产业等部门，应加强横向联系与合作，以及与部长理事会授权成员国的协调与合作。四是增强不同部门的协调。加强与工业界双边沟通并寻求企业界组团访问第三国，开拓商机并评估潜在市场。五是在各国

知识角：
欧盟内部主要服务部门统一市场的相关规定

建立欧洲信息中心，为当地企业特别是中小企业提供有关欧盟的活动信息。此外，欧洲执委会驻各国代表团商务参事也将协助处理商务问题，并提供执委会有关贸易障碍、应采取的措施以及各项市场推广活动的信息。

（三）东南亚国家联盟服务贸易规则

2007年1月14日，中国与东盟在菲律宾宿务签署了中国-东盟自由贸易区《服务贸易协议》，为中国-东盟如期全面建成自由贸易区奠定了坚实的基础。2009年8月15日，中国与东盟共同签署中国-东盟自由贸易区《投资协议》，这标志着双方成功地完成了中国-东盟自由贸易区协议的主要谈判，中国-东盟自由贸易区于2010年1月1日建成。

中国-东盟《服务贸易协议》规定了双方在中国-东盟自由贸易区框架下开展服务贸易的权利和义务，同时包括中国与东盟10国开放服务贸易的第一批具体承诺减让表。各方根据减让表的承诺内容进一步开放相关服务部门。根据《服务贸易协议》的规定，中国在世界贸易组织承诺的基础上，在建筑、环保、运输、体育和商务服务（包括计算机、管理咨询、市场调研等）5个服务部门的26个分部门向东盟国家做出市场开放承诺，具体包括进一步开放部分服务领域，允许设立独资企业，放宽设立公司的股比限制及允许享受国民待遇等。东盟10国也分别在金融、电信、教育、旅游、建筑、医疗等行业向我国做出市场开放承诺。

新加坡在商务服务、分销、金融、医疗、娱乐和体育休闲服务、运输等部门做出了超越世界贸易组织的出价，并在银行、保险、工程、广告、非武装保安服务、药品和医疗用品佣金代理与零售、航空和公路运输服务等部门做出了高于其世界贸易组织新一轮谈判出价的承诺，在不同程度上放宽了市场准入限制，如在外资银行准入方面，取消了对新加坡国内银行的外资参股股比在40％以内的限制。

马来西亚在商务服务、建筑、金融、旅游和运输等部门做出了高于世界贸易组织水平的承诺。与其在世界贸易组织新一轮谈判中的出价相比，马来西亚新增了会展、主题公园服务、海运、空运等部门的具体出价，并在金融、建筑及工程等领域做出了更高水平的开放承诺，如在保险领域，放宽了对外籍管理人员的市场准入限制。

泰国在商务人员入境、建筑工程、中文教育、医疗、旅游餐饮和海运货物装卸等领域做出了高于世界贸易组织水平的承诺。

菲律宾在能源、商务服务、建筑及工程、旅游等部门做出了高于世界贸易组织水平的承诺。与在世界贸易组织新一轮谈判中的出价相比，菲律宾在采矿和制造业建筑服务等中国较为关注的部门做出了进一步开放的承诺。

文莱在旅游和运输等部门做出了高于世界贸易组织水平的承诺，特别是在运输服务方面，增加了海洋客运和货运服务、航空器的维护和修理服务等中国关注领域的市场开放承诺。

印度尼西亚在建筑及工程、旅游和能源服务方面做出了高于世界贸易组织水平的承诺，特别是在民用工程、煤的液化和气化服务等中国关注领域做出了进一步开放的承诺。

越南、柬埔寨、缅甸的具体出价与其世界贸易组织的承诺基本一致，主要涵盖商务服务、电信、建筑、金融、旅游和运输等部门。

老挝在银行、保险服务领域做出了具体开放承诺。

根据《服务贸易协议》规定，双方就第二批服务部门的市场开放问题进行了谈判，以进一步推进中国与东盟间的服务贸易自由化。

知识角：
中国-东盟《服务贸易协议》文本介绍

（四）《区域全面经济伙伴关系协定》（RCEP）

2020年11月15日，第四次区域全面经济伙伴关系协定（Regional Comprehensive Economic Partnership，RCEP）领导人会议以视频方式举行。经过8年谈判，RCEP正式签署，此次签署RCEP的共有15个成员国，包括东盟10国和中国、日本、韩国、澳大利亚、新西兰，总人口达22.7亿，GDP达26万亿美元，出口总额达5.2万亿元，均占全球总量的30%。

RCEP通过削减关税及非关税壁垒，建立15国统一市场的自由贸易协定。RCEP20个章节涵盖了货物贸易、服务贸易、投资准入以及相应的规则。

RCEP在服务贸易方面做了比较大的开放承诺，涉及100多个部门，包括金融、电信、交通、旅游、研发等。而且RCEP的成员还承诺，现在RCEP的开放是以正面清单方式进行的，要在协议生效之后6年内把正面清单转换为负面清单。

本章小结

《服务贸易总协定》（GATS）于1995年1月1日和世界贸易组织同时生效，作为多边贸易体制下规范国际服务贸易的框架性法律文件，它的出现是服务贸易自由化进程中的一个里程碑。世界贸易组织体制将对国际服务贸易的未来发展产生深刻的影响，它确定了服务贸易各成员方共同遵守的国际规则，并力求推动国际服务贸易自由化。作为世界上第一套规范服务贸易多边原则和规则的框架协议，乌拉圭回合谈判达成的GATS无疑是一个巨大的成功。但因为GATS规则的初创性，在该领域留下了不少需要进一步谈判的议题。根据《服务贸易谈判准则和程序》，新一轮服务贸易谈判主要围绕市场准入谈判和规则谈判两方面进行。

复习思考

1. 《服务贸易总协定》是如何产生的？
2. 为什么说《服务贸易总协定》是国际服务贸易的通行规则？
3. 如何理解 WTO 最惠国待遇与国民待遇原则在服务贸易领域中的应用？
4. 如何理解国际服务贸易自由化应是一个逐步化的过程？
5. 试述《服务贸易总协定》的意义。
6. 《服务贸易总协定》有多少个附件？分别是什么？
7. WTO 对服务贸易发展的影响如何？
8. 新一轮服务贸易谈判的焦点是什么？

延伸阅读：
全球数字贸易规则
新动向值得关注

第六章 世界服务贸易的发展

学习目标

- 了解国际服务贸易的发展概况；
- 了解世界服务贸易的发展趋势与特征；
- 掌握中国服务贸易发展情况，树立为全球服务贸易繁荣发展注入中国力量的信心。

情景导入

WTO发布《2021年世界贸易报告》

2021年7月，WTO发布了《2021年世界贸易报告》，该年度报告全面介绍了WTO在2020年和2021年初的活动。报告以WTO总干事恩戈齐·奥孔乔-伊韦阿拉（Ngozi Okonjo-Iweala）的致辞和过去一年的简要概述开始，紧接着是对世界贸易组织主要活动领域的深入介绍。该报告同时聚焦总干事的遴选过程、COVID-19和世界贸易以及世贸组织成立25周年活动。

奥孔乔-伊韦阿拉总干事在开幕致辞中表示：多边贸易体系在对抗疫情的努力中发挥了重要作用。贸易的复原力代表了数百万人的生命线，使他们能够获得食物和其他基本用品。现在，世界贸易组织能够而且必须在加快COVID-19疫苗生产和确保强大、持续和包容性的全球经济复苏方面发挥关键作用。为了实现其利用贸易帮助人们的初衷——提高生活水平、创造就业机会和促进可持续发展——世界贸易组织必须取得成果。通过共同应对这场前所未有的全球危机，成员们可以开始重建应对未来挑战所需的信任。

> 2020年初全球暴发的新冠疫情以及世贸组织成员为试图缓解危机而采取的全球卫生措施,使全球商品和服务贸易受到严重影响。货物贸易总额在2020年下降了5.3%。服务贸易也下降了,因为对旅行的限制和其他与健康有关的限制阻止或严重削减了面对面的服务提供活动。旅游和运输服务分别下降了63%和19%。
>
> (资料来源:世界贸易组织WTO联合国贸易网络[EB/OL].(2021-07-12)[2023-07-01]. https://www.wto.org/english/res_e/publications_e/wtr21_e.htm,有改动)

问题与思考

1. 新冠疫情给世界服务贸易带来了哪些重大影响?
2. 疫情之后我国服务贸易的发展有哪些特点?

第一节 世界服务贸易发展概况

一、世界服务贸易的规模

在世界服务业发展的推动下,全球服务贸易规模总体上呈增长态势。世界贸易组织数据显示,1980—2020年间,全球服务贸易年均增速达到6.48%,超过货物贸易年均增速约1%,超过全球经济年均增速1.2%,这显示出服务贸易日益成为全球经济增长的主要推动力。受全球金融危机影响,2008年全球服务贸易一度疲软,全球服务贸易总额下降,2009年第一季度,全球服务贸易总额下滑5.1%。此后的另一个大幅下跌出现在2020年,受疫情影响,2020年全球服务贸易出口额呈现降幅约20%的断崖式下跌。2020年全球服务出口总额5万亿美元(见图6-1),占世界国内生产总值的5.9%,占世界商品和服务贸易总额的22.6%;在世界三分之一以上的经济体中,服务出口在国内生产总值中所占的比重超过了10%。2020年,国际服务贸易占世界国内生产总值的6%,比疫情大流行前年份减少1个百分点。①

---

① 数据来源:http://i-tip.wto.org/services/Search.aspx。

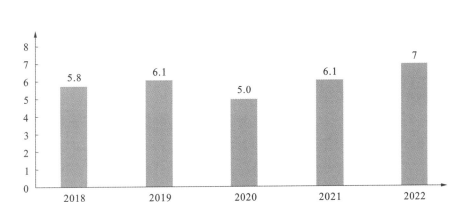

图 6-1　2018—2022 年全球服务出口额（单位：万亿美元）

（数据来源：UNCTAD Statistics；International Trade、中咨华研数据库）

联合国贸易和发展会议（UNCTAD）最新数据显示，2022 年全球服务贸易额约 7 万亿美元，比上年增长 15%。这一数据表明，服务贸易行业的发展趋势不断向好，对全球经济发展具有重要意义。

二　世界服务贸易的产业结构和分布

（一）世界服务贸易的产业结构

从产业结构看，世界服务产品的出口结构不断优化，运输和旅游等传统服务业逐渐被其他服务业的贡献超过，新的服务产品出口成为未来服务贸易新的增长点。

UNCTAD 数据显示，2005—2015 年，国际服务贸易出口结构出现了三个变化。一是在服务贸易四大类统计中，交通、旅游两项传统服务的出口比重下降，由 2000 年的占比超过一半下降到 2015 年的 43.7%，2020 年受新冠疫情冲击，旅游服务贸易出口额下降幅度高达 63%，严重影响了旅游业相关的服务业经济，国际交通销售额（包括客运和货运）下降幅度也达到 20%。① 而包括计算机与信息服务等新兴服务在内的其他服务在出口中占比提高，由 2005 年的 48.97% 提高到 2015 年的 53.19%，占服务贸易出口的一半以上。2020 年在各主要服务类别中，通信、计算机和信息服务是世界服务贸易产业中唯一正增长的一类，增长率为 4.1%。二是在其他服务出口中，其他商业服务与电信、计算机和信息服务技术的占比明显提高。2015 年，其他商业服务占比最高，由 2005 年的 19.36% 增至 2015 年的 21.25%；其次是电信、计算机和信息服务，占比由 7.78% 增至 9.79%；再次是金融服务，占比由 8.07% 增至 8.63%。三是计算机与信息服务、通信服务、技术服务等新兴服务增速较快，正在成为未来国际服务贸易新的增长点。其中，计算机和信息服务增速最快，2005 年至 2013 年，平均年增速为 14%。

---

① 数据来源：https：//unctadstat.unctad.org/EN/Nowcasts.html。

由于不同经济体的服务业部门发展程度不同,服务贸易的产业结构也呈现较大差异。如图 6-2 所示,2020 年,发达经济体交通、旅游传统服务业出口占比低于发展中经济体,相应地,发达经济体的保险、金融、房地产和其他相关服务业等附加值高的其他服务业出口占比更高。从发展中经济体来看,地处非洲的发展中经济体交通、旅游传统服务业出口占比超过了 50%,高于其他区域,说明非洲的发展中经济体仍以传统服务业作为服务出口的主体。而亚洲和大洋洲的发展中经济体交通、旅游服务业出口占比不到 40%,是发展中经济体中对传统服务业依赖程度最低的区域。在其他服务中,保险、金融、房地产和其他相关服务业的出口占比远高于通信、计算机和信息技术。

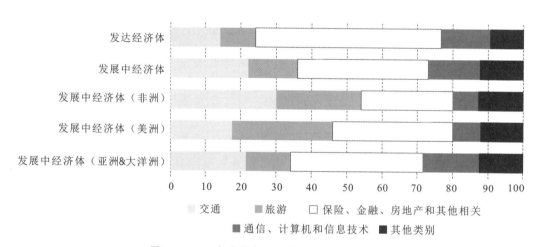

图 6-2 2020 年世界各经济体服务贸易出口结构

(数据来源:UNCTAD Statistics;International Trade 2021)

思考

从产业分布看,世界服务贸易的出口结构不断优化,其他服务对服务贸易的贡献已经超过交通、旅游等传统服务业。此处的其他服务主要包括哪些服务?

(二)世界服务贸易的国家分布

伴随着各国(地区)服务业发展的不平衡,世界服务贸易也存在明显的发展不平衡现象。

◆ 1. 市场集中度高，前十大经济体在全球服务进出口的占比超 50%

WTO 公布的数据显示，2017 年服务贸易规模排名前二十的国家（地区）占世界服务贸易额的比重超过 70%，且排名前十的国家（地区）占世界服务贸易额的比重超过 50%（见表 6-1）。美国、中国①、德国是全球三大服务贸易国家，其中美国服务贸易进口规模和出口规模都位居世界第一，服务贸易总额达到 13189.85 亿美元，占全球服务贸易比重为 12.52%。中国服务贸易总额达到 6956.79 亿美元，占全球服务贸易比重为 6.60%。中国的服务贸易规模位居世界第二，但出口额位居世界第五。德国的服务贸易规模位居世界第三，服务贸易总额达到 6277.05 亿美元，占全球服务贸易比重为 5.96%。英国、法国、荷兰、爱尔兰、日本、印度、新加坡位居全球服务贸易第四至第十位。

表 6-1　2017 年主要国家（地区）全球服务贸易规模

排序	国家（地区）	服务贸易出口（亿美元）	出口占比（%）	排序	国家（地区）	服务贸易进口（亿美元）	进口占比（%）	排序	国家（地区）	服务贸易总额（亿美元）	进出口占比（%）	服务贸易差额（亿美元）
	世界	53511.91	72.32		世界	51816.75	70.92		世界	105328.66	71.07	1695.16
1	美国	7808.75	14.59	1	美国	5381.10	10.38	1	美国	13189.85	12.52	2427.65
2	英国	3506.87	6.55	2	中国	4675.89	9.02	2	中国	6956.79	6.60	2394.99
3	德国	3040.58	5.68	3	德国	3236.47	6.25	3	德国	6277.05	5.96	195.89
4	法国	2494.74	4.66	4	法国	2404.27	4.64	4	英国	5656.33	5.37	1357.41
5	中国	2280.9	4.26	5	英国	2149.46	4.15	5	法国	4899.46	4.65	90.02
6	荷兰	2183.1	4.08	6	荷兰	2108.21	4.07	6	荷兰	4291.31	4.07	74.89
7	爱尔兰	1864.91	3.49	7	爱尔兰	1988.88	3.84	7	爱尔兰	3853.79	3.66	−123.97
8	日本	1847.71	3.45	8	日本	1908.89	3.68	8	日本	3756.6	3.57	61.18
9	印度	1839.8	3.44	9	新加坡	1707.95	3.30	9	印度	3379.94	3.21	299.66
10	新加坡	1646.8	3.08	10	印度	1540.14	2.97	10	新加坡	3354.75	3.19	61.15
11	西班牙	1390.72	2.60	11	韩国	1219.65	2.35	11	比利时	2355.51	2.24	21.87
12	瑞士	1206.63	2.25	12	比利时	1166.82	2.25	12	意大利	2257.28	2.14	41.52
13	比利时	1188.69	2.22	13	意大利	1149.40	2.22	13	瑞士	2221.09	2.11	192.17

---

① 表中的中国指大陆地区，不包含港澳台地区数据。

续表

排序	国家（地区）	服务贸易出口（亿美元）	出口占比（%）	排序	国家（地区）	服务贸易进口（亿美元）	进口占比（%）	排序	国家（地区）	服务贸易总额（亿美元）	进出口占比（%）	服务贸易差额（亿美元）
14	意大利	1107.88	2.07	14	加拿大	1061.72	2.05	14	西班牙	2153.69	2.04	627.75
15	中国香港	1037.02	1.94	15	瑞士	1014.46	1.96	15	韩国	2094.66	1.99	344.72
16	卢森堡	1023.28	1.91	16	俄罗斯	886.47	1.71	16	加拿大	1930.48	1.83	−192.96
17	韩国	874.97	1.64	17	阿联酋	855.00	1.65	17	卢森堡	1786.72	1.70	259.84
18	加拿大	868.76	1.62	18	沙特	768.18	1.48	18	阿联酋	1559.97	1.48	150.03
19	泰国	756.51	1.41	19	卢森堡	763.44	1.47	19	俄罗斯	1464.75	1.39	308.19
20	瑞典	729.35	1.36	20	西班牙	762.97	1.47	20	瑞典	1411.85	1.34	16.85

（数据来源：世界贸易组织 https://www.phb123.com/xinwen/guoji/32398.html。）

◆ 2. 发展中经济体逐渐成为全球服务出口的重要力量

随着发展中经济体服务贸易规模的扩大，发展中经济体的服务贸易地位不断上升，新兴经济体表现尤为突出，发展中经济体的五大服务出口国（地区）都居于亚洲，如图 6-3 所示，2020 年，这五个国家（地区）占据了全球 16% 的服务贸易额。中国是发展中经济体中的主要出口国，2020 年服务销售额达 2810 亿美元，全球排名第四。

三 世界服务贸易的发展趋势与特征

随着经济全球化深入推进，服务贸易日益成为国际贸易的重要组成部分和各国（地区）经贸合作的重要领域，为世界经济增长注入了新动能，并呈现以下发展趋势。

（一）全球服务贸易结构将更加优化

随着服务全球化的深入发展，服务业在全球跨国投资中逐渐占据主导地位，并成为国际贸易中最具活力的组成部分。长期以来，旅游、交通运输一直是全球服务贸易最主要的两大领域，在全球服务出口中的占比均在 20% 左右，但从 2005 年到 2018 年，其占

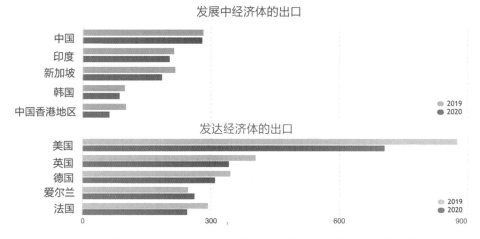

图 6-3　发达经济体和发展中经济体前五大服务贸易出口国（地区）[①]

（单位：十亿美元）

（数据来源：UNCTAD Statistics；International Trade 2021）

比已分别下降到 1.7% 和 4.3%。与此同时，技术含量、知识含量高的服务业比重持续上升，计算机与信息服务、金融服务、专业服务和管理咨询、知识产权交易、研发、维修服务等日益活跃，成为各国（地区）着力发展的重点领域。

WTO 发布的《2021 年世界贸易报告》指出，由于数字技术带来的远程交易量增加及相关贸易成本降低，服务贸易在全球贸易中所占份额在未来 20 年将继续快速增长。据全球最大的管理咨询公司埃森哲测算，到 2030 年电子商务可能刺激 1.3 万亿～2.1 万亿美元的增量贸易。其中，信息技术、物流服务、商务服务、知识产权等新兴领域将成为增长的重要动力，推动国际服务贸易从劳动力主导的传统比较优势向创新主导的技术比较优势转换，服务贸易结构逐渐由以自然资源或劳动密集型为基础的传统服务贸易转向以知识技术密集型为基础的现代服务贸易。

（二）服务贸易在全球价值链中的作用将更加重要

随着世界新一轮产业结构的调整和贸易自由化进程的持续推进，服务贸易在各国（地区）经济中的地位将不断上升。近年来，全球服务业在创造出口增加值上始终高于制造业，今后这一趋势会更加明显，价值增值环节还将继续向生产前的研发、设计阶段与生产后的市场嵌入服务阶段转移，整个价值链条中，服务增加值将日益成为企业利润的主要来源。全球价值链从以生产为中心转向以客户服务为中心将成为各国获得世界竞争优势的必然选择。尤其是制造业服务化趋势所带动的服务要素的进一步增加，将促进工业研发、金融、专业服务等生产性服务贸易迅速发展壮大，未来制造业的竞争在很大程

[①]　图中的中国指大陆地区，不包括港澳台数据。

度上与其背后的服务竞争有关。另外,随着数字信息技术的广泛应用,工业服务对各大行业的融合升级效果也日益显现,其产业黏合剂功能也越来越明显,个性化定制和智慧生产等新兴的组织方式将进一步促进行业融合创新,对传统产业转型升级发挥重要的作用。

另一趋势是跨国公司逐渐加强了对服务增值环节的掌控能力。跨国公司是全球产业布局和跨境贸易投资的推动者,全球500强企业中,20%的跨国制造企业的服务收入超过总收入的50%。跨国公司凭借资本、技术和专利等优势,不断集聚资源,通过加强对服务业和服务关键增值环节的竞争力和掌控力,业务规模和市场空间不断拓展。在高附加值服务市场中,大型跨国企业集中度更为突出。以云服务市场为例,2020年亚马逊、微软、谷歌和阿里云四大巨头占据全球59.9%的云服务市场份额。

(三)围绕服务贸易规则的合作与竞争将更加常态化

随着数字经济驱动的创新全球化深入发展,服务贸易在各国(地区)开放型经济中的战略地位越来越显著,已成为贸易战略竞争、贸易规则竞争、贸易利益竞争的核心,也是重塑未来全球贸易新版图的关键因素。服务市场准入、边境后措施、跨境数据流动、知识产权保护等相关规则成为国际经济贸易谈判的重要议题,推动服务贸易自由化与便利化成为签署多边和双边自由贸易协定的核心内容。服务贸易已成为全球经济贸易规则重构中各方博弈的重点,世界服务贸易将在各方面博弈中重新形成利益格局。各国(地区)为顺应这一趋势不断调整国内经济政策,一方面,积极推动服务贸易的自由化,削减本国服务贸易壁垒;另一方面,国际服务贸易的保护程度在变相提高。在内在需求和外来推动的双重因素下,如何加快发展服务贸易、增强服务贸易竞争力成为各国(地区)长期经济发展战略的重要内容。相比以往的服务贸易规则,新的规则高标准、强约束特征更为明显,由于各国(地区)的政策分歧比较突出,数字贸易成为规则制定的焦点,一些新的贸易规则的发展趋势值得各国高度关注,围绕服务贸易规则的合作与竞争将更加常态化,而贸易壁垒也日渐呈现隐蔽化发展的趋势。

(四)数字技术重塑服务贸易商业模式

据UNCTAD统计,全球数字服务交付贸易出口总体规模由2008年的1.8万亿美元上升到2018年的2.9万亿美元,每年上升约5.8%,占公共服务交易总体出口的比例由45.6%上升到50.2%。全球服务贸易商业模式也将因数字技术而发生巨大变革。其一,利用数字信息技术,加快赋能传统金融服务贸易。由于数字信息技术和传统服务贸易的加速融合,产生了包括跨境电商、网络金融等在内的新型模式,也弱化了传统分销服务与金融高度依附商业而存在的局面,数字信息技术正在重塑传统服务交易的商业模式。其二,利用数字技术催生新兴的服务交易行业。在新数字经济时期,大数据技术成为最重要的产出要素,跨境大数据流转技术不但支撑了人员、资金和信息技术等重要产出要素的跨境流转，也变革了传统金融服务交易的支付方式，更孕育了网络、大数据分析、云计算和人工智能等新数字金融服务交易行业。其三，大数据、云计算、物联网等新型信息在现代生活服务领域的广泛应用，突破了传统服务制造和消费之间难以割裂的科技障碍，为现代生活服务向全球扩展创造了新科技条件，也促使基础教育、卫生、医疗、文化等传统无法交易的服务业务逐步走向可交易，服务交易品种进一步扩大。例如，新冠疫情期间产生了大批互联网与无接触服务模式，大幅度刺激了居家办公、网上教学、网上娱乐、医疗健康等服务需求和供应，加速了传统服务交易的转变。未来，新型云计算技术、区块链以及人工智能技术还将不断变革传统信息与通信服务的生产供给方式，并促使新产品和服务的制造与交付方式产生变化，同时数字信息技术与零售、娱乐、出版、金融、健康、文教等新产业的融合将日益深入，从而产生服务新产业和新模式，并进一步丰富信息服务贸易的范畴与内涵。①

第二节　发达国家和地区的服务贸易发展

一　美国服务贸易发展现状及特征

（一）美国服务贸易发展现状

20世纪80年代以来，美国对外服务贸易持续增长，其对外服务贸易的出口规模、进口规模和总体规模一直都是世界第一，与其他国家相比具有绝对优势，而且其对外服务贸易总量整体也呈上升趋势。美国对外服务贸易无论是占美国对外贸易的比重，还是占世界服务贸易的比重都大于其他国家，处于世界领先地位。自20世纪70年代开始，美国逐步将制造业转移至国外，进入后工业化时代，服务业在其经济、就业中所占比重越来越高。

2019年，服务业增加值占美国国内生产总值的69%，就业人数占总就业人数的71%；美国货物及服务进出口总额为56162.9亿美元，其中跨境服务贸易额（a、b、d段）为14442.1亿美元（见表6-2），占比为25.7%。2021年，美国服务业增加值达18.4万亿美元，占美国国内生产总值的80%。

---

① 邵艳红．全球化时代服务贸易发展趋势探讨［J］．中国经贸导刊，2022（3）：89-91．

表 6-2　2018—2019 年美国货物与跨境服务贸易[①]

	2018 年		2019 年	
	金额（亿美元）	增幅（%）	金额（亿美元）	增幅（%）
货物与服务贸易总额	56303	7.2	56162.9	−0.2
其中：货物与服务出口	25013	6.4	24997.7	−0.1
货物与服务进口	31290	7.8	31165.2	−0.4
货物与服务贸易差额	−6277	13.6	−6167.5	−1.7
货物贸易额	42360	8.2	41720.8	−1.5
其中：货物贸易出口	16743	7.8	16530.5	−1.3
货物贸易进口	25617	8.5	25190.3	−1.7
货物贸易差额	−8874	9.9	−8659.8	−2.4
跨境服务贸易额	13943	4.0	14442.1	3.6
其中：服务贸易出口	8269.8	3.7	8467.2	2.4
服务贸易进口	5673.2	4.6	5974.9	5.3
服务贸易差额	2596.6	1.7	2492.3	−4.0

（数据来源：美国经济分析局（2020-02-05）https://www.bea.gov/data/intl-trade-investment/international-services-expanded）

从表 6-3 可知，美国跨境服务贸易额（a、b、d 段）连续多年保持贸易顺差，反映了美国已进入后工业化社会的经济现实，也在一定程度上抵消了其拥有的巨额货物贸易逆差。在中美贸易摩擦出现后，2018—2019 年美国服务贸易仍保持了一定的增速，未受到两国相互加征商品进口关税的显著影响。2019 年，美国跨境服务贸易出口 8452.3 亿美元，同比增长 2.2%；进口 5954.1 亿美元，增长 5.0%；实现贸易顺差 2498.2 亿美元。2020 年在世界各国经济普遍受疫情影响的情况下，美国的服务贸易额仍达到 11929.6 亿美元，2021 年服务贸易达到 13453 亿美元，其中，出口服务金额为 7952.7 亿美元，进口服务金额为 5500.3 亿美元，服务贸易顺差超过 2400 亿美元。

表 6-3　2015—2022 年上半年美国跨境服务贸易数据

年份	服务出口		服务进口		贸易差额（亿美元）
	金额（亿美元）	增幅（%）	金额（亿美元）	增幅（%）	
2015	7553.1	—	4919.7	—	2633.4
2016	7584.5	0.4	5116.3	4.0	2468.2
2017	7989.6	5.3	5438.8	6.3	2550.1
2018	8269.8	3.5	5673.2	4.3	2596.6

[①] 本表服务贸易数据为"a、b、d 段"三种服务的合计，即私人跨境服务贸易。表 6-4 和表 6-5 同。

续表

年份	服务出口		服务进口		贸易差额（亿美元）
	金额（亿美元）	增幅（％）	金额（亿美元）	增幅（％）	
2019	8452.3	2.2	5954.1	5.0	2498.2
2020	7264.3	－14	4665.3	－22	2599.0
2021	7952.7	9.5	5500.3	17.9	2452.4
2022上半年	4488.2	—	3298.2		1190.0

（数据来源：美国商务部经济分析局（BEA）https：//apps.bea.gov/iTable/? reqid＝62＆step＝9＆isuri＝1＆product＝4）

从表6-4可知，美国跨境服务贸易出口的前三大领域是金融服务、知识产权相关服务、其他商业服务，2021年出口额分别为1717.4亿美元、1246.13亿美元、2174.26亿美元；2021年，美国跨境服务贸易进口的前三大领域是其他商业服务、交通、保险服务，进口额分别为1296.01亿美元、1052.55亿美元、593.77亿美元。

表6-4 2020—2022年上半年按行业分类的美国跨境服务贸易　　（单位：亿美元）

	2020年		2021年		2022年上半年	
	出口	进口	出口	进口	出口	进口
保养及维修服务	131.96	62.03	125.26	79.82	66.22	40.77
交通	571.68	727.63	657.77	1052.55	413.15	726.47
旅游	724.81	341.59	702.14	568.51	579.16	474.58
建筑	23.95	11.31	31.29	14.95	12.04	7.03
保险服务	202.77	576.73	227.41	593.77	121.69	316.26
金融服务	1510.33	453.14	1717.4	495.29	868.88	268.86
知识产权相关服务	1155.58	477.08	1246.13	433.42	645.99	273.29
电信、计算机和信息服务	564.56	397.28	597.97	431.42	315.2	230.39
其他商业服务	1950.46	1129.79	2174.26	1296.01	1161.69	692.04
个人、文化和娱乐服务	208.2	243.25	239.15	283.04	115.57	141.79
政府相关产品及服务	220.03	245.53	233.94	251.47	188.58	126.68
总计	7264.33	4665.37①	7952.73	5500.25	4488.17	3298.17

（数据来源：美国商务部经济分析局（BEA）https：//apps.bea.gov/iTable/? reqid＝62＆step＝9＆isuri＝1＆product＝4）

从服务贸易的进出口国别来看，表6-5显示2019—2021年三年来美国服务贸易出口前十国家（地区）依次是澳大利亚、比利时、巴西、加拿大、中国、法国、德国、中国

---

① 编者注：由于上述各行业分类的数据均是四舍五入得到的结果，所以这里相加得到4665.36，但这里根据原始数据标注4665.37；后7952.73、3298.17同。

香港、印度和爱尔兰，其中中国位居第五，中国香港地区位居第八。同时，这三年美国服务贸易进口前十国家（地区）依次是加拿大、中国、法国、德国、中国香港、印度、爱尔兰以色列、意大利、日本，其中中国及中国香港分别位居第二和第五。

表 6-5 2019—2021 第一季度美国服务贸易出口前十国家（地区）[①]

出口前十				进口前十			
国家和地区	2019	2020	2021	国家和地区	2019	2020	2021
澳大利亚	235525	190852	215528	加拿大	170078	124690	152569
比利时	284772	182306	201712	中国	209737	110144	130339
巴西	133.412	111615	127620	法国	94032	72611	86613
加拿大	63579	67186	74797	德国	64652	54617	61072
中国	77656	61741	67761	中国香港	38897	30574	33094
法国	68707	52771	56136	印度	35979	31501	34749
德国	45617	41652	47114	爱尔兰	36292	32563	31121
中国香港	59494	41183	39498	以色列	22378	19004	21265
印度	49545	38009	36892	意大利	29639	26172	28831
爱尔兰	36401	29858	32037	日本	25130	24014	28086

（数据来源：美国商务部经济分析局（BEA）https://apps.bea.gov/iTable/?reqid=62&step=9&isuri=1&product=4）

（二）美国服务贸易的特征

◆ **1. 对外服务贸易规模大比重高**

一直以来，美国由于服务业发达，政府政策扶持力度大，知识、技术等高级要素充裕，同时很好地把握了第三次科学技术革命的良好机会，其对外服务贸易的整体规模、出口规模和进口规模始终排名世界第一。同时，美国服务贸易占其对外贸易的比重维持在 20% 以上，处于世界领先水平，且呈上升趋势。

◆ **2. 对外服务贸易结构合理**

美国对外服务贸易出口结构中，传统服务贸易占比远低于现代服务贸易，以 2021 年为例，其旅游、交通传统服务贸易占比合计仅为 17%，整体出口结构合理。而且，从发展进程上来看，其传统服务贸易比重减少，现代服务贸易比重增加；劳动密集型服务贸易比重减少，资本和知识密集型服务贸易比重增加，这符合对外服务贸易出口结构优化

---

① 表中的中国指大陆地区，不包括港澳台数据。

规律。美国进口主要集中于低附加值的劳动密集型服务部门，占首位；其次是资本密集型服务部门。高附加值的知识密集型服务比重较低，对外服务贸易进口结构也比较合理。在进口结构中，现代服务贸易比重高于传统服务贸易，这是由于其保险服务进口中90%以上属于再保险，这也是美国保险服务贸易巨额逆差的主要原因。因此，从变化趋势来看，其进口结构中现代服务贸易比重增加，传统服务贸易比重减少，这是因为其他国家（地区）服务业的发展及服务部门结构的完善，其变化趋势也与世界服务贸易多极化的发展趋势相一致。

◆ **3. 服务贸易对象以发达经济体为主，且市场多元化**

美国对外服务贸易进、出口排名前十的国家（地区）中分别有7个和8个发达国家（地区），而且在其进、出口贸易总额中所占的比重为70%左右，这说明美国对外服务贸易对象以发达经济体为主。但同时，美国对外服务贸易市场又具有多元化的特点，其合作对象中既有美洲经济体，又有欧洲经济体和亚洲经济体；既有发达经济体，又有中等收入经济体和发展中经济体，而且其目标市场正朝着更加多元化的方向发展。

◆ **4. 服务贸易国际收支始终保持顺差状态**

美国服务业发展起步早，对外服务贸易始终处于顺差状态，顺差规模从1992年的576.9亿美元扩大到了2021年的2452.4亿美元，增长幅度超过3倍。这一方面是因为美国大力发展知识经济和服务业，为其服务贸易竞争确立优势地位，另一方面得益于美国政府在政策措施上的大力支持，其在刺激服务贸易出口的同时适度限制服务贸易进口，从而使美国长期处于服务贸易顺差状态。但随着国际服务贸易多极化发展，美国对外服务贸易的一些传统优势逐渐丧失，导致其呈现服务进口增加、服务出口增长速度放缓、服务贸易顺差减小的新态势。

二 欧盟服务贸易发展现状及政策

◆ **1. 欧盟服务贸易发展现状**

欧盟不仅是全球最大的货物贸易集团，而且是全球最大的服务贸易集团。服务贸易是欧盟最重要的经济部门，在所有现代经济中都扮演重要的角色。在日益全球化的世界，金融、保险、运输、物流和通信等服务提供了关键的中间投入，从而为其他经济领域提供了至关重要的支持。

如图6-4所示，2010—2019年，欧盟对非成员国的服务出口逐年增加，从2010年的5650亿欧元增至2019年的10720亿欧元，年增长率在2015年达到14.8%的峰值。

2020年，受疫情影响，出口下降到9100亿欧元。在同一时期，欧盟从非成员国的服务进口从2010年的4880亿欧元增长到2019年的10220亿欧元，2020年又下降到8780亿欧元。

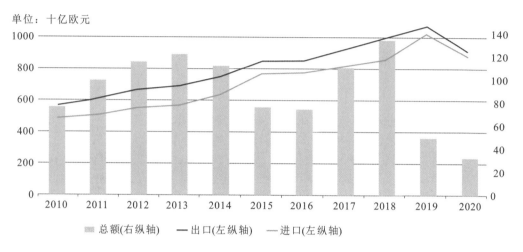

图6-4 2010—2020年欧盟与非成员国（地区）服务贸易发展趋势

（数据来源：欧盟数据统计局 https://ec.europa.eu/eurostat/web/international-trade-in-services/database）

如图6-5所示，2019—2020年，欧盟对其所有主要合作伙伴成员的服务贸易情形大致相同，合作伙伴主要有英国、美国、瑞士、中国及中国香港、日本、新加坡、加拿大、俄罗斯等，并且服务贸易出口额均有所下降，但中国香港除外。在同一时期，除了美国和新加坡，欧盟对所有主要伙伴的进口都有不同程度的下降。其中，英国、美国、瑞士是欧盟服务贸易的主要成员国。

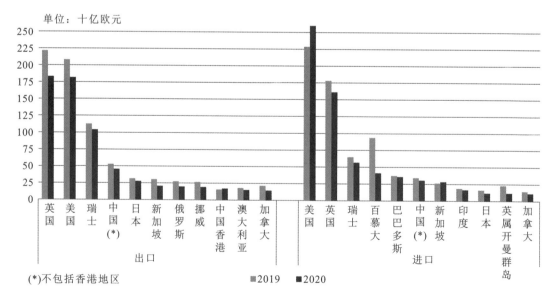

图6-5 2019—2020年欧盟与非成员国主要合作伙伴的服务贸易

（数据来源：欧盟数据统计局 https://ec.europa.eu/eurostat/web/international-trade-in-services/database）

试分析欧盟的服务贸易发展呈现哪些特点。

◆ **2. 欧盟的服务贸易政策**

欧盟服务贸易涉及欧盟内部相互之间的服务贸易和欧盟外的服务贸易,相应地,欧盟的服务贸易政策可以分为两个部分:一是区域内部各个国家(地区)之间的政策;二是区域内各成员与区域外国家(地区)之间的政策。

欧盟的服务业竞争力极强,许多行业的出口都占据世界首位,因此,欧盟也是服务贸易自由化的倡导者,主张加快服务贸易自由化的步伐。由于欧盟成员之间的服务贸易高于其与非成员集团外国家(地区)的服务贸易,欧盟致力于内部服务贸易的自由化和统一化。经过几十年的努力,尽管在证券业、保险业、电信业和运输业等方面还有很多障碍有待克服,但欧盟成员国之间基本上实现了服务贸易自由化。同时为了确保在国际服务贸易中的地位和经济利益,欧盟积极推行全球服务贸易自由化,希望与其他世界贸易组织成员一起,就环境、服务、建筑、分销、金融及运输等服务领域的市场开放和合作开展积极探讨。

最后,对于欧盟不具有优势的服务行业,尤其是相对于美国等发达国家不具有优势的行业,欧盟仍实行或明或暗的保护,甚至列入市场准入和国民待遇的例外。根据欧盟委员会的一份报告,企业若希望为一个以上的欧盟国家提供服务,将遭到近百项服务贸易壁垒的阻碍。

第三节　发展中国家和地区的服务贸易发展

一　发展中国家和地区服务贸易的发展现状及展望

总体来看,发展中经济体的国际服务贸易规模与西方发达经济体相比较小,且不同国家(地区)的服务贸易发展程度存在很大差异。近年来,中国、印度和巴西正成为世界经济增长的新动力,与此同时,这些国家的服务贸易发展也很突出。中国的服务贸易发展迅速,贸易规模不断扩大,国际地位不断提升,服务贸易综合发展水平排名由2018年的第20位上升到2022年的全球第9位,首次进入前十行列。在服务出口的某些领域,有些发展中经济体取得了成功的经验,例如印度的计算机软件服务,巴拿马的运输服务以及埃及的旅游服务等。但就服务出口的规模而言,即使是实力较强的发展中经济体与发达经济体相比也相差甚远。尽管如此,发展中经济体也是国际服务贸易的主要承担者,在国际服务贸易中占有一定的地位。从贸易差额来看,发展中经济体的服务贸易普遍存在巨大的贸易逆差,而且印度和中国的服务贸易逆差额有加剧扩大的趋势。由于大多数发展中经济体经济和服务业发展水平严重不平衡、国内产业结构调整不到位等,不同发展中经济体在服务贸易发展方面的差异远大于发达经济体之间的差异。

广大发展中经济体已经日益认识到服务部门与国际服务贸易对其经济发展和国际收支的重要作用。大多数发展中经济体亟待解决服务贸易逆差扩大的问题。发展中经济体一方面正在振兴本国(地区)的服务业并积极推进服务出口;另一方面加强了对新兴服务业的保护,采取了一些抵制服务贸易自由化的措施。在不少发展中国家(地区),银行业和保险业是由本土资本所控制的,境外分支机构基本上不能介入。例如,秘鲁禁止外国保险公司向本国渗入;阿尔及利亚、土耳其和坦桑尼亚等国都禁止外国机构在境内开设银行;还有几种服务部门,如运输、教育和医疗保险服务等,在多数发展中国家(地区)也都属政府严格控制之列。一些国家(地区)的政府还专门对许可证与专利进口的数量、价格及方式进行审核。印度、韩国、尼日利亚和安第斯条约组织的成员国对技术输入都有管制条款,并确定付款的最高水平。这些保护性的贸易政策对维护有关发展中经济体的长期利益和阻止其对外服务贸易逆差的扩大起了较大的积极作用。

(二) 发展中国家和地区服务贸易的发展策略与政策

发展中国家和地区对一些关键性服务贸易部门都采取了相应的保护措施。由于发展中经济体在国际服务贸易市场处于不利的竞争地位,一旦放弃对本国(地区)服务部门的保护,银行、保险、电信、航空等基础性服务业都将面临发达国家的有力冲击,服务性企业也有被发达经济体的跨国机构挤垮或控制的威险,严重者将使整个国民经济蒙受灾难性影响。另外,大量的资本或知识密集型服务的进口将加深发展中经济体对发达经济体的依赖,尤其是通信、信息等服务(例如数据处理服务)将使本国(地区)信息资料外流到发达国家(地区),这容易导致某些潜在的危险,甚至会影响国家安全。而且西方发达经济体服务企业进入发展中经济体的新闻媒介、视听、娱乐业后,还会对其文化传统和社会秩序带来影响。为了维护本国(地区)服务业不受冲击,大多数发展中经济体对本国(地区)一些关键性的服务部门都采取了相应的保护措施,这也反映在其有关的法律规范中。

俄罗斯当前服务贸易整体国际竞争力相对较弱,其中较具有竞争优势的项目多集中于运输、零售业等劳动或资本密集型项目,在知识密集型的现代化服务项目如金融、保险、电信、咨询服务等方面的竞争力不强。从长期来看，俄罗斯自然资源丰富、土地广袤、人力资源品质高及市场潜力大等优势将助力其服务贸易发展，同时俄罗斯政府正大力推动经济转型，致力于摆脱过度依赖能源的经济结构，因此未来俄罗斯将进一步深化服务贸易体制改革、改善服务贸易出口结构、增加服务贸易自由化并吸引外资投入，以期进一步提升其在国际市场上的服务贸易竞争力。另外，地区局势紧张及战争也对俄罗斯服务贸易发展产生一定影响。

印度的服务贸易发展得益于印度政府的有利政策和环境，包括放松管制、允许和鼓励私营企业进入航空、通信、金融、保险等行业，放宽对外国直接投资进入银行等服务业的限制，放松外汇管制、逐步实行卢比经常项目和资本项目自由兑换，以及税收优惠政策等。例如，在任何特别经济区成立的软件生产企业，出口所得连续10年100％免除所得税。另外，印度有一大批企业和企业家充分发挥自身优势，以软件服务业为例，印度回避了基础设施相对落后的劣势，充分发挥英语人才充足、经营成本低以及与美、英等发达国家商业联系密切的优势，始终严格质量要求（近60家企业通过了最严格的CMM5级认证），严把信息安全关（实施国家技能注册（NSR）计划等），从最基础的呼叫中心等业务流程外包（BPO）做起，逐渐发展知识型流程外包（KPO）等高端业务，诞生了TCS、Infosys、Wipro等著名的跨国IT企业。

马来西亚政府多年前便开始大力促进经济改革，加速产业结构转型升级，降低传统工业比重，将经济发展重心从制造业转移到服务业，以刺激经济增长。在一系列国家配套措施的推动下，马来西亚各服务行业出口也得到了长足发展。在这一过程中，马来西亚外贸促进中心成为马来西亚服务业出口的重要平台，其通过企业培训指导、政府补贴等方式提供财政援助，并组织一系列促进大型国际化出口的活动等，使得服务业在外贸出口中的比重逐年增加。与此同时，政府政策进一步放开，加速了服务业发展并走向国际的进程。马来西亚政府进一步松绑外资持股比例的政策，经过多年的积累，其服务业如今呈不断增长、壮大趋势，成就了多个标志性项目。目前，马来西亚为全球逾200个国家（地区）输出其产品及服务，获得了世界范围的认可。其中，商务服务、连锁经营、食品服务、物流运输这四大领域作为马来西亚本国的优势行业发展快速。

泰国服务贸易相关产业的产值长年占国内生产总值的半数以上，主要的服务贸易相关行业就业人数占国家就业总人数的40％。不过，外资在泰国经营服务贸易相关产业仍受各种措施和法规的限制，如各行业的外资持股比例规定、外资经营某类行业须获得政府许可，其目的是使泰国服务业能在全面开放前做好应对外国竞争的准备。在泰国各服务业经营商改进加强竞争力和服务能力的同时，政府部门也加快建立公平竞争的监管规定，包括修订《贸易竞争法（1999）》，以免未来全面开放服务自由化后造成外国公司垄断泰国服务业的局面，并确保消费者能从贸易自由化中受益，从自由公平竞争中获得廉价有效的服务。此外，政府部门也开始加快培育泰国本土人才和提高教育水平以满足服务贸易的需求，提高泰国有竞争潜力行业人才的知识、技巧和专业知识水平，使其成为技能娴熟的技术劳工,成为泰国与外国企业竞争的主要力量,并可对外输出技术型人才为国家创造外汇收入。

总体而言,在国际服务贸易自由化进程中,美国等发达经济体是领导者,而发展中经济体受经济和服务业发展水平所限,只能是追随者。目前欠发达经济体既不可能大范围全面开放其服务贸易市场,又不能断然拒绝这一趋势,因而其有关法律规范既不乏对外国服务和服务提供者的严格限制规定,又有逐步开放其服务贸易市场的新规定。

三、中国的服务贸易发展

(一)中国服务贸易发展的成效

"十三五"时期(2016—2020年)中国服务贸易实现稳步增长,结构持续优化,国内区域布局更加均衡,国际市场开拓更加多元,企业国际化经营水平明显提升,日益成为对外贸易发展的重要引擎、对外开放深化的重要动力、构建新发展格局的重要力量,为推动世界经济贸易复苏和增长发挥着重要作用。2019年底以来,受新冠疫情等多种因素的影响,中国服务进出口总额45642.7亿元,同比下降15.7%,但2021年服务贸易持续快速增长,服务进出口总额达52982.7亿元,服务贸易逆差收窄到2112.7亿元。其中知识密集型服务出口增长18%,主要是个人文化和娱乐服务、知识产权服务、电信计算机和信息服务出口快速增长,增长率分别为35%、26.9%、22.3%,服务贸易规模创历史新高,连续八年位居世界第二,充分体现了中国在服务贸易领域结构调整、出口竞争力提升等方面取得的积极成效。2022年,中国服务贸易持续快速增长,服务进出口总额59801.9亿元,同比增长12.9%,其中服务出口28522.4亿元,同比增长12.1%;进口31279.5亿元,同比增长13.5%;逆差2757.1亿元。① 以下以中国"十三五"时期的服务贸易发展数据为例进行分析。

◆ 1. 全球服务贸易第二大国地位巩固

"十三五"时期,中国克服新冠疫情冲击、经济全球化遭遇逆流等不利因素影响,服务业对外开放进一步扩大,推动服务贸易实现平稳增长,服务进出口累计3.6万亿美元,比"十二五"时期增长29.7%,其中出口累计1.3万亿美元,比"十二五"时期增长21.1%。2020年,中国服务进出口6617.2亿美元,同比下降15.7%,但服务出口增长速度高于世界平均水平。

如图6-6所示,中国的服务出口增速呈前高后低特征,其中2018年是增速变化分水岭。2015—2018年,世界经济温和复苏,国内经济稳中向好,对外贸易回稳,文化服

---

① 数据来源:http://images.mofcom.gov.cn/fms/202109/20210914144136772.pdf。

务、数字服务、中医药服务等领域特色服务出口基地建设深入推进，中国服务国际供给能力不断增强，服务出口增速从－0.2％提高至17.0％。2018—2020年，国际经济贸易摩擦加剧、世界经济增长低迷、国内经济下行压力加大、新冠疫情影响广泛深远，使得中国服务出口增速有所放缓，但仍实现逆势增长，规模创历史新高，实现稳中提质，高质量发展取得新成效。2020年，中国服务出口2806.3亿美元，同比下降1.0％，降幅远低于全球平均水平和世界主要经济体。从服务进口来看，2020年，中国服务进口3810.9亿美元，同比下降24.0％，规模稳居全球第二位。受国际经济贸易摩擦和新冠疫情全球大流行影响，2019年，中国旅游行业进口2511.0亿美元，同比下降9.3％；2020年，旅游行业进口1312.3亿美元，同比下降47.7％，比2018年下降52.6％，这也是服务进口负增长的主要原因。①

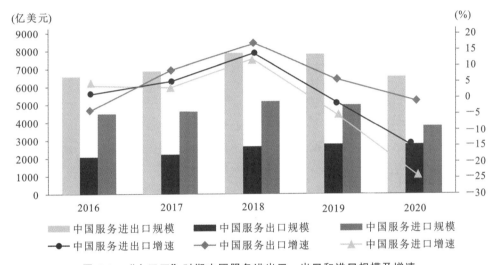

图6-6 "十三五"时期中国服务进出口、出口和进口规模及增速

（资料来源：中华人民共和国商务部，http：//images.mofcom.gov.cn/fms/202109/20210914144136772.pdf）

◆ 2. 供给侧结构性改革成效明显

"十三五"时期，中国持续推进服务贸易供给侧结构性改革，服务供给体系的适应性和灵活性不断增强，服务出口成为服务贸易增长主引擎，推动服务进出口结构持续优化，为中国服务贸易高质量发展提供了有力支撑。中国服务出口占服务进出口比重从2015年的33.4％上升到2020年的42.4％。

"十三五"时期知识密集型服务进出口与传统服务进出口占比及增速如图6-7所示。2020年，中国知识密集型服务进出口2947.6亿美元，同比增长8.3％，对服务贸易的贡献率达到52.95％。其中知识密集型服务出口1551.5亿美元，增长7.9％；知识密集型

---

① 数据来源：http：//images.mofcom.gov.cn/fms/202109/20210914144136772.pdf。

服务进口 1396.1 亿美元，增长 8.7%。2015—2019 年知识密集型服务进出口年均增长 11.0%，对服务进出口增长贡献率达 70.9%。

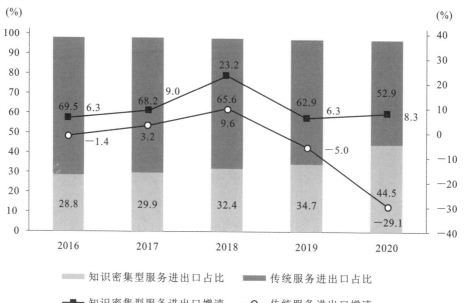

图 6-7 "十三五"时期知识密集型服务进出口与传统服务进出口占比及增速

（资料来源：中华人民共和国商务部 http://images.mofcom.gov.cn/fms/202109/20210914144136772.pdf）

3. 服务贸易在对外贸易中的地位稳步提升

服务贸易已经成为推动中国对外贸易增长的重要力量。2008—2019 年服务进出口年均增长 9.1%，比货物进出口增速高 3.7%，对外贸进出口增长贡献率上升至 19.3%，占中国外贸进出口比重从 10.5% 提高至 14.6%。① 中国服务的国际竞争力进一步得到提升，在中国对外贸易中的地位稳步提升。

4. 服务贸易成为深化对外开放的重要动力

首先，自 2017 年以来，中国连续四年修订外资准入负面清单，取消或放宽服务领域准入限制。在金融领域，提前取消所有外商投资股比限制，放开外资保险经纪公司经营范围，不再对合资证券公司业务范围单独设限，大幅度扩大外资银行业务范围，沪港通深港通每日额度进一步扩大。在电信领域，取消国内多方通信、存储转发、呼叫中心等增值电信服务外资股比例限制，将上海自由贸易试验区原有区域电信领域开放试点复制推广至其他自由贸易试验区。在文化娱乐领域，取消电影院建设经营、演出经纪机构须由中方控股的规定，在自由贸易试验区将设立文艺表演团体由禁止投资改为中方控股，

---

① 数据来源：http://images.mofcom.gov.cn/fms/202109/20210914144136772.pdf。

把允许外国投资者在自由贸易试验区内设立互联网、上网服务场所的开放举措推广至全国。在人力资源领域，取消了外方投资者出资比例不得低于25％、中方合资者出资比例不得低于51％的规定，取消不得设立外商独资的人力资源服务机构的规定。探索放宽特定服务领域自然人移动模式下的服务贸易限制措施，探索允许境外专业人才按照有关要求取得国内职业资格和特定开放领域的就业机会，按照对等原则推动职业资格互认。

其次，探索制度开放路径。在试点地区重点围绕新兴服务业开放进行压力测试，推动有序放宽或取消相关限制措施。在重点服务领域率先探索适应新形势新需要的风险防范机制。提升开放发展成效，加大招商引资力度，在推动现代服务业开放发展上走在世界前列。

再次，服务业对外开放平台建设加快。2020年，中国政府发布《海南自由贸易港建设总体方案》，对接国际高标准经济贸易规则，培育具有海南特色的合作竞争新优势，为全球自由贸易港发展注入新活力。北京市服务业扩大开放综合试点先后实施三轮试点方案、403项试点任务、35项开放措施，推广六批25项试点成果，升级打造国家服务业扩大开放综合示范区，建设以科技创新、服务业开放、数字经济为主要特征的自由贸易试验区。

最后，服务业成为中国吸引外资的主力。2020年，中国实际利用外资（不含银行、证券、保险领域）1443.7亿美元，同比增长4.5％，实现引资总量、增长幅度、全球占比"三提升"。其中，服务业利用外资1121.8亿美元，占比高达77.7％，比2015年提升13.4个百分点。高技术服务业吸收外资快速增长，其中研发与设计服务领域增速最快，达78.8％，科技成果转化服务领域增速也在50％以上。①

◆ 5. 服务贸易创新发展试点探索取得显著成效

2016年，国务院批复同意在上海、海南等15个省市（区域）开展服务贸易创新发展试点，2018年决定进一步深化试点。试点建设取得了积极成效，先后有四批实践性、制度性创新成果（34条经验和56个最佳实践案例）在全国复制推广，带动全国服务贸易发展质量进一步提升。2020年，国务院批准同意在北京、天津、厦门、青岛等28个省市（区域）全面深化服务贸易创新发展试点，期限为3年，重点围绕推动服务贸易改革、开放和创新，提出三个方面8项试点任务、122项具体举措，进一步激发市场活力，打造服务贸易发展高地，提升中国服务在全球价值链中的地位。

同时，国家特色服务出口基地建设加快。为贯彻落实党中央、国务院决策部署，推动对外文化贸易高质量发展，2018年，商务部、中宣部、文化和旅游部、国家广播电视总局共同认定首批13个国家文化出口基地，促进中华传统文化和新兴文化领域出口。为落实《中共中央 国务院关于促进中医药传承创新发展的意见》和关于推动中医药"走出

---

① 数据来源：http://images.mofcom.gov.cn/fms/202109/20210914144136772.pdf。

去"的一系列文件精神，扩大中医药服务出口，2019年商务部、国家中医药管理局联合认定17家机构为首批国家中医药服务出口基地。为把握数字经济发展的重大战略机遇，加快发展数字服务出口，构建国际竞争新优势，商务部会同中央网信办、工业和信息化部联合启动国家数字服务出口基地建设。2020年，中关村软件园等12个园区被认定为首批国家数字服务出口基地，为数字贸易发展和数字领域制度型开放提供了重要载体和"试验田"。中国创新发展模式，加大传统服务贸易领域数字化改造力度，深化服务贸易创新发展试点各项政策举措，取得了积极成效。

◆ 6. 服务贸易在国家重大区域发展战略中的布局更加优化

"十三五"时期，围绕共建"一带一路"、京津冀协同发展、长江经济带发展、粤港澳大湾区建设、中部崛起、西部大开发、东北振兴等国家区域发展战略，服务贸易创新发展试点地区（以下简称试点地区）和中国服务外包示范城市（以下简称示范城市）等平台建设的覆盖面不断扩大，分布在全国25个省市（区域）。"一带一路"建设节点涵盖西安、重庆、成都、厦门、广州等13个试点地区和17个示范城市。京津冀协同发展区域拥有北京、天津、石家庄、雄安新区等4个试点地区和2个示范城市。长江经济带发展区域设有上海、南京、杭州、苏州、武汉、重庆、成都、贵安新区等11个试点地区和14个示范城市。粤港澳大湾区建设区域拥有广州、深圳等2个试点地区和2个示范城市。西部大开发区域设立重庆、南宁、乌鲁木齐、西安、成都、贵阳等8个试点地区和5个示范城市。东北振兴区域布局哈尔滨、长春、沈阳、大连等3个试点地区和5个示范城市。人工智能、大数据、云计算等新兴技术催生大量新模式、新业态，正在优化区域经济发展格局。

◆ 7. 服务贸易境外市场开拓取得积极进展

一方面，中国与前十大贸易伙伴保持稳定的贸易往来。2020年，中国服务进出口规模前十的贸易伙伴国家（地区）依次是中国香港、美国、日本、新加坡、德国、英国、韩国、爱尔兰、加拿大和澳大利亚。2020年，中国与前十大贸易伙伴国（地区）服务进出口4606.7亿美元，其中出口1751.0亿美元，进口2855.7亿美元。

另一方面，中国的服务贸易伙伴不断增加。2020年，中国与世界238个国家和地区有服务贸易往来，比2015年增加40个国家和地区，服务贸易国际市场结构更加多元。其中亚洲市场规模最大，2020年，中国与亚洲国家和地区服务进出口2964.7亿美元，比2015年下降7.3%；欧洲市场增长较快，2020年中国与欧洲服务进出口1510.6亿美元，比2015年增长17.0%；美洲市场保持平稳，2020年中国与美洲服务进出口1393.5亿美元，比2015年下降6.9%；非洲市场规模最小，2020年中国与非洲服务进出口86.4亿美元，比2015年下降43.5%。中国与"一带一路"沿线国家自由贸易区网络不断完善，双边贸易畅通机制不断健全，服务贸易合作潜力持续释放。截至2020年底，中国与

171个国家和国际组织签署了205份共建"一带一路"合作文件。同时，区域国际服务贸易合作也更加深入。中国顺应开放合作的时代大势，率先签署《区域全面经济伙伴关系协定》（RCEP），并于2022年正式生效实施，推动了区域内服务贸易高水平开放。此外，与港澳地区服务贸易往来也更加紧密。"十三五"时期，内地与香港、澳门分别签署《关于修订〈CEPA服务贸易协议〉的协议》，在金融、法律、建筑等多个领域进一步取消或降低对中国香港、中国澳门服务提供者的准入门槛，放宽对自然人流动、跨境交付等服务贸易模式的限制措施，为港澳人士在内地执业创造了便利条件。2020年，内地与香港服务进出口1450.8亿美元，与澳门服务进出口62.7亿美元。此外，大陆与台湾服务进出口121.3亿美元。

◆ **8. 服务贸易新模式新业态持续涌现**

"十三五"时期，试点地区积极推进服务贸易领域供给侧结构性改革，大胆探索、开拓创新，催生了一批新模式、新业态，依托大数据将服务贸易数字化、互联网＋中医药服务贸易、语言服务贸易、纪录片方案国际预售融资模式、跨境电商物流账款智慧管理模式和跨境电商出口保险服务创新等6条经验进行全国推广。如贵州省贵安新区是中国第八个国家级新区，致力于打造西部地区重要经济增长极、内陆开放型经济新高地、生态文明示范区，也是国务院批复同意的28个全面深化服务贸易创新发展试点之一。其设计的较为完整的大数据脱敏、监管、交易机制，优化了大数据交易制度环境，促进了服务贸易数字化发展。上海、深圳发展远程中医药诊疗，创新线上线下相融合的中医药服务模式。西咸新区、武汉建设基于大数据和移动互联网技术的语言服务平台，推动语言服务贸易发展。广州首创纪录片方案国际预售融资模式，推动"中国故事"走向国际市场。杭州在跨境电商领域首创基于大数据的物流账款智慧管理业务，降低中小微跨境电商企业成本。

在全球经济增长放缓的局势下，中国的服务贸易发展面临哪些机遇和挑战？

（二）中国服务贸易的发展策略与对策

进入新发展阶段，服务贸易供给侧结构性改革深入推进，服务业对外开放进一步扩大，服务贸易创新发展试点全面深化，深层次改革、高水平开放、全方位创新为服务贸易高质量发展注入内生动力。在构建新发展格局背景下，国内大循环将对高质量服务进口形成强大需求，国际大市场将对特色服务出口形成强大支撑。同时，以数字技术为引领的新一代科技革命和数字经济的快速发展，正为服务贸易创新发展释放出巨大活力。

◆ **1. 建立健全服务贸易开放制度体系，推动服务贸易进一步扩大开放**

深入推进服务贸易创新发展试点开放平台建设，建立健全跨境服务贸易负面清单管理制度，制定全国版跨境服务贸易负面清单，有序减少跨境交付、境外消费、自然人移动三种模式的准入限制。推动放宽医疗、法律、科技服务、金融以及电子商务等服务领域对境外服务提供者及其服务限制，引入竞争、激发潜能，推动相关领域跨境服务贸易快速发展。完善与现代服务贸易相适应的灵活就业政策，畅通外籍高层次人才来华创新创业渠道。在有条件的地区探索跨境数据流动分级分类监管，开展数据跨境传输安全管理试点。进一步放宽服务领域的市场准入限制。健全准入前国民待遇加负面清单管理制度，进一步缩减外资准入负面清单。坚持"边境上"准入与"边境后"监管相衔接，破除负面清单之外隐性准入壁垒，支持商业存在模式服务贸易加快发展。有序放宽增值电信业务、商务服务、交通运输等领域的外资持股比例。鼓励外资企业参与中国文化、数字服务、中医药服务等领域特色服务出口基地建设，发展服务贸易新业态新模式。

◆ **2. 加快知识密集型服务贸易发展，引领全球服务合作新趋势**

顺应经济社会数字化发展新趋势，抢抓数字经济和数字贸易发展机遇，加快推进服务贸易数字化转型进程。完善数字服务贸易促进政策，培育数字服务贸易发展新优势。优先发展集成电路和电子电路设计服务，解决在重点领域、关键环节的"卡脖子"技术难题。加快发展具有自主知识产权的工业软件，在工业装备、汽车电子、智能终端、物联网等领域发展嵌入式软件和系统集成解决方案，形成国际竞争优势。积极发展面向智能制造、智慧城市、工业应用、智能家居、农业气象、医疗卫生、汽车及消费电子等领域的系统软件、应用软件和支撑软件。发展制造执行管理系统、计算机集成制造系统、过程控制系统、产品生命周期管理、绿色制造等工业软件、基础共性软件平台和新型工业应用程序。积极发展新一代信息技术服务贸易，提升云计算服务、信息通信服务等数字技术贸易业态的关键核心技术自主权和创新能力。积极探索数据贸易，建立数据跨境资源产权、交易流通等基础制度和标准规范，逐步形成较为成熟的数据贸易模式。充分利用5G、人工智能、物联网、云计算等数字技术，布局一批数字服务应用场景，率先在重点国际市场形成出口竞争力。鼓励在线医疗、远程办公、云上会展等新业态发展。

创新文化贸易发展体制机制和政策措施，推进国家文化出口基地和对外文化贸易基地建设，培育一批具有较强国际竞争力的外向型文化贸易企业，形成一批具有核心竞争力的文化品牌。搭建版权出口公共服务平台，加强数字文化版权保护。坚持自主创新，支持原创动漫创作和研发，形成具有国际影响力的动漫产品及衍生品产业链。积极发展原创精品影视剧、网络视频、新一代广播电视、移动多媒体广播电视、数字影院等视听新媒体服务贸易。加强核心技术的研发，扩大网络游戏、家用视频游戏、桌面游戏以及衍生品出口。扩大重点领域文化服务出口，加大中国影视节目、出版物海外推广力度，拓宽国际营销渠道。鼓励数字文化平台国际化发展，建设网络营销、播出、译制、社交平台，大力推进跨境新媒体传播。鼓励传统戏曲、话剧、原创音乐剧、歌舞剧等多元文化"走出去"。

完善技术贸易促进体系，鼓励引进先进技术，推动技术进口来源多元化，支持成熟的产业化技术出口，带动标准与合格评定、产品和设备出口。以专利、版权、商标等为载体，发展电子信息、汽车、智能装备、新材料、区块链、量子信息等知识产权跨境许可与转让。引入国际知识产权咨询和代理服务，促进知识产权转化运用和价值实现。搭建知识产权运营平台体系，发展平台第三方支付、担保及价值评估。建立知识产权运用和保护机制。

支持具有离岸业务资格的商业银行扩大离岸金融业务。积极发展航空器、高铁设备、海洋船舶、工程机械、机床设备、医疗设备、节能环保设备等融资租赁业务。完善跨境移动支付平台建设，有序发展第三方支付服务，支持发展跨境电子商务人民币结算和国际金融后台服务。发挥货物贸易和旅游特色优势，拓宽保险业务领域，发展国际货运险、境外人士入境意外伤害险、境外人士入境健康保险、责任保险、信用保险、合同保证保险及保险辅助服务。支持商业保理业务发展，探索适合商业保理发展的监管模式。推动人民币跨境支付系统（CIPS）功能升级完善，促进跨境支付便利化。在依法合规、风险可控的前提下，利用新型信息技术提升金融服务水平，提升我国金融服务国际市场竞争力。支持研发、设计、检验检测等数字服务贸易发展，促进制造业产业链向高端延伸。降低外资研发中心享受优惠政策门槛，鼓励外资企业在华设立研发中心。推动人力资源、地理信息、法律、会计、咨询等专业服务走出去，拓展专业服务国际市场，保持创新链、产业链、供应链稳定。

知识角：
数字服务贸易

◆ 3. 完善全球服务贸易合作网络，建立包容性多（双）边合作机制

推动"一带一路"服务贸易合作高质量发展。加强与"一带一路"沿线国家海关、税收、监管等合作，推动实施更高水平的通关一体化。推动与"一带一路"沿线国家贸易投资合作优化升级。加强"一带一路"沿线国家金融领域合作，继续发挥共建"一带一路"专项贷款、丝路基金、各类专项投资基金的作用，支持多边及各国金融机构共同参与投融资。加强和完善"一带一路"沿线交通运输物流网络建设，提升中欧班列开行质量，推动国际陆运贸易规则制定。推进实施共建"一带一路"科技创新行动计划，加强与"一带一路"沿线国家在数字贸易、跨境电商、知识产权等领域共同研究制定标准、规则和制度，建设数字丝绸之路、创新丝绸之路。积极与"一带一路"沿线国家开展医疗卫生和传染病防控合作，建设健康丝绸之路。推动与俄罗斯、蒙古在运输、旅游、科

技创新、中医药、减灾救灾等重点领域合作；拓展与南亚、中亚、西亚国家在能源治理与服务、建筑工程、运输服务等领域合作；深化与东盟国家在科技创新、数字经济、文化、旅游、专业服务等领域的合作。

深化与港澳台服务贸易合作。落实内地与香港、澳门《关于修订〈CEPA 服务贸易协议〉的协议》，加强在旅行、医疗、金融、会计、会展、法律、市场推广、物流、设计、知识产权等领域服务贸易合作，进一步扩大内地服务贸易领域对港澳开放，支持内地企业与港澳企业携手开拓"一带一路"沿线国家市场。加强海峡两岸在金融、电子商务、文化创意、医疗照护、建筑、旅游、设计等服务贸易领域的合作。

拓展与发达国家服务贸易合作。与欧盟在服务贸易领域加强合作，加大与德国在智能制造、科技教育、文化旅游、技术贸易、国际物流及展会等领域的合作力度。加强与美国、英国、加拿大等国家在研发设计、节能环保、环境服务、旅游文化、技术贸易等领域的合作，积极承接工业设计、软件研发开发、应用软件、信息技术运维服务、解决方案等服务外包业务。深化与日本、韩国在工业设计、技术服务、节能环保、医疗康养、运输、旅游、文化等领域的合作。加强与发达国家在医疗卫生、疫苗研制、传染病防治等领域的合作。推动与重点国家在工程建筑、数字基建等领域的合作不断深化。

◆ **4. 积极参与国际服务贸易规则治理，建立国际经济贸易规则响应机制**

首先，推动完善全球服务贸易治理。坚决维护以世贸组织为核心、以规则为基础的多边贸易体制，积极参与世界贸易组织改革。加强与世界贸易组织其他成员的沟通合作，支持世界贸易组织就服务贸易市场准入和规则制定等开展进一步谈判，推动全球服务贸易自由化、便利化。充分利用《区域全面经济伙伴关系协定》《中欧双边投资协定》等，推动与主要国家和地区进一步深化服务贸易重点领域的合作。

其次，参与国际数字贸易规则制定。扩大数字领域对外开放，积极主动参与数据安全、数字货币、数字税等多（双）边合作和国际规则制定。积极参与相关知识产权多边规则磋商与制定，提升知识产权保护能力。参与金融领域国际标准和规则制订，围绕数字货币、分布式账本技术金融应用、个人金融信息保护等，加强国际交流。在推动跨境数据流动、完善数字知识产权保护和个人隐私保护、建立争端解决机制、加强网络数据安全保护、积极应对数字贸易壁垒等方面加强探索，积极参与国际数字贸易规则制定。

最后，加强服务贸易风险预警与应对。深刻认识当前国际经济贸易环境的复杂性，深入研究全球经济贸易变局、经济秩序调整对服务贸易的影响，建立长效的服务贸易监测预警与应对机制。帮助企业掌握国际贸易新规则，减轻企业贸易摩擦损失。率先研究、广泛参与以数字为核心的服务贸易规则。

◆ **5. 健全服务贸易统计体系，开展国际统计口径比较研究**

探索完善覆盖跨境交付、境外消费、商业存在、自然人移动等全模式统计制度，建立健全出入境旅游、中医药服务贸易、数字贸易等全领域统计标准，持续开展外国附属机构服务贸易统计、发包统计。建立科学的服务贸易统计模型。完善服务贸易重点企业联系制度。简化企业数据填报工作量，运用大数据技术打通系统的重点监测企业数据直报、技术贸易、服务外包、中医药、文化贸易、国际货运代理等各业务端口，推动实现"企业一次填报，各业务端口共享"。建立运转高效的部、省、市数据交换与共享机制。发挥国务院服务贸易发展部际联席会议制度的统筹协调作用，进一步提高部门数据交换和信息共享的实效性、准确性与全面性。鼓励地方建立服务贸易跨部门数据交换机制，支持在外管、工信、文广旅、出入境管理、物流口岸、科技、大数据、金融等服务贸易相关单位建立直报系统数据接口。加强统计基础研究，建立统计工作保障落实机制。加大财政对服务贸易统计监测工作的支持力度，加强对服务贸易发展趋势判断，开展中国与服务贸易重点伙伴统计口径的比较研究。定期修订服务贸易新业态新模式新领域统计目录，做好重点企业和地方政府主管部门的统计培训。鼓励地方开展服务贸易动态分析。

本章小结

本章主要介绍了全球服务贸易的发展，对世界服务贸易的规模、产业分布、国家和地区分布、地理区域分布等进行梳理，对世界服务贸易的发展趋势和特点进行总结，并对比分析发达经济体与欠发达经济体服务贸易发展现状及问题对策。随着当代经济全球化的不断加深，世界经济正在向服务型经济转型，国际服务贸易也因此进入全新的发展时期，服务贸易成为世界经济发展的制高点，也成为新形势下各国经济竞争的焦点。各国服务贸易进出口结构不断优化，其他服务超过旅游、运输等传统服务业成为出口的主体，占服务贸易出口的一半以上；计算机和信息服务、通信服务、专利使用费和特许费等新兴服务成为未来服务贸易新的增长点。发达经济体是国际服务贸易的出口主体，但欠发达经济体已经成为国际服务贸易出口的新生力量。

中国服务贸易实现稳步增长，结构持续优化，国内区域布局更加均衡，国际市场开拓更加多元，企业国际化经营水平明显提升，日益成为对外贸易发展的重要引擎、对外开放深化的重要动力、构建新发展格局的重要力量，为推动世界经济贸易复苏和增长发挥重要作用。加快发展服务贸易是一国迈向经济强国、贸易强国的有效途径，因此加深对国际服务贸易发展的特点和趋势的了解有助于一国经济的快速发展，也有利于其把握未来经济发展动向，从而在竞争日益激烈的未来市场中占有一席之地。

复习思考

1. 试论述国际服务贸易在全球服务贸易中的地位。
2. 简述国际服务贸易的国家和地理分布特点。
3. 简述发达国家服务贸易的特征。
4. 我国服务贸易呈现出哪些特征？
5. 加入WTO对我国服务贸易发展有哪些影响？
6. 发展中国家为何对服务贸易自由化持消极态度？

延伸阅读：
中国服务业
发展展望

第七章
国际服务外包与数字贸易

学习目标

- 掌握服务外包的概念和分类；
- 掌握服务外包的理论基础；
- 了解当代国际服务外包面临的发展机遇与挑战；
- 了解中国服务外包的现状和政策，从多角度探索中国服务外包的发展路径和社会经济效应。

情景导入

索尼人力资源服务成本何以大幅降低？

索尼（Sony）在美国拥有14000名员工，但人力资源专员分布在7个地点，尽管投资开发了PeopleSoft软件，但公司人力资源机构在软件应用和文本处理方面徘徊不前，人力资源服务成本高。为追求发挥最佳技术功效，更新人力资源软件系统，缩短预期状态与现状之间的差距，索尼找到翰威特咨询公司（现更名为怡安翰威特咨询公司），签订了服务外包合同，希望通过技术方案来解决人力资源问题，有效降低成本，提升公司人力资源管理质量和发展战略水平。

索尼与翰威特项目启动后，两者通力合作，通过广泛的调查和分析制定了经营方案，公司正式启动WorkWays和人力资服务中心，提供人力资源数据管理、工资单、时间及考勤、薪酬管理及人员分析等后台软件服务，以及包括奖励薪酬及其他分析在内的薪酬管理制度，此新系统能将各地的局域网数据维护转换到人力资源门户网的系统上，数据接口数量减少了2/3，新型的汇报和分析能力取代了过去数以千计的专项报告，经理们可随时查询包括绩效评分和人员流动率在内的信息，并进行整合和分析，以制定更加顺利、及时的人工管理措施，提升了人力资源部门的工作日程和质量、决策支持和交易查询服务，大大简化了管理规程，提高了企业绩效，对企业产生了较大的推动作用。

索尼充分认识到了通过外包方式开展人力资源工作的重要性，其最大的成功之处在于人力资源管理程序和政策的重新设计、标准化和成本的节省，这转变了索尼80%的工作内容，并形成了索尼的网络文化。

（资料来源："人力资源外包的那些事儿"——综合案例分析［EB/OL］.（2022-08-25）［2023-07-25］. https://www.0797hcw.com/article/346.html。有改动）

 问题与思考

1. 什么是服务外包？服务外包和制造业外包的区别是什么？
2. 服务外包有哪些类型？你知道生活中哪些服务外包的案例？
3. 哪些理论可以用来解释服务外包？
4. 服务外包的特点和发展趋势是什么？

第一节　国际服务外包概况

一、服务外包的概念

外包（outsourcing）就是把原本属于自己的事情分出去让别人做，对企业来说，外包即利用企业外部资源开展生产和经营服务，也称资源外包、资源外取、外源化外包。外包广泛应用于人们的生产和生活领域。通过外包提升本国或地区市场竞争力与合作水平，成为一国或地区配置全球资源要素的新特征和实现全球产业链、价值链、供应链、创新链优化的重要手段。根据业务领域的不同，外包可以分为制造外包和服务外包。

制造外包（production outsourcing）又称生产外包，是指企业以外加工方式将生产制造委托给外部优秀的专业化企业。换言之，制造外包是企业充分利用外部优质的专业化资源，将一些传统上由企业内部完成的非核心制造业务或加工方式外包给专业的、高效的服务提供商，从而降低成本、提高效率，增强自身生产制造竞争力的一种管理策略。

服务外包（service outsourcing）是相对于制造外包而言的，是指企业将价值链中原本由自身提供的具有基础性的、共性的、非核心的 IT 业务和基于 IT 的业务流程剥离出来，外包给企业外部专业服务提供商来完成的经济活动。

20 世纪 70 年代，发展中国家低廉的劳动力成本和其他生产经营成本对发达国家的生产环节转移形成了巨大的吸引力，促进了跨国公司的外包发展。随着信息技术的快速发展，特别是互联网的应用和普及，企业内部的许多服务流程和服务工序也像产品制造中的可分割环节一样逐步模块化和标准化，许多原本不可存储、不可运输、不可交易的服务环节与服务流程，都可以通过互联网方便快捷地进行存储、运输和交易，使服务外包成为现代服务业的一种新业态。

2015 年，商务部、国家统计局印发的《服务外包统计报表制度》将服务外包定义为：专业服务供应商通过契约的方式，为组织（企业、政府、社团等）提供服务，完成组织内部现有或新增的业务流程中持续投入的中间服务的经济活动。服务外包本质上是发包方利用外部专业服务商的智力资源，承担自身经营环节中需要投入的中间业务流程或职能，以达到降低成本、提高效率、优化发包方产出目标、提升竞争力等目的。服务外包的参与主体涉及发包方（服务购买方）和接包方（服务提供方）两个方面。发包方包括企业、政府机构、事业单位、社会团体等各类组织，接包方指具有业务经验及专业资质的服务提供商。一般而言，无论是发包方还是接包方，都是组织或企业。

二、服务外包的分类

（一）根据接包方不同地理位置分类

根据接包方不同地理位置，服务外包可以分为在岸服务外包（onshore outsourcing）、近岸服务外包（nearshore outsourcing）和离岸服务外包（offshore outsourcing）。

◆ 1. 在岸服务外包

在岸服务外包指外包业务的发包商和接包方处于同一个国家或地区，外包工作由国（境）内的公司完成。

◆ 2. 近岸服务外包

近岸服务外包指外包业务的接包方是来自位置上与发包方相近的国家或地区的公司。这些公司由于文化背景相近和时差较小而具备一定的跨境服务成本优势。

◆ 3. 离岸服务外包

离岸服务外包则指外包业务中的接包方来自不同的国家和地区，外包工作跨国（地区）完成。发包方通常来自劳动力成本较高的国家，而接包方来自劳动力成本较低的发展中国家。在国际服务贸易中，离岸服务外包是主要的形式。

（二）根据不同外包业务内容分类

根据不同外包业务内容，服务外包可分为信息技术外包（information technology outsourcing，ITO）、业务流程外包（business process outsourcing，BPO）和知识流程外包（knowledge process outsourcing，KPO）。中国的《服务外包统计报表制度》对这三类外包形式又进行了细分，共有9个大类、35个中类（见表7-1）。

表7-1 《服务外包统计报表制度》分类

3个门类	9个大类	35个中类
信息技术外包（ITO）	软件研发外包	软件研发及开发服务
		软件技术服务
		其他软件研发外包业务
	信息技术服务外包	集成电路和电子电路设计
		测试外包服务
		电子商务平台服务
		IT咨询服务
		IT解决方案
		其他信息技术服务外包业务
	运营和维护服务	信息系统运营和维护服务
		基础信息技术运营和维护服务
		其他运营和维护服务
业务流程外包（BPO）	内部管理外包服务	人力资源管理服务
		财务与会计管理服务
		其他内部管理外包服务
	业务运营外包服务	数据处理服务
		互联网营销推广服务
		客户服务
		专业业务运营外包服务
		其他业务运营外包服务
	供应链外包服务	供应链管理服务
		采购外包服务
		其他供应链管理服务

续表

3个门类	9个大类	35个中类
知识流程外包（KPO）	商务服务外包	知识产权外包服务
		数据分析服务
		管理咨询服务
		检验检测外包服务
		法律流程外包服务
		其他商务服务外包
	技术服务外包	工业设计外包
		工程技术外包
		其他技术服务外包
	研发服务外包	医药和生物技术研发外包
		动漫及网游设计研发外包
		其他研发服务外包

◆ **1. 信息技术外包**

信息技术外包（ITO）指发包方将内部信息规划、数据中心、网络管理、应用等IT业务相关的开发、运营、维护服务（不含硬件部署）转移给接包方完成，可以是短期定制化服务，也可以是包含明确服务水平协议的长期服务。具体内容包括以下几点。

（1）软件研发外包

软件研发外包指软件外包和定制化的应用开发服务，包括测试、编码、设计、修改现有应用和界面、软件本地化和全球化等软件研发及开发服务，提高现有软件应用或重组模块等在内的咨询、开发、维护、培训等软件技术服务和其他软件研发外包业务。

（2）信息技术服务外包

信息技术服务外包指提供集成电路、电子电路、测试外包、电子商务平台、IT咨询以及IT解决方案和其他信息技术服务外包业务。

（3）运营和维护服务

运营和维护服务指为客户提供持续性的技术支持和维护服务，履行相关环节的职责与义务，以确保业务的正常运转和达到预期目标，包括信息系统运营和维护服务、基础信息技术运营和维护服务以及其他运营和维护服务。

◆ **2. 业务流程外包**

业务流程外包（BPO）指发包方基于降低成本提高效率的考虑，以IT为基础，将业务流程或某些业务活动（单一业务除外）的管理和执行转移给外部第三方服务提供商。其具体内容包括以下几点。

（1）内部管理外包服务

它提供企业内部管理环节（价值链辅链环节）的外包服务，包含流程设计及相关服务，如人力资源管理服务、财务与会计管理服务和其他内部管理外包服务。

（2）业务运营外包服务

它提供企业业务运营环节或流程（价值链主链环节）的外包服务，包含流程设计及相关服务，如数据处理服务、互联网营销推广服务、客户服务、专业业务运营外包服务和其他业务运营外包服务。

（3）供应链外包服务

它提供为客户提供采购、物流等整体方案设计及数据库服务，如供应链管理服务、采购外包服务和其他供应链管理服务，但不包括仓储和运输服务。

◆ 3. 知识流程外包

相比一般的服务外包，知识流程外包（KPO）附加值和利润率更高，是外包企业服务内容沿价值链条向高端领域不断延伸的产物，其倾向于支持和信息集成，包括一定程度上的诊断、判断、解释、决策和结论等。具体内容包括以下几点。

（1）商务服务外包

商务服务外包指企业商务活动中具备高知识含量的服务内容，包括知识产权外包服务、数据分析服务、管理咨询服务、检验检测外包服务、法律流程外包服务和其他商务服务外包。

（2）技术服务外包

技术服务外包指专业技术服务领域的委托外包行为，包括工业设计外包、工程技术外包和其他技术服务外包。

（3）研发服务外包

研发服务外包指提供研究开发环节的外包服务，包括医药和生物研发外包、动漫及网游设计研发外包和其他研发服务外包。

按成本和收益不同，ITO、BPO和KPO大致可归为初、中、高三种流程，但随着业务服务内容价值链从低端向高端不断延伸和变化，不可避免会出现流程交叉和升级。如相对ITO而言，BPO不仅仅是将流程外包出去，还对流程进行重组，以高附加值、知识密集型的全新面目呈现，改变了人们对BPO流程劳动密集型和简单业务操作的印象，实现从量变到质变的转换。而BPO流程也会出现信息集成、信用风险分析和客户价值分析等操作，有利于防范战略风险、决策风险、声誉风险、合规风险等，使部分非核心的业务流程转变为核心业务流程，上升为KPO的流程。

服务外包动因的基础理论

（一）交易成本理论

交易成本又指交易费用，即企业完成一笔交易所付出的货币、时间、精力等各种方面的成本和费用。企业运行通常需要一定的管理成本，包括企业内部交易成本和外部交易成本。交易成本理论认为，如果一项业务的内部交易成本高于外部交易成本，那么这项业务就应该用外包的方式来经营，反之，则应该由内部交易来完成。

（二）企业核心竞争力理论

企业核心竞争力是指企业自身拥有的不可仿制、不可交易和难以替代的能力。它通过技术进步、战略决策、生产制造、市场营销、内部组织协调管理的相互作用而形成。企业核心竞争力使企业保持竞争优势、获得稳定超额的利润，决定着企业的发展前景。企业规模的扩大往往会带来内部交易成本的增加，从而威胁到企业对核心竞争力的培育和维持。企业核心竞争力理论认为，企业应只保留那些真正具有战略重要性的产品或服务，把业务集中在具有核心竞争力的产品或服务上，把经营重点放在优势最大的价值链环节，而对于其他产品和服务则应该实行外包，这样才可能实现利润最大化。

（三）价值链理论

价值链理论认为，企业创造价值的过程可以分解成一系列互不相同但又相互关联的增值活动，从而构成一个完整的价值链。这个价值链各环节互相联系和影响，一个环节的运行质量直接影响到下个环节，对价值体系产生很大影响。因此，企业应该对自身价值链进行分析，找到其中具有优势的环节和薄弱的环节，并将薄弱的环节进行外包，以提高价值链活动的质量，实现价值增值。

（四）资源基础理论

资源基础理论认为，不管是有形还是无形的企业资源，都是企业保持持久竞争力的源泉，它在企业间不可流动且难以复制，并转变成企业独特的竞争能力。如果把企业看成资源的集合体，企业就应该将目标集中在资源的特性和战略要素市场上。一个企业要想在其所处的行业中赢得竞争优势和高于行业平均水平的利润，就必须具备卓越的产品和较低的成本。由于客观条件的限制，企业不可能获得自身所需要的所有资源，但要赢得并保持这一优势，企业必须依据竞争战略来获取并配置资源，通过外包充实并扩展公司现有的资源基础，填补其实施战略所需的资源缺口。

（五）木桶理论

木桶理论又称木桶效应，该理论认为，一个由多块木板构成的水桶，其价值在于其盛水量的多少，但决定水桶盛水量多少的关键因素不是其最长的木板，而是其最短的木板。任何一个企业都可能面临构成企业的各个部分优劣不一的问题，而劣势部分往往决定企业的整体水平，企业发展要突破资源的有限性以及成本的限制。该理论应用于企业经营时，要求企业将每个薄弱环节都做到最好是不太现实的，实施外包就是将这个木桶先打散，将短板抽出来，然后用外部的长板替代短板，这样水桶就提高了盛水效率。外包就是将自己的弱势职能外包给该领域领先的专业公司，从而提高整个企业的绩效。这一理论被广泛地应用于管理学中，尤其是用人和团队管理方面。

四 国际服务外包和国际服务贸易的联系

国际服务外包和国际服务贸易是两个紧密相关的概念，两者都涉及服务的跨境流动。国际服务外包是企业或组织向外部服务提供者转移业务活动的形式，而外部服务提供者通常是利用其优势和专业知识提供服务的境外公司。国际服务外包需要进行服务贸易的交易并将服务交付于境外。国际服务贸易则指跨越关境或国境的服务提供和消费，包括以商业和非商业形式提供的消费和服务。因此，国际服务外包是国际服务贸易的一种形式，也被普遍认为是国际服务产业转移的重要方式，或者是国家扩大服务贸易进出口的重要途径。目前中国新兴服务产品出口的 70% 是通过承接全球服务外包，特别是生产性服务外包实现的。

五 服务外包的意义和趋势

服务外包对促进产业升级、促进劳动就业、促进国外直接投资和促进技术进步有重要意义，特别是对生产性服务业和知识型服务业的发展有重要作用。在数字经济背景下，数字技术赋能服务外包，服务外包产业呈现规模再创新高、结构不断优化、特色领域高速增长的态势，以高端服务为先导的"数字＋服务"新业态、新模式不断出现，服务外包产业正在出现数字化、智能化、高端化的新生态。

思考

按照 WTO 对服务贸易的四种模式分类，国际服务贸易四种模式与国际服务外包在哪些内容上有所交叉或重叠？

第二节 国际服务外包的兴起和发展趋势

一 国际服务外包的兴起

国际服务外包是国际分工深化的一种表现。国际服务外包与世界范围的国际产业分工和转移有着密切的联系。

国际服务外包是随着现代企业的发展而出现的,并在 19 世纪下半叶得到普及。如日本 1868 年明治维新后开始学习西方现代化的政治、经济和社会改革,产业革命带动人口向城市聚集,日本先后雇用了大量的国外技术人员和工程师帮助其建立现代工厂。19 世纪,俄国的工业化进程中也将一些产业外包给国际公司和英国工程师,到 1914 年,其近 90% 的矿场和几乎所有的石油开采公司都为外资拥有。

第二次世界大战以后,科学技术革命和技术创新使国际服务外包呈现出以下新特点。

(一)离岸服务外包从加工服务转向研发服务

◆ **1. 发达国家或地区跨国公司转移制造业阶段**

20 世纪 50 年代,美国将钢铁、纺织等传统产业向日本、德国转移;20 世纪 60—70 年代,日本、德国向亚洲"四小龙"(韩国、新加坡、中国台湾、中国香港)和部分拉美国家转移轻工、纺织等劳动密集型加工产业;20 世纪 80 年代初,欧美日等发达国家(地区)和亚洲"四小龙"等新兴工业化国家向发展中国家转移劳动密集型产业和低技术高消耗产业,中国逐渐成为世界产业转移的最大承接地和受益者。

◆ **2. 发达国家或地区转移服务业阶段**

20 世纪 80 年代后期,国际服务贸易与服务外包几乎同时兴起并发展,并成为服务业转移的主要形式。

◆ **3. 跨国公司开始转移研发业务阶段**

20 世纪 90 年代以来,在经济全球化和知识经济迅猛发展的背景下,跨国公司凭借其巨大的所有权优势在全球开展大规模并购,转移研发业务。

◆ **4. 跨国公司开始转移地区总部阶段**

21世纪至今,跨国公司通过转移地区总部调整全球产业布局。

(二)离岸服务外包迅速从发达国家向新兴经济体延伸

20世纪80年代以来的国际产业转移中,离岸服务外包增速很快,迅速从发达国家向新兴经济体延伸。具体可以划分为以下三个时期。

◆ **1. 美国和英国开始实施时期**

20世纪80年代,美国和英国为降低成本并获得通信工具与网络的支持,最先实施服务离岸外包。

◆ **2. 西欧国家开始实施时期**

20世纪90年代,呼叫中心和客户服务中心等外包业务大量兴起,离岸服务外包扩展到西欧国家。

◆ **3. 欧洲和亚洲等地区的国家开始实施时期**

21世纪初,随着知识经济和信息化社会的加速发展,波兰、捷克、匈牙利、爱尔兰、斯洛文尼亚、保加尼亚、罗马尼亚、俄罗斯、巴西等国广泛认可和发展离岸服务外包。印度、中国及其他发展中国家调整政策,逐步加入离岸服务外包承接行列,国际服务外包市场日趋扩大。

二 国际服务外包的发展

随着以信息技术产业为代表的高新技术产业突飞猛进,国际服务外包得到蓬勃发展。进入21世纪后,全球服务外包持续平稳增长,特别是离岸服务外包以超过20%的速度增长,2021年,全球离岸服务外包执行额1.7万亿美元,同比增长22.5%,比全球服务出口增速高8.2个百分点,占全球服务出口的28.0%,比上年提高1.2个百分点。过去五年,全球离岸服务外包执行额年均增长9.8%,比同期全球服务出口增速高6.2个百分点。① 国际服务外包市场呈现以下特点。

---

① 中国服务外包发展报告2021 [EB/OL]. [2023-02-02]. http://www.coi.org.cn/article/bt/bs/.

（一）发包方以发达国家为主，新兴市场逐步扩大

从发包方来看，美国、欧盟和日本占发包市场的80%以上，其中美国的离岸服务业务量占全球离岸服务外包市场规模的64%以上。澳大利亚、爱尔兰和加拿大等发达国家已经发展出成熟的服务外包产业链，并形成了一定的产业规模。随着信息安全、知识产权保护等法制环境的完善，全球释放出大量的发包需求，大多数欧美公司计划将更多的服务外包业务转移到海外，新兴市场份额逐步扩大，特别是"一带一路"建设引领中国离岸服务外包新市场形成，逐渐改变了美日欧三足鼎立的传统发包市场格局。

（二）接包方以发展中国家为主，市场竞争激烈

科尔尼管理咨询公司发布的2021年全球离岸服务目的地指数（GSLI）显示，印度、中国和马来西亚位列前三，中国依然排名全球第二。从全球过去几年的创业企业活动和投资情况来看，全球范围内逐渐形成了印度、中国、马来西亚、印度尼西亚和巴西五大数字化中心。墨西哥、菲律宾以及柬埔寨、肯尼亚、斯里兰卡、俄罗斯等国也在加速发展本国的服务外包业，在离岸服务目的地指数中，数字化能力成为分析成熟和新兴数字化中心的重要维度。

（三）服务外包以信息技术外包和业务流程外包为主，服务领域不断拓宽

目前信息技术外包和业务流程外包是服务外包的两大领域，其中前者占41%左右，后者占39%左右。从市场结构看，整体趋势是从基础的信息技术外包向高层次的业务流程外包发展，外包企业积极寻求两者的融合发展。随着外包企业商业模式的创新和转变，传统的外包服务也在朝产品化的方向转型。

（四）全球服务外包以离岸服务外包为主，近岸服务外包趋势明显

发包方进行离岸服务外包早期主要是为了降低成本，从工资水平较低的发展中国家获得人口红利。但最近几年，近岸服务外包在美国等国家渐成气候，呈现新的增长趋势，发包方更加青睐近岸服务外包所带来的综合效应，如快速响应、价值趋同和协作效应等，这些综合效应促进了数字服务贸易和服务外包的加速发展。

三、全球服务外包面临的挑战

目前世界各国都日益重视服务外包产业的发展。近些年国际政治经济环境变化也给服务贸易带来了新的挑战。

（一）服务外包的外部环境风险增加

随着国际政治的复杂化和地缘政治风险的升级，外部环境对服务贸易及服务外包的影响在深度和广度上都将是历史性的，服务外包的非确定性因素增加。企业的生存力将替代价格和成本成为发包方和接包方面临的主要问题。因此，发包方和接包方之间的战略合作关系、数据安全性和业务稳定性将成为进行服务外包交易时考虑的第一要素。

由于环境风险系数加大，大部分国家利用创新来优化服务外包流程、提高交付灵活性、提高人力资源效能等，因此有些国家会面临被锁定在全球价值链底端的风险。

（二）企业数字化能力面临挑战

云计算、物联网、大数据及人工智能等新技术的发展和更新换代，将对服务外包行业产生颠覆性的影响。信息技术外包领域的应用开发程序员、测试工程师等将被机器程序员大量代替。如果一个国家不能抓住新技术带来的机遇，服务外包始终处于低端产业，它将在未来受到巨大冲击。而拥有高技能数字化从业者的全球性数字化中心会越来越受到青睐，在服务外包行业扮演"一站式服务"的角色。远程办公的进一步发展，将会加剧这种趋势。未来几年成本竞争力将不再是离岸服务目的地的决定性因素，离岸服务将以体量大、重复性高的"无岸外包"（no-shoring）和自动化服务为主。在最近几年，人的能力仍然是服务目的地的核心因素，拥有集中的、精通数字技术的人才资源已经成为国家差异化竞争的优势。

与此同时，市场对数字化能力的需求不断增长，以应对快速变化的客户需求。新冠疫情期间，部分行业的数字化需求增长尤其明显，如农业、医疗保健业、制造业等。服务外包有更多的创业氛围、更大力的政府支持措施，以及更丰富的人才资源，而企业决策者在选择有利的服务目的地时也更具前瞻性，因此，我们推测，之后的企业决策者将更加注重数字化能力，而不再仅从成本上进行考量。

数字技术的发展为国际服务外包带来了哪些机遇和挑战？

第三节 中国服务外包的发展

 中国服务外包的发展现状

中国最早开始实施服务外包计划源于"十一五"期间商务部实施的服务外包"千百十工程"。该工程指出,在全国建设10个具有一定国际竞争力的服务外包基地城市,推动100家世界著名跨国公司将其服务外包业务转移到中国,培育1000家取得国际资质的大中型服务外包企业,创造有利条件,全方位承接国际(离岸)服务外包业务,并不断提升服务价值,实现2010年服务外包出口额在2005年基础上翻两番。

自"千百十工程"以来,中国的服务外包取得快速发展,目前中国在全球服务外包市场已经成为第二大国,服务外包的业务范围已经遍及五大洲200多个国家和地区,服务外包执行额超亿元的国家和地区达到130个。在全球范围的疫情冲击下,中国仍实现了企业承接离岸服务外包逆势增长。一方面,中国服务外包经过十多年发展不断完善,服务外包产业、企业规模稳步增长,交付能力持续提升;另一方面,在一系列政策下,企业较快复工复产,有利于服务外包企业在逆境中抢抓国际市场机遇。中国服务外包发展的主要特点如下。

◆ **1. 起步晚,增速快**

中国服务外包起步较晚,但发展迅速。自2006年中国拉开服务外包产业发展序幕以来,服务外包产业实现了从无到有,并且保持高位增长、规模集聚壮大,成为推动新兴服务贸易增长的主要动力,基本形成面向全球的多元化市场布局,尤其是"一带一路"沿线新兴市场成为增长的新引擎。目前,中国已成为全球第二大服务外包承接国,初步树立"中国服务"国家品牌。据商务部统计,中国服务外包执行额2006年仅为13.8亿美元,以后逐年增长,2021年达到2264.8亿美元,同比增长29.2%,达到2014年以来的最高增速,展现出较强韧性和发展活力(见图7-1)。

从吸纳就业看,2021年,中国服务外包产业新增从业人员104.4万人,其中大学(含大专)以上学历78.3万人,比上年增加9.1万。截至2021年底,服务外包产业从业人员共1395.4万人,其中大学(含大专)以上学历897.6万人,占从业人员总数64.3%,比上年提高0.8个百分点。

图 7-1　2016—2021 年中国服务外包产业执行金额及增长速度①

◆ 2. 服务结构逐渐高端化

中国大力发展集成电路、新能源、生物医药、基础软件等新兴产业，推进服务外包向数字化高端化转型升级，产业结构由 ITO 为主导逐步向 ITO、KPO 并重转变。2015—2017 年，ITO、BPO、KPO 结构比例从 49.9∶18.3∶31.8 调整到 44.5∶20.0∶35.5，KPO 占比累计提高 3.7 个百分点；离岸 ITO、BPO、KPO 结构比例从 46.9∶16.6∶36.5 调整到 42.2∶15.2∶42.6，KPO 占比累计提高 6.1 个百分点。

经过多年的发展，服务外包已成为提升中国全球价值链地位的重要力量。从最初简单的人力外包向解决方案提供商转型，从"成本套利"向"智能化服务"转化，从最初承接跨国公司的代码编写、软件测试等非核心业务起步，逐步向新一代信息技术转化，以知识和研发为主要特征的知识流程外包比重稳步提升。服务外包企业不仅仅面对最终客户和高端客户，同时开始面向全球市场转包，整合配置国际资源，且在大数据、云计算、物联网、智能移动、区块链等技术领域深耕，为数字化转型赋能。中国信息技术外包、业务流程外包、知识流程外包协调发展的局面初步形成，信息技术外包和知识流程外包等数字化程度较高的领域受疫情影响相对较小，仍保持较快增速。

◆ 3. 市场主体不断壮大

中国加大力度优化营商环境，促进服务外包市场主体发展壮大。截至 2021 年底，全国纳入商务部服务外包统计系统的服务外包企业数量累计达到 67236 家。江苏省、河南省、山东省、广东省、浙江省、黑龙江省和河北省七省份合计新增 4828 家，占全国新增企业数量的 72.5%。2021 年，港澳台商投资企业承接服务外包执行额 147.0 亿美元，同比增长 51.7%，比全国服务外包执行额增速高 22.5 个百分点，占全国服务外包执行额

---

① 根据中国商务部数据整理。

的 9.8%，比上年提高 1.4 个百分点。从企业性质看，民营企业承接离岸服务外包执行额 2320 亿元，占全国 27.0%，同比增长 27.1%，比全国平均增速高出 9.3 个百分点。外商投资企业承接离岸服务外包执行额 3700 亿元，占全国 43.0%，同比增长 16.1%。[①]

◆ **4. 示范城市效应明显，领跑全国**

2009 年 1 月，国务院办公厅下发了《关于促进服务外包产业发展问题的复函》，首次将 20 个城市确定为中国服务外包示范城市，引导市场资源继续向示范城市集聚发展，以后又不断增加新的示范城市，鼓励更多的城市特别是中西部地区城市加入示范城市行列。2021 年国务院在全国 31 个服务外包示范城市的基础上，开展服务外包示范城市综合评价和动态调整，新增徐州、佛山、烟台、贵阳、洛阳、宜昌等 6 个城市确定为中国服务外包示范城市，使示范城市范围更广、规模更大、实力更强，示范城市数量达 37 个。2021 年，这 37 个服务外包示范城市承接服务外包执行额 2023.2 亿美元，产业规模首次突破 2000 亿美元，同比增长 25.2%，占全国服务外包执行额的 89.3%。其中，离岸服务外包执行额 1109.2 亿美元，同比增长 15.6%，占全国离岸服务外包执行额的 85.1%。服务外包示范城市在领跑全国服务外包方面发挥了积极作用。我国正在高标准建设服务外包示范城市，并定期进行综合评价，以支撑国家区域协调发展战略。

2021 年度中国服务外包示范城市综合评价得分情况如表 7-2 所示。

表 7-2　2021 年度中国服务外包示范城市综合评价得分情况

序号	城市	基础评价					加分项	专家评审	问卷调查	综合得分
		基础评价得分	（一）产业发展情况	（二）综合创新能力	（三）公共服务水平	（四）政策措施保障				
1	上海	48.78	15.31	10.92	5.00	12.65	4.90	18.33	8.61	75.72
2	南京	47.12	16.41	10.31	3.50	12.35	4.55	18.00	9.21	74.32
3	北京	48.13	14.32	14.17	4.50	11.46	3.68	17.67	8.34	74.14
4	杭州	46.21	18.48	8.32	2.50	11.49	5.43	18.33	8.72	73.26
5	广州	44.41	13.50	6.65	6.50	13.21	4.55	18.33	8.42	71.16
6	深圳	42.67	18.21	11.22	1.00	10.50	1.75	17.00	7.87	67.54
7	宁波	40.39	12.79	5.22	3.50	13.98	4.90	17.67	9.24	67.30
8	武汉	40.69	10.76	9.32	4.50	12.96	3.15	17.33	8.39	66.41
9	青岛	38.01	15.56	5.52	4.00	10.82	2.10	18.33	9.41	65.76
10	天津	37.94	11.53	7.29	6.50	10.52	2.10	17.33	8.85	64.12

---

① 服务外包发展报告 2021 [EB/OL]. [2023-02-02] http://www.coi.org.cn/article/bt/bs/.

续表

序号	城市	基础评价					加分项	专家评审	问卷调查	综合得分
		基础评价得分	（一）产业发展情况	（二）综合创新能力	（三）公共服务水平	（四）政策措施保障				
11	苏州	37.73	10.36	8.37	5.00	10.50	3.50	18.00	8.30	64.03
12	合肥	38.49	11.52	8.20	2.50	11.72	4.55	16.67	8.71	63.87
13	厦门	37.88	14.38	6.50	3.00	10.50	3.50	17.33	8.34	63.55
14	大连	38.47	12.23	6.98	3.50	10.50	5.25	16.33	8.50	63.30
15	福州	39.42	14.59	8.43	3.50	9.92	2.98	15.33	8.46	63.21
16	成都	37.41	14.50	7.86	2.00	11.30	1.75	17.33	8.13	62.87
17	无锡	36.50	12.78	6.01	5.50	10.28	1.93	17.00	8.62	62.11
18	郑州	37.93	14.33	5.74	3.50	10.50	3.85	15.33	8.62	61.88
19	南通	35.27	11.99	6.38	3.00	11.11	2.80	16.33	9.46	61.06
20	济南	35.36	8.89	7.75	3.50	11.37	3.85	16.67	8.83	60.86
21	长沙	34.97	10.39	9.07	2.00	11.06	2.45	16.33	8.57	59.87
22	大庆	35.43	11.80	6.38	3.50	11.65	2.10	14.67	9.11	59.20
23	西安	33.61	7.40	8.38	3.00	11.67	3.15	17.00	8.39	58.99
24	南昌	32.24	11.64	4.59	2.00	10.51	3.50	16.00	9.25	57.49
25	沈阳	32.84	7.24	6.64	2.50	11.57	4.90	16.00	8.61	57.44
26	重庆	29.84	9.88	3.53	3.50	9.26	3.68	17.00	9.21	56.06
27	徐州	29.94	11.88	3.67	2.00	9.94	2.45	16.67	9.07	55.68
28	长春	29.89	6.76	5.45	3.00	11.18	3.50	16.00	9.37	55.26
29	镇江	29.72	8.85	4.39	1.50	10.78	4.20	16.33	9.11	55.16
30	哈尔滨	30.43	6.51	7.27	3.00	10.50	3.15	14.67	9.26	54.36
31	烟台	28.27	5.92	4.97	2.00	12.24	3.15	16.67	9.29	54.23
32	南宁	30.18	8.70	3.68	3.00	10.61	4.20	15.67	8.18	54.02
33	佛山	27.38	8.74	4.71	1.50	10.50	1.93	16.67	9.14	53.19
34	贵阳	27.73	7.86	6.00	1.00	9.19	3.68	16.33	8.63	52.69
35	宜昌	24.23	7.54	3.89	3.00	7.00	2.80	15.33	9.66	49.23
36	洛阳	23.78	7.54	3.73	2.00	7.00	3.50	15.33	8.51	47.62

续表

序号	城市	基础评价					加分项	专家评审	问卷调查	综合得分
		基础评价得分	（一）产业发展情况	（二）综合创新能力	（三）公共服务水平	（四）政策措施保障				
37	乌鲁木齐	20.68	2.65	3.88	0.50	10.50	3.15	14.00	8.94	43.62
平均值		35.40	11.18	6.79	3.12	10.89	3.42	16.63	8.79	60.83

数据来源：商务部《关于2021年度中国服务外包示范城市及申请城市综合评价结果的公示》。

◆ 5. 国际合作日益多元化

中国持续扩大开放水平，服务外包伙伴也越来越多。2021年，中国与世界230个国家和地区有服务外包业务往来。其中，承接服务外包执行额超过10亿美元的国家和地区达21个，比上年增加4个；超过1亿美元的国家和地区达77个，比上年增加4个。截至2021年底，中国已经同26个国家和地区签署了19个自贸协定，自贸伙伴覆盖了亚洲、大洋洲、拉丁美洲、欧洲和非洲。中国开放的大门越开越大，2021年承接美国、中国香港、欧盟离岸服务外包执行额分别为1994亿元、1456亿元和1154亿元，合计占离岸服务外包执行额的53.5%，同比分别增长28.6%、21.5%和18.6%。承接"一带一路"国家离岸服务外包合同额2261亿元、执行额1616亿元，同比分别增长25.7%和18.7%。①

"十三五"时期，中国与巴西、日本、乌拉圭、俄罗斯、阿根廷、巴拿马、葡萄牙等7个国家新签双边服务贸易合作协议。截至2020年底，中国签署的双边服务贸易合作协议总数达14个。2020年，中国与世界224个国家和地区有服务外包业务往来，比2015年增加18个。其中，承接服务外包执行额超过1亿美元的国家和地区达73个，比2015年增加13个，服务外包贸易伙伴"朋友圈"不断拓展。

2022年1月1日，《区域全面经济伙伴关系协定》（RCEP）正式生效实施，这有望成为中国与域内国家服务外包国际合作加速发展的催化器，具体体现在三个方面。一是合作范围将进一步扩大。随着各成员国进一步开放国门，降低市场准入门槛，更多的服务外包业态将被纳入合作范围。二是合作意愿将进一步增强。不论是制度安排还是合作范围，各成员国在RCEP框架下的深入合作动能将得到大幅提升。三是合作水平将进一步提升。域内各成员国的服务外包发展水平不同，澳大利亚、新西兰、新加坡、中国等服务外包发展较好的国家，应重点开拓信息技术外包市场，扩大传统业务市场份额，以

---

① 2021年我国服务外包有关情况［EB/OL］.（2022-01-28）［2023-06-07］. http：//tradeinservices. mofcom. gov. cn/article/lingyu/fwwbao/202201/129999. html.

更加便捷地进入其他成员国市场，对域内其他成员国，要发挥知识密集型服务外包产业优势，重点开拓业务流程外包、知识流程外包市场，推动中国服务外包转型升级，避免与域内部分成员国形成同质竞争。

◆ **6. 由"接包方"向"接发包并重"的身份转变**

长期以来，中国一直以"接包方"身份存在于全球服务外包价值链中。以大数据、移动互联网、云计算、人工智能、5G通信技术、算法应用、认知技术、虚拟现实、网格应用等为代表的新一轮技术将成为经济发展的重要引擎，众包模式也为服务提供方与需求方的对接提供了新的渠道，中国服务外包面临新的机遇和挑战，服务外包企业开始在全球范围内整合资源，有望实现由"接包方"向"接发包并重"的身份转变。

2020年以来，发展中国家在铁路、公路、机场、港口等传统基础设施信息化领域投入加大，医疗卫生、疫苗研发、绿色新能源、节能环保等公共服务需求强烈，人工智能、物联网、大数据、区块链、5G、3D打印、机器人、无人机、基因编辑、纳米技术和太阳能光伏等前沿技术应用前景广阔。发展中国家囿于人才教育、研发设计、技术运用、管理运营等服务业供给能力，对外发包愈发成为配置全球资源要素、引进先进技术、补齐产业链短板的重要途径。中国服务外包研究中心预测，2021—2025年，"一带一路"沿线国家在传统基础设施和数字化领域发包将增长约40%，非洲在智慧农业、医药研发、商业服务、银行保险等领域对外发包将增长35%以上，中国在制造业数字化领域对外发包将增长30%以上。截至2020年底，中国与172个国家和国际组织签署了206份共建"一带一路"合作文件，一大批有影响力的标志性项目成功落地，服务外包合作潜力持续释放、合作更加深入。中国一方面向东南亚、非洲等低成本经济体转移部分低附加值业务，另一方面通过向美、欧、日等发达经济体发包，更多地进口高端服务，提升国内服务外包的技术水平和项目管理能力，使服务外包成为中国数字经济增长的新动力。

发展国际服务外包对我国经济发展有哪些影响？

（二）"十四五"服务外包的发展方向

2021年10月，商务部等24个部门印发了《"十四五"服务贸易发展规划》，明确将服务外包作为下一阶段服务贸易重点领域，并提出推进服务外包数字化高端化目标。要求实施服务外包转型升级行动，培育龙头企业，加强对外发包，助力构建稳定的国际产业链供应链,加大技术创新力度,扶持云外包、众包、平台分包等服务外包新模式,推动零工经济发展,扩大就业空间;积极发展研发、设计、检验、维修、租赁等生产性服务企业,大力发展生物医药研发外包,加快服务外包与制造业融合发展,加速制造业服务化进程,推动制造业数字化转型,利用5G、物联网等新兴技术发展数字制造外包。从"十四五"时期中国服务外包行业的发展方向来看,创新和重构是两个关键的主题。

(一)鼓励服务外包企业技术创新,走"专、精、特、新"的国际化道路

随着数字革命的到来,大数据、云计算、物联网、区块链和人工智能五大数字技术正在成为服务外包行业全新的底层技术。

第一,构建服务外包创新机制,积极融入全球创新网络。要培育创新环境,促进创新合作;加快服务外包向高技术、高附加值、高品质、高效益方向发展;促进服务外包产业向价值链中高端转型升级。

第二,在数字经济背景下,推动互联网、物联网、大数据、人工智能、区块链与服务外包的有机融合,加快培育服务外包的新业态、新模式和新动能。

第三,支持服务外包企业在数字技术领域的研发。对于企业的研发投入、人才招聘和培训以及专利等给予政策支持;鼓励行业龙头企业技术创新,支持推动中小企业转型升级,聚焦主业,走"专、精、特、新"的国际化道路。

第四,深化服务外包领域改革和开放,持续推进服务外包示范城市建设,发挥服务外包示范城市创新引领作用,完善促进服务外包发展的管理体制和政策体系。

(二)重构服务外包产业发展体系和产业生态系统

中国服务外包行业应该在现有发展的基础上,重新审视环境变化和产业发展面临的机遇与挑战,在"十四五"期间构建起适应数字经济时代需要的服务外包产业发展体系和产业生态系统。

◆ 1. 在企业层面支持培育具有全球竞争力的龙头企业

第一,提升龙头企业的规模和综合服务能力。支持企业提升为客户提供包括ITO、BPO和KPO在内的多项服务能力,培育一批能够提供综合解决方案的大型服务外包企业。

第二,鼓励服务外包企业的国际化发展。支持服务外包企业投资或通过并购等方式在海外建设服务交付中心,培育一批具有全球交付能力的国际化服务外包企业。

第三,提高服务外包企业国际化经营水平,逐步融入全球价值链,形成在全球范围内配置要素资源、布局市场网络的能力。

第四，提升服务外包企业的行业服务能力和水平，鼓励服务外包企业针对垂直行业做大做精，推动垂直行业服务标准的建设。

第五，积极培育在数字技术特定领域或者针对细分服务领域的"特、优、精、专"服务外包企业，支持服务外包领域"隐形冠军"的发展。

第六，重点支持力争突破的产业领域。在ITO领域，重点支持以云计算为基础的云外包服务，以及利用物联网、大数据、人工智能、区块链等新兴数字技术提供软件开发、系统建设等信息技术外包服务；在BPO领域，鼓励平台型服务的发展，支持BPO企业从人力资本密集型向技术密集型转型升级，重点发展利用人工智能、互联网等数字技术提供的各项业务流程外包服务；在KPO领域，推动医药研发、软件研发等领域的发展；积极发展设计、维修、咨询、检验检测等生产性服务外包，增强诸如数字教育、数字医疗、数字金融、数字娱乐、数字学习、数字媒体、数字出版等服务的出口能力。

◆ **2. 在市场层面构建以中国为轮轴的全新服务外包市场体系**

当前，全球经济增长乏力、贫富分化加剧带来的逆全球化趋势，以及数字贸易规则的不统一，使得全球价值链正趋于短链化和块状化。在"一带一路"倡议和RCEP框架下，中国出口东盟关税不断降低，进一步加强了与东盟国家的贸易往来。随着欧盟国家不断加入"一带一路"，以及《中欧双边投资协定》的签订，中欧贸易往来不断深化。长期以来形成的欧美发达经济体借贷消费，东亚地区提供储蓄、劳动力和产品，俄罗斯、中东、拉美等提供能源资源的全球经济大循环将进一步解构，形成北美、欧洲、东亚等若干中心国家掌控核心环节、周边国家进行配套生产的区域经济循环板块，经济全球化以区域化的形式向前推进。RCEP的签署标志着以中国为轮轴的全新国际经济贸易体系的出现。以中国为核心的轮轴体系和以中国市场为核心的进口体系叠加，形成了统一大市场领域中国的话语权，推动中国标准和中国规则进一步发展。

◆ **3. 构建适应数字时代的产业体系和完整的产业链条**

（1）组建中国服务外包协会，建立中国的"NASSCOM"

NASSCOM（全国软件和服务业企业行业协会）作为印度信息技术和软件业最具有影响力的行业组织，在印度产业发展、国际营销、国家品牌建设等方面起到了关键的作用，是印度IT服务产业的"市场部"，拥有1500家会员单位，其会员企业的销售收入占印度IT行业的95%，在印度乃至全球服务外包领域的地位举足轻重，对市场调研、行业咨询、政策推动等有明显作用，保证了印度在全球离岸服务外包中的领导地位。中国服务外包行业在"十四五"期间可以组建中国服务外包协会，努力建立中国的"NASSCOM"。

（2）强化行业研究和话语权，提升中国服务外包全球影响力

服务外包企业的竞争，更高的层面则是标准的竞争、话语权的争夺。在欧美发包体

系中，发包商一般是通过咨询公司制定外包战略、评价和选择服务商。咨询公司可以通过制定流程和标准影响全球产业的方向，因此具有全球影响力的外包咨询公司是中国未来构建在全球服务外包行业话语权的关键要素之一。

(3) 强化服务外包产业的公共支撑体系

中国要加快品牌建设，完善针对服务外包的金融支持，推动国际营销网络建设，完善服务外包公共服务平台的服务体系，加强服务外包公共服务平台的服务能力。在用好资金支持和税收优惠政策方面，统筹优化服务外包发展专项资金的支持范围和方式，落实相关税收优惠政策。在创新出口信用保险产品方面，鼓励开发与服务外包企业特点相适应的出口信用保险产品。在拓展保税监管范围方面，对"两头在外"的研发、设计、检测、维修等服务业态所需进口料件保税监管。在优化海关监管模式方面，将服务外包纳入"单一窗口"管理，加强对服务外包企业的信用培育。

(4) 加强服务外包产业的知识产权保护和信用体系建设

中国要加强知识产权保护国际合作，积极参与相关国际规则的构建，要向服务外包企业提供知识产权信息平台数据资源及应用工具，为企业提供信息检索、分析、知识产权战略制定、专题数据库的建设及维护等服务，提升服务外包企业对知识产权信息的运用能力，积极开展尊重和保护知识产权、诚信守法的宣传；研究制定维护服务外包企业知识产权的合法权益、应对纠纷的措施。

三　国外政府支持服务外包发展的主要经验和中国的政策

在服务外包产业政策上，国外政府积累了一些成功的经验，如政策扶持效应、政策规范效应、政策强化效应、政策配套效应和政策持续发展效应等，构建了这些服务外包产业政策的内在逻辑体系，这是保证服务外包产业健康发展的关键因素。例如印度的政策扶持效应，印度大多数服务外包接包企业都通过了国际质量认证并把质量体系作为努力方向，政策扶持"孵化"一大批有竞争力的服务外包接包企业；再如爱尔兰的政策规范效应，其《电子商务法》充分考虑了新技术发展中可能产生的问题，加强了对盗版软件贸易的处罚力度，在扶持高新技术产业发展上独树一帜，为服务外包接包企业的健康发展构架起坚固的法律保护体系；又如德国等欧盟国家的政策强化效应，国家通过修订法律、实行改革，强化政策与法规，为离岸服务外包铺平了道路。在政策配套效应和持续发展效应上，印度、爱尔兰、以色列，以及东盟的菲律宾、马来西亚、越南等国家通过立法保证各政策的有机结合和有效运作，取得了卓越的成效。中国不少地区在发展服务外包产业方面，借鉴国外经验，注意因地制宜，进行正确的产业定位，产生了大连的"政企合谋"型、上海的"产业升级"型、西安的"政府拉动"型、深圳的"粤港合作"

型等政策,在一定领域发挥了政策的特殊作用。目前,我国已经构成完整的政策体系,将对促进我国服务外包产业的发展起到良好的指导作用。

自 2007 年《国务院关于加快发展服务业的若干意见》发布以后,我国商务部、财政部、教育部、科技部、工信部、人社部等部门制定了一系列支持我国服务外包产业发展的政策措施,主要包括税收、劳动工时、人才培训、公共服务平台建设、电信服务、金融支持、知识产权保护和数据安全等内容(部分文件见表 7-3),各省市地方政府也出台了一系列配套文件。

表 7-3 服务外包行业相关法律法规及政策(2014—2020 年)

年份	发文机关	文件名称	主要内容
2014	国务院	《关于促进服务外包产业加快发展的意见》	从培育竞争新优势、强化政策措施、健全服务保障三方面完善现有政策,促进服务外包产业发展。具体政策包括:定期发布《服务外包产业重点发展领域指导目录》;研究制定《中国国际服务外包产业发展"十三五"规划》,将服务外包产业集聚区的教育资源,物联网、大数据、云计算和移动互联及新技术应用的基础设施,以及企业的技术、管理和商业模式创新项目等纳入"十三五"相关规划;完善现有财政资金政策,优化资金安排和使用方向,改进支持方式,加大对国际服务外包业务的支持,鼓励开展国际服务外包研发、人才培训、资质认证、公共服务等
2017	工信部	《软件和信息技术服务业发展规划(2016—2020 年)》	大力发展基于新一代信息技术的高端外包服务。发展安全可信云计算外包服务,推动政府业务外包。支持中国软件名城、国家新型工业化产业示范基地(软件和信息服务)、中国服务外包示范城市、软件出口(创新)基地城市等加大建设力度,做强优势领域和主导产业,提升产业集聚发展水平
2018	商务部、财政部、海关总署	《服务外包产业重点发展领域指导目录(2018 年版)》	目录共涉及 23 个重点发展领域。其中,8 个领域属于信息技术外包(ITO)范畴,6 个领域属于业务流程外包(BPO)范畴,9 个领域属于知识流程外包(KPO)范畴

续表

年份	发文机关	文件名称	主要内容
2020	商务部等8个部门	《关于推动服务外包加快转型升级的指导意见》	发展目标：到2025年，我国离岸服务外包作为生产性服务出口主渠道的地位进一步巩固，高技术含量、高附加值的数字化业务占比不断提高，服务外包成为我国引进先进技术提升产业价值链层级的重要渠道，信息技术外包（ITO）企业和知识流程外包（KPO）企业加快向数字服务提供商转型，业务流程外包（BPO）企业专业能力显著增强，服务外包示范城市布局更加优化，发展成为具有全球影响力和竞争力的服务外包接发包中心。到2035年，我国服务外包从业人员年均产值达到世界领先水平。服务外包示范城市的创新引领作用更加突出。服务外包成为以数字技术为支撑、以高端服务为先导的"服务+"新业态新模式的重要方式，成为推进贸易高质量发展、建设数字中国的重要力量，成为打造"中国服务"和"中国制造"品牌的核心竞争优势
2021	商务部等24个部门	《"十四五"服务贸易发展规划》	到2035年，服务贸易高质量发展格局全面确立。建立健全跨境服务贸易负面清单管理制度。在全国推进实施跨境服务贸易负面清单，提升自主开放水平，有序减少跨境交付、境外消费、自然人移动模式下服务贸易限制措施。制定与负面清单相配套的监管措施和监管制度。完善开放风险防控体系，强化服务贸易监测预警和开放安全审查

（资料来源：根据国务院、工信部和商务部文件整理）

在产业发展的不同阶段，政策的持续性和可行性是保证产业稳定发展的基础。从以上政府文件和规划中不难看出，中国在服务外包产业政策上不断完善创新，表现为递进式的发展和科学化的完善，有力地保障了中国服务外包产业的健康发展。

第四节　数字贸易的发展

数字贸易的产生源于数字经济的发展，是数字技术和国际贸易深度融合的产物。数字贸易为全球经济发展注入新动能，拓展了国际贸易的深度与广度，已成为国际贸易的新模式，是新一轮经济全球化的重要驱动力量。

数字贸易的产生与定义

世界各国对数字贸易的定义尚未达成共识。美国是全球首个关注并研究数字贸易的国家,并将数字贸易定义为通过互联网交付产品和服务,包括通过互联网进行的产品销售、服务贸易以及数据流、信息流等新型服务形态贸易。中国商务部等 24 个部门制定了《"十四五"服务贸易发展规划》,阐明了"十四五"时期我国服务贸易发展的目标,并对 2035 年远景目标进行了展望,首次将"数字贸易"列入服务贸易发展规划,明确未来一个时期我国数字贸易发展的重点和路径。由于数字化服务和产品在数字贸易中的核心地位,数字贸易正在被越来越多的国家和贸易协定认可和接受。

虽然当前人们对于国际数字贸易没有统一的定义,但不同时期、不同国家的不同组织对数字贸易做出了不同的解释,如表 7-4 所示。

表 7-4 不同组织对数字贸易的定义

美国国际贸易委员会（USITC）	2013 年,USITC 发布的《美国和全球经济中的数字贸易》首次把数字贸易定义为以互联网为媒介传输产品和服务的商业活动,也包括以互联网为载体和平台传输产品和服务的国际贸易。2014 年,USITC 认为数字贸易既包括服务,也涉及货物。2018 年 5 月,《数字贸易和美国数字政策》指出,USITC 正式提出"数字贸易"定义,即任何产业领域中的企业,通过互联网交付的产品和服务,以及智能手机和基于互联网传感器所传递的相关产品
美国贸易代表办公室（USTR）	2017 年,USTR 在《数字贸易关键壁垒》中指出,数字贸易既包括互联网上的产品销售和线上服务的提供,又包括能够实现全球价值链的数据流、实现智能制造的服务等
G20 杭州峰会	2016 年,G20 杭州峰会提到数字贸易是以现代信息网络为载体,通过信息通信技术的有效使用,实现传统实体货物、数字产品与服务、数字化知识与信息的高效交换,进而推动消费互联网向产业互联网转型,并最终实现制造业智能化的新型贸易活动
中华人民共和国商务部	2019 年,我国商务部指出数字服务贸易包括数字技术服务、数字内容服务和其他通过互联网交付的离岸外包服务三类。数字技术服务主要包含软件、通信服务、云计算、大数据、人工智能、区块链、物联网、数据跨境流动等方面,数字内容服务主要包含数字传媒、数字娱乐、数字学习、数字出版等方面

续表

中国信息通信研究院	中国信息通信研究院发布的《数字贸易发展与影响白皮书（2019）》将数字贸易定义为不仅包括基于信息通信技术开展的线上宣传、交易、结算等促成的实物商品贸易（如跨境电子商务），还包括通过信息通信网络（语音和数据网络等）传输的数字服务贸易，如数据、数字产品、数字化服务等贸易

在相当长的一段时间内，电子商务被认为是数字贸易的等同概念，2010年联合国、国际货币基金组织和经济合作发展组织等6个国际组织联合发布的《国际服务贸易统计手册》指出，电子商务是通过互联网或其他相关联的网络等电子渠道来提供远程商品订购或服务交付的新经营模式。这使电子商务内涵的逐渐明晰，数字贸易逐渐从电子商务中剥离，演变成自身独立的定义单元。

2020年3月，OECD、WTO和IMF发布《关于衡量数字贸易的手册》，该手册认为数字贸易是指所有能够实现数字化订购或完成数字化交付的贸易，并进一步根据贸易的数字支持差异，将数字贸易划分为数字订购型、数字交付型和平台支持型三大类别。数字订购型重点强调利用线上方式进行货物或服务的订购；数字交付型重点强调贸易对象的数字化，能够通过互联网的形式进行远程交付，如数据与信息的购买与传递、视频与音频版权的购买与使用等；平台支持型主要指的是为跨国买家与卖家搭建双边交易平台和提供中介服务的贸易赋能环节。数字贸易是继传统进出口贸易和全球价值链贸易之后的第三个贸易发展阶段，也是传统贸易的拓展与延伸。数字贸易与数字服务贸易重点强调的是数字技术的应用对贸易运行的促进与支持。

我国国务院发展研究中心对外经济研究部与中国信息通信研究院联合发布的《数字贸易发展与合作报告2022》提出，全球跨境数字服务贸易为促进全球经济稳定复苏注入新动能。2021年，全球跨境数字服务贸易规模达到3.86万亿美元，同比增长14.3%，在服务贸易中的占比达到63.3%，在服务贸易中的主导地位日益稳固。

 思考

数字贸易与数字服务贸易的内涵有什么区别和联系？

二、数字贸易的分类与特点

（一）数字贸易的分类

鼎韬服务外包研究院（DSORC）是天津鼎韬外包服务有限公司旗下的行业研究机

构。该研究院在综合各项研究和实践的基础上,提出了数字贸易的以下五种分类。①

◆ **1. 数字技术贸易**

新一轮技术革命的核心是数字技术革命。数字技术作为一个技术体系,包括大数据、云计算、物联网、区块链、人工智能等五大技术。在现行服务贸易统计中,电信、计算机和信息服务属于典型的数字技术贸易的范畴;在现行服务外包统计中,离岸服务外包中包含大量的数字技术服务内容,数字技术贸易包含电信、计算机和信息服务,离岸数字服务外包以及新兴数字技术服务三大门类。

◆ **2. 数字内容贸易**

数字内容贸易并非传统意义或统计学意义上的独立产业,它是由文化创意结合信息技术形成的产业形态。这种产业形态是由多个细分领域交叉融合而成的,这些细分领域边界模糊,但均以数字内容为核心,以互联网和移动互联网为传播渠道,以平台为模式的产业群组。从数字贸易研究的角度看,数字内容贸易可分为数字传媒贸易、数字娱乐贸易、数字学习贸易、数字出版贸易四大类。

◆ **3. 数字服务贸易**

数字服务贸易是指以资源为关键生产要素、以现代信息网络为重要载体、以信息与通信技术的有效使用为效率提升和经济结构优化的重要推动力的一系列经济活动。对比服务贸易十二大门类和数字经济及其核心产业统计分类可知,传统观点一直认为属于可数字化贸易的"知识产权使用"不属于数字服务贸易的范畴;而运输和建筑这些一般被认为难以数字化的行业则属于数字服务贸易的范畴。因此,除信息与通信服务贸易之外,数字服务贸易主要包括六个类别,即保险和养老金服务,运输服务,建筑服务,个人、文化和娱乐服务,金融服务以及其他商业服务。

◆ **4. 数字平台贸易**

OECD-WTO 框架主要从"数字中介平台赋能贸易"角度来定义数字贸易,强调的是以跨境电商为代表的新平台推动的新型贸易方式,在跨境电商平台上交易的标的为货物,不能以数字化形态交付,因此从严格意义上来讲并不属于数字贸易。但是,此类平台自身在海外运营的过程中所产生的收入当属数字贸易的范畴。数字平台作为数字经济背景下全新的贸易方式,是数字贸易的重要组成部分,因此利用数字平台作为中介所提

---

① 数字贸易的五大分类及主要内容 [EB/OL]. (2022-01-20) [2023-05-05]. https://mp.weixin.qq.com/s?__biz=MjM5MjAwNDQ0MA%3D%3D&mid=2657430522&idx=1&sn=47259471f3520514a9eb0859dfe40268&scene=45#wechat_redirect.

供的跨境服务，均属于数字平台贸易。根据国家统计局发布的《数字经济及其核心产业统计分类（2021）》，数字平台服务领域主要包括生产性数字平台服务、生活性数字平台服务、互联网批发零售（跨境电子商务平台）和科技创新平台服务等。

◆ 5. 数据贸易

在数字技术革命背景下，数据成为全新的关键生产要素，数字技术和数字服务正形成全新的全球价值链，成为推动经济全球化的主导力量。全球价值链的治理结构和治理体系也发生了根本性的变化，全球价值链中的关境壁垒从关税壁垒和非关税壁垒转向了数字贸易壁垒，数字贸易自由化必然推动经济全球化的深入发展。同时，数据日益成为重要的战略资源。随着大数据技术与传统行业的不断融合，虚拟货币、在线支付等多种生活和生产模式不断涌现，数据同农业时代的土地、劳动力，工业时代的技术和资本一样，成为数字经济时代重要且核心的生产要素，也成为全新的贸易标的。数据贸易是数据要素的直接交易，主要包括基于跨境数据流动所产生的数据贸易、数据衍生品贸易和大数据服务三个类别。

（二）数字贸易的特点

◆ 1. 全球数字贸易发展集中度较高

从电子商务来看，中国和美国是全球最大的电商市场，占全球线上销售额的比重为54%；从数字服务来看，2020年，前十大数字服务出口经济体数字服务出口额达2.08万亿美元，占全球数字服务出口总额的比重接近2/3。《数字贸易发展与合作报告2022》显示，2021年，全球跨境数字服务贸易规模达到3.86万亿美元，同比增长14.3%，在服务贸易中的占比达到63.3%，跨境数字贸易在服务贸易中的主导地位日益稳固。

◆ 2. 大型数字平台扮演重要角色

电子商务、搜索引擎、社交媒体等大型数字平台的发展使得贸易扁平化、服务集约化，深刻改变了全球产业与贸易格局，在国际贸易中扮演着越来越重要的角色，越来越多的互联网平台企业出现在"时代全球百大最具影响力公司"的名单中。

◆ 3. 数字贸易业态不断推陈出新

近些年，动漫游戏等数字IP增速猛增，流媒体成为数字贸易新载体，社交媒体催生跨境消费新社群。数字广告大量替代传统广告市场份额，当前全球数字广告市场规模占全球广告市场总规模的比重已达到57.5%。据世界贸易组织预计,到2030年,数字技术将促进全球贸易量每年增长1.8至2个百分点。①

◆ 4. 数字化转型赋能传统贸易增长

有关研究表明,10%的数字化增长促进货物贸易增长近2%,推动服务贸易增长超过3%。数字化还增加了各国从区域贸易协定中获得的好处,如与区域贸易协定相结合,10%的数字化增加了额外2.3%的出口。②

知识角：
全球十大互联网公司排名

三 数字贸易与服务贸易

数字贸易与服务贸易高度相关。新一代信息技术与实体经济创新融合,加快了对传统服务进行信息化和数字化改造,企业形态、商业模式、交易方式都已发生深刻变革,使得传统服务的可贸易性大大增强。按服务贸易四种实现形式分析,跨境交付是以数字媒介为关键要素促成的产品和服务的交易,其交付过程就属于数字贸易范畴,与数字贸易高度相关;境外消费、人员流动目前与数字贸易关联度相对略低,如在最终支付环节通过基于数字技术的第三方支付,则会与数字贸易产生强关联;商业存在与数字贸易的关系稍复杂,需要从商业存在提供服务的性质、提供服务的方式等各方面具体分析来确定。2022年中国国际服务贸易交易会期间,多位专家表示,数字经济对产业链、供应链产生深远影响,正在重塑贸易方式和贸易格局,推动国际贸易加快转型升级。近年来数字贸易推动全球服务贸易深刻变革,主要表现在以下几个方面。

◆ 1. 数字贸易拓展了全球服务贸易的发展空间

在全球数字经济持续渗透、数字化转型蓬勃发展的大背景下,基于信息技术开展的线上研发、设计、生产、交易等活动日益频繁,极大地促进了数字贸易的发展,催生了远程医疗、教育、共享平台、协同办公等一些新业态新模式,为全球服务贸易结构调整和新型服务贸易发展带来新的机遇。

◆ 2. 数字贸易在服务贸易中的主导地位显现

近年来全球数字贸易稳步增长,2020年规模达3.13万亿美元,在服务贸易中的占

---

① 中国数字服务迅猛发展刺激全球经济[EB/OL].(2021-09-07)[2023-07-01].https://baijiahao.baidu.com/s?id=1710247599817692336&wfr=spider&for=pc.
② 推动中国数字贸易持续健康发展[EB/OL].(2022-08-15)[2023-07-25].https://baijiahao.baidu.com/s?id=1741191729007172383&wfr=spider&for=pc

比从 2011 年的 48.1% 提升至 62.8%。据调查，服务贸易规模排名前十的国家中，发达国家占据 8 席，优势较为突出、市场占有率较高；发展中国家仅有中国和印度两席，市场占有率较低。我国商务部数据显示，2021 年中国数字服务进出口总值达 3596.9 亿美元，同比增长 22.3%，占服务进出口比重达 43.2%，实现顺差 300 亿美元。

◆ 3. 数字贸易推动全球价值链产生深刻变革

商业存在仍是数字贸易的最主要模式，2020 年商业存在在数字贸易中占比高达 66.1%。发达国家凭借其较强的产业竞争力、海外投资与国际化经营的丰富经验，商业存在所占比重更高。数字贸易降低了全球价值链中的通信、运输、物流、匹配和验证成本，有助于国际分工更加细化专业化、价值链不断延伸。同时，数字服务逐渐渗透到生产经营活动中，服务要素在投入和产出中的比重不断增长，成为价值链的重要组成部分和影响因素。

视频资源：
数字贸易
促进未来发展

四　数字贸易与服务外包

随着数字经济蓬勃发展和数字技术不断渗透，国际贸易方式与内容也迎来了创新升级，数字贸易已然成为国际贸易发展新趋势。数字贸易在助推服务外包产业转型升级中的重要作用体现在以下几点。

◆ 1. 数字贸易规则将促进服务外包合作模式多样化

企业的互联网转型将使发包方在能力和合作模式方面对接包方有新的要求。数字贸易的发展丰富了服务外包的合作模式和内容，服务外包形式更趋多样，以驱动互联网和数字经济发展为目标的数字贸易规则日益细化。比如 2018 年生效的《全面与进步跨太平洋伙伴关系协定》（CPTPP）是在 TPP 基础上构建的一个自由化水平高、涵盖领域广、纪律要求严的自贸协定，其第 14 章对电子认证和电子签名、电子商务网络的接入和使用原则、通过电子方式跨境传输信息、互联网互通费用分摊、计算设施位置、源代码等诸多方面都有详细约定。数字贸易的这些规则将有力地激发新型服务外包业务内容和合作模式的产生，并为其提供机制保障。

◆ 2. 数字贸易规则将成为发包目的地选择的重要因素

根据科尔尼相关研究报告，全球服务外包发包目的地的选择主要依据三个要素，即财务吸引力、从业人员技能与数量和营商环境。当前一些国家对数据实施本地化政策，要求服务供应商的数据服务器在本国领土内，数据在本国数据中心存储，优先选择本国服务供应商。对于国际发包企业而言，数据能否跨境自由流动已经成为其发包考虑的重要因素。减少数据本地化、对数据跨境流动的合理限制的数字贸易规则的落地实施将对国际服务外包发包目的地选择产生深远影响。RCEP是目前世界上规模最大的自贸区，在数字贸易规则上的优势体现为良好的灵活性与包容性，其在"电子方式跨境传输信息""计算设施位置""线上个人信息保护"等议题中均设置了例外条款。

国际贸易中发包国家和接包国家是否受共同的数字贸易规则约束很重要，发包企业将更愿意与本国签署贸易协定的接包国家的企业合作。

◆ 3. 数字贸易规则的落地将增强跨国企业全球发包意愿

国际领先的大型跨国互联网企业、数字经济企业有不断在全球扩张其业务运营、产品和服务的需求。跨国数字经济企业在全球的扩张，对各国的法律和监管带来难题，各国政府考虑到国家安全问题，对数据的跨境流动进行程度不一的控制。一些国家实行数据本地化、设施本地化、服务本地化等政策，采用隐私保护、国家安全、税收征收等措施加强本国对跨国数字经济企业的限制。在个人信息保护等合法公共政策目标得到保障的前提下，确保全球信息和数据自由流动的数字贸易规则的落地实施，将极大地激发跨国企业在全球的发包积极性。

结合以上数字贸易的具体作用可知，加快数字贸易发展将为我国服务外包的高速增长提供新的动力。中国发展数字贸易和服务外包具有综合优势，因为中国的数字基础设施水平居于世界前列。当前中国已建成全球规模最大的信息通信网络，4G基站数量占全球的50%以上，已开通5G基站11.3万个，中国互联网普及率超过60%，光纤入户率达到90%，国际光缆已通达70个国家和地区，基本建成面向新亚欧大陆桥、中亚、俄蒙、东南亚和南亚等全球重点国家的信息高速通道。中国服务贸易试点城市、服务外包示范城市和数字贸易基地城市更应该把握机遇，利用数字贸易优势促进服务外包产业高质量发展。

本章小结

随着以信息技术产业为代表的高新技术产业突飞猛进，国际服务外包得到蓬勃发展。发达国家跨国公司在大量转移制造业后，开始将其非核心的服务职能向海外特别是新兴市场的国家和地区转移。国际服务外包加深了国际分工程度，对推动全球产业结构调整和产业升级具有重要意义。中国服务外包虽然发展起步较晚，但实现了快速增长。经过多年的发展，中国服务外包的内涵和外延都发生了重大变化，已成为提升中国全球价值链地位的重要力量。

数字贸易在数字技术和国际贸易发展中应运而生，它拓展了国际贸易的深度与广度，已成为国际贸易新模式，是新一轮经济全球化的重要驱动力量。数字技术使得传统服务的可贸易性大大增强，推动全球服务贸易深刻变革，也将促进服务外包合作模式多样化。

复习思考

1. 在岸服务外包、近岸服务外包和离岸服务外包的区别是什么？
2. 服务外包的理论基础有哪些？
3. 具体说明什么是信息技术外包、业务流程外包和知识流程外包。
4. 进入 21 世纪后，国际服务外包市场出现哪些新特点？
5. 试分析国际服务外包的经济效应。
6. "一带一路"建设给中国的国际服务外包带来了哪些机遇？

延伸阅读：
发挥数字贸易优势，
推动高水平
对外开放

下篇 国际服务贸易案例

从本篇开始，本教材将进入国际服务贸易案例部分。GATS和世界贸易组织统计与信息系统局（SISD）从实践和统计的角度对国际服务贸易分类做出了规定，并逐渐成为国际服务贸易统计实践中的标准。其分类基本以《联合国核心产品分类系统》（CPC systems）为基础，提出了以部门为中心的服务贸易分类方法，将服务贸易分为商业服务、通信服务、建筑和相关工程服务、分销服务、教育服务、环境服务、金融服务、健康与社会服务、旅游及相关服务、娱乐文化和体育服务、运输服务、其他服务等12个大类和160多个服务小类。本篇分为五章，覆盖服务贸易12个大类，分别包括国际运输和旅游服务贸易（第八章），国际金融和教育服务贸易（第九章），国际通信和建筑服务贸易（第十章），国际商业、分销和文化服务贸易（第十一章），环境、健康及其他服务贸易（第十二章）。每章均包括学习目标、理论知识、典型案例、案例评析、复习思考和延伸阅读等内容。

第八章 国际运输和旅游服务贸易

学习目标

- 熟悉国际运输服务贸易与国际旅游服务贸易的概念和作用；
- 了解我国运输服务贸易和旅游服务贸易的发展；
- 熟悉国际运输和旅游服务贸易的实际业务。

第一节 国际运输服务贸易概述

按WTO的分类，交通运输服务主要包括：货物运输服务，如航空运输、海洋运输、铁路运输、管道运输、内河和沿海运输、公路运输服务；航天发射服务；船舶服务（包括船员雇用）及附属交通运输服务，如装卸、仓储、港口服务，起航前的检查、报关服务，各种运输设备的维修与服务等。

一、国际运输服务贸易的概念和作用

（一）国际运输服务贸易的概念

国际运输服务贸易主要指以国际运输服务为交易对象的贸易活动，是不同国家或地区的当事人之间所进行的、由一方向另一方提供的运输服务，以实现货物或旅客在空间上的跨境位移，由另一方支付约定的报酬的交易活动。

按运输的对象不同，国际运输服务贸易可分为国际货物运输服务贸易和国际旅客运输服务贸易两大类。无论是货物运输还是旅客运输，国际运输服务均表现为一种合同关

系。合同的一方当事人为货物的托运人或乘客，合同的另一方当事人为承运人（船公司、铁路运输公司、航空公司等）。国际运输服务合同规定的基本权利义务关系是：承运人将乘客或托运人的货物在约定的期限内运抵约定的地点（货物运输中承运人还要将货物交付给特定的收货人）；乘客或托运人按约定的方式向承运人支付约定的费用。

国际运输服务贸易除了可以由相关国家的国内法（如合同法、海商法等）以及相关国家的判例法调整外，还可由国际条约、国际惯例来调整。

（二）国际运输服务贸易的作用

运输服务业在国际贸易中具有重要的作用。国际商品生产的发展和交换促进了国际运输服务贸易的发展，而国际运输服务贸易的发展又为国际贸易的发展提供了便利。

◆ **1. 国际运输服务贸易有利于改善一国国际收支状况**

国际运输服务贸易既是服务贸易的主要内容，又是货物贸易发展的需求。一国运输服务贸易的顺差和逆差对该国国际收支平衡有重大影响。以国际海上运输服务为例，我国出口合同采用FOB①贸易术语来签订时，运费由外国进口商支付；此时如果由我国船运公司承运，就能获得一笔外汇收入。如果采用FOB进口，则运费由我国进口商支付，而且往往由我国船运公司承运，运费也在国内企业之间转移，不发生外汇收支，可以节省向外国船运公司支付运费的外汇支出；如果出口采用CIF②贸易术语，运费由我国出口商支付，而且往往由出口商支付给我国的船运公司，并通过CIF价格向外国进口商收回运费，这样就相当于获得了一笔外汇收入；如果采用CIF进口，我国进口商向外国出口商支付的CIF价格已涵盖外汇运费，再由外国出口商支付给承运人，如由我国船运公司承运，支付给外国出口商的外汇运费就被重新收回我国，也可节省外汇支出。第三国运输（即为其他国家之间的贸易提供运输服务）对于改善国际收支的作用就更明显了。

◆ **2. 国际运输服务贸易是国际货物贸易和服务贸易的桥梁**

国际货物贸易中的一切货物都必须通过运输从出口所在地移位到达进口所在地，国际运输是货物贸易业务过程中不可或缺的环节之一，成为国际货物贸易的桥梁。因此，国际货物运输环节开展得顺利与否，运输的快速性、安全性、可靠性和运价的高低，都会对货物贸易的范围与规模产生重要影响。

---

① FOB（Free on Board）指卖方要在合同规定的时间将货物运到合同规定的专用口岸交到买方指派的船上，并及时通知买方（不包括运费、保险费）。当货物装上指定船舶时，风险由卖方转移到买方，俗称"离岸价"。

② CIF（Cost Insurance and Freight）指卖方要在合同约定的时间内负责货物从装运港到目的港的运费等费用，并为买方办理海运货物保险，即完成交货义务，或者已取得货物已装船的证明的方式完成其交货义务。它俗称"到岸价"属于"装运合同"性质。

国际货物运输服务的主体是运输服务的提供者与消费者。运输服务的提供者通常是拥有运输工具、负责将货物由某一起运地点运送到目的地的承运人。而运输服务的消费者则往往是国际货物贸易中的卖方或买方，他们需要借助承运人的运输工具及运输服务，将其出售或购买的货物由起运地送到目的地，他们一般被称为托运人。除了托运人与承运人之外，还会涉及从事国际货物运输服务的辅助工作的当事人，主要包括各种代理人，其中包括作为托运人的代理人办理托运手续的货方代理和作为承运人的代理人接揽运输服务业务或帮助办理承运人委托的其他事务的代理人。除代理人外，还会涉及运输服务所需的各种基础设施、辅助设施的管理人，如港口、车站、码头、机场、仓库、堆场等设施的所有人与管理人，他们不是货物运输服务的直接提供者，却是国际货物运输服务过程中不可或缺的服务者。

需要注意的是，国际货物运输的客体是运输服务，而不是所运输的货物。当事人之间的权利与义务都是围绕运输服务这一客体展开的，而不是以货物为对象。

在国际服务贸易四种提供方式中，除了跨境交付之外，其他三种提供方式（境外消费、商业存在和自然人移动）都需要将国际运输服务作为提供服务的途径和工具。

思考

根据 WTO 的分类，运输服务主要包括哪些类别？

二 中国运输服务贸易的发展

中国加入 WTO 以来，进出口总额呈现快速发展的态势。海关总署发布的数据显示，2021 年，中国货物贸易进出口总值 39.1 万亿元，比 2020 年增长 21.4%。按美元来算，首次突破 6 万亿美元关口。庞大的货物贸易规模表明中国已经成为世界货物贸易大国，同时服务贸易也获得了快速发展，运输服务伴随货物贸易的高速增长而大幅增长。商务部服务贸易和商贸服务业司发布的数据显示，2021 年，运输服务进出口 16821.5 亿元、增长 61.2%（其中，运输服务出口 8205.5 亿元、增长 110.2%，运输服务进口 8616 亿元、增长 31.9%），成为服务贸易中增长最快的领域。

与西方发达国家相比，中国运输服务贸易还存在不小的差距，主要表现为运输服务贸易长期处于逆差状态，其中海运服务贸易是最主要的逆差来源。在海运市场上，我国服务企业数量多、规模小、竞争力弱，除中远集团、中海集团等几个大的航运企业外，国轮承载比例低，单船公司比例较大，它们有些不是通过提高自身服务水平来参与海运竞争，而是通过降

知识角：加强我国运输服务贸易的对策

低运价的方式争取订单，有些船舶代理、货运代理企业不规范运作现象尤为严重，导致海运服务企业管理不力、经营业绩差、成本效益低。

我国可以采取哪些对策来推动运输服务贸易的发展？

第二节　国际旅游服务贸易概述

按WTO的分类，国际旅游服务主要指跨境的旅游业和与旅游相关的服务，包括旅馆与餐馆（提供饮食服务）、旅行社和旅行社经营者服务、导游服务。这里简要介绍旅游服务和国际旅游服务贸易的概念、特点与作用。

一、旅游服务的概念与特点

（一）旅游服务的概念

旅游服务是指旅游业服务人员通过各种设施、设备、方法、手段、途径等，为旅游者提供能够满足其物质和精神需要的一种服务活动。这些服务包括咨询服务、交通服务、住宿服务、餐饮服务、导游服务、购物服务、文化娱乐服务、手续服务、专项服务以及零星委托服务等，是实现旅游活动所需要的各种产品和服务的组合。

（二）旅游服务产品的特点

旅游服务产品的概念和一般产品的概念不同，它是为旅游者提供的娱乐、休息、餐饮、交通等各种服务的总和，具有无形性、综合性、时间性、所有权不可转移性等特点。

◆ 1. 无形性

旅游服务产品是旅游者向旅游企业购买的一种特殊产品，它是各种旅游企业借助一定的设施、设备或条件，向旅游者提供的服务。这种服务产品仅仅是一种预约和安排，旅游者购买前是看不见、摸不着的，只有在进行消费时，旅游者才能感受到有关旅游服务部门或行业提供的服务。

◆ 2. 综合性

旅游服务产品由多种资源、设施、设备和服务构成，是物质的和非物质的多种产品组合。提供服务的旅游部门需要与其他相关部门、行业配合，而且要求结构合理、比例适当，因而旅游服务产品具有综合性。

◆ 3. 时间性

旅游服务产品一般在旅游者来到生产地（旅游目的地）时才生产和提供，其生产和消费是在同一时间发生的，这一特点决定了旅游服务产品不能储存，时效性较强。此外，季节对旅游服务产品的影响也很大，人们的旅游需求在不同季节有很大的差异。

◆ 4. 所有权不可转移性

旅游服务产品无法运输，旅游者只能到生产地（旅游目的地）进行消费，在旅游者购买旅游产品后，也不发生所有权的转移。旅游活动结束以后，旅游服务产品的价值也随之消失，旅游者得到的不是具体的物品，而是一种经历和感受。

二 国际旅游服务贸易的概念、特点和作用

（一）国际旅游服务贸易的概念

国际旅游服务贸易是指一国或地区的旅游从业人员向其他国家或地区的旅游服务消费者提供旅游服务并获得报酬的活动。它既包括本国旅游者的出境旅游，即国际支出旅游（在国际收支上表现为本国旅游服务贸易的进口），又包括外国旅游者的入境旅游，即国际收入旅游（在国际收支上表现为本国旅游服务贸易的出口）。

国际旅游服务贸易不仅包括个人的旅游活动，还包括旅游企业的活动，其范围涉及旅行社和各种旅游设施及客运、餐饮供应、食品包装加工等，与建筑工程承包、保险和数据处理等服务有直接的关系，与国际空运的联系也极其密切，在整个国际服务贸易中所占的比重很大，基本占到其总量的1/4。按WTO服务贸易理事会评审认可的《国际服务贸易分类表》，旅游及其相关服务包括宾馆与饭店、旅行社及旅游经纪人服务社、导游服务及其他。另外，国际服务贸易过程中，自然人提供的服务附件也涉及旅游服务。

《服务贸易总协定》（GATS）是第一套有关国际服务贸易法律效力的多边规则，涵盖有关旅游服务贸易的规定。GATS将旅游服务贸易的主要原则规定为两类：一类是一般性义务，即每个缔约方均须遵守的原则，如最惠国待遇原则、透明度原则、发展中国

家更多参与原则、国内法原则等；另一类是缔约方经过谈判做出具体的承诺，如市场准入原则和国民待遇原则等。在 WTO 和 GATS 的框架下，国际旅游服务贸易的开放度不断提高，其发展速度超过了世界经济中的许多部门，已成为一个蓬勃发展的行业。

（二）国际旅游服务贸易的特点

国际旅游服务贸易是指旅游提供者以对本国的自然旅游资源进行广告宣传、自我推销等方式来吸引境外消费者到本国消费旅游产品服务，等于就地进行服务出口。国际旅游服务贸易具有以下特点。

◆ 1. 旅游服务对自然资源具有依赖性

国际旅游服务贸易的发展受到自然资源等地理、人文方面因素的支撑和约束。对于大多数国际旅游者特别是入境旅游者来说，旅游目的地丰富多样的自然资源是最具吸引力的因素。如果没有丰富优质的自然资源做基础，一个国家的旅游服务是难以发展的。

◆ 2. 旅游服务带动货物和服务就地出口

国际旅游者到旅游目的地消费产品，等于出口方就地输出产品并获得外汇收入。这种出口不存在产品的包装、运输、存储、保险以及关税开支，也比外贸货物出口业务中有关手续费、外汇成本和结算汇率等繁杂手续要简便得多。

对外旅游服务本身就是服务出口，旅游接待国或地区向旅游者提供服务产品要消耗大量劳动。旅游者到该国用外汇支付旅游服务费用就是服务消费或服务的进口。旅游服务接待国通过这种方式能够换取大量的外汇收入，这是无形产品的出口。

◆ 3. 旅游服务运行的综合性和整体性

综合性是指旅游者在旅行过程中支付外币，购买旅游产品，以满足旅游消费的需要。旅游消费包括住宿、饮食、交通、游览和娱乐等，是物质和非物质的多种产品的组合，属于综合性的消费。整体性是指旅游服务过程的整体性。尽管旅游经济部门和行业提供的服务内容各不相同，但旅店和饮食店提供的膳食服务、交通运输部门提供的人员转移服务、旅行社提供的信息和组织旅游服务、商店为旅游者提供的购物服务等必须在质量和内容上满足旅游者的需求，从而做出统筹的安排，提供优质的整体服务。

◆ 4. 旅游服务具有敏感性和世界性

国际旅游服务贸易对本国的政治、经济、社会、历史等因素均很敏感。一国旅游市场的开放性或封闭性、旅游淡季或旺季等，会对某一特定地区和时期的旅游产生影响。此外，国际旅游服务贸易是一种跨地区、跨国界的广泛的人际交往活动。从事国际旅游服务贸易的企业面对的是来自世界各地的旅游者,这就决定了相关企业必须根据世界市场的需求开发旅游产品,广泛开展旅游服务的国际合作和友好往来。国际旅游服务贸易的世界性意味着各国的旅游服务面临着来自国际市场的竞争,竞争的激烈程度可能会影响一国旅游业的兴衰。

(三)国际旅游服务贸易的作用

国际旅游服务贸易是国际服务贸易的重要组成部分,对发展一国国民经济起着重大的作用。

◆ **1. 增加外汇收入**

旅游创汇收入是一国或地区外汇收入的主要来源之一。国际旅游服务收入是指来访的旅游者在逗留期间购物和消费所支出的外币款项。这种外汇收入是境外社会财富转移过来的,它直接增加了接待国或地区的财富。国际旅游业创造的巨额外汇收入,对一国经济建设、弥补贸易逆差、平衡国际收支起到了重要的作用。据世界旅游组织(World Tourism Organization)2019年的统计数据,法国接待的国际旅游者接近8900万人次,旅游业年收入500亿美元,在国际旅游者接待人次上排名第一;而美国每年接待国际旅游者8000万人次左右,旅游外汇的收入高达2100亿美元,是世界上旅游收益最高的国家。

◆ **2. 创造就业机会**

旅游服务业是典型的劳动密集型产业,创造了大量直接和间接的就业机会,容纳了大批具有各种技能和不同知识水平的劳动力。世界旅游及旅行理事会(WTTC)综合分析全球185个国家及25个地区旅游业对就业的影响后得出,2018年全球旅游业带来了3.19亿个就业机会,占全球总就业量的10%,为全球GDP增长做出了10.4%的贡献。旅游服务业调整就业增长速度极快,为劳动力开辟了一个广阔的市场,该行业就业人数不断增加,劳动力的素质也不断提高。同时旅游服务业的发展也会受到国际性危机的影响,如2020年全球范围的疫情使得包括酒店集团、航空公司、在线旅游公司、邮轮公司在内的旅游企业萎缩。

◆ **3. 优化产业链**

一国的旅游业是一个综合性行业,几乎涉及国民经济的所有部门和行业,对提高国民经济整体的运行能力影响极大。旅游业生产力六要素包括"吃"(旅游餐饮业)、"住"(旅游宾馆业)、"行"(旅游交通业)、"游"(旅游景观业)、"购"(旅游商品业)、"娱"(旅游娱乐业)。旅游业还涉及一些间接相关的行业,即不直接向旅游者提供旅游产品,但向旅游行业提供中间产品，几乎涉及物资与非物资的生产部门各个领域。旅游业的发展规模和速度与国民经济发展的要求相适应、相协调，是一个开放的复杂系统。旅游业的国际化和现代化是旅游产业发展水平的标志，关系到旅游目的地的管理、旅游产品的经营、旅游企业的经营、旅游服务与社会服务的现代化。国际旅游服务贸易不断适应旅游者的消费需求及市场状况，将起到改善和调整国民经济结构，引导产业结构优化的作用。

第三节　典型案例

案例一　疫情下国际货运价格大幅震荡影响运输服务贸易

一、案情简介

在 2020 年全球新冠疫情蔓延的背景下，欧洲、美洲等区域形势严峻，各国逐步升级防控措施，包括限制公众出行、暂时关闭学校、加大边境管控力度等。全球越来越多的航空公司也削减了航班数量，越来越多的国家开始实施航班停飞政策，以阻止疫情扩散。在疫情的影响下，国际货物运输价格持续高涨。

其实，国际航运市场多年来竞争激烈、运力供大于求、运价低迷，导致全球班轮运输（简称班轮）行业投资回报率远低于市场平均水平，大部分班轮公司长期在亏损边缘徘徊，部分面临破产重组的困境，近年收购兼并案例增多就是这一市场竞争和选择的结果。法国航运咨询机构 Alphaliner 统计的各家公司财报数据显示，除马士基、达飞海运等头部班轮公司外，现代商船、阳明海运以及 2017 年正式宣布破产的韩进海运等近半数的班轮公司近 10 年来的年平均营业利润额均为负数。而 2020 年上半年和下半年呈现"冰火两重天"的局面，远洋运价比 2019 年初翻了好几番，美东航线最高达每箱 5500 美元，欧洲航线最高达每箱 5000 美元，同时各项高额附加费蜂拥而至，极大地影响了对外经济贸易企业和国际货运代理企业的利益。2021 年 9 月的国际货运行情显示，国际干散货运价突然快速上涨，部分商品的干散货运价已经处于 11 年来的高位，国际运价突然暴涨 4 倍。从巴西桑托斯到中国山东日照的白糖的运价猛然蹿升为每吨 64.5 美元，这样的运价已经是自 2010 年 6 月 11 日以来的最高水平。路透社发布的消息称，从澳大利亚向东南亚运送谷物的价格已达到每吨 30 美元，与 2020 年同期相比，整整翻了一番；从美国西海岸运往亚洲的玉米价格已经达到每吨 55 美元，与 2020 年同期的每吨 25 美元相比，翻了一番还多；如果将小麦从黑海运往亚洲地区，其海运价格将达到每吨 65 美元，而在 2020 年同期，每吨玉米的海运价格仅仅为 35 美元。国际运价的突然上涨抬高了多个国家的食品价格，据联合国粮食及农业组织测算，全球已经有 42% 的国家出现了食品价格连续上涨的现象。

2022 年初，随着乌克兰危机加剧，中俄和中乌贸易，中国与欧洲、西亚乃至全球的铁路运输和公路运输 50% 以上的业务受到不同程度的影响。据估计，即使危机结束，战争的影响还要持续一定时间，直接影响国际空运、海运、陆运等价格的平衡。

二 案例评析

交通运输服务贸易是国际服务贸易 12 个大类中的重要内容。世界货物进出口贸易的发展为国际交通运输服务贸易的发展提供了巨大的原动力和市场机会，运输服务占服务贸易的份额越来越大，其地位越来越重要。然而，疫情下国际运费为什么会突然上涨呢？主要有以下原因。

视频资源：
集装箱一箱难求

第一，集装箱"一箱难求"，催生国际运费的上涨。据国际集装箱协会测算，受疫情的影响，国际间集装箱滞留率明显增加。自 2020 年下半年以来，发货方几乎每发出 3 个集装箱，就只能返回 1 个集装箱，剩余的 2 个集装箱滞留在收货方的港口，在短期内想要收回来是非常不容易的。在美国、欧洲、澳洲等国家和地区的港口，均有大量集装箱滞留，而这些长期大量滞留的集装箱所造成的直接后果就是集装箱紧缺，其他地区的发货方出现了"一箱难求"的现象，在这种情况下，有些急于发货的发货方往往采用抬高运费的方法以获取集装箱。

第二，空运市场的价格暴涨。2020 年下半年以来，国际间的跨境电商业务迅猛发展，许多国际著名企业开始进行跨境电商业务。为了使货物能够更快地到达客户手中，越来越多的跨境电商供应商首选空运方式，直接导致国际航空货运市场火爆。按照国际航空运输协会的估测，每周至少需要 8000 架 747 货机空中运力才能满足需求，但是，现成的货机仅仅只有 6000 架。在货机运力供不应求的情况下，空运市场的价格自然快速上涨。

第三，一些国家对铁矿石、煤炭等原材料的运输需求快速增长，导致国际海运价格的上涨。从 2021 年年初开始，部分国家的经济出现了"复苏"，对铁矿石、煤炭等原材料的进口需求快速增长，而这些原材料几乎全部采用海洋运输的方式进行，从而导致国际海运运力呈现紧张局面，海洋运输的供应链断裂。疫情造成了全球物流的缓慢与停滞，给全球的供应链和贸易格局带来了深刻的影响，导致国际海运价格的上涨。

就我国跨境互联网交易情况来说，除传统国际货运方式之外，集货方式主要有海外直邮、集货直邮和保税三种形式。海外直邮即企业在接到订单后，将产品以城配（城区以及城市近郊的货物配送）方式一单单地发到国内；集货直邮则是企业在接到订单后，将产品集中存放在海外的集货仓，完成一定的包裹量之后再统一发到国内；保税就是企业通过大数据分析，提前将热卖产品囤放在中国市场的保税区，用户下单以后，直接从保税区出货，这一方面可以节省企业的城配和人力成本，另一方面以保税形式进入仓库的货物，在个人产品清关、税收和检验检疫等环节都具备优势。跨境电商物流的迅猛发展吸引快递公司参与其中，导致国际产品运输成本增加，也使商品价格出现了明显上涨。

以上案例说明，国际货运价格大幅震荡对国际交通运输服务贸易发展的影响是多方面的，具体分析如下。

首先，受国际货运价格大幅震荡影响最大的是国际海运服务。按照世界贸易组织的服务部门分类，国际货物运输服务可以分为海上货物运输服务、内河运输服务、航空运输服务、公路运输服务、铁路运输服务、管道运输服务、航天发射服务、运输的辅助服务等。此外，国际多式联运服务、船舶包租服务、存储和货运代理服务也包括在国际货物运输服务中。以上各种运输方式中，海运是世界运输服务的"晴雨表"。目前全球海运量在贸易运输总量中的占比超过90%，而集装箱航运是最主要的海运方式之一，其贸易金额占海运贸易金额的80%以上，对全球运输服务贸易和国际贸易影响巨大。从另一方面来看，海上运输服务贸易派生于货物贸易，没有货物贸易就没有海上运输服务贸易，更没有跨境运输服务贸易；而海上运输服务价格上涨，必然会导致贸易成本增加，从而影响国际货物贸易的发展。

其次，国际货运价格大幅震荡影响交通运输服务本身。国际交通运输服务贸易的客体是运输服务，而不是所运输的货物。运输服务的提供者通常拥有某种运输工具，是负责将货物由一国的某一地点运送到目的地的承运人，他们不生产有形产品，无产品可以储存，能储存的只有运输能力。国际运输服务贸易属于无形贸易的范畴，中介人或代理人的活动非常活跃，可以派生新的服务贸易，如第三方、第四方物流服务，但国际货运价格大幅震荡制约了服务贸易的拓展，影响了国际交通运输服务本身。

最后，国际货运价格大幅震荡加剧了发达国家在国际运输服务市场上的垄断局面。发达国家是世界运输服务贸易的主体，长期以来保留着国际运输的绝对优势。随着运输与配送的虚拟经营和连锁经营的实现，欧美等发达国家凭借相对完善的物流基础设施、快捷的电子数据交换技术和专业化运输设备，抢占了市场份额，而发展中国家大部分运输企业规模小、线路单一、管理水平落后、运输方式原始、专业化设备缺乏，运输服务能力弱，处于竞争劣势，甚至因为亏损无法继续经营，国际运力配置失衡、市场订单减少，最后退出国际运输市场。可见货运价格大幅震荡会影响整个外贸市场，继而影响整个国际贸易的平稳运行。

知识角：
马士基集团

案例二 中国与泰国旅游服务贸易收入游和支出游

一 案情简介

泰国是世界上著名的十大旅游市场之一。从历史上看，泰国是亚洲唯一一个没有被列强殖民统治过的国家，其发展历程没有被外来力量打断，经济基础和文化传承得以完整地保存下来，一直是东南亚旅游业发展较为迅猛的国家。丰富的旅游资源、独特的宗教文化资源和政府政策的大力支持，保证了泰国一开始就具有发展国际旅游服务贸易的特质，国际收入游成为泰国经济增长的主要支柱。

泰国旅游业的起步可以追溯到1924年，为推广泰国旅游业的发展，当时暹罗皇家铁路局设立了公共关系部，对外国旅游者提供必要的协助。20世纪50年代，泰国以合资的方式创建了泰国国际航空公司，打通了发展旅游服务贸易的交通通道。1960年，泰国成立了泰国国家旅游局，它制定旅游规划，提供与旅游相关的信息和数据，专门负责旅游贸易的推广。20世纪70年代后期，泰国经济发展速度一度减缓，但旅游、贸易成为赚取外汇的主要来源。20世纪90年代以后，泰国旅游业迎来新的发展。据报道，泰国的旅游业对外依赖程度非常高，2019年泰国旅游业产值占GDP的18%，全年接待游客3890万人次。在旅游服务贸易的带动下，泰国的消费总额屡创新高。

泰国具有独特的热带风光，四季如夏，十分适宜发展旅游业。泰语、泰式服装、泰国节日，泰国的舞台艺术、音乐、雕刻及泰式美食都是吸引广大外国旅游者赴泰旅游的文化因素。近些年来，前往泰国旅游的人数和泰国的旅游收入都十分可观。大自然的恩赐使得泰国被誉为亚洲最具异域风情的国家，它以独特的气质吸引着来自世界各地的旅游者。从泰国旅游的交通便捷性来看，发达的交通是泰国旅游业得以快速发展的基础。泰国无论是国内航空还是国际航空均十分发达，几乎每一个中、大中型城市均有机场。从人文景观来看，泰国素有"千佛之国"的美誉，佛寺众多，佛塔林立，托钵僧侣随处可见。泰国95%的居民信奉佛教，佛教文化和风俗特色鲜明，有"黄袍佛国"的美称。从泰国的主要旅游景区来看，许多景区独具特色，尤以海滨旅游为佳。泰国还拥有超长的海岸线和海湾岸。海滩风光迷人，沙滩细软、海水湛蓝、碧波万顷、海天一色，还有神奇的海底世界，令无数旅游者心驰神往。泰国旅游景点主要有芭提雅的"东方夏威夷"、普吉岛的"泰国明珠"、苏梅岛的"椰林海岛"等，它们以阳光、沙滩、海鲜名扬天下。

中国与泰国地理位置相近，两国历来都是友好邻邦。两国政府早在1993年就签署了《中泰旅游合作协定》，随着中国-东盟自由贸易区的深入发展，中泰两国的旅游经济快速发展。随着泰国旅游设施的不断完善和中泰铁路的建设，两国的交流和往来进一步加深，中国成为泰国多年来最大的客源国。为吸引更多的中国旅游者,泰国旅行社大力推广合理价,使得中国赴泰国旅游规模增加,飞往泰国的航线也日益增多。泰国政府和各旅游协会对中国旅游者免签证,或者实行落地签证,这极大地方便了中国旅游者的泰国游。

泰国国家旅游局相关资料显示,2018年旅游者在泰国的人均消费达到196.05美元。相比之下,团体旅游人均消费相对较高,为219.38美元。从泰国的旅游收入来看,泰国从中国获得的旅游收入也急剧增加,2008年其从中国获得的旅游收入为8亿美元,到2018年这一数据已攀升至162亿美元。就团体旅游来看,虽然泰国团体旅游的收入也明显增加,但上升速度明显低于总体水平。从在泰国旅游停留的时间看,旅游者总体停留时间为6~8天,团体旅游停留的时间为5~7天。

中泰两国是友好邻邦,泰国旅游者选择到中国旅游,同样可以挑选具有特色的旅游产品和旅行路线,他们也是中国重要的入境旅游客源。2008—2018年,总体上泰国赴中国旅游者从34.62万人次,提升到59.82万人次。泰国旅游者在中国旅游停留的时间总体上为5~6天,团体旅游停留的时间相对较短,为4~5天。与中国赴泰国旅游的人次数相比,泰国来中国旅游的明显较低,且增长速度缓慢。从泰国旅游者在中国的旅游支出来看,泰国赴中国旅游的支出明显增加。2008年,泰国赴中国旅游者的旅游支出为25411万美元,2018年为60027万美元,但这一数据的重要程度相对较低。

视频资源:
中泰命运共同体
将推动两国
携手共赢

据我国文化和旅游部统计,按入境的旅游人数进行排序,2019年中国主要国际客源市场前15位的国家依次为缅甸、越南、韩国、俄罗斯、日本、美国、蒙古、马来西亚、菲律宾、新加坡、印度、泰国、加拿大、澳大利亚、印度尼西亚(其中缅甸、越南、蒙古、印度含边民旅华人数),泰国排在第12位。

知识角:
世界旅游组织

二 案例评析

旅游服务贸易是国际服务贸易的一种重要形式,以出境旅游市场换取入境旅游市场也是国际经济贸易合作中常用的手段。

(一)中泰旅游国际服务贸易发展具有双赢效应

◆ 1. 增加两国的外汇收入

发展入境旅游业很大程度上是出口风景、劳务或商品,不必挤占国内紧缺的资源。

对于自然资源禀赋丰富但经济不够发达的发展中国家而言,国际旅游服务业不需要付出很多资源,更不需要消耗更多能源,但是可以使资金迅速周转增值。旅游业换汇成本也较低,一般为货物贸易换汇的 2/3 左右,因此旅游创汇有比较优势。

◆ **2. 有利于增加两国的就业机会**

旅游服务贸易中的许多行业,如餐饮、旅游、商品售卖等都是劳动密集型程度比较高的产业,可以为社会提供就业机会。世界旅游业理事会(World Travel & Tourism Council,WTTC)公布的资料显示,旅游部门每增加 1 个就业人员,社会就能增加 5 个就业机会。而且,国际旅游业的产业关联性较强,例如旅游商品的生产、售卖,旅游景点的开发,饭店、酒店等旅游基础设施的建设大多属于劳动密集型,可以带动相关工业、农业和服务业的发展,是一条值得摸索的途径。

◆ **3. 优化两国的产业结构**

旅游业是朝阳产业,发展国际旅游业有利于解决本国产业发展失衡的问题。一些产业结构失衡的国家第三产业不发达,发展旅游业可以刺激其生产和消费,还可以促进其国际航空业的发展,相对而言,旅游服务贸易附加值较高,它对国民经济的贡献远远超出其他产业。

◆ **4. 扩大两国的对外交流市场**

发展国际旅游服务贸易对加强本国与外国经济体的联系和交流至关重要。国际旅游业作为经济全球化发展的"窗口",能使世界了解本国,也使本国走向世界。旅游业在各国的招商引资方面起到了不可忽视的作用。

(二)中泰旅游服务贸易失衡的原因

从以上案例可以看出,中泰旅游服务贸易存在严重失衡,中国旅游者赴泰国的旅游规模远远大于泰国旅游者赴中国旅游的规模,即中泰旅游服务贸易进出口结构不合理。

◆ **1. 中国对泰国旅游服务贸易逆差居高不下**

1988 年,中国政府正式批准泰国成为中国公民自费出游的国际旅游目的地,之后每年赴泰旅游的中国旅游者持续增多。1996—2018 年,泰国的旅游服务贸易出口增长速度最为迅猛,从 1998 年的最低值 61.74 亿美元增至 2018 年的最高值 630.5 亿美元。中泰国际旅游服务贸易逆差短期内难以从根本上实现逆转。

◆ 2. 中泰旅游服务消费差距大

国际旅游的时间长短关系到旅游消费收入的多少,即旅游者的停留时间直接关系到其人均日消费额。在人均停留时间方面,中国旅游者赴泰国旅游比泰国旅游者赴中国旅游的时间多出一两天;在人均日消费方面,中国旅游者比泰国旅游者高出十几美元;在消费项目方面,泰国旅游者赴中国旅游的消费主要集中于购物、住宿和餐饮等方面,其他方面的消费明显偏低,远低于中国旅游者赴泰旅游的消费支出,形成了中泰旅游服务贸易消费规模的巨大差距。

◆ 3. 中泰经济实力差距的制约

中国人口规模约为泰国的 20 倍,仅就泰国市场而言,中国的出境游市场是入境游市场的 3~7 倍。一般而言,人均 GDP 越高,购买力就越强,旅游欲望也就越强烈。国际货币基金组织(IMF)相关资料显示,2021 年中国人均 GDP 为 12359 美元,位于第 60 位,泰国人均 GDP 为 7339 美元,位于第 84 位。而在 1990 年,泰国人均 GDP 是中国的五倍。由于当时中国尚未加入 WTO,中国国际化和开放程度没有泰国那么高,中泰双方经济实力的差距在当时影响了中泰旅游服务贸易的发展。进入 21 世纪以来,中国经济实力不断增强,居民收入不断增加,旅游消费需求旺盛,特别是出境旅游市场发展迅速。此外,一般情况下,一国的汇率上升表明该国的入境旅游产品价格上升,不利于入境旅游市场的发展,但是会促进出境旅游的发展。据调查,人民币的汇率上升 1.1% 时,中国的入境旅游人数相应地减少了 2.7%,人民币增值会促使中国赴泰国的旅游人数增加,也就增加了中泰两国的旅游服务贸易逆差。

◆ 4. 泰国出境旅游受目的地和消费习惯的影响

泰国是东盟自由贸易区的重要成员,泰国多个省份与缅甸、老挝、柬埔寨及马来西亚接壤,各国之间的签证手续简便,大量泰国旅游者频繁往返于东盟自由贸易区各国。中泰两国经济结构不同,旅游者消费结构也有很大差异。从 2000—2017 年入境旅游外汇收入各项占比情况来看,行、食、住、游等基本消费占比保持在 60% 左右,近年来一直维持在近 90% 的高水平,这是我国服务贸易逆差的重要原因。但旅游服务贸易中基本消费的需求弹性较小,增长潜力有限,附加值也不高,占比最高的是国际交通消费。

◆ 5. "零团费"影响中泰旅游业健康发展

在中泰两国旅游贸易中也有不公平竞争的现象,如我国一些旅行社一度出现了"零团费",甚至是"负团费"的旅游团。为了争取更多的客源,这些旅行社甚至只收取客户的往返机票费用,而免收其他费用。为了拉动消费,它们会安排旅游者进行多次无意义的消费行为，不仅使旅行社的声誉和服务质量下降，还影响了两国间传统友谊和旅游服务贸易的健康发展。

（三）发展中泰旅游服务贸易的对策

◆ **1. 优化我国旅游资源，实现旅游服务贸易集约化经营**

对旅游业而言，最重要的资源禀赋在于自然资源和历史文化资源，"越有民族性就越有世界性"的论断在旅游业中是有一定意义的。我国是拥有五千年文明历史的古国，有着发展旅游业和旅游服务贸易的良好自然资源和人文资源条件。从数量上看，联合国教科文组织2000年世界遗产名录上所列的690个世界遗产中，我国占72个，位居世界第三；从结构上看，我国发展旅游的自然资源和人文资源具有明显的多样性和差异性，还具有浓厚的历史积淀性。这些都反映了我国在国际旅游市场上拥有巨大的竞争潜力，我们应该很好地挖掘和整合这些优势。

◆ **2. 提升中国旅游服务质量，创立中国旅游品牌**

中国企业应多参加关于国际旅游的交易会，主动出击，开拓海外市场。参加交易会不仅能使企业增强营销意识，还能增加企业联系客户的机会，有利于开拓销售渠道和新的市场。我们要把国际旅游服务竞争看作国家形象的竞争、国家实力的竞争，提升中国旅游服务质量，创立中国旅游品牌。同时，当前中国国际旅游促销费一年只有数百万元人民币，因此我们在国际市场促销方面还必须加大投入。

◆ **3. 依据GATS规则发展旅游服务贸易**

随着中国对外开放力度的进一步加大，我国可依托RCEP加深与CPTPP网络的经济贸易联系，加深区域合作，有序推进金融、电力、电信和旅游等领域开放，这就要求我国相关企业熟知GATS规则。旅游服务业是WTO组织中服务业开放承诺最多的一个部门，各成员方的承诺包括不对到国外旅游设置新的限制、不对由国外业者拥有或者经营的旅游机构实施限制、不对本国国民到国外旅游设立最高携带金额或兑换外币的限制等。因此，在新的国际环境中，我国要充分认识国际旅游服务业发展面临的机遇与挑战，提升我国国际旅游服务贸易的竞争力。

◆ **4. 提升中国旅游文化软实力**

旅游产业的国际竞争归根到底是国家影响力的竞争。一国的旅游文化软实力包括相应的心理、制度、文化和习俗，具有难以估计的强大力量。各个国家和民族的文字语言特色、价值观、社会制度等，在旅游文化建设中会形成富有多样性的人文主义特色景观，让旅游者体验到人文个性较强的旅游文化。随着网络资源的合理利用，旅游文化对外出传播的效果更加显著，我国与泰国知名旅游网站、旅游 APP 以及国际旅游杂志的合作，可增加泰国人民了解中国旅游文化的途径，提升泰国旅游者的跨文化解读心理，使其形成全面的、规范的、多元化的旅游文化传播体系和文化的认同感。

案例三　海南省将打造具有世界影响力的国际旅游消费中心

海南岛旅游资源丰富，除了有热带海滩风光、热带动植物，还有众多人文景观以及独特的民族风情。海南岛交通便利，旅游基础设施建设发展快，旅游接待能力强，距离经济发达区近。自 2010 年 1 月《国务院关于推进海南国际旅游岛建设发展的若干意见》发布以来，海南国际旅游岛、世界养生度假岛和全球自由贸易岛的建设步入正轨，逐步推动海南省打造具有世界影响力的国际旅游消费中心和业态丰富、品牌集聚、环境舒适、特色鲜明的国际旅游消费胜地。

在离岛免税政策的不断刺激下，海南成为吸引境外消费回流的主战场。2021 年，海南离岛免税购物新增了"邮寄送达"和"返岛提取"两种提货方式，提升了旅游者购买酒水、箱包等商品的积极性。海口美兰国际机场 T2 航站楼西南指廊和东南指廊各设 2 个提货点，畅通提货渠道，提升旅游者提货体验。离岛免税购物市场呈现快速增长态势，10 家离岛免税店 2021 年总销售额为 601.73 亿元，同比增长 84%。其中，免税销售额 504.9 亿元，同比增长 83%；免税购物人数 967.66 万，同比增长 73%；免税购买件数 5349.25 万，同比增长 71%。

2021 年 10 月印发的《海南省"十四五"建设国际旅游消费中心规划》明确了以下目标：到 2025 年，国际旅游消费中心基本建成；旅游消费质量全面升级，旅游消费品牌更加丰富，消费供给质量持续优化，旅游消费环境显著改善。加快建设国际旅游消费中心是海南充分发挥国内国际双循环交汇的优势，带动旅游业提质升级，持续扩大开放的重要举措。

思考

海南省建设国际旅游消费中心面临哪些机遇和挑战？如何推动海南省国际旅游消费中心的建设？

复习思考

一、名词解释

1. 国际运输服务贸易
2. 旅游服务

3. 旅游服务贸易
4. 旅游服务产品

二、单选题

1. 国际运输服务中，运输量发展最快的是（　　）。
   A. 水运　　　　　　　　　　　　B. 空运
   C. 陆运　　　　　　　　　　　　D. 管道运输
2. 国际海洋运输中大量使用的船舶是（　　）。
   A. 散装船舶　　　　　　　　　　B. 油船
   C. 集装箱船　　　　　　　　　　D. 驳船
3. 我国运输服务贸易近年来差额处于（　　）。
   A. 逆差　　　　　　　　　　　　B. 顺差
   C. 基本平衡　　　　　　　　　　D. 未统计
4. 运输服务贸易派生于（　　）。
   A. 商品服务　　　　　　　　　　B. 商品贸易
   C. 金融服务　　　　　　　　　　D. 旅游贸易
5. 旅游服务产品只有在进行消费时才能被感觉到，表现为（　　）。
   A. 无形性　　　　　　　　　　　B. 综合性
   C. 时间性　　　　　　　　　　　D. 所有权不可转移性
6. 旅游产品是由多种资源、设施、设备和服务构成的，是物质的和非物质的多种产品的组合，这体现了旅游服务的（　　）。
   A. 无形性　　　　　　　　　　　B. 综合性
   C. 时间性　　　　　　　　　　　D. 所有权不可转移性
7. 旅游产品无法运输，旅游者只能到生产地（旅游目的地）进行消费，在旅游者购买旅游产品后也不发生所有权的转移，这体现了旅游服务的（　　）。
   A. 无形性　　　　　　　　　　　B. 综合性
   C. 时间性　　　　　　　　　　　D. 所有权不可转移性
8. 下列关于旅游服务贸易的作用，说法错误的是（　　）。
   A. 增加外汇收入　　　　　　　　B. 创造就业机会
   C. 优化产业结构　　　　　　　　D. 阻碍经济发展
9. 按WTO服务贸易理事会国际服务贸易分类表，不属于旅游及相关服务的是（　　）。
   A. 宾馆与饭店　　　　　　　　　B. 旅行社及旅游经纪人服务社
   C. 导游服务　　　　　　　　　　D. 物业服务

三、判断题

1. 国际货物运输的客体是运输服务，而不是所运输的货物。
（　）

2. 世界三大集装箱运输公司为马士基、地中海航运和法国达飞海运集团。（　）

3. 国际运输服务贸易所运输的对象可分为国际货物运输服务贸易和国际旅客运输服务贸易两大类。（　）

4. 旅游活动结束后，旅游产品的价值同样存在。（　）

5. 本国旅游者的出境旅游即国际支出旅游，在国际收支上表现为本国旅游服务贸易的出口。
（　）

6. 从事旅游服务贸易的企业所提供的产品面向世界各国的旅游者，因此旅游服务贸易是世界性的产业。
（　）

7. 简化签证手续，缩短签证时间，实施落地签证甚至取消签证政策可以起到鼓励国际旅游服务贸易发展的作用。（　）

延伸阅读：
中国国际服务
贸易交易会
创新示范案例

第九章 国际金融和教育服务贸易

学习目标

- 熟悉国际金融服务贸易的概念和国际金融服务产品的特点；
- 了解国际金融服务贸易的发展情况；
- 熟悉国际教育服务贸易的概念与分类；
- 了解我国教育服务贸易的发展情况；
- 熟悉国际金融和教育服务贸易实际业务。

第一节 国际金融服务贸易概述

一、国际金融服务贸易的概念

（一）传统国际金融服务贸易的定义

国际金融服务贸易的概念最早是在关税与贸易总协定（GATT）乌拉圭回合谈判上提出的，是《服务贸易总协定》（GATS）中服务贸易的 12 个大类之一。《服务贸易总协定》1997 年的金融服务附件《金融服务协议》（FSA）对国际金融服务贸易的定义如下：国际金融服务贸易指由一成员方的金融服务提供者向另一成员方提供的任一金融性质的服务，包括所有银行、保险及与保险有关的其他金融服务。

国际货币基金组织（IMF）将国际金融服务贸易定义为：银行、保险公司和其他金融机构通过收取费用和佣金方式提供的非商品交易、经纪业务和金融服务所获得的服务收入。

经济合作与发展组织（OECD）于1990年提出，国际金融服务贸易包括金融机构提供或接受下列服务时的收入或支出：一是所有居民金融机构提供给非居民或从非居民处接受的金融服务；二是所有非居民金融机构提供给居民或从居民处接受的金融服务；三是记在国际收支平衡表相应项目下的所有资本流动。

国际金融服务贸易的概念界定经历了一个从不完善到逐步成熟的过程，反映了理论界和经济学界对国际金融服务贸易的重视和认识上的不断深化。随着世界经济一体化脚步的加快和国际金融服务贸易的发展，原先这些概念日益显现出其局限性。

（二）国际金融服务贸易定义的修正

国际组织不断对国际金融服务贸易进行解释。OECD的定义显然只是从国际收支统计的角度对国际金融服务贸易所包括的项目和内容进行了归类和概括，并不符合概念的规范要求。虽然WTO的定义目前已为世界贸易组织各成员方所普遍接受，但从理论上来说，仍存在不足之处：一是此定义只是强调了国际金融服务贸易的提供方而忽视了贸易的需求方；二是此定义的适用范围受到限制，它只适用于WTO成员。

正因为如此，此定义必须进行适当修正。综合以上对国际金融服务贸易的定义论述，结合国际金融服务贸易的特点，不难看出，国际金融服务贸易是指发生在国家（地区）与国家（地区）之间的金融服务的交易活动和交易过程。国际金融服务贸易的标的是金融服务，而这种金融服务，可以从广义和狭义两个角度来理解。

广义上的金融服务，包括金融服务机构（银行和非银行类金融机构）从事的一切业务活动（如存贷款、证券承销等）。

狭义的金融服务，主要指金融服务机构提供的建立在手续费和佣金（而非资产负债）基础上的金融业务活动。它主要包括国际结算（针对各经济实体之间因商品贸易、劳务供应、资金转移等引起的跨国货币支付行为，如资金划拨）、国际信托（金融服务机构接受委托人的信任和指示，代为管理、营运或处理委托人的财产或事务，为委托人或委托人指定的受益人谋取利益的经济行为）等传统国际金融服务和金融机构代客户进行利率掉期安排、现金管理、外汇风险管理，为投资者进行国际投资组合管理，以及参与国际收购与兼并咨询、外汇交易咨询等服务。

GATT乌拉圭回合谈判将金融服务的范围做了如下界定：一是保险及相关服务，包括人寿和非人寿保险、再保险和再分保、保险中介（如经纪和代理）以及对保险的辅助性服务（如咨询、保险统计、风险评估和理赔等服务）；二是银行及其他金融服务（保险除外），包括接受公众存款和其他需要偿还的基金、所有类型的贷款、金融租赁、所有支付和货币交割服务、担保与承兑、自行或代客金融资产交易、参与各类证券的发行、货币经纪、资产管理、金融资产的管理和清算服务、金融信息的提供与金融数据处理、金融咨询中介和其他辅助性金融服务等。从以上描述可以看出，它几乎将金融机构所提供的一切金融业务活动都涵盖在内。因此，国际金融服务贸易以广义上的金融服务为贸易对象。

（三）国际金融服务贸易的主要范畴

国际金融服务贸易是指国家（地区）与国家（地区）之间的金融服务交易活动，其判断依据有两个方面：一是该项金融服务活动跨境；二是该项金融服务交易的参与者只能在居民与非居民之间进行才能归入国际金融服务贸易的范畴。

从服务的提供者来看，国际金融服务贸易涉及希望提供或正在提供金融服务的自然人和法人，但不包括公共实体。一国的公共实体包括两方面，一是指一成员的政府、中央银行或货币当局，由一成员所有或控制的主要从事执行政府职能或为政府目的活动的实体（不包括在商业基础上主要从事提供金融服务的实体）；二是行使通常由中央银行或货币当局行使职能的私人实体，它们在行使这些职能时也应当被作为公共实体看待。同时，作为法定社会保障制度和公共退休金计划一部分的活动，由公共实体代表政府或由政府担保，或使用政府财力进行的其他活动也被排除在外，但如果一国允许其金融服务提供者进行上述活动，并与公共实体进行竞争，则这些公共金融服务也可以列入国际金融服务贸易的体系。因此，国际金融服务贸易主要是指商业性的金融服务活动。国际金融服务贸易的服务提供者主要包括两类，即金融中介机构以及货币和证券市场上的直接金融服务机构。前者创造和吸引金融资产，并通过负债获得所需要的资金；后者则通过出售股票和债券的方式，促使交易在资金提供者与资金使用者之间直接进行。

从服务的提供方式看，GATS 规定了跨境交付、境外消费、商业存在和自然人流动四种方式。国际金融服务贸易同样是以这四种方式进行的。

国际金融服务的跨境交付是指在一缔约方境内向其他缔约方境内提供金融服务，如一国银行向另一国客户提供贷款或吸收另一国客户存款，或者国内消费者向国外保险公司购买保险，这些活动都可归入该类金融服务贸易。

国际金融服务的境外消费是指在一缔约方境内向任何其他缔约方的服务消费者提供金融服务，如一国银行向外国人提供信用卡和支票服务等。

国际金融服务的商业存在是目前国际金融服务中数量最多、规模最大的一种方式。服务提供者通过在消费者所在国设立机构（包括设立办事处、分行、支行、子行等）来提供服务，通过这种方式提供的金融服务占整个国际金融服务贸易量的 70% 以上，它也使金融服务与金融业的对外投资紧密相连。

国际金融服务的自然人流动是指一缔约方的金融服务提供者在其他缔约方境内提供服务，这种服务的提供者来自另一个国家，但在接受国境内无商业存在，如金融咨询服务的提供者、跨国银行内部高级管理人员的移动等。

以上四种方式除商业存在是通过外国直接投资进行的以外，其他三种方式都是通过销售来进行的，因此被列入国际收支平衡表中。

国际金融服务产品的特点

国际金融服务产品具有服务贸易产品的基本属性，呈现以下特点。

（一）无形性

由于金融服务产品是无形的，所以国际金融服务贸易的产品也有无形性的特点。金融服务贸易的最大特点就是实物资本投资少，这是它与有形商品贸易的本质区别。另外，所有金融服务的数量都是难以度量的，因此，金融服务产品的价格数据也就无法通过计算精确得到，从而无法计算出准确的价格指数。国际金融服务产品具有的无形性和不可计量的特点决定了其统计上的困难性、复杂性以及政府管理的难度。

（二）不可分离性

与国际货物贸易相比，金融服务产品并不表现为具有实体形式的产品，而是体现在与金融业务相关的活动以及活动过程中，所以金融服务的产品生产、流通和消费是一脉相承的，其典型特征是金融服务产品的生产者和消费者具有不可分离性。这种不可分离性决定了大多数国际金融服务产品不可能像有形货物那样运输和储存。

（三）差异性

国际金融服务贸易是金融活动参与者共同受益、共同获得满足的活动。金融服务贸易是由金融服务产品决定的，金融服务产品又是以人为主体的生产和消费，而产品的优劣程度是由服务生产者和服务消费者的个人特点与偏好共同决定的，因此国际金融服务产品具有差异性。国际金融服务的供给渠道、价值、影响和竞争都决定了其具有差异性。

（四）复杂性和特殊性

国际金融服务贸易所涉及的法律法规具有复杂性和特殊性，如金融服务产品的无形性使得政府行政管理部门很难对金融服务进行全面的、有效的监管。各国海关也不是对金融服务贸易进行监管的最有效机构，金融监管主要通过国内法律和规章制度来进行。由于各国法律规章不同，金融服务产品在国际交换过程中必然会涉及各国法律法规的相互冲突，其中一些政治、经济和国家主权等问题又会在法律法规的制定和执行中体现出来，从而导致金融服务贸易的复杂性和特殊性。

三 国际金融服务贸易的发展

国际金融服务贸易有着悠久的历史，但其真正发展是在第二次世界大战以后，尤其是 20 世纪 70 年代以后。经过半个多世纪的发展，目前的国际金融服务贸易发展情况可以归结为以下几点。

（一）发展概况

银行业和保险业是国际金融服务贸易的主要部门。随着世界经济与贸易的发展，国际上出现了若干个世界性的金融服务中心，如纽约、伦敦、东京、香港等。20 世纪 90 年代，英国爆发了一连串影响国际金融秩序的重大金融事件，如国际商业信贷银行破产、巴林银行倒闭、国民西敏寺银行危机等。各国开始普遍加强对金融市场的监管，金融服务经营者不断进行创新，以突破法律的制约。为此，国际金融服务贸易发生了重大变化。一是国际金融资本流动加快，证券等虚拟资本在经济活动中的地位上升。资本流动的国际化使得资本以更大规模和更快的速度在全球范围内流动。一方面，便于企业、政府、机构在更大的范围内融资；另一方面便于投资者在全球范围内选择投资项目，以实现更高的投资预期追求。二是电子化、信息化引发金融服务品种不断创新，期货、期权、金融等金融衍生品迅速发展。同时，银行兼并层出不穷，特别是 1995 年以来，日本三菱银行、东京银行的合并，美国一系列银行的兼并，对金融服务业产生了巨大的影响。三是发展中国家也积极地推动金融改革，力图打破少数国家垄断金融服务的局面，在银行业自由化的同时，逐步开放保险、证券等资本市场。在这个时期，国际金融服务贸易呈现范围多样化、扩大化的特征。

随着各类金融创新形式纷纷出现，特别是具有金融价格发现功能的金融衍生工具的运用日益活跃，离岸金融市场逐步产生、发展和规范，国际金融服务贸易逐渐被赋予全新的概念。同时，电子信息技术等一些高新技术的崛起，也为金融服务贸易带来了全球化经营的思路。欧美等国家由于信息高速公路、国际信息网络的建设而迈入信息化时代，能在 24 小时之内实现无时差经营，从而最早使金融服务进入无纸化时代。

（二）制度差异

各国金融服务法律制度的不同使得国际金融服务贸易的对象、涵盖的范围和监管的方式差异明显，国际金融服务贸易的开放立法进程更是参差不齐。发达国家和发展中国家之间在金融服务贸易跨国发展和自由化方面存在法律冲突。一般存在这样两种不同的观点。一种观点是开放性态度，主张实行国际金融服务贸易自由化。它认为，一国金融服务贸易自由化，可以吸引更多值得信赖、更有实力的外资金融机构为本国带来急需的资金和技术，竞争可以使本国金融机构效率不断提高，服务质量不断提升，改善本国金融服务环境，吸收更多的市场参与者，降低交易成本，促进本国的经济发展。另一种观点则认为，一国金融市场的开放、外国金融机构和资本的涌入，会对本国货币和金融体系造成冲击，导致本国对外国金融服务产生依赖，会对本国经济的发展和国际收支平衡带来潜在风险。为此，该观点主张对本国的金融服务市场实行保护主义，以维护本国金融市场的安全和稳定，保护民族经济的利益。一些发达国家甚至也对金融服务贸易开放持谨慎态度。

（三）法律限制

◆ **1. 对市场准入的限制**

许多国家的法律对外国金融机构是否准许进入本国金融领域以及风险，如保险业中的财产险、寿险、再保险、医疗险、火险、海洋运输险等有严格的规定，所允许的法律也会有所区别。市场准入还包括是否允许外国金融机构在本国设立办事处、分支机构，并对其登记手续、注册资本、高级职员和一般办事人员的数额、经营范围做出限制性规定。

◆ **2. 对国民待遇的限制**

各国法律对国民待遇有不同的规定，但不乏歧视性规定。例如，对外国金融机构征收高于本国金融机构标准的税额，这将导致外国金融机构成本上升，盈利率下降，降低其在本国金融市场的竞争力。有时即使是实行相同的政策措施，但由于外国金融机构的营业特点不同，外国金融机构的负担也会增加。例如对金融机构从境外金融市场拆借资金征收高额的预提所得税，将使外国金融机构的利润减少。

◆ **3. 对外汇输出和输入的限制**

对外汇输出和输入的限制即外汇管制措施。由于金融服务贸易涉及一国的安全和主权等敏感问题，一些国家制定了严格的外汇管理立法，通过金融管理当局对外国企业或金融机构的资金出入实行审查。这些限制不仅增加了外资企业的义务，造成外资企业资金流通上的障碍，还制约了整个外汇金融市场的交易。此外，许多国家的法律还对外国金融机构采取多种歧视性规定，制约了国际金融服务贸易的自由化发展。因此，各国为了协调彼此间的经济利益，不断针对国际金融服务贸易的自由化和多边化进行谈判。

第二节　国际教育服务贸易概述

 国际教育服务贸易的概念与特征

教育服务一般是由教育劳动者创造的向社会、家庭、个人提供的用来满足、改善和提高人们素质的非实物形态的劳动成果。

教育服务活动具有外部经济性和公共性。外部经济性是指一个经济主体的活动对社会和其他人产生了有益作用，而且这个经济主体没有从受益人那里得到任何补偿。教育服务活动的外部经济性具体表现为：提高了整个社会发展生产力的潜力，增加了国家的竞争力；对一个国家建设政治文明有着重要影响；对文化的传承和保留、传播和交流，以及文化的进化和创新有着重要的作用。教育服务活动的公共性即公共产品性，具有非竞争性和非排他性特征。非竞争性是指增加一个消费者，则边际成本等于零；非排他性是指消费者使用时不影响其他事项，如国防。同时满足以上两个条件的产品被称为纯公共产品。

（一）国际教育服务贸易的内涵

国际教育服务贸易是指发生在国家（地区）与国家（地区）之间的教育服务的交易活动和交易过程。按 WTO 的分类，教育服务贸易包括初等教育服务、中等教育服务、高等教育服务、成人教育服务、其他教育服务等五类。

根据《服务贸易总协定》（GATS）的解释，国际教育服务贸易存在跨境交付、境外消费、商业存在、自然人流动这四种形式。

跨境交付表现为跨国远程教育，即在教育服务的提供者和消费者都不跨境移动的情况下，借助光缆、卫星等传送技术手段实现教育服务的跨境移动。随着新信息技术在远程教育中的不断应用，跨国远程教育存在巨大的增长潜力。

境外消费表现为教育服务的消费者跨境移动，而教育服务的生产者不移动。例如，一国人员到他国学校或科研机构留学、进修与进行学术访问等。由于境外消费受到的限制相对较少，目前这种形式在国际教育服务贸易中所占的份额最大。

商业存在是教育机构在境外设立跨国性分支机构，向其他成员方提供教育服务。商业存在是近几年发展势头旺盛的一种教育服务贸易提供方式。例如，澳大利亚的大学在南非、马来西亚和斐济建立海外校园，就属于教育服务贸易的商业存在形式。一国企业或学校到他国直接开办独资或合资学校、培训机构，国际教育认证机构开展业务一般也属于教育商业存在。随着教育服务贸易自由化程度的加深、高科技在教育领域的应用，教育供货商在境外开展各种形式的合作办学的机会将更多。

自然人流动强调自然人跨境移动，在他国境内提供服务，例如外籍教师来华任教，中国教师或科研人员到国外学校或科研机构就职等。

虽然在WTO成员中承诺教育服务贸易开放的国家不多，即使签订了教育服务贸易减让表的成员其承诺也有较大的差异，但逐步开放教育服务是一种国际趋势。在信息技术的发展和虚拟大学不断出现的背景下，教育服务贸易的跨境交付形式与境外消费和商业存在形式相结合，具有相当大的潜力。如美国、英国、澳大利亚等发达国家已开始通过远程教育课程、在线教育培训等方式，向其他国家提供跨境远程教育。特别是在新冠疫情全球肆虐的背景下，跨境远程教育展示出勃勃生机。尽管这一活动的收入总额（规模）较小、水平较低，但这一服务贸易模式的发展速度可能比留学生人数的增长速度更快，在人工智能时期，跨境远程教育前途无量。

（二）国际教育服务贸易的基本特征

国际教育服务贸易的对象是教育服务产品，教育服务产品是教育机构为满足人们的各种教育需求而提供的服务产品。这些产品既不同于实物生产部门所生产的有形消费品和资本品，也不同于其他服务业所提供的服务产品。无论教育服务产品具有多丰富的内容，服务都是教育服务产品的基本特质，正是这一特质决定了国际教育服务贸易具有以下基本特征。

◆ **1. 无形性**

教育服务的无形性使得国际教育服务贸易也具有无形性的特征。国际教育服务贸易并不像有形的商品贸易一样能被看到，虽然人们可以在特定的时间和地点看见它的跨国界移动，但大多数教育服务的进口和出口是无形的。这一无形性特征给国际教育服务贸易带来了一系列问题。一是统计上的困难性和复杂性。国际教育服务贸易的进出口并不经过海关，而是通过网络远程信息传输等看不见的方式跨越国境，因而，世界各国所收集的国际教育服务贸易的数据是相当有限、很不全面的。目前各国所收集的国际教育服务贸易数据大多属于境外消费，如通过出国留学贸易方式来统计，这一规模远远小于国际教育服务贸易的实际规模。二是政府管理上的困难。国际教育服务贸易作为无形贸易，没有边境管理措施，只能通过国家立法和制定行政法规来达到目的，政府对国际教育服务贸易进行有效的管理比较困难。

◆ **2. 不可分离性**

教育服务的生产过程就是教育服务被消费的过程。教育服务的这种生产与消费的同时性，使得大多数教育服务不可能像有形产品那样储存或运输，也使得教育服务的提供者和消费者必须存在某种形式的接触，教育服务的消费者必须参与到教育服务的生产和贸易过程中。跨国办学和远程教育的开展，深刻改变了传统的教育服务传送过程。一国的教育服务提供者，为使远在千里之外的他国学生消费者能够购买和消费其教育服务，必须通过生产要素的移动和对外直接投资的方式，在学生所在地建立商业存在或吸引学生来本国学习。因此国际教育服务贸易必定涉及教育服务出口国在进口国的开业权问题，以及移民政策和投资限制等问题。虽然某些教育服务的生产和消费过程是可以分离的，如跨境交付提供的教育服务，但国际教育服务贸易的不可分离性仍是广泛存在的。

◆ **3. 异质性**

不同的生产者提供的服务质量是不同的，即使是同一生产者提供的同一种服务，由于消费者不同，其所享受到的服务结果也会有所不同。不同的教育服务提供者的教育质量有很大的差别，许多教育机构经过多年的努力形成了自己的品牌优势，尤其是发达国家教育资源雄厚，在国际教育服务市场上有较强的竞争力，发展中国家处于教育竞争的弱势地位，这种教育服务的异质性使教育服务贸易的国际竞争更为激烈，教育服务的质量成为竞争的焦点，发达国家的教育服务具有绝对的竞争优势，发展中国家在竞争中往往处于不利的地位。

国际教育服务贸易必然涉及各国复杂的法律、法规等问题，而这些法律、法规的制定和执行又涉及一国现行的法律法规。各国主要利用国内立法对国际教育服务贸易进行管理，而国内立法更强调国家利益的安全性和教育主权利益，因此，各国常常出于对自身利益的考虑，利用国内立法对国际教育服务贸易设置重重障碍。而且，由于各国国内立法所涉及的法规领域范围广泛、内容庞杂，在灵活性、隐蔽性和保护力等方面使国际教育服务贸易壁垒远大于国际货物贸易壁垒。

二、国际教育服务贸易的发展

国际教育服务贸易发展历史久远，从高等教育的发展角度看，可以分为以下几个阶段。①

（一）中世纪和文艺复兴时期

这一时期，在信仰基督教的欧洲国家内，高等教育机构通用拉丁语作为教育教学的媒介语言开展留学生教育，并统一教学内容和考试办法，相互认可文凭。留学生学成回国以后不仅带回了手稿和图书，还带回了新的体验、思想、观点、风俗、生活方式和饮

---

① 胡焰初. 国际教育服务贸易的演变 [J]. 武汉大学学报（人文科学版），2006（4）：511-514.

食习惯。这批到国外求学的学生大多来自上流社会,后来又能够身居高位,因此出国留学得以广泛推行。

(二) 18世纪至20世纪80年代

随着产业革命的深入,欧洲殖民主义向殖民地以及后来新独立的国家输出教育制度,如英国在亚洲、非洲、加勒比海和北美的殖民地沿袭了英国的教育体制。美国的教育体制在相当长的时期内也一直受到欧洲教育的影响。如美国的早期大学套用了牛津和剑桥的办学模式,后来创办的约翰斯·霍普金斯大学则沿用了德国研究型大学的模式。第二次世界大战后,一度形成两个教育中心:一个是以美国为中心的欧美高等教育中心,另一个是以苏联为中心的中东欧国家间的教育体系。由于冷战格局,美苏之间根本不存在真正意义上的国际教育交流与合作。

(三) 20世纪90年代至今

随着苏联的解体和冷战的结束,世界形势发生了巨大的变化:经济全球化需要人力资源的国际流动,教育的商品性日益凸显,国际教育服务被国际组织认可。关税与贸易总协定(GATT)在1989年将国际教育服务列入服务贸易部门的参考清单,后来的《服务贸易总协定》(GATS)正式将教育服务纳入服务贸易的范围,并以经济和法律的语言确立了教育服务的可交易性。《服务贸易总协定》第十三条规定:除了由各国政府彻底资助的教学活动之外,凡收取学费、带有商业性质的教学活动均属于教育服务贸易范畴。

教育服务贸易逐渐成为各国国际贸易的一个重要的新兴领域,美国、英国、澳大利亚、加拿大等国的国际教育服务发展势头迅猛,国际教育服务贸易是在经济全球化和教育国际化的过程中产生的。从20世纪80年代起,在以英国和澳大利亚为代表的一些国家,高等教育的理念发生了深刻变化。各国更加强调高等教育在提高国家的全球竞争力、为经济发展提供高素质的劳动力等方面的作用。高等教育不再被认为是必须全部由国家投入的公共服务,现今的国际教育服务已经由传统的以公益为目的的交流与合作演变为公益性和营利性的并存与融合。1999年,OECD国家以境外消费方式进行的教育服务贸易额大约为300亿美元,但不包括职业教育与企业培训。①

随着GATS的签订,国际服务贸易在世界范围内迅速增长,最活跃的是欧美发达国家,其中,美国比其他国家吸纳了更多的留学生,也向欧洲各国输送了大批的留学生,其教育服务贸易出口额位居世界之首。虽然GATS允许各成员方根据自己的具体情况,适当地采用市场准入原则,但大多数国家对教育服务贸易的开放持谨慎态度,选择逐步开放本国的教育服务市场。表9-1展示了各国教育服务贸易的贸易竞争力指数。

---

① 周满生.国际教育服务贸易的新趋向及对策思考[J].教育研究,2003(1):38-43.

表 9-1　各国教育服务贸易的贸易竞争力指数

年份	美国	加拿大	新西兰	EU28	中国
2010	0.586	0.457	0.883	0.436	−0.772
2011	0.595	0.485	0.882	0.375	−0.854
2012	0.607	0.501	0.856	0.527	−0.795
2013	0.616	—	0.893	0.548	−0.786
2014	0.631	0.501	0.900	0.508	−0.796
2015	0.660	0.495	0.907	0.593	−0.809
2016	0.677	0.502	—	0.593	−0.798

（数据来源：根据联合国贸易数据库整理计算得到）

三、中国教育服务贸易的发展

（一）中国教育服务贸易的发展历程

中国的教育服务贸易经历了从无到有、从单一留学服务贸易方式到多种方式并存、从单一服务内容结构到多元化的发展历程。

◆ 1. 改革开放前的教育服务贸易

中华人民共和国成立之初，国内生产力比较落后，国际教育交流以苏联和东欧国家为对象。1950年，我国派出第一批留学生赴苏联和东欧国家学习语言和工业技术。同年，35名来自东欧国家的留学生赴清华大学学习汉语，中国政府为其提供全额奖学金。随着越来越多的国家同中国建交，中国的国际教育服务贸易开始兴起。1950—1966年，全国共接收来华留学生7259名，并向国外派出留学生10678名。1950年到1976年年底，共有65个国家和地区的1667名留学生来华学习。这一时期的来华留学教育主要以政治外交为目的。中国人口多、教育规模小，跨国高等教育以公派为主，存在严重的供给短缺，教育服务贸易发展较为滞后。

◆ 2. 改革开放和入世以来的教育服务贸易

中国自改革开放以来，扩大派遣出国留学人员规模，出国留学人数不断增加，由公派出国逐渐变成自费和公派共同发展的局面。出国留学人员主要学习国外先进科技和语言，留学生层次不断丰富，攻读硕、博士学位的人数显著增加，学科领域不断拓宽。同时，留学回国人数稳步上升，高层次人才回流趋势明显，中国的国际教育服务贸易发展步入新阶段。

中国 2001 年加入 WTO 并承诺发展国际教育服务贸易。对于政府举办的义务教育和特殊教育服务（如军事、警察、政治和党校教育等）未做出开放市场的承诺，在初等、中等、高等、成人教育和其他教育领域五个项目上做出有限开放市场的承诺；在教育服务提供方式上，对跨境交付方式下的市场准入和国民待遇均未做出承诺，对境外消费形式的市场准入和国民待遇没有限制；严控高等教育的商业存在的市场准入，仅承诺允许开展中外合作办学，并允许外方在合作办学机构中控股，而且不承诺给予国民待遇；在自然人流动方面，要求外籍个人教育服务提供者入境提供教育服务，必须受中国学校和其他教育机构的邀请或雇用。

近年来，在经济全球化和"一带一路"倡议的影响下，全球化发展逐步呈现各种新态势，中国的国际教育服务贸易进入新的快速发展期。中国无论是在教育服务的提供形式、规模上，还是在教育服务的结构上都有了新的、更加全面的发展，如教育服务提供形式逐渐多样化，出国及来华留学规模迅速扩大，留学人员学历层次、生源地与学科结构不断优化等。目前，中国以境外消费的方式进口的教育服务，特别是高等教育服务已连续多年位居世界第一，同时来华留学生的数量逐年增加。

1. 为什么中国加入 WTO 的教育服务承诺中对于出国留学和培训、接受其他成员方来华留学生没有限制，但对于初等、中等、高等、成人教育和其他教育领域做出了有限开放市场的承诺？

2. 结合 GATS 服务贸易的四种提供方式，探讨中外联合办学对国际教育服务贸易会产生哪些影响？

◆ **3. 中国教育服务贸易的主要成就**

（1）出国留学规模和学成后回国比重迅速增加，中国长期保持世界第一留学生生源国的地位

据教育部统计，截至 2020 年底，以留学身份出国在外的留学人员达到 127 万人，其中近 95 万人在国外学习和从事学术访问。2020 年，中国出国留学人员总数为 28.5 万人，同比增长超过 24%，其中自费出国留学人数占当年出国留学总人数的 93%，2019—2020 学年，中国在美留学人员为 37 万人，占美国高校国际学生总数的 34.6%，其中有 36.8% 的学生接受硕士研究生及以上学历教育，有 39.8% 的学生接受本科学历教育。从改革开放至 2018 年年底，中国留学归国人员总数达到 365.1 万人，84.5% 的留学人员学成后选择回国发展。

(2)来华留学人员规模和结构不断优化,来华留学生的生源地结构、层次结构、地区分布等有了明显改变

中国接收外国留学生的国内高校和机构由20世纪90年代末的100多家迅速增长到2018年的1000多家。2010—2018年,各大洲国际学生来华留学人数总体呈上升趋势,2018年到中国留学的学生几乎达到了历年的顶峰,其中接受学历教育的比重达到52.44%,亚洲学生人数最多,2018年达到29.5万人。据教育部统计,2020—2021学年,中国在册国际学生来自195个国家和地区,学历生占比达76%,比2012年提高35个百分点。来华留学生地区结构优化,除了北上广深以外,中西部省份吸收留学生的数量比例有所增加,2018年东部六省份吸收留学生人数占比为66.9%。

(3)教育服务贸易提供的方式多样化,中外合作办学与海外办学齐头并进

多种形式的网络跨国教育方兴未艾,中外教师互聘合作规模不断增加,这提高了中国高等教育水平,打破了高等教育的封闭状况,培养了一批有国际竞争能力的人才。中外合作办学的本科教育主要有"2+2"模式、"3+1"模式和"4+0"模式。"2+2"模式即在国内学两年,在国外学两年;"3+1"模式即在国内学三年,在国外学一年;"4+0"模式即完全不出国的"本土留学"。近几年中外合作办学的本科专业按人数由多到少排序依次为工商管理类(含市场营销、财务管理、旅游管理、人力资源管理等)、外国语言文学类、电子信息类、经济学类、艺术类、教育学类等。

(二)中国教育服务贸易存在的主要问题

总体来看,中国的教育服务贸易保持较好的发展态势,但总体竞争力较弱,还存在较多问题。一是仍表现为贸易逆差。虽然教育服务贸易的逆差逐渐缩小,但出国留学人员仍远多于来华留学生人数。二是学历学位国际认同度低,导致中国学生在国外就业深造面临一些困难。虽然中国拥有世界上最先进的教育制度,但各个高校录取标准和教学质量存在差异,学历学位的差异也较为明显,相对发达国家教育资源和学历学位而言,国际认同度有待提高。三是来华留学生的来源地比较单一。截至2017年,中国仍然是美国、澳大利亚、英国、加拿大、日本、韩国等国家最主要的留学生生源国,稳居国际留学教育服务出口国之首,但从来华留学生生源地来看,来华留学生主要集中在亚洲发展水平、消费水平不高的国家,不利于实现我国的贸易收支平衡。

(三)中国教育服务贸易的发展对策

◆ 1.完善教育服务贸易渠道和体系

在提高中国教育水平的基础上,扩大国内高校学历的认证范围,加强教育机构品牌建设,吸引更多的外国留学生来华留学。

◆ 2. 发挥中国教育服务贸易比较优势

中国博大精深的传统文化有着独特的魅力，因此我国具有文化比较优势。汉语的教育需求也在增加，要更大限度地利用这些优势招收留学生，也可以设立更多的海外语言学校。

◆ 3. 制定实施来华留学生发展规划

完善来华留学的法律法规，采取灵活的招生方式，制定可行的留学生发展规划，有效保护来华留学生的合法权益，增加来华留学生对中国教育机构的信任度；这也能有效地监督中国的教育机构，促使其提高教育质量，为教育行业提供良好的制度环境。

◆ 4. 加大政府的政策支持，加大对教育的财政支出

政府要合理有效地配置教育资金，加大对一些关键领域和薄弱领域的资金投入，例如选派一批优秀的教师和学者到教育水平较高的国家进行国际教育交流，学习先进国家的教学管理模式和教育理念，提高教师队伍的质量水平，实施优惠政策，鼓励和支持个人或教育机构的发展。

第三节 典型案例

案例一 外资银行进入中国金融市场

一 案情简介

外资银行早在清朝末期就开始进入中国了。鸦片战争前，中国只有钱庄、票号等传统信用机构，直到《南京条约》签订，清政府允许五口通商，国内才陆续出现了外国银行的身影。英资东方银行（Oriental Bank）成为中国第一家外资银行，东方银行的前身为西印度银行，总行设于印度孟买，1845年更名为东藩汇理银行，总行迁至英国伦敦。作为英国进行资本输出的金融堡垒，东方银行先后在香港、广州和上海等通商口岸设立分支机构。咸丰元年（1851年），英国政府授予东方银行"皇家特许状"，鼓励其在好望角以东任何地区建立机构，经营兑换、存款和汇划事业。东方银行在进入

上海时，为了入乡随俗，起了个中文名字——丽如。"丽如"一词出自《周易》，有"艳丽、兴旺"之意。

丽如银行早期在华的业务活动，主要是为英国人的贸易服务，业务侧重于国际汇兑，为英国、中国、印度之间的三角贸易提供便利。19世纪50年代后，该业务发展迅速，1851年实收资本为60万英镑，到1856年增为126万英镑。在这期间，丽如银行从包括鸦片贸易在内的英国对华贸易中攫取了巨额利润。作为"特许银行"，丽如银行得到了英国政府的特别庇护和支持，"皇家特许状"甚至授予其在中国发行银行钞票的资格。1847年，丽如银行在香港发行钞票，这是中国最早流通的现代纸币，也是外资银行在华发行货币并进行金融掠夺的开端。据资料记载，19世纪50年代，上海流通的钞票大都是丽如银行发行的。在汇丰银行成立之前，丽如银行在远东的地位几乎像英格兰银行在英国的地位一样。但1865年汇丰银行成立后，其地位逐渐被汇丰银行取代。1884年，丽如银行因在斯里兰卡投资失败，亏损较大而停业清理。半年后，在原创办人卡基尔（W. W. Cangia）的推动下，成立了新丽如银行，总行仍在伦敦，海外分行由当地有势力的股东组成董事会。无奈新丽如银行经营不见起色，且在外汇经营和投资放款上再遭损失，1892年，新丽如银行伦敦总行决定停止营业，上海分行亦即告清理。同年底，上海分行营业大楼卖给麦加利银行，结束了其在华的历史。

新中国金融业对外开放有序推进并取得积极进展是在2001年中国入世之后，国家共批准设立100多家外资银行、保险、证券、支付清算等机构，并推动形成了以负面清单为基础的更高水平的金融开放，优化外资银行、保险等金融机构准入门槛政策，进一步提升了中国金融市场对外资的吸引力。

中国人民银行等提出统筹同步推进银行间债券市场、交易所债券市场对外开放。其中摩根大通2021年8月宣布，摩根大通证券（中国）有限公司控股股东——摩根大通国际金融有限公司——受让5家内资股东所持股权并成为摩根大通证券（中国）唯一股东的事项已被准予备案，摩根大通证券（中国）将成为中国首家外资全资控股的证券公司。

从取消合格境外机构投资者（QFII）和人民币合格境外机构投资者（RQFII）投资额度限制，到取消银行、证券、基金管理、期货、人身险领域的外资持股比例限制，再到取消企业征信评级、信用评级、支付清算等领域的准入限制以来，中国金融开放连出实招，吸引国际金融机构进入中国市场。首家外资控股证券公司、首家外资独资寿险公司、首家外资全资控股期货公司、首家外资全资控股公募基金等多个"第一"陆续诞生。

2020年9月获批筹建，2021年7月正式开业的中国首家外商独资货币经纪公司上田八木货币经纪（中国）有限公司跑出了"加速度"。该公司注册资本为6000万元人民币，经营业务范围包括境内外的外汇市场交易、货币市场交易、债券市场交易、衍生产品交易。

从设立公司到开展业务,作为中国首家外资全资控股公募基金公司,贝莱德基金管理有限公司 2021 年 6 月在上海正式开业,同年 8 月 30 日,贝莱德基金首个公募产品公开发售。外资机构纷纷加快在中国的发展步伐。

外资同时积极增持人民币资产。中国人民银行上海总部发布的相关数据显示,截至 2022 年 7 月末,境外机构持有银行间市场债券 3.51 万亿元,约占银行间债券市场总托管量的 2.9%。7 月份,新增 8 家境外机构主体进入银行间债券市场;截至 2022 年 7 月末,共有 1051 家境外机构主体入市。①

顺应全球投资者的需求,国际主流指数纷纷将人民币债券纳入其中。继花旗、彭博、摩根大通把中国债券纳入其主要指数后,2021 年 10 月 29 日,富时罗素也把中国国债纳入其富时世界国债指数。中国国债安全、稳定,尤其是新冠疫情暴发以来,国际金融市场动荡加剧,投资者避险情绪浓厚,而中国的经济表现优于全球大部分经济体,促使人民币债券成为全球投资的"避风港"。

包括债券在内,当前人民币资产在全球资产配置中的占比相对高于其他新兴经济体。从市场机构配置需求来看,人民币债券和股票纳入主要国际主流指数后,所占的权重在新兴经济体中居首位,未来境外投资者还会继续投资中国债券。国际货币基金组织(IMF)发布的数据显示,2021 年一季度末,全球外汇储备中的人民币占比升至 2.45%,规模达到 2874.6 亿美元。② 国际货币金融机构官方论坛发布的一份年度调查报告显示,全球 30% 的央行计划在未来 12—24 个月内增加人民币持有量,这一比例较 2020 年明显提升。同时报告显示,20% 的央行计划在未来 12—24 个月内减持美元,18% 的央行计划在同一时间段内减持欧元③。

2021 年 7 月 21 日召开的国务院常务会议提出,持续抓好金融业对外开放承诺落实工作,主动对标开放程度较高的国际标准,推动形成以负面清单为基础的更高水平的金融开放,优化外资银行、保险等金融机构准入门槛要求,完善金融机构母子公司跨境往来规则。围绕金融业开放,各地各部门亦加快做出新部署。2021 年 8 月,人民银行、发展改革委等六部门联合发布《关于推动公司信用类债券市场改革开放高质量发展的指导意见》,提出推动债券市场高水平开放,健全境外发行人在境内发债的制度框架,推动更多符合条件的境外评级机构开展境内业务。外汇局提出,2021 年下半年进一步扩大贸易外汇收支便利化、私募股权投资基金跨境投资、跨国公司本外币一体化资金池等便利化试点范围。

视频资源:
外资银行、
保险机构看好
中国金融
市场开放

---

① 央行上海总部:截至 7 月末 境外机构持有银行间市场债券 3.51 万亿元 [EB/OL].(2022-08-16)[2023-07-01]. https://jrj.sh.gov.cn/YX180/20220816/b26df5139af047bb9147b140da5635a9.html.

② IMF:一季度人民币外汇储备达 2874.6 亿美元,占全球外汇储备比重升至 2.45% 创新高 [EB/OL].(2021-07-02)[2023-07-01]. https://baijiahao.baidu.com/s?id=1704150852999497238&wfr=spider&for=pc.

③ 诞生多个"第一",中国金融业开放连出实招 [EB/OL].(2021-08-31)[2023-07-01]. https://m.gmw.cn/baijia/2021-08/31/35127278.html.

作为全球资产管理机构在国内的重要集聚地和展业地，上海陆家嘴于2021年7月启动了全球资产管理伙伴计划，邀请全球知名资产管理机构、综合金融服务商、行业组织等加入，促进各类金融机构务实合作，加强境内外资产管理业务沟通交流，首批共82家成员，同时推出畅通境内外资金投资渠道、加强配套服务、优化法治环境等系列措施。

知识角：
当今进入中国的
十大外资银行

二、案例评析

从本案例可以看出，外资银行进入中国的现象早就存在。在近代历史上，外资银行进入中国市场依靠的是各种不平等条约，那时中国的国门是被动打开的。

随着中国的改革开放和加入世界贸易组织，根据中国的承诺，银行业开始对外资银行全面开放。2006年11月11日《中华人民共和国外资银行管理条例》发布，并于2006年12月11日起正式实施。中国银行业取消了对外资金融机构的限制之后，外资银行开始进入中国并为我国居民提供全方位的金融服务，中国金融系统对外封闭和对内垄断的格局被打破。随着外资银行大规模进入中国，外资银行在中国金融体系中占据越来越重要的地位。尽管受到了2008年全球金融危机的影响，但外资银行在中国的扩张步伐一刻都没有减缓，中资银行不可避免地面临机遇与挑战，需要从利弊两方面进行分析。

（一）国内中资银行面临的发展机遇

首先，中资商业银行吸收外国银行资本参与自身经营，对银行自身素质的提高起到积极的推动作用。由于外国银行业的参与，中国银行业的产权结构将发生根本性的变化，有利于提高盈利能力，降低呆坏账水平，从而使国有银行走上良性发展的轨道。

其次，外资银行进入中国可以缩小中国与发达国家在金融服务水平上的差距。外资银行进入中国金融市场会对国内银行产生示范效应，中国银行业将逐渐学习外国银行先进的管理经验，通过与外资银行的直接交往、合作、竞争，提高经营水平。

再次，外资银行的进入可以提高中国利用外资的水平和质量，增强国民经济发展的动力，扩大商业银行资金融通的空间范围，使商业银行在更大的空间范围内筹集、调度、运用资金，规避和防范金融风险。

最后，中国金融业对外开放也为金融业拓展海外市场提供了机会。中国可以利用义务和权利对等原则以较为有利的条件走向海外市场，参与国际金融市场的交换与竞争。

（二）外资银行进入对中资银行的挑战

首先，外资银行会在中国发达经济地区抢夺高端业务市场。如随着中国银行业全面开放，外资银行在中国发展私人银行业务，而这个业务涵盖领域非常广泛，涉及银行市场、证券市场、基金市场、外汇市场、期货市场乃至收藏品市场等,外资银行将其作为争抢高端客户的一个方向,大肆收购中国银行业的资产,分享中国经济发展"红利",这对中资银行必然构成挑战。同时,外资银行会以优质服务争夺中国优质客户。据悉,中国银行业60%的利润来自10%的优质客户,外资银行会大力推销信贷产品,满足中国企业日趋旺盛的资本市场融资需求和投资需求,并利用银团贷款的手段,分散风险获取利润,这对中资银行的盈利能力构成严重威胁,在新的竞争中,中资银行稍有不慎,便会逐渐丧失原有的客户资源和优势。

其次,外资银行以金融服务优势吸引外汇和人民币存款,引起中资银行存款分流隐患。随着外资银行在中国金融市场的发展,外汇结汇数量也在与日俱增,国内企业购汇意愿增强。外资银行通过介入外汇贷款结汇成人民币使用,逃避央行的宏观管理,并在一定程度上增加了中国金融市场基础货币投放量,导致货币供应量成倍增加。根据中国入世承诺,中国要在2006年12月11日前向外资银行开放对中国境内公民的人民币业务。2019年,国务院修改《中华人民共和国外资银行管理条例》,明确外国银行分行可以吸收中国境内公民每笔不少于50万元人民币的定期存款。如果金融监管措施不力,或超过居民的心理警戒线,即使有国家信用作后盾,也会出现金融货币危机的隐患。

再次,外资银行争夺国内商业银行的优秀人才。人才的竞争将主要体现在对以下三种人的争夺上:一是具有较高文化知识、业务素质、创新能力,以及责任感和敬业精神的高级管理人才;二是掌握新知识、新技能、新业务的科技人才和骨干;三是具有较强公关、开拓、营销能力的人才。外资银行会利用母国企业和投资者的关系,以较高的金融专业技能,丰富的客户资源和人际关系、文化来影响中国商业银行人才的思想基础。因此,金融领域的人才争夺战势必影响国内中资银行的发展基础。

最后,外资银行的进入不可避免地造成国内中资银行中间业务、国际结算业务和外汇业务的大量流失,给中资银行的经营业务、人才储备与货币政策传导机制造成一定的负面影响。

(三)中国金融服务贸易发展对策

第一,加快内部市场化改革,建立健全金融体制。中资银行应该建立完善的风险管理机制,加大银行内部风险控制。政府要加强对宏观经济与金融市场的调控,给商业银行一个宽松有利的体制环境。

第二,按照市场化和国际规范化的要求加快转换银行的经营体制。在清产核资的基础上界定产权,使银行的产权主体明晰化、人格化;完善银行的治理结构,使银行摆脱不合理的行政干预和政策性融资的不合理义务,提高银行经营管理的效率;努力降低银行的经营成本,推行资产负债比例管理,综合协调资金的安全性、流动性、盈利性等;推进人事和报酬激励制度改革,充分调动银行员工的积极性和创造性。加快人民币汇率改革和宏观经济调控，最大限度规避外资银行对中国金融市场带来的不利影响，实现金融市场的稳定快速发展，削弱外资流入对中国外债和货币供应量的影响。

第三，积极推动金融创新。在改进传统业务的同时推出更多的新型中间业务，全面提高金融工具和金融服务的科技含量；不断补足核心资本，提高自身的抗风险能力，改善银行服务方式，建立"三 A"（anytime、anywhere、anyway）服务思想，创造多元化的品牌，提高中资商业银行国际金融服务的竞争力，在激烈的国际竞争中争夺市场份额。

第四，加强金融风险的防范与控制。国内中资商业银行还要积极引进国外先进管理经验，借鉴外资银行的经验，充实核心资本，提高银行资本实力，减少信用贷款；加强银行内部管理，强化规章制度的约束力，保证决策的科学性和可行性；改进资产管理公司的功能与管理，处理好资产管理公司与国有商业银行的关系，有效提高银行资产的质量和抗风险能力；各级人民银行依法监管，维护金融法规的权威性和严肃性；建立同业公会和商行本身的自律机制，构筑多层次风险规范和控制体系；对现在商业银行在组织结构上的弊端，按照原则进行调整与改革，建立符合现代商业银行特征的组织结构。

第五，发挥全球并购的作用。全球并购能最大限度地发挥银行的职能，降低银行的成本，实现规模效益，扩大银行的资产规模，占领国际市场。中资银行可以引进先进技术、人才，进入当地股市、保险业，拥有更多的营业网点，享受当地的运作经验。

第六，在金融人才管理方面，重视复合型人才的培养和使用，留住优秀的金融人才，最大程度上激发金融人才的积极性与创造性，实施人才发展战略。中资银行要打破常规，多渠道、多层次地引进各类现代金融人才，为银行业的国际化发展提供坚实的人才后备力量，为中国在金融开放与国际竞争中立于不败之地提供人才保障。

案例二　数字人民币试点推动金融服务贸易创新发展

2016 年 12 月，中国人民银行数字货币研究所成立，2018 年，由中国人民银行数字货币研究所全资控股的深圳金融科技有限公司以及中国人民银行数字货币研究所（南京）应用示范基地成立，初步完成了数字人民币的模型与参考架构设计，推进了数字人民币的研发和试点项目（DC/EP）。2020 年，中国人民银行发布《中华人民共和国中国人民银行法（修订草案征求意见稿）》，将数字人民币纳入人民币范畴，为数字人民币的发行提供了法律依据。2020 年 8 月，商务部印发《全面深化服务贸易创新发展试点总体方案》提出在京津冀、长三角、粤港澳大湾区及中西部具备条件的试点地区开展数字人民币试点。2021 年 4 月 28 日，北京启动第二次数字人民币试点活动。活动由北京城市副中心、东城区、朝阳区、海淀区、石景山区共同主办，聚焦北京冬奥会食、住、行、游、购、娱、信等场景，在北京市多个核心商业区开展数字人民币消费体验。

2022 年，数字人民币在北京冬奥会上被推广，北京冬奥村里的所有商家都支持数字人民币支付。对于习惯了移动支付的用户而言，数字人民币成为最方便的选择。对境外来华人士来说，开通数字人民币钱包不需要开设我国内地（大陆）银行账户，通过境外手机号即可下载数字人民币 APP 开立匿名的四类钱包，用境外银行卡兑换数字人民币使用，降低了获得金融服务的门槛。2022 年 3 月 31 日，人民银行召开数字人民币研发试点工作座谈会。会议要求在现有试点地区基础上增加天津市、重庆市、广东省广州市、福建省福州市和厦门市、浙江省承办亚运会的 6 个城市作为试点地区。同年 4 月 17 日，福建高速集团在全国同行业内率先启动、推进数字人民币高速公路全场景应用工作，完成全球首个数字人民币高速公路全场景应用。5 月 18 日，数字人民币在海南跨境进口电商企业——国免（海南）科技有限公司使用并完成支付，这是数字人民币在海南首次应用到跨境进口电商支付场景并成功落地，这也是数字人民币在海南试点的创新性突破，其在降低小微企业支付手续费、提升支付效率、增强消费者隐私保护的同时，也将更好地促进自贸港贸易自由便利和资金流动自由便利。

视频资源：
2023 年有序推进数字人民币试点

知识角：
数字人民币

"十四五"规划及 2035 年远景目标纲要提出"稳妥推进数字货币研发"，这标志着中国将以积极稳妥的态度来迎接数字人民币。对于企业来说，数字货币是一片崭新的天地。随着数字人民币推进不断加速，产业链上各细分领域的领军企业有望以此为契机，依托已有的技术优势和客户基础，积累相关项目和产品经验，确立先发优势。未来，随着数字人民币行业不断扩容，中小企业也能够在此过程中打造增量业务，发现转型机遇，迎来腾飞发展。

知识角：
出口信用保险助力服务贸易高质量发展

案例三　海外留学市场正在逐渐回暖

一　案情简介

启德教育在 2021 年年底发布的《中国留学市场 2021 年盘点与 2022 年展望》报告中显示，海外留学市场正在逐渐回暖。该报告指出，多个主流热门留学国家和地区正有序敞开大门欢迎留学生前往，多国联申普遍成为留学申请的新趋势。

从留学整体形势上看，首先，全球各大主流热门国家和地区都在积极应对因为新冠疫情造成的留学生无法返校上课的影响。与此同时，全球热门留学国家疫苗的接种速度也在加快，英国的疫苗覆盖率甚至已经超过了 90%，并且英国的大学也在逐渐恢复线下教学的计划。

其次，中国教育部的统计数据显示，在2019年我国出国留学的人数约为70.4万人，较前一年同比增长6.25%，约为4.14万人。其中，英语国家仍是最受留学生欢迎的目的地。据《英国学生签证统计报告》统计，从2020年9月到2021年9月这一年的时间里，英国一共发放了近43万份学生签证，比上一年度同期增长143%，其中中国国内（未含港澳台地区）签证数量约为13.5万份，中国获签的留学生数量排在英国留学生的榜首。此外，澳大利亚内政部相关数据显示，仅2021年上半年从中国赴澳大利亚学生新签及续签的签证总数就达到了12642件，高等教育新增签证数量占比增长到总数的74.8%。加拿大移民局（IRCC）数据显示，2021年前三季度中国（未计入港澳台地区）学生学习许可生效数量也稳居全球前列。

受到国际环境、各国签证政策等因素的影响，为了提高申请的成功率，留学生在目的地的选择上并不局限于某个特定的国家，不少留学生为了降低留学申请的风险、提高留学申请的成功率，会考虑自己的专业背景和语言能力，然后选择在同一年的申请季中，同时申请两个或两个以上国家和地区的院校，并且横向扩大选择范围。应该与中国香港联申、英澳联申、新加坡与中国香港联申等形式在一直保持着较高热度。而这种多方联申的方式对于学生，尤其是想要申请某些开设学校并不多的比较冷门专业的学生来说，可以增加选择余地，因此成为留学申请的新趋势。

视频资源：
留学市场回暖

二 案例评析

高等教育服务贸易是世界各国为了经济目的而进行的高等教育产品或服务的输入与输出活动，是一种有偿交换活动。虽然中国正不断开拓国际教育合作新格局，推动教育服务贸易的高质量发展，然而新冠疫情不仅对中国国内的教育教学造成巨大冲击，境外疫情的加速蔓延带来的很多不确定因素还对中国的教育服务贸易的发展提出了严峻挑战。在疫情之后，教育教学活动的恢复也在有序推进。在境外留学市场逐步回暖的背景下，为巩固教育改革发展成果，扩大教育的对外开放，我国应采取以下措施。

（一）抓住"一带一路"机遇，实现教育"走出去"和"引进来"并举

中国的教育服务贸易要抓住"一带一路"机遇，发挥区位优势，加大中外合作办学和境外办学力度，与"一带一路"沿线地区加强国际交流与合作，优化教育服务贸易结构。一方面，相比"一带一路"其他沿线国家，中国处于中心位置，在教育服务贸易领域具有巨大的发展潜力。中国教育服务贸易目标是依托丰富的国际化教育资源，培养具有国际视野的各类优秀国际化人才，尤其是非通用语种人才。另一方面，中国教育的"走出去"和"引进来"还有巨大的发展潜力和空间，国内高校纷纷积极参与全球教育治

理，探索更多元化的国际合作模式，切实提升全球办学能力；积极推动高校之间的学历和学位互认，不仅"单向输出"而且"双向互动"，在保证办学质量和效益的前提下稳步扩增。例如，加大人才引进力度，重视教师作用，吸引国外优秀人才和有一定境外经验的人才充实教师队伍，提升整体师资水平；同时通过拓展国际学术交流的广度、深度，积极创造条件来提升高校师资水平，努力培养具有国际化视野的教师队伍，建立国际化的课程体系，增强中国高等教育与国外教学体系的融合度。结合国情，建立满足校园文化发展需求的生态系统。打造学术共同体，进而形成更多的共同学术研究成果，以此帮助所有参与国家或地区提高高等教育科研能力。

（二）提升教育质量，增强教育国际化的核心竞争力

发展教育服务贸易最根本的目的是培养人才，因而提高教育质量是首要的，也是推动教育服务贸易发展的关键措施和方法。目前，中国各大高校在国务院《统筹推进世界一流大学和一流学科建设总体方案》指导下，创新建设管理模式，充分调动各方资源和力量，统筹兼顾教育服务贸易，既坚持竞争开放，又强调改革引领、综合改革，切实推动高校实现内涵式发展，建设世界一流学校。在现有的基础上，着重从加强培养创新人才、提升科研水平、传承创新优秀文化和推进成果转化等方面入手，补齐短板，提升高校的综合实力。同时，要加强国际合作，特别是与世界顶尖学院的合作，对标国际标准，提高一批重点院校的国际排名、知名度和影响力，使其充分融入高等教育的国际竞争。

（三）构建完善的留学服务体系，提升教育服务能力

近年来，中国积极调动社会各界参与推动留学服务体系的建设，构建以地方高校为主，政府引导、社会组织参与和家庭帮助为辅的"四维一体"留学服务系统，尤其是注重发挥个体家庭在帮助来华留学生适应我国学习生活、融入当地社会和提高语言能力的重要作用。同时，围绕留学生服务建立一整套全过程全方位的便捷的专业服务体系，包括海外推广宣传、招生培养、学习考核、生活适应、就业服务和校友跟踪等，不断吸引海外优质留学生，提高留学生的满意度。可以充分利用新媒体优势，加强对中华传统文化和地区特色的宣传，通过旅游文化节、文化展览、国际演出和文化产品交易的方式全方位地展示中国高等教育和传统文化，也可以定期组织高校走出国门，到国外进行海外教育巡展，有针对性地开发重点市场，提升高校知名度和名誉度。例如，上海已经连续多年组织上海教育博览会，整体推广上海高校。上海已成立了8家国际学生服务中心，推出了支持多语种的"留学上海"全球英文网、多语种网站和手机APP。

（四）加大国际教育服务贸易的市场开发力度

中国正在逐渐加大对学校的宣传和文化软实力的培养，针对不同地区设置专门的机构负责留学招生，并设定不同方案，开展各种宣传和交流活动。同时，要有针对性地开拓国际市场，对于目前已经有一定发展基础的亚洲市场，在结合"一带一路"和区域贸易协定的基础上加大开发力度，深化合作；对于欧美市场的开发可尝试使用多种方式，如孔子学院就是结合了汉语培训和语言训练的一种非营利性机构，既可以传承和发扬中华文化，又可以为中国的教育服务贸易拓展空间。另外，我国要充分发挥数字经济优势，以数字化服务为载体，利用互联网优势提供丰富的教育产品，助推教育服务走出国门。

复习思考

一、名词解释

1. 国际金融服务贸易
2. 金融服务产品
3. 国际教育服务贸易
4. 外部经济性

二、单选题

1. 简述金融服务产品的特征。
2. GATS服务贸易的四种方式中，金融服务贸易占比最大的是哪种？
3. 外资银行进入中国金融市场的动力有哪些？
4. 为什么教育服务贸易的四种形式中，境外消费所占的份额最大？
5. 试分析我国教育服务开放的利与弊。

延伸阅读：
国际上认可度
最高和最受青睐的
10所中国高校

第十章
国际通信和建筑服务贸易

学习目标

- 掌握国际通信服务贸易、国际建筑服务贸易的内涵与特征;
- 了解国际通信服务贸易、国际建筑服务贸易的发展;
- 熟悉国际通信服务贸易、国际建筑服务贸易实际业务。

第一节 国际通信服务贸易概述

一、国际通信服务贸易的内涵与特征

(一)国际通信服务贸易的内涵

通信服务一般是指所有与信息产品、操作、存储设备和软件功能等相关的服务。通信服务由公共通信部门、信息服务部门、关系密切的企业集团和私人企业间进行信息转接与服务提供。国际通信服务贸易主要是指以国际通信服务为交易对象的贸易活动。按GATS对国际服务贸易的分类,国际通信服务包括邮政服务、快件服务、电信服务、视听服务以及其他通信服务。

电信产业既可以作为贸易的产品和服务,又可以作为其他产品和服务贸易的一种促进手段,在国际贸易中肩负着双重角色。此处重点介绍国际电信服务及信息服务的相关内容。

根据GATS电信服务附录的定义,电信服务是指通过电信基础设施,为客户提供的实时信息(声音、数据、图像等)传递活动。国际服务贸易中的电信服务一般是指公共电信传递服务,国际服务贸易中的电信服务包括明确而有效地向广大公众提供的任何电

信传递服务，如电报、电话、电传和涉及两处或多处用户提供信息的现时传送，以及由用户提供的信息，无论在形式上或内容上两终端都无须变换的数据传送。

从狭义上讲，国际电信服务贸易是指在不同国家或者属于不同国家的任何性质的电信局或站之间提供的电信服务活动。这种国际性的电信服务的提供，由于发生了服务的跨境交付，根据GATS规范的四类贸易服务形式，属于典型的第一类服务，所以，这样的电信服务提供便构成了国际电信服务贸易。从广义上讲，国际电信服务贸易除包括传统意义上的国际电信服务贸易，还包括通过国外直接投资进行的贸易，如外国投资者收购电信公司或由国内外双方建立合资企业提供新的电信业务等。因此，国际电信服务贸易也存在跨境交付、商业存在、境外消费和自然人流动四种提供方式。

电信业在促进国际贸易发展、加速经济发展与丰富人类生活等方面发挥重要作用的观念已被人们广泛接受。现代化的电信装置、市场的开发，特别是跨国界可以电信化传送的服务进一步开放，将使得所有国家更加深入地参与国际贸易。电信业的革新对于确保完全实现电子商务的预期成长有重要的影响。许多在基本电信业方面承诺遵守GATS的政府，已将发展不充足的电信网络和服务视为充分挖掘该国经济成长潜力的障碍。电信服务贸易的开放与发展显得十分重要。

（二）国际通信服务贸易的特征

◆ 1. 国家间网络的互联互通

国家间网络的互联互通作为国际通信服务网络的重要组成部分，成为国际通信服务贸易的基本特征。国际通信服务贸易主要是通过国家之间电信网络系统和邮政网络系统的互联互通来实现的，需要各国通信企业的通力合作。随着电信服务全球竞争日趋激烈，跨国企业对全球"一站式电信服务"的需求膨胀以及以互联网和电信服务为基础的全球电子商务的快速升温，国别的概念变得越来越模糊。本国现有的电信服务已经远远不能满足实际需求，各国电信网络的互联和操作显得越发重要和迫切。国家属性的电信经营者拥有并运行着各自的国内电信基础设施，包括用于交互连接传输的设备；而那些远程海底电缆和国际卫星等国际电信基础设施则通过双（多）边协议或共同所有而由两（多）国共同使用。这些国际设施的特点是各国共担成本风险，向得到授权的经营者开放，并且在向非所有方提供过境设施服务时，具有极高的互惠性。不同国家电信经营者间签署的双（多）边协议是依照国际电话电报咨询委员会推荐的多边框架所拟定的。

◆ 2. 比较优势锁定性强

在国际贸易中，一般各国凭借比较优势在商品或服务交易中获利。但由于国际市场竞争激烈，这种优势很快就会消失，但国际电信服务贸易的比较优势锁定性很强。国际电信服务贸易与其他服务贸易或商品贸易最大的不同点在于技术标准的垄断性。电信行业是典型的网络型企业，网络结构的一个基本问题是沟通和协调，而标准则是沟通和协调的基础。在"赢者通吃"的网络结构下，掌握标准的企业将会成为行业中的主导者和行业利润的主要攫取者。许多电信跨国公司通过创造和制定包含众多知识产权的技术标准和规则，迫使竞争对手成为追随者，从而控制电信市场规则和市场竞争格局，并通过跟随者对技术标准的依赖将其牢牢地锁定在技术跟随者的角色上。竞争过程中，电信技术标准在很大程度上决定了电信行业领导权的兴衰。在信息社会，电信作为主导性技术产业领域，通过标准竞争获得的产业领导能力可以转化为持久的产业比较优势，进而影响到上下游产业的竞争绩效。而产业的结构和绩效又会影响到国家竞争优势。发达国家跨国公司继续以技术优势控制支配国际生产体系，控制支配产业价值链和供应链的价值实现。在当前全球电信产业新型的跨国生产体系中，一条是依靠跨国公司母公司的直接投资和公司内贸易形成母子企业之间的价值链体系，另一条是通过非股权安排的企业间交易网络形成由核心企业主导的供应链体系。核心企业通过掌握技术、市场标准和销售渠道，可以控制整个供应链和产品的价值实现，在全球化过程中获取巨大利益。

◆ **3. 商业存在形式在国际服务贸易中的阻力较大**

由于信息通信技术已渗透到国家政治、经济、军事等社会发展和国民经济各领域，智能生产和智慧城市的建设都必须运用通信手段来监控，任何政府都要运用通信手段来宣传政策主张、管理国家，人们要利用通信手段来交流信息，因此，通信服务贸易已超越了单纯的一般服务贸易，直接介入一国比较敏感的社会政治、经济和科技等各个方面，受政策制约力度较大，安全敏感度高，阻力较大。例如，美国虽然一直推崇自由竞争、呼吁各国开放电信市场，但对欲进入美国通信市场的外国企业，却通过 WTO 的安全例外条款加以阻止。在增值电信业务市场开放上，美方已经开放了列入承诺表中的所有增值电信业务，并且给予外资国民待遇，但在基础电信业务市场开放上，其对涉及其他国家电信企业在美的商业存在均予以阻止。涉及卫星通信业务时，只有美国 COMSAT 公司拥有接入国际通信业务和国际海事卫星的专营权，排除外资进入。涉及无线电业务许可证时，下列性质的外资不能在美获得无线电业务许可证：外国政府或其代表；非美国公民或其代表；不是按照美国法设立的美国法人；由外国政府、外国人和外国法人拥有超过 20% 的发行股票占比的美国法人。

◆ **4. 技术标准化程度高**

服务的异质性使大多数服务贸易具有异质性。大多数服务由于服务的主体和服务对象均是自然人，服务品质既由服务提供者素质的差异决定，也受到消费者本身个性的特定影响，因而服务贸易具有差异性。而通信服务贸易特别是电信服务贸易，一般是人通过电信设备提供服务，这就对硬件设备提出了较高的要求，只有符合一定的技术标准或协议的硬件才能入网，才能实现国际通信网络的互联互通，进而提供标准化的或较高水平的服务，这也就使得国际通信服务贸易的技术标准化程度高，甚至高于商品的标准化程度。

二、国际通信服务贸易的作用

（一）有利于信息的传输和交换

生产、贸易、国防、科技等社会生活的各方面都离不开通信服务，它是现代社会的重要支柱。在当今社会中，一个企业在市场竞争中的胜利在很大程度上取决于其对信息的掌握。生产者掌握了正确的市场信息，就能以更适销的、价格比对手更有竞争力的商品占领市场；投资者掌握了金融市场、证券市场的走向，就能选择正确的投资渠道以获取高额利润。远隔千里的人们能方便地交流，从电话、电报到传真、可视电话，每一种新的通信工具的产生都能给人类生活带来重大影响，这也是通信业得以突飞猛进的原因之一。

（二）有利于节约人力和资金

通信业的发展缩短了社会化大生产中的信息传递时间，社会交易成本得到大幅度降低，促进了经济水平的提高。例如，充分利用电话，可大大减少差旅费和会议费支出，还可大大减轻交通运输的压力。据美国相关部门预测，利用现代化的电信手段实现新型的分散式办公，在 2000 年，可节约 300 亿～470 亿美元的交通运输投资费用。日本电信界认为，用电信手段代替业务面谈，可节省 60％的交通能源。

（三）有利于促进世界经济全球化的进程

通信业的发展促进了世界经济全球化的进程，国际通信的发展使得方便及时地组织跨国生产经营成为可能。近年来，人工智能、大数据、互联网、量子科学、结构生物学、脑科学方面的研究成果已经深刻地改变了很多行业的业态。从德国提出"工业4.0"概念以来，关于"第四次工业革命"的论断层出不穷，人们把这次变革看成继蒸汽机、电力、计算机之后又一轮生产力的飞跃。甚至可以说，自计算机发明以来，这次以数字和计算能力驱动的革命，可能已经将从农耕时代、工业时代走来的人类推向了新的数字时代（或称信息时代）。根据国家信息中心 2018 年发布的《2017 全球、中国信息社会发展报告》，全球 126 个样本国家中的 57 个国家已经进入信息时代。信息的数字化已经给人类的生产力和生产关系带来了根本性的持续的变化，也将促进世界经济全球化的进程。

（四）有利于促进相关产业的发展

通信服务的发展有利于国际贸易、国际金融和国际运输等业务的开展，国际通信服务贸易的发展更是大大促进了这些业务的发展。同时，信息化水平的提高有利于促进信息化与工业化的深度融合，通过资源转化实现产业结构的优化升级。

三 国际通信服务贸易的发展

（一）全球通信服务贸易的发展

从整体上看，全球正在从工业社会向信息时代转型道路上稳步发展，尤其是数字技术的快速发展推动了全球信息社会的建设。

在科学技术的高速发展以及各国创新意识的逐渐加强下，国际通信服务贸易快速发展。以电信服务贸易为例，WTO的统计数据显示，欧盟和美国是全球电信服务贸易的最大进出口经济体，2013年欧盟的电信服务贸易出口额达到了5110亿美元，进口额达到了4130亿美元；美国的电信服务贸易出口额达到了1410亿美元，进口额达到了730亿美元（见表10-1）。

表10-1　2013年电信服务贸易主要进出口国

排名	出口国家和地区	出口额（十亿美元）	前十位中占比（%）	排名	进口国家和地区	进口额（十亿美元）	前十位中占比（%）
1	欧盟	511	64.9	1	欧盟	413	70.0
2	美国	141	17.9	2	美国	73	12.4
3	科威特	34	4.3	3	俄罗斯	28	4.7
4	加拿大	22	2.8	4	加拿大	17	2.9
5	印度	21	2.7	5	日本	14	2.4
6	中国香港	16	2.0	6	印度	11	1.9
7	俄罗斯	15	1.9	7	韩国	10	1.7
8	挪威	10	1.3	8	中国香港	9	1.5
9	日本	9	1.1	9	挪威	8	1.4
10	印度尼西亚	8	1.0	10	印度尼西亚	7	1.2
总计		787	100.0①	总计		590	100.0

（资料来源：WTO，International Trade Statistics 2015）

（二）中国通信服务贸易的发展

中国通信服务贸易规模逐年扩大，且发展速度越来越快。2016年，中国通信服务贸

---
① 编者注：由于上述十个国家和地区的占比是四舍五入得到的结果，所以这里相加得到99.9，但这里标注100.0；右边的进口前十位占比总和也是一样的，相加得到100.1，但这里也是标注100.0。

易规模扩大趋势初步显现。到 2018 年，中国通信服务贸易额创下历年新高，涨幅高达 33.8%。截至 2020 年末，中国通信服务贸易仍保持较高速增长态势，同比上涨 28.5%。从进出口贸易量来看，中国通信服务贸易顺差趋势显著，且呈逐步扩大趋势。中国统计年鉴显示，2018 年中国通信服务出口量同比涨幅高达 40.9%，而进口量涨幅仅为 19.2%。由此中国通信服务进出口贸易量差距逐步拉大，贸易顺差呈快速增长模式。到 2020 年末，中国通信服务进出口顺差额已经高达 377.1 亿美元。

但中国通信服务贸易发展中的贸易结构不均衡的问题也日渐凸显。一直以来，计算机和信息服务在中国通信服务贸易中都居主体地位（见图10-1），整体分类占比存在严重不均衡的现象，且差距仍在日渐扩大。相关资料显示，2015 年计算机服务占比高达 89.3%。此后，随着中国服务贸易规模的扩大，通信服务贸易进口额也不断增加，2018 年计算机和信息服务进出口服务贸易总额高达 671.5 亿美元，同比上涨 35.4%，主体地位愈加稳固；电信服务进出口总额虽有小幅上升，但在通信服务贸易中占比仍处于劣势，只有 36.8 亿美元。截至 2019 年，这一趋势仍然没有改善，计算机和信息服务占比还在持续扩大。2020 年末，计算机和信息服务进出口总额为 912 亿美元左右，同比上升约 19.2%。① 可见，中国通信服务贸易结构有待改善。

图 10-1　2015—2020 年计算机和信息服务贸易额

1. 我国通信服务贸易结构应该如何优化？
2. 为什么我国通信服务开放水平不高？

---

① 吴劭宸. 双循环发展背景下中国通信服务贸易发展困境及竞争路径［J］. 对外经贸实务，2021（10）：53-56.

第二节　国际建筑服务贸易概述

一、国际建筑服务贸易的内涵和作用

（一）国际建筑服务贸易的内涵

国际建筑服务贸易是指国家或者地区之间围绕建筑产品的生产以及与建筑业生产活动相关的所有的服务过程，是一种国际经济合作的方式。

国际建筑服务贸易通常是以承包国际工程项目作为其主要的业务形式。所谓国际工程项目，是指工程项目的参与者来自一个或多个国家，按照国际通用的管理模式进行管理的国际性建筑项目。从我国的角度看，国际建筑服务贸易通常包括在海外参与的建筑工程项目，如勘察设计服务、建筑服务和工程监理服务等项目；有时也包括国内涉外建筑工程项目，如利用世界银行等国际金融组织贷款建设的工程项目。

工程承包公司和人员从事的国际工程业务，通常可以分为两个主要领域：一是国际工程咨询；二是国际工程承包。在国际工程市场上，工程咨询公司和工程承包公司可从事的业务范围并没有严格划分，一些有实力的咨询公司涉足的往往不是单纯的设计咨询任务，而是进行"设计—施工"一条龙服务，向提供全面服务方向发展。近年来，国际工程咨询与国际工程承包已呈现相互渗透、相互竞争的态势。

国际建筑服务贸易的业务范围相当广泛，几乎涉及国民经济所有的部门，渗透于社会生产和社会生活的各个领域。国际工程项目既可以按工业项目、农业项目、商业或服务项目分类，又可以按劳动力密集型项目、资金技术密集型项目分类。如公路、桥梁、民用住宅等，属于劳动力密集型项目，承建时需要大量的劳务；而核电站、海底隧道、光纤通信、航天、航空、电子、海水淡化、综合性的石化项目，则属于资金技术密集型项目。

（二）国际建筑服务贸易的作用

建筑公司提供建筑物及其他结构的蓝图及设计，而工程技术公司提供建筑物结构、安置、土木工程及工业程序等的计划、设计、施工及管理服务。在项目中，顾问工程覆盖所有阶段，与其他专业服务有实质性重叠，因此，建筑和工程技术服务为一个整体，或与实际施工相关联。由于此特性，建筑和工程技术服务产量的经济重要性在衡量时不容易得到正式统计，常常涵盖其他服务产量，如商业服务或营建服务。在没有认证或登

记制度的国家，专业统计或员工统计是有疏漏或不可靠的。在美国，工程技术服务占专业服务的大部分，而在欧洲恰好相反，建筑服务占专业服务的大部分，工程技术服务则只占小部分。

国际建筑服务贸易能够带动机器设备、人力资本以及运输等各项服务的出口，促进国家整体经济的发展，是"一带一路"倡议的重要组成部分。建筑和工程技术服务与整个经济循环相关联，该类服务的需求可作为营建业的中期指导。

二 国际建筑服务贸易壁垒

由于建筑和工程技术服务不同于营销、广告、咨询等不需要认证的服务，属于需要认证的专业服务，因此，发放和承认专业资格的法律规定即构成建筑服务贸易壁垒。关于这个问题，专业服务工作小组在探讨建筑和工程技术服务时也有所提及，但是相对于会计服务、法律服务的认证，建筑和工程技术服务受限制较少。近年来，在建筑及工程技术服务方面，各国之间相互认证，如专业经历、教育、执照及证书已十分普及。

专业服务规范的目标是确保服务的品质及保障消费者，建筑和工程技术服务也是如此。建筑和工程技术服务的市场准入限制包括设立商业存在的限制，通常要求与本地专业人士合资或合伙；自然人流动依经济需要或国籍而定；外国厂商进入受限于标的的金额或小型建筑设计；国民待遇限制包括居留需求，或须使用本地服务，或须雇用本地专业人士。

在经济合作与发展组织国家中，建筑和工程技术服务通常没有法律规范，也不属于特定的从业人员；外国专业人士提供建筑和工程技术服务所受到的规范比会计师及律师所受到的规范要少。许多经济合作与发展组织国家报告中没有建筑服务法规（如丹麦、芬兰、挪威），没有工程技术服务法规（如澳大利亚、丹麦、芬兰、瑞士、英国），而所有经济合作与发展组织国家报告会计服务与法律服务有相关的法律规范；然而，在一些国家（如芬兰、挪威、英国），建筑师是受保护者。显然，建筑和工程技术专业服务的控制是趋向于与对象相关的规范，如建筑物法规、安全标准等。

国际建筑服务贸易中常遇到的困难是不被认定或受限制的教育程度、资格或执照，国籍及居留规定，合伙限制，合约限制（包括政府采购合约，以及出于伦理道德原因限制刊登广告等）。有的国家规定外来建筑和工程技术服务供应者要与本地专业人士合伙，以维持服务的品质、确保对本地文化的认知、了解其他与市场有关的情况。与此同时，建筑师一般缺乏国际事务训练，很多建筑师不熟悉外国市场，文化及地域障碍成为建筑师进入外国市场的障碍。国际建筑服务贸易中，许多公司面临准入障碍，包括外国人投资限制、合伙人数限制、本地公司的国际关系限制以及政府采购政策限制等。

第三节　典型案例

案例一　印度的"硅谷"——班加罗尔

一、案情简介

班加罗尔位于印度南部，是印度第五大城市，它凭借软件信息技术公司的聚集闻名于全球。信息技术服务是服务商为其用户提供信息咨询、软件升级、硬件维修等全方位的服务。具体业务包括产品维护服务、IT 专业服务、集成和开发服务、IT 管理外包服务等。班加罗尔是印度最重要的软件生产基地，有"亚洲硅谷""软件之都"的美誉，不但被称为印度的"硅谷"，更被看作印度未来发展的希望之城。

班加罗尔腾飞的历史并不长。1991 年，印度政府在这里设立了该国历史上第一个软件科技园，这块宁静的土地继而声名大振起来。班加罗尔在印度享有多个"第一"：它是印度第一个为各种信息服务公司建立了工业区的城市，它的科技园是印度第一个配有传送数据的卫星通信系统的区域，它还是亚洲开发银行在印度实施"城市综合开发"计划的第一个城市。

按印度政府颁布的法令，班加罗尔科技园为自治机构，直属印度电子部（现为印度通信和信息科技部）。为吸引外来投资，印度政府对科技园实行了一系列优惠政策，包括免除全部进口关税、允许外商独资经营、10 年内免征所得税等。此外，科技园的硬件也堪称一流。庞大的地面卫星站，可以随时支持同世界任何角落进行畅通无阻的交流；完善的基础设施，提供诸如复印、文传、培训及保安等服务，使入园公司放心投资。尤其令投资者注目的是，这里集中了印度科学研究所、班加罗尔大学、农业科学大学、拉曼研究所、国家宇航研究实验室、国家动力研究所等印度一流的科研机构和高等院校，构成发展高科技的强大后盾。

班加罗尔无疑是印度软件业快速发展的一个缩影。资料统计显示，印度生产的计算机软件产品已远销世界 70 多个国家，其中 28 个国家完全依靠印度的计算机软件和服务支撑。美国是印度软件产品的最大市场，其次是日本。欧盟、东南亚等国家或地区也是印度软件产品的主要消费者。目前，班加罗尔集中了 5000 多家高科技企业，集聚了印度 35% 的 IT 和软件人才。

印度在独立后的几十年时间里，一直实行进口替代的工业发展战略，促进了重工业和劳动密集型加工业的发展，在满足国内市场需求、扩大就业、增强经济自给能力等方面起到了重要作用。但是，20世纪80年代中期，印度出口仅占世界出口总额的0.5%左右。由于印度忽视产业结构的调整和产品出口，产品竞争能力不尽如人意。从20世纪80年代中期开始，印度政府决心用电子和教育把印度带入21世纪。印度政府在第七个五年计划（1985—1990年）中提出要实现软件出口30亿印度卢比的目标，政府为此制定了计算机软件出口、软件开发和培训的政策，此后又陆续推出了一系列放宽许可证、降低进口税的政策。

印度电子部软件发展局每年都有一笔专款用于开拓国际市场，它经常会同驻美软件企业的联合会和美国电子协会，发起在硅谷和波士顿召开的"印度软件会议"，在国内外举办各种专门针对软件出口的研讨会和展览会。印度电子部还常常就软件出口对策进行大规模的专项研究，例如对国际软件市场潜力、数据库、市场渠道、价格及价格分布结构、数据通信、人才需求以及相关硬件发展条件等方面进行研究。

1990年，政府通过了促进软件产业发展的新政策：第一，对所有出口软件的企业免征所得税；第二，对实际出口量高于国外订货任务3倍的软件企业征收的进口关税从65%减至25%；第三，免征进口软件的双重税收。1998年，印度政府提出了"信息产业超级大国"战略目标和发展软件业的108条措施，备受世界瞩目。

除了促进软件出口外，印度政府还通过兴建一批软件技术园来带动全国软件产业的发展，通过创造良好的投资环境来吸引更多的外国公司来印度投资。20世纪80年代末，印度电子部开始建设班加罗尔、普那和布巴内斯瓦尔三个软件技术园。政府给每个软件园投资了5000万印度卢比，并建立了相关的配套设施，如卫星与数据通信、基础设施等。软件技术园的主要目标是出口软件，成为印度软件出口的一个基地。

1991年，印度政府又提出"软件技术园区（STP）计划"，通过提供优惠政策和良好的设施服务，推动园区内软件开发和出口企业的发展，帮助企业开拓国际市场，并在新德里、海德拉巴、甘地拉加尔等地设立了10个国家级软件技术园，批准建立了750多家出口型软件企业，其中绝大部分企业已经开始正常运行。这些企业的软件出口增长十分迅速，总出口额占印度整个软件行业出口额的一大半。

为培养高质量人才，印度电子部下属的人才局负责各类软件人才开发计划的制订、实施、协调、检查等。印度在美国等发达国家有一大批留学生或者已经参加工作的中高级软件人才。政府为海外留学或者工作人员回国开办软件企业或者从事软件开发工作大开"绿灯"。这些归国的软件人才具备了从事软件开发与服务的良好技能，积累了丰富的经验，也拥有一定的资金，特别是与海外同行有着十分密切的联系，他们当中的许多人都形

视频资源：
"印度硅谷"
到底有多厉害

成了巨大的海外"关系网"，对促进软件出口起到了重要的作用。由于目标明确、措施得当，到2008年年底，印度本土已经有近300万人投身软件业，积累了丰厚的人力资源。尽管软件产业发展历史并不长，但印度能够在竞争激烈的全球软件市场中悄然崛起，是了不起的成就。2012年，印度软件及服务业总产值约1000亿美元，直接雇用约250万

人。软件产业成为印度高新技术产业中出口增长最快的产业,也是在印度国民经济中具有举足轻重作用的经济部门。印度的 IT 产业在全世界 25 个国家设有 77 个研发中心,自身产业的发展已经完全融入全球发展模式当中。IT 产业吸引投资 100 亿~150 亿美元。

知识角:
印度领先的
十大软件企业

1. 印度政府为发展软件业采取了哪些手段和措施?
2. 为什么印度政府选择软件产业作为其战略性贸易政策的目标?

二 案例评析

信息服务贸易是指与信息产品和信息服务有关的一切贸易形式和活动。它与一国服务贸易和国际贸易发展密切相关。以上案例告诉我们,虽然 2008 年国际金融危机爆发后信息服务贸易规模一度出现了萎缩和增长放缓,但印度服务贸易出口额保持了稳健的增长模式,成为世界信息服务贸易的生力军。我们在这里分析一下印度的软件信息服务业的发展。

(一)印度软件产业和出口在世界的地位

印度软件产业是对印度 GDP 贡献率高达 8%的产业。印度现在是世界上五大软件供应国之一,其软件产业约占领了世界软件开发市场份额的 20%。印度软件已出口到世界上 100 多个国家和地区,年出口量仅次于美国,而且主要是出口到发达国家和地区。在 1994—1995 年财政年度,印度软件产业的产值是 8.4 亿美元,出口 4.75 亿美元;而在 2018—2019 财政年度,印度软件产业创造了 1770 亿美元的收入和 1360 美元的出口额。[①] 印度著名的 IT 服务公司塔塔咨询服务公司目前的估值超过 1000 亿美元,年收入超过 200 亿美元。

多年来,印度软件业已经从提供成本效益高的后台支持走向成熟,并为推动全球公司的数字化转型起到重要作用。目前,美国、欧洲和其他地区的一千多家全球企业都采用了印度软件或服务,并建立了自己的 IT 或研发中心,以利用充满活力的印度软件生态系统。根据世界银行对各国软件出口能力的调查结果,印度软件的出口规模、质量和成

---

① 到 2025 年印度的软件产业将达到 800 亿美元[EB/OL].(2019-08-22)[2023-07-05]. http://tradeinservices.mofcom.gov.cn/article/lingyu/rjckou/201908/88654.html.

本三项综合指标均居世界首位。美国《财富》杂志的一项调查表明：美国最大的100家公司几乎全部把印度作为国外计算机软件来源的首选市场。目前来自世界各地的1250家公司在印度建立了自己的研发中心（包括中国的华为等公司），几乎覆盖了所有主要的垂直行业；软件/互联网、电信、半导体、汽车和工业是目前最热门的行业。银行业、零售业和医疗保健等行业的企业也开始推动其印度开发中心的数字工程工作。

（二）印度软件信息服务贸易发展迅速的原因

◆ 1. 政府的大力支持

信息技术产业以智力投入为主要要素，具有相对独立性。印度政府牢牢抓住全球信息产业大发展的契机，将软件信息技术产业置于优先地位，加速以自由化、私有化、全球化和市场化为中心的经济体制改革进程，并制定了一系列国家信息科学政策，这种公共服务产生了良好的政策效应。从以上案例也可以看出，良好的政策环境是印度软件信息服务贸易快速发展的"润滑剂"。

◆ 2. 印度的人力资源优势

印度软件服务业的基础设施相对来说比较落后，但是具有经营成本低、英语人才充足和与英美等发达国家商业联系密切的优势，印度充分发挥了"人才战略"的优势，并将这种优势逐渐延伸到高端业务，从而催生了一些塔塔咨询这样著名的跨国IT企业，使印度成为全球信息通信技术服务出口具有较强竞争力的国家。

◆ 3. 承接服务外包，保持优势地位

自20世纪90年代以来，印度凭借信息技术和低成本人力资源优势，把握住发达国家大量离岸服务外包的契机，迅速占领全球服务外包市场。在发展中，印度不满足于"世界办公室"的小角色，尝试进入全球产业链的中上游，吸引跨国公司将业务中的自主创新和研发环节转移到印度。根据毕马威（KPMG）的报告，虽然2019年以来疫情导致印度传媒和娱乐产业总体收入下降了20%，但印度基于互联网的各种视频及数据服务业务（OTT）增长17%，数字游戏增长10%。

（三）印度软件信息服务贸易发展对中国的启示

◆ 1. 培养、吸引并保留软件技术服务人才

软件产业不仅需要能够进行软件基础研究和软件开发的人才，还需要大量应用分析

设计和软件项目管理人才，以及软件市场化所需的企业经营管理人才。因此，我国要注重培养、吸引并保留软件技术服务人才。

◆ **2. 积极采用并参与制定国际标准**

标准就是门槛，中国软件信息业在国际竞争中经常受挫有很大一部分原因是受标准的阻碍。中国要积极采用并参与制定国际标准，在标准的制定过程中抢占制高点，在同类产品的市场竞争中赢得先机标准，有效地规避竞争，为自身企业的发展争取更高的平台。

◆ **3. 加强知识产权保护力度**

侵权盗版现象的蔓延，会给尚不成熟的国内软件产业造成巨大的冲击，无形中延缓一国软件产业的国际化进程。国家要加强打击盗版软件的力度，加强知识产权保护力度。从某种意义上讲，知识产权的保护已经成为一个社会性问题。

◆ **4. 进行差异化市场开发**

我国要根据各国软件在全球价值链中的地位和市场情况，加大力度推进自身软件的行业标准和产品技术标准的采用与普及，推动中国软件行业向全球价值链的高端延伸，提升中国服务贸易的国际市场竞争力。

（四）数字技术发展助力信息服务贸易更上一层楼

国际上以通信服务、计算机和信息服务、专有权利使用费和特许费以及私人、文化及娱乐服务四大类为统计口径。而通信服务、计算机和信息服务、专有权利使用费和特许费、咨询、传媒、电影和音像6个大类能较好地反映信息服务贸易的近似内涵。

随着新一轮科技革命和产业变革的进行，社会和各行业信息化水平不断提升，企业对信息资源的挖掘、利用和开发有了更深入的要求，普通消费者对信息化产品、信息资源的利用也有了更多样化的需求，信息服务贸易市场规模将持续扩大，信息服务贸易领域技术创新将进一步强化。

软件技术是信息技术之魂、网络安全之盾、经济转型之擎、数字社会之基。中国要把握契机，做大做强软件产业，努力实现以数字产业化培育新动能、以产业数字化孕育新动力、以社会智慧化引领新发展，让软件产业发展的红利惠及更多行业、更多地区和更多人民。

拓展案例：
美国、墨西哥电信服务争端

当前，信息化产业前景巨大，在 AI（人工智能）、云计算等新兴技术的加持下，众多行业的数字化转型升级需求越发明显，数字化信息化的建设在政策的扶持将下进一步发展。未来，大数据、人工智能、物联网等技术与应用会呈现更快的发展态势，并与信息化行业进行更深层次的融合，创造更广阔的发展空间。

案例二 "中国设计"闪耀卡塔尔世界杯主场馆

一 案情简介

当地时间2022年11月20日，2022年卡塔尔世界杯正式拉开帷幕。本次世界杯的主赛场卢赛尔体育场闪耀亮相，成为卡塔尔的"国家名片"。卢赛尔体育场位于卡塔尔首都多哈以北15千米的卢赛尔新城，作为本届世界杯的主体育场，卢塞尔体育场可容纳92000余名观众，将举办包括决赛在内的10场重大赛事活动，是本届世界杯比赛最受瞩目的标志性建筑。卢赛尔体育场为卡塔尔斥资7.67亿美元打造，于2016年开工，2021年年底正式竣工。

卢塞尔体育场是由中国铁建国际集团承建的，这是中国企业第一次以设计施工总承包的身份，参与国际足联最高标准的专业足球场建设，也是中国企业首次执行世界杯主体育场的设计建造任务，更是目前中国企业在海外建造的规模最大、容纳人数最多的专业场馆。作为卢塞尔体育场的大跨度结构设计方，北京市建筑设计研究院有限公司（以下简称北京建院）是本届世界杯场馆建设的重要组成力量。卢塞尔体育场设计的背后，是北京建院在专业足球场和其他体育建筑设计领域几十年如一日的深耕与积淀。

卡塔尔世界杯是国际足联这项当今世界最具影响力的体育赛事首次走进中东地区，体育场设计方案显得尤为重要。卢塞尔体育场设计方案由Foster＋Partners、Arup、Populous等机构组成的设计联合体完成。在设计施工总承包方中国铁建的组织下，澳大利亚Aurecon、北京建院、英国AFL等设计机构组成的国际团队合作对方案进行调整和设计。北京建院承担了整座建筑最复杂的系统——主体钢结构和屋顶索膜结构的方案调整、初步设计和施工图设计。国内钢结构和索膜结构的参建方还有精工钢构、巨力索具、北京建筑工程研究院、海勃膜结构、中国建筑科学研究院等。

卢塞尔体育场建筑造型的设计灵感来源于伊斯兰椰枣碗和珐琅灯笼，其外立面像一个巨大的金碗，巨大的马鞍形屋盖由轻盈、通透的菱形叶脉网格覆盖。为了提升场馆在极端天气的办赛能力和观众的观赛体验，罩棚采用参数化数字协同设计，具备遮阳、照明、排集水、融雪、光伏发电和吸声降噪等功能。

视频资源：
卡塔尔世界杯
球场的中国元素

卡塔尔中央银行于2022年11月9日推出卡塔尔世界杯特别版纪念钞，以纪念本国和中东地区首次举办足球世界杯，纪念钞图案就包含中国企业承建的卡塔尔世界杯主体育场。

（资料来源："中国设计"闪耀卡塔尔世界杯主场馆［EB/OL］．（2022-22-21）［2023-07-22］．https：//www.thepaper.cn/newsDetail_forward_20828660）

二 案例评析

以上案例说明，北京建院在几十年的发展历程中，一直以体育建筑的设计和研究为业务重点内容和长项，专业足球场是北京建院在体育建筑领域深厚技术积淀的一个缩影。

（一）中国建筑服务发展历史悠久，积淀深厚

从新中国成立开始，北京建院与祖国的体育事业一起经历了四个发展阶段。

第一阶段：新中国成立初期，百废待兴，体育事业刚刚起步，体育场馆和基础设施极为欠缺。这个时期是北京建院与体育建筑结缘的开始，北京建院老一代设计师独立自主地设计了以北京体育馆、北京工人体育场、北京工人体育馆和首都体育馆等为代表的新中国最高水平的体育建筑，为中国体育建筑历史写下浓墨重彩的开篇。

第二阶段：伴随着改革开放，中国承办大型国际体育赛事的机会日益增多。20世纪80年代初到2000年，北京建院完成了国家奥林匹克体育中心、北京大学生体育馆、光彩体育馆、亚运村以及中国第一座室内速滑馆等一批原创场馆的设计。这个时期，北京建院体育建筑设计团队敏锐地把握住最新国际体育建筑趋势，大幅提升了中国体育建筑的设计理念、技术标准和设计方法，使中国的场馆真正成为承办国际体育赛事的舞台。这既是改革开放后中国综合国力提升的表现，也是中国体育建筑接轨国际标准的开始。

第三阶段：北京经历了三次奥运会申办，北京建院是唯一三次都参与申办工作的设计单位。在2008年奥运会申办成功之后，北京建院承担了国家体育馆、五棵松体育馆等新建场馆的设计，以及国家奥林匹克体育中心体育场和体育馆、北京工人体育场、北京工人体育馆、首都体育馆等的改造设计。从20世纪末到2010年，以2008年北京奥运会场馆为代表的国际最高水准的体育建筑，极大地提高了中国体育建筑的设计水平和建设标准。这一时期，建筑师们在高标准满足场馆顶级赛事功能的同时，开始考虑场馆赛后运营的多功能使用问题。

第四阶段：北京奥运会的成功举办带动了全国大中型体育场馆的建设，许多城市为了承办赛事，大量建设大型场馆，随之也引发了体育场馆日常运营方面的问题。如何在国家大力发展体育产业的背景下，有效解决场馆运营的难题是后奥运时代体育建筑发展的重要课题，发展体育服务综合体也因此成为体育建筑设计的新趋势。在这一时期，北京建院完成的深圳湾体育中心、重庆华熙LIVE鱼洞体育馆等场馆成功实现了运营转变。在随后的2022年北京冬奥会场馆设计中，北京建院秉承"绿色、共享、开放、廉洁"的办奥理念，在设计之初就考虑到后续运营维护功能，承担了国家速滑馆等4个新建场馆、首都体育馆等5个改造项目、16项赛时运营设计和临时设施设计工作。北京建院的体育建筑作品再一次向世界交出圆满答卷，赢得了国际建筑业的信赖。

(二)中国建筑服务贸易快速发展,但国际竞争力仍有待提高

建筑服务贸易历来都是服务贸易领域的重要内容,它不仅能直接影响服务贸易的外汇收入,还可以带动国内的机器设备、原材料和运输、通信、保险、金融、航空等相关服务的出口,增加就业,促进人才的培养,对一国的经济发展起着很大的促进作用。国际惯例将建筑服务纳入生产性服务业范围,具体到建筑业,包括:上游阶段的投资、可行性研究、设计、风险资本等服务;中游阶段的设备租赁和维护、质量控制等服务;下游阶段的营运、法律、保险、公共关系等服务。中国入世后,建筑服务贸易发展很快,竞争力指数由负转正,竞争优势逐渐增大,现已成为建筑服务贸易的净出口国,其建筑服务的生产效率也高于世界平均水平。近些年来,在新发展理念引领下,中国建筑业建造能力和水平大幅提升,一批高、精、尖标志性工程相继建成,建筑业工业化、绿色化、智能化转型升级成效日益明显。

2020年,中国建筑服务贸易总额为332.8亿美元,比"十二五"末增长24.0%。[①]各类大型专业建筑公司所占比重不断增加,已形成一支门类齐全、企业管理水平高、企业文化新、国际社会认可度高的队伍。一批具有较强实力的大型建筑企业在世界建筑服务领域排名不断上升。2019—2020年综合排名前十的建筑公司如表10-2所示。

表10-2 2019—2020年全球综合排名前十的建筑公司

序号	企业名称	2020年排名[②]	2019年排名
1	中国建筑	↑79	80
2	法国万喜	↑137	159
3	中国中铁	204	198
4	中国铁建	211	200
5	中国交建	267	180
6	日本大和房建	↑324	368
7	印度拿丁	443	438
8	法国布依格	445	424
9	美国Lennar	↑454	496
10	中国电建	467	381

(资料来源:《勘察设计前沿》,2020-06-17)

---

① 我国服务贸易规模连续7年位居全球第二位[EB/OL].(2021-09-06)[2023-07-21]. http://kz.mofcom.gov.cn/article/jmxw/202109/20210903195566.shtml.

② 注:该排名表示企业在福布斯杂志公布的全球上市公司2000强排行榜(2020版)中的排名,该排名是根据企业的营业额、利润、资产和市值的加权平均计算出来的。

中国建筑服务贸易的历史性变化说明，中国建筑立足投资、建造、运营一体化优势，大力发展基础设施，坚持海外优先战略，加快数字化转型、绿色智能建造，提升企业防范化解风险的能力，才取得了今天高质量发展的成果。但从全球的视角看，中国建筑服务贸易的国际竞争优势有待提高，其中生产要素、需求因素、政府因素、相关产生及支持产业、市场开放度、市场结构等都是重要的因素。提升中国建筑服务贸易竞争力水平，一方面需要进一步提高建筑服务市场对外开放度，加大建筑企业要素投入、合理运用宏观调控政策、加强产业间合作、更加合理地利用外商投资等；另一方面，要鼓励建筑企业对标国际先进企业，加快转型升级，发展智能建造，提高建筑工业化、数字化、智能化水平，发挥建筑师的主导作用，在民用建筑工程中推进建筑师负责制，增强工程总承包和全过程工程咨询服务能力，促进"投建营"一体化发展，鼓励企业投身"一带一路"建设，通过国际合作、并购、属地化经营，积极开拓国际市场，不断提高国际竞争力。

复习思考

1. 简述国际通信服务贸易的概念。
2. 国际通信服务贸易包括哪些类别？
3. 国际通信服务贸易有哪些作用？
4. 是否通信服务开放水平越高，对一国越有利？并说明理由。
5. 简述国际建筑服务贸易的概念。
6. 国际建筑服务贸易有哪些作用？
7. 常见的国际建筑服务贸易壁垒有哪些？

延伸阅读：
金融危机挤破
"软件园泡沫"

第十一章 国际商业、分销和文化服务贸易

> **学习目标**
>
> ■ 熟悉国际商业服务贸易、国际分销服务贸易、国际文化服务贸易的概念；
> ■ 掌握国际商业服贸易务、国际分销服务贸易、国际文化服务贸易的分类；
> ■ 熟悉我国商业服务贸易的发展情况。

第一节 国际商业服务贸易概述

一、国际商业服务贸易的内涵与特征

（一）国际商业服务贸易的内涵

国际商业服务贸易是指发生在国家（地区）与国家（地区）之间的商业服务的交易活动和交易过程。商业服务贸易的范畴由商业服务的范畴所决定，按 GATS 的分类规定，商业服务包括专业服务、计算机相关服务、研究与开发服务、不动产服务、无操作人员的设备租赁服务及其他商业服务 6 个子部门。

从行业组成中不难发现，商业服务贸易领域很多行业都是专门解决企业在生产、组织和管理活动中的各种问题和各项任务的。

（二）国际商业服务贸易的特征

具体说来，商业服务是一种知识型服务。相较于劳动密集型服务，商业服务是一种主要由技术、技能和知识构成的服务。这也使得国际商业服务贸易除了具备服务贸易的

一般特征外，还具有服务产品的知识含量高、人力资本构成重要的竞争力量、商业服务贸易附加值较高等特征。

◆ **1. 服务产品的知识含量高**

商业服务贸易是知识型服务贸易的重要组成部分，知识主导性构成了商业服务贸易最为基本的行业特征，专业的知识及技能是商业服务贸易存在和发展的根源。在传统的农业经济以及之后到来的工业经济时代，许多产业的发展主要是依赖对自然资源的开发利用以及原始的资本积累，产业的从业者出于其本能的利益驱动推动产业财富的创造。与之相反，以商业服务业为代表的知识型服务业的发展主要依赖于知识和技术，它们是创造产业财富的内在动力。自然资源及资本具有稀缺性、有限性，同时其投入与产出服从于边际报酬递减规律；而知识资源、专业技能具有自然资源与资本所不具备的创新性，知识和技能可以学习、传播、共享，其创造财富的能力是无限的。商业服务贸易传输的有效要素是知识和技术，服务提供者通过对知识和技术进行使用、分散、整合和再创造，满足消费者的要求、达到消费者的目的。

◆ **2. 人力资本构成重要的竞争力量**

人力资本是知识和技术的有效载体，所有知识和技术都需要通过人力资本来承载和提供，因此商业服务贸易不仅属于知识密集型，更展现出高水平人力资本密集型特征。服务的专业化分工本质上是把企业的生产、服务目标集中于特定的购买者、消费者，将其所生产的产品投放于某一特定范围的市场。企业的服务专业化必须依据各企业人力资本知识与技能的竞争优势，集中绝大部分的企业资源，制定明确的企业产品战略和发展战略，集中向某一行业、或某一特定市场提供服务，加快企业市场竞争力的形成和巩固，培育具备一定的核心市场竞争力的产品，并将其积累的经验合理地应用于国内外客户的实际项目中，通过服务专业化保持企业竞争力。提供专业化服务的前提是商业服务从业人员具备服务对象所在行业的专业知识和技能，并能够将个人经验转化组织经验，再通过创新应用，将组织经验转化最后的服务产品，因此，商业服务行业中的人力资本是商业服务专业化的基础。商业服务的营销导向也能从侧面说明人力资本对于商业服务业发展所起的决定性作用和影响。尤其是咨询行业，在一些国家和地区，很多会计师事务所、律师事务所、私人诊所以及安保服务企业均以合伙人的名字命名，通过企业中的自然人在行业中的口碑、声誉以及公共关系实行以"人"为核心的营销模式。

◆ **3. 商业服务贸易附加值较高**

伴随着高新技术产业的发展，经济增长方式的转变，以及贸易结构的不断优化，服务贸易也发生着时代变革。传统的以劳动力密集型、资源密集型、资本密集型为主的贸易增长方式已经不再适应当前发展的需要，传统服务业在服务贸易中所占的比重呈现不断下降或停滞的趋势。以商业服务为代表的知识技术密集型现代服务业是未来服务贸易发展的热点。商业服务如管理咨询、计算机及信息服务、广告宣传、研发等，正以飞快的速度发展，其在国民经济中所占的比重不断提高。以商业服务为代表的知识技术密集型服务在国际交易的过程也是知识和技术的生产、传播和使用的过程，具有高知识度、高技术度的特点，因而只允许少数服务提供商进入，形成了特殊的技术壁垒和一定的垄断性，它们的利润空间大，所产生的经济附加值高。

二、国际咨询服务贸易概述

随着国际服务贸易的发展，国际咨询服务发展迅速，其在商业服务中的价值愈发显著。按 GATS 的分类规定，咨询主要指管理咨询，属于商业服务里的其他商业服务。作为一种智力服务业，它可以充当政府或者企业的"外脑"，为政府或企业排忧解难。国际咨询服务是以知识和技术为手段，以协助客户解决复杂的决策问题为目的，向社会提供智力服务的行业。

（一）咨询服务的定义及特点

◆ 1. 咨询服务的定义

英国管理咨询协会（MCA）对咨询服务的定义是：针对有关管理问题提出独立的建议和帮助，它一般包括确定和考察相关问题以及机会，推荐合适的行动方案，并且为所提出的建议提供帮助。中国管理咨询协会（CMCA）对咨询服务的定义是：合格的独立人员或者人员小组，为企业、公众、组织或其他事业组织提供有关服务，以确定和考察有关的政策组织和程序方法。

总之，咨询服务属于随着社会经济发展而迅速成长的知识密集型产业，对于企业长期稳定发展至关重要，因此也越来越受到各界重视。

◆ 2. 现代咨询服务的特点

（1）现代咨询服务主要依靠信息资源进行服务

这里的信息不是我们所了解的一般信息，而是能够产生一系列行动的信息。现代咨询服务需要充分应用现代信息技术和网络技术，促进其服务面的全球化。先进的信息技术是现代咨询服务必要的支撑手段。

（2）现代咨询服务是人才密集型的智慧行业

现代咨询服务不仅包括理论方面的知识，也包括咨询专家本人的经历和经验。传统咨询服务可能一个人就可以完成,这个人被称为"谋士"或"参谋",但是现代咨询服务是一个智囊团的工作,需要发挥集体的智慧。

(3) 现代咨询服务以周密的调查和科学的方法为依据

现代咨询服务不是简单的拍脑袋,而是使用一套行之有效的科学分析手段,以一定的理论知识为咨询依据,在周密、详细、广泛调查的基础上展开的服务活动,其咨询结论具有可靠性。

(4) 提供咨询服务的机构大多具有自主权和独立性

现代咨询服务比较客观,能够实事求是地提供咨询报告,不受无关因素的干扰。除专业的咨询公司以外,我国一些政府机构也有自己的研究中心、研究所或研究室,它们主要是为内部领导提供咨询服务。这其中一些咨询机构现在已经开始走向社会,进行独立的自主研究。

(5) 现代咨询服务领域相当广泛

它已经从早期的经济领域扩大到政治、军事、外交、法律和社会生活的各个领域,从宏观咨询到微观咨询,几乎无所不在。

(6) 现代咨询服务主要集中于发达的中心城市

现代咨询服务一般集中于智力和人才资源丰富的中心城市,或对国家政治、经济决策具有重要影响力的枢纽城市。例如,美国华盛顿的咨询服务业就很发达,咨询机构密集;我国的北京、上海、广州和深圳这些大城市,咨询服务业也很活跃。

现代咨询服务是全球增长最快的高端产业之一,从20世纪80年代到20世纪末,咨询服务业平均增长12%,高于全球同期国内生产总值的增长率。同时,一批优秀的咨询服务公司已经成为跨国经营服务的全球性咨询机构,或者成为多边联合组织的咨询机构。

◆ **3. 咨询服务业的作用**

咨询是智力和知识的服务和转让,是有针对性地向社会提供可供选择的方案、计划,或提供有参考价值的数据、预测和调查结果,对企业决策和社会经济发展、技术进步具有不可忽视的作用。

(1) 咨询机构是政府和企业的"外脑"

咨询不是决策,但可以为政府和企业的决策提供科学化服务。根据决策者的委托,咨询机构利用自己的知识、经验和已掌握的调查材料,对政府或企业的生产经营状况进行诊断,为决策者提供科学合理的一种或多种可供选择的建议或方案,从而减少决策失误,使决策进入科学轨道。

(2) 促进科学技术以及情报信息的横向交流和转移

咨询服务靠大量的信息、经验、知识和先进技术,促进科学技术以及情报信息的横向交流和转移。不同行业的决策者通过咨询服务，把实用的科技研究的新成果，不断地运用于生产实践，弥补自己在科技、信息上的不足，扩大了信息容量，促进了各行各业的知识更新。对于有些企业难以胜任的复杂课题和科研项目，咨询机构可以迅速集中大批科技人员和有关方面的专家，提供较为完备的研究手段，促成科研成果的产生或新的突破，这对中小企业而言尤其有利。

(3) 国际咨询服务扩大了国际技术合作的内容

第二次世界大战以后，特别是20世纪60年代以来，由于科技革命的影响，国际分工和世界经济一体化日益深化，国际经济合作方式除商品交易外，出现了国际投资、承包工程、劳务输出、技术贸易等属于服务贸易范围的多种交流形式。一些发达国家近年来更是积极开展技术贸易和涉外咨询。随着国际咨询业务的发展，尤其是工程技术咨询，许多西方国家在为国外客户委托的项目进行咨询服务时，在工程技术设计上往往采用本国的设备、产品和材料，这样可以带动出口贸易，拓展国际市场，不仅增加国家的外汇收入，也有利于本国经济的发展。

知识角：
咨询服务的
行业结构

（二）世界咨询服务业的发展进程

从历史的角度看，管理咨询产生于19世纪末的美国。当时，以泰勒为代表的"效率"顾问工程师将其科学管理理论运用于企业生产，提高了企业的生产效率，从而很快被社会所接受和承认。20世纪30年代以后，美国形成新一代管理咨询顾问队伍，他们具有多方面能力，能提供各种专门的咨询服务，并向经理和委托人提供所需的目标及其实现方法。其中最著名的当属麦肯锡咨询公司。在这些管理咨询公司中，管理咨询顾问形成了强有力的管理专家集团，他们通过具有独立性和开创性的管理咨询活动，帮助企业经理做出客观、有利的选择。通过把专门的管理知识转变为高效的生产能力，管理咨询组织为管理咨询建立了信誉，并且扩大了它的应用范围，促进了管理咨询业的发展。

第二次世界大战后，西方国家先后进入了经济发展的新时期，科学技术和工业生产迅速发展，企业规模进一步扩大。20世纪70年代以后，世界经济、科技、社会等方面发生了巨大的变革，1973年后西方工业发达国家的经济出现了滞胀，同时高新技术不断涌现，产品更新换代速度加快，企业间竞争加剧，以用户为中心的买方市场逐渐形成，企业经营难度加大。复杂多变的市场环境为咨询服务业的深入发展创造了机会。

知识角：
兰德公司——
世界知名决策
咨询公司

20世纪90年代以来，随着科技的迅猛发展，全球信息流动的速度不断加快，咨询服务业成为发展最快的产业之一，截至2020年，全世界咨询与信息服务业年营业额已达数千亿美元。

（三）中国咨询服务业的现状及发展

◆ 1. 中国咨询服务业现状

尽管由于起步晚、基础弱，中国的现代咨询业与发达国家有着一定的差距，但中国加入WTO之后，咨询市场一直处于增长状态，成为世界咨询服务市场的重要组成部分。一批具备国际眼光和先进管理水平的从业者，推动我国本土管理咨询公司逐渐向职业化、正规化的方向发展，从公司治理到服务范围逐步趋向于与国际接轨。

自20世纪80年代至2013年年底，根据美国市场调研机构IBIS World统计，我国有超过2.9万家管理咨询机构登记在册，2020年企业数量达到4万家。中国咨询服务贸易发展迅速，贸易额不断扩大，占服务贸易总进口额的比重也不断上升，如表11-1所示。

表11-1 中国咨询服务贸易进出口额　　　　　　　　　　（单位：亿美元）

年份	进出口总额	差额	TC指数	年份	进出口总额	差额	TC指数
2004	79	−15	−0.19	2011	468	98	0.21
2005	115	−9	−0.08	2012	534	134	0.25
2006	162	−6	−0.04	2013	640	170	0.27
2007	223	7	0.03	2014	692	166	0.24
2008	316	46	0.15	2015	731	272	0.37
2009	320	52	0.16	2016	767	263	0.34
2010	379	77	0.20	2017	473	149	0.32

注：2017年仅统计了专业和管理咨询服务数据。

（数据来源：国家统计局中国统计年鉴，商务部数据中心；转引自：徐玉梅，王月华. 中国咨询服务贸易发展现状、问题与策略［J］. 对外经贸实务，2019（6）：83）

◆ 2. 中国咨询服务业优势

（1）本土化优势

我国的咨询公司与国外公司相比，更了解国内的企业、中国的国情及文化，对于中国企业的现状、历史与文化背景要比国外的管理咨询公司理解得更透彻、全面、具体。由于对市场信息有着更多的了解，也更能有效地与客户沟通，建立稳定的客户关系，所提供的咨询产品往往也更能切合中国的国情，具有更强的可操作性。国外的一些大公司虽然咨询能力强、经验丰富，但由于文化背景及观念不同，常常会对中国的文化方式、中国企业体制、中国的市场感到困惑，提出的方案可操作性较差。

（2）灵活性优势

国外大公司基本上规模都较大，主要咨询对象为一些大型的、管理模式较西化的企业。他们通常对项目小、价格低的业务不屑一顾。而我国的咨询公司与国外的大公司相比，规模有大有小，对咨询对象的选择较灵活，且主要是针对一些中小型企业的管理咨询。服务的业务内容也较灵活，可以是单一的，也可以是综合的。由于中国的大部分企业均为中小型企业，咨询服务的目标具有更大的覆盖面，所以利于占据市场上小的空隙。

（3）价格优势

国外知名的咨询机构在中国的收费都普遍偏高，动辄数百万、数千万人民币。许多大型企业对"洋咨询"有过高期待，也接受了其偏高的报价，但许多"高价"方案的执行往往无法达到预期的效果，咨询产品带来的投资回报率较低，"洋咨询"逐渐失去自身优势。国内咨询公司比较了解中国的企业现状，知道他们最关心什么，有利于发挥低成本以及交易费用优势，在价格上占有较大的竞争优势。

◆ **3. 中国咨询服务现存问题及对策**

（1）缺乏咨询专业人才和理论

咨询服务作为知识密集型行业，渠道信息和管理经验是成功的关键，专业群体及专家网络显得十分重要。我国咨询业发展历史较短暂，企业经营管理理论和经验不足，与我国国情相适应的理论和人才队伍匮乏。首先，必须重视我国咨询机构对咨询人员的培训，当前许多咨询机构没有人员培训计划，或者培训计划缺乏针对性、层次性，许多高校也没有开设咨询专业，必须注重加强对人员的专业培训。其次，咨询行业可以聘用不同专业的高学历、高智商、有实践经验的人才加入咨询队伍。再次，高校应该以市场需求为导向，在信息管理领域设置咨询专业，培养咨询顾问，加强对管理咨询的研究，在非信息管理领域开设咨询选修课，增强咨询服务方面的理论教学研究。

（2）行业管理亟待规范

西方国家对咨询业的管理主要来自以下两方面：一是行业协会，二是政府。相对于国外咨询业近百年的发展历史，我国咨询业还是新兴行业，国家应对咨询业的发展做出长期的统筹规划，在税收、信贷、投资、规模控制等方面制定优惠政策。另外，国外一些著名的咨询公司，如美国兰德公司，每年有一大部分研究报告是为美国政府的重大课题服务的，这些课题涵盖美国的政治、军事、外交、经济等一系列重大事务的决策，所获得的报酬和政府的赠金是兰德公司收入的主要来源。而我国咨询企业开展的面向政府的政策咨询服务很少，未能发挥为政府提供决策的咨询作用，较少得到政府在政策和财政上的支持。为了让我国咨询业有一个健康良好的成长环境，行业应尽快设立和完善咨询行业的管理结构，制定相关的法律法规。另外，还应成立咨询行业协会和相关的行业监督部门，组织各咨询公司和单位进行技术与经验交流，通过交流实现联合，最终形成统一的行业规范。

(3) 企业规模和世界知名度不高

我国咨询机构中，年营业额在 100 万以下的企业占比较高。按照国际标准，这些咨询企业都属于中小型企业，而且这些中小型企业主要限于一些热门领域和行业，无法做到"广"，在一些不太热门的领域，这些咨询企业又无法做到"专"。国内咨询企业如果无法形成一定的产业规模，是无法与国外大型咨询公司相抗衡的。美国普华永道咨询公司在全球 150 多个国家拥有 800 多个办事处。中国咨询业要走纵横合连之路，形成一定的产业规模，才能获得相应的生存空间。

第二节　国际分销服务贸易概述

一、国际分销服务贸易的定义与分类

（一）国际分销服务贸易的定义

国际分销服务贸易是指发生在国家（地区）与国家（地区）之间的分销服务的交易活动和交易过程。分销指的是在供应链中将一个产品从供应商环节到顾客环节移动或储存所采取的措施或步骤。分销发生在供应链中的每个环节，是决定企业整体盈利性的一个关键因素，直接影响着供应链的成本，也直接影响顾客的体验。分销服务是指产品销售过程中的服务交换，企业采用适当的分销网络可以达成不同的供应链目标。

（二）国际分销服务贸易的分类

按 GATS 的分类规定，国际分销服务贸易主要包括佣金代理服务、批发服务、零售服务、特许经营服务和其他分销服务。其中，佣金代理服务是指委托人委托代理人将货品销售给批发商、零售商和消费者。批发服务是随着商品经济的发展而产生的。商品生产和商品交换的发展，使商品购销量增大，流通范围扩展，生产者之间、生产者与零售商之间直接进行商品交换常有困难或不便，于是产生了专门向生产者直接购进商品，然后再转卖给其他生产者或零售商的批发服务，商业部门内部有了批发和零售的分工。批发业务一般由批发企业来经营，其每次批售的商品数量较大，并按批发价格出售。商品的批发价格低于零售价格，即存在批零差价，其差额由零售企业所耗费的流通费用、税金和利润构成。商业批发是生产与零售的中间环节。商业批发活动使社会产品从生产领域进入流通领域，起到组织和调动地区之间商品流通的作用，还可通过商品储存发挥

"蓄水池"作用，平衡商品的供求关系。零售服务是指将商品或劳务直接出售给最终消费者的交易活动。在贸易运行中，零售直接面对最终消费者。通过零售经营，商品离开贸易领域进入消费领域，真正成为消费对象，从而完成社会再生产过程。从这个意义上讲，零售是贸易过程的终点，处于生产与消费之间中介地位的终端。特许经营是指特许经营权拥有者以合同约定的形式，允许被特许经营者有偿使用其名称、商标、专有技术、产品及运作管理经验等从事经营活动的商业经营模式。

二、国际分销服务贸易的发展

（一）国际分销服务的发展特征

◆ 1. 分销商的地位越来越重要

分销商已成为厂商越来越重要的战略合作伙伴，比如思科系统（中国）网络技术有限公司的产品在中国市场上就是依靠渠道进行销售的。为了适应市场的变化，分销商也在不断地提高自身能力，如调整分销架构，从单纯的没有任何附加服务的销售模式转变为销售中附加了额外服务的复合销售模式，并从低增值服务销售向高增值服务销售迈进。未来的网络分销将是以客户为中心、以客户的需求为基本方向的渠道销售模式。同时，由于市场越来越激烈的竞争趋势，分销商为了寻求新的发展，会努力地寻找新的市场机遇、新的服务模式、新的产品、新技术与解决方案，降低渠道成本，提高渠道的覆盖面。

随着信息技术和网络经济向纵深发展，通过互联网进行网络营销的规模逐渐扩大，光盘、软件等信息产品网络分销的价格优势和便捷性越来越突出，使得商务信息的发布、检索、浏览及订单的反馈实现了高效化和实时化。但是，也不能因此认为电子商务时代，分销就不复存在，就连信息化程度极高的一些美国公司，也依然要靠完善的物流配送和高质量的本土化服务来支撑。因此，信息化和互联网向纵深发展虽然导致传统分销模式的变化，但是在短期内并不能够取代传统的分销模式。

◆ 2. 分销服务部门的结构发生变化

近年来，欧美发达国家的分销部门已有明显的改变，这些改变影响了分销部门的结构。首先，分销部门变得相对集中，批发商、零售商的规模越来越大。大型连锁店取代传统店面占支配地位，零售商以特许经营的方式进行合作。其次，传统的批发商地位下降，低价高频率消费品更是如此。再次，分销部门虽然日趋集中，但分销服务竞争有加剧的趋势，不同业态的分销服务如连锁店、超市、百货商场、邮寄销售等竞争日益激烈。

◆ 3. 特许经营成为分销服务的主要手段

特许经营是一种简单易行且成功率较高的经营手段，它是特许经营权拥有者以合同约定的形式，允许被特许经营者有偿使用其名称、商标、专有技术、产品及运作管理经验等从事经营活动的商业经营模式，现已成为一种普遍的国际经营现象。特许经营是企业扩展业务的最快方法之一。特许经营除了能提高品牌知名度外，还能够带来经营规模效益。目前，国内外很多著名的分销商都采用这一方式，有50多个国家成立了国际特许经营协会。

（二）电子商务对分销业影响重大

在电子商务（E-commerce）时代，企业竞争已由平面竞争转入网络竞争，真正进入无国界竞争。商务活动的基本原则已经完全改变，这些基本原则的变化给整个经济活动的运行方式带来了巨大的冲击，传统的分销渠道在这种环境下不可避免地经历着巨大的变革，新的分销模式不断兴起，网上零售、网上采购、在线拍卖、E物流公司等如雨后春笋般涌现。电子商务对分销服务的影响非常明显，具体表现在以下几个方面。

◆ 1. 增加分销渠道

（1）促进分销渠道虚实结合

传统的分销渠道是实体的，由生产商、批发商、代理商、零售商共同组成，其运作是以实物转移为纽带将分销渠道的各主体连接起来，形成商品的流通渠道。这种流通渠道是单向的、静止的。但是随着电子商务的发展，分销渠道不再仅仅是实体的，出现了虚实结合甚至完全虚拟的形式。在线销售、网上零售、网上拍卖、网上采购、网上配送等新的分销形式使分销渠道日益多元化，分销渠道由宽变窄、由实变虚、由单向静止变互动。虚拟渠道的一个主要表现就是电子商店，在线销售、网上零售、网上拍卖、网上采购、网上配送等新分销形式都是电子商店的经营方式。电子商店是电子买卖发生的场所，是传统商店的在线版，代表了网络与商业的融合。它与传统商业类似，为顾客提供最终的买卖成交场所。

（2）拓展分销渠道的市场范围

电子商务增加分销渠道体现在它拓展了分销渠道的范围，使之加大加宽，并打破了地域和国界的限制，因此基于互联网的电子商务使全球市场的整合成为现实，这样，产品的销售渠道就拓展到了更广阔的全球市场，而非局限于部分区域市场。

◆ 2. 疏通分销渠道

传统的分销渠道从生产商、分销商到零售商，中间环节特别多，且诸多环节"各自为政"。这样一来，渠道各环节的主体就会互相设关卡，从而导致分销渠道不能畅通运行，信息沟通不畅。传统的分销渠道上下游之间鲜有信息沟通，经营者很难及时获得自己应得到的信息，从而导致信息严重不对称，这是分销渠道阻塞的一个重要原因。电子商务发展对分销渠道的疏通作用体现在以下方面。

（1）信息沟通作用

随着互联网和电子商务的发展，由于获取信息快、沟通成本低、效率高，分销渠道各环节的信息能充分共享。

（2）竞争促进作用

在电子商务环境下，虚拟渠道的介入加剧了分销渠道间的竞争。传统的分销渠道主体渐渐意识到信息不对称的危险性，从而放弃原来"各自为政"的想法和行为，从独立活动逐步走向合作双赢，最终促进渠道越来越畅通。

（3）技术改造作用

电子商务的发展在给传统分销渠道带来冲击的同时，也为其提供了丰富、先进和全面的改造技术，使其可以对传统的流程和管理加以改造，使分销渠道的上下游之间更加畅通、更加高效。

◆ **3. 细化分销渠道**

渠道细化的根本原因是个性化需求的兴起，它使配送必须面对单个的消费主体。技术进步是个性化需求兴起的前提，新技术的发展和应用使得制造商可以实现大规模的定制化生产，这与传统的大规模标准化生产有着本质的区别。随着一对一营销的兴起，生产商和中间商可以通过互联网直接了解消费者的真实消费需求，可以直接向消费者提供产品，可以低成本地向消费者提供定制化服务，与消费者实现互动，实现一对一营销，使分销渠道由粗放型变成集约型。分销渠道的细化是电子商务时代一个显著的渠道特征。

第三节　　国际娱乐、文化和体育服务贸易

国际娱乐、文化和体育服务贸易是指发生在国家（地区）与国家（地区）之间的分销服务的交易活动和交易过程。娱乐、文化和体育服务是指广播、电影、电视等视听服务以外的娱乐服务，主要包括文娱服务，新闻机构服务，图书馆、档案馆、博物馆和其他文化服务，体育和其他娱乐服务等。本节重点介绍国际文化服务贸易。

一 国际文化服务贸易概述

（一）国际文化服务贸易的内涵

国际文化服务贸易是指国际文化产品与服务的输入和输出的贸易方式。它是国际服务贸易的重要组成部分。

联合国教科文组织对文化产品做了如下定义：文化产品一般是指传播思想、符号和生活方式的消费品。它能够提供信息和娱乐，进而形成群体认同并影响文化行为。基于个人和集体创作成果的文化商品在产业化和在世界范围内销售的过程中，被不断复制并被附加了新的价值。图书、杂志、多媒体产品、软件、录音带、电影、录像带、视听节目、手工艺品和时装设计组成了多种多样的文化商品。文化服务贸易包括满足人们文化兴趣和需要的多种行为。这种行为通常不以货物的形式出现，通常是政府、私人机构和半公共机构为社会文化实践提供的各种各样的文化支持。这种文化支持包括举行各种演出、组织文化活动、推广文化信息以及文化产品的收藏（如图书馆、文献资料中心和博物馆）等。文化服务可以是免费的，也可以是带着商业目的的。当然，在贸易中出现的文化服务，一定是带着商业目的的。

（二）国际文化服务贸易的特征

国际文化服务贸易的特殊性决定了它在国际贸易中的敏感地位和重要性。国际文化服务贸易的对象既涉及文化产品又涉及文化服务，从而使其兼具国际货物贸易和国际服务贸易的特点，具体体现在以下几个方面。

◆ **1. 贸易市场的高度垄断性**

国际文化服务贸易在发达国家和发展中国家表现出严重的不平衡性，这与各国在文化生产和文化服务方面的能力、技术和资源差异、文化市场的文化商品受各国历史特点和区域位置及文化背景等多种因素的影响相关。因此，国际文化服务贸易市场的垄断性较强，表现为少数发达国家对国际文化服务贸易的垄断优势和发展中国家的相对劣势。

◆ **2. 贸易保护方式的隐蔽性**

由于图书出版、演出服务、广播影视、网络服务及教育等文化产业直接关系到国家主权、国家安全和意识形态等敏感领域，因此，各国在文化贸易的开放程度上态度都十分谨慎，各国政府对文化贸易的各种限制和保护远远超过货物贸易，这在很大程度上阻碍了国际文化服务贸易的自由化进程。文化具有独特的渗透力，文化产品和文化服务传达着观念、价值和生活方式，是极具个性化的产品和服务。与其他贸易相比，文化服务贸易会在意识形态等方面对输入国消费者产生潜移默化的影响。因此，文化服务贸易是各国服务贸易政策关注的重点领域。同时由于文化服务贸易标的物独有的特点，各国无法通过统一的国际标准或关税对其进行限制，更多地采用国内的政策、法令的修改对其进行限制，如歧视性的市场准入制度以及非国民待遇等非关税壁垒形式。

◆ **3. 贸易约束条例的相对灵活性**

世界贸易组织一直致力于寻求国际贸易的自由化，但从文化服务贸易的概念出现之日起，"文化例外"就作为一种不成文的主张为世界贸易组织各成员国政府所接受并广泛运用于文化贸易政策中。因此，世界贸易组织对于文化服务贸易的约束具有一定的灵活性。

◆ **4. 与其他产业强烈交融**

丰富的文化内涵和不同的文化服务融入几乎所有的产业和贸易领域，品饮文化、居住文化、服饰文化等在不同的文化背景下反映出多样的文化价值取向，尤其是文化产品和文化服务与信息技术的结合，加快了文化的传播速度，加大了文化扩展的范围，因而增强了文化产品和文化服务的可贸易性。

二、国际文化服务贸易的发展

根据《国际统计年鉴》提供的数据，2005—2015年，国际文化服务贸易总额年均增长率在10.97%左右，而一般货物贸易年增长率在5.50%左右，文化服务贸易的增长速度是货物贸易的一倍之多。2008年受金融危机影响，商品贸易总额减少22.59%，但文化服务由于消费替代弹性较小，贸易额只减少了3.74%。因而，金融危机后，各国尤其是发达国家更加重视受周期影响较小的文化服务产业，文化服务产业在国民经济中的地位越来越重要。发达国家文化服务贸易大约占本国GDP的10%，特别是美国，已占到GDP的25%。成熟的产业基础促使文化服务"走出去"成为必然，现阶段文化服务贸易成为推动发达国家国际贸易不断发展的重要引擎。文化服务产业基础雄厚的美国、日本、韩国的文化服务贸易一共占世界总额的56.21%，其中，美国占比最大，达42.23%，日本、韩国分别为7.09%和6.89%。在亚洲金融风暴之后，日本和韩国意识到文化服务的消费不可替代性，注重文化内核与科技潮流的结合，使文化服务成为出口增长的持续动力。2010—2015年，日本、韩国文化服务出口年均增长率分别为10.95%和18.78%，文化服务成为两国贸易顺差的主要来源。

全球范围内文化服务贸易发展并不均衡，文化服务贸易几乎全部集中于文化服务产业发展水平较高的高收入国家。世界银行依据阿特拉斯方法（Atlas method）将世界204个国家划归为4个大类，即高收入、中等偏上收入、中等偏下收入和低收入国家。依据UN Comtrade的统计数据，1990年至2018年，90%的世界文化服务贸易由高收入国家推动，而包括中国在内的中等偏上收入国家只占世界文化服务贸易的5%左右，中等偏下和低收入国家的份额加起来还不到4%。发展中国家一般凭借其独有的历史文化、传统工艺来开拓国际文化市场，例如，中国、土耳其、印度都是凭借独有的文化精髓和工艺成为文化产品的重要出口国。但是，文化服务贸易对一国的综合发展水平提出更高的要求，居民收入、数字化普及程度、产权保护体系及知识商业化水平等因素将文化服务贸易的参与者局限在发达国家，文化服务贸易具有高度集中性。

（三）中国文化服务贸易的发展

与发达国家相比，中国文化服务贸易发展时间短。总体而言，中国文化产品的国际市场参与程度低，文化服务的出口不仅数量少，而且种类单一，文化服务进出口存在严重贸易逆差，在国际市场上未形成竞争优势。文化服务贸易地区分布也不够广泛。目前我国的文化服务主要出口于亚太地区，进入欧美发达国家和地区的项目较少，同时产品结构也不大合理。由于国内的文化产业刚刚起步，尚未形成文化贸易的境外营销网络。

党的二十大报告提出，推进文化自信自强，铸就社会主义文化新辉煌。推动对外文化贸易高质量发展对培育国际经济合作和竞争新优势、推进社会主义文化强国建设和提升中华文化影响力具有重要意义。为实现文化服务贸易的高质量发展，中国仍需创新文化贸易发展体制机制和政策措施，推进国家文化出口基地和对外文化贸易基地建设，培育一批具有较强国际竞争力的文化贸易企业，形成一批具有核心竞争力的文化品牌，充分发挥文化优势，突出文化特色，讲好中国故事；大力发展数字文化贸易，积极推动数字出版、数字影视、数字演艺、数字艺术展览、动漫游戏、网络综艺、网络音乐、创意设计等新型文化服务出口；加快培育以数字化内容、数字化生产和数字化传输为主要特征的出版新业态，发展移动出版、在线教育、互联网广告、数据库、电子书、在线音乐等数字出版贸易，并加强数字文化版权保护。同时，坚持自主创新，支持原创动漫创作和研发，形成具有国际影响力的动漫产品及衍生品产业链；积极发展原创精品影视剧、网络视频、新一代广播电视、移动多媒体广播电视、数字影院等视听新媒体服务贸易；加强核心技术的研发，扩大网络游戏、家用视频游戏、桌面游戏以及衍生品出口；扩大重点领域文化服务出口，加大中国影视节目、出版物海外推广力度，拓宽国际营销渠道；鼓励数字文化平台国际化发展，建设网络营销、播出、译制、社交平台，大力推进跨境新媒体传播；鼓励传统戏曲、话剧、原创音乐剧、歌舞剧等多元文化"走出去"。

第四节 典型案例

案例一 中国国际工程咨询有限公司屡创佳绩

一 案情简介

从 20 世纪 90 年代起，中国企业开始在境外承包工程，国际金融组织和外国政府贷款项目以及外商来华投资项目明显增多。中国国际工程咨询有限公司（以下简称中咨公司）顺势而为，开始发展国际业务。2001 年，随着中国加入 WTO，全球企业拥有了中国市场，也让中国企业拥有了全球市场。尤其是自 2013 年以来，我国通过以共商共建共享为原则的"一带一路"倡议，给国内企业"引进来、走出去"提供了大量机会。跟着时代不断前进的步伐，中咨公司的国际咨询业务也进入了快速发展期，并且在不断创新探索中更好地服务国家战略大局。

随着"一带一路"的不断深入推进，中国的对外投资也从以往追求数量向关注质量的方向发展，这就要求严控境外项目风险。中咨公司向中国企业提供具有前瞻性、趋势性、规律性的分析，成为中国企业"走出去"的智慧参谋，为企业解决"到哪儿去、干什么、怎么干"的问题。

面对新时代的新课题和新挑战，中咨公司一方面积极为政府部门服务，如主动为国务院有关部门提供战略研究、政策研究以及专题调研等政策支撑性服务；另一方面不断探索创新，于 2018 年与中国出口信用保险公司（以下简称中国信保）联合提出建立"2+1"合作模式，即针对"1"个"走出去"企业的实际情况，中咨公司从工程技术经济、中国信保从国家政治经济这"2"个维度进行风险管控，并为其提供一揽子系统解决方案式的服务。该模式针对当前外部形势下企业面临的新项目"签约难、融资落地更难、建设实施难上加难"的新情况，为企业打通项目落地的"最后一公里"。

在帮助企业融资方面，中咨公司也探索出了一些新方法。由于长期从事企业融资业务，中咨公司熟悉国际金融组织的程序、要求及整套习惯性做法，具有较为丰富的项目经验、比较全面扎实的业务积累和资源储备，中咨公司把积累的相关经验直接应用到"一带一路"的相关境外咨询项目中，使咨询服务能够更加精准有效地针对企业的痛点并满足其需求。

同时，中咨公司将"2+1"合作模式拓展为"2+1+N"，即中咨公司和中国信保及一家或几家金融机构，同时为企业提供特定的捆绑式咨询服务，形成更多具有引领性的咨询业务。

2011年，利比亚爆发内战，很多中国承包商承建的工程项目被损毁破坏或被迫中止，损失巨大。受中国信保委托，中咨公司承担利比亚战争特险损失审核工作。这是世界上少有的战争保险赔偿个案，也是我国对外承包工程的首个战争保险赔偿案例，受到国内外高度关注。但是该项审核既无先例可循，也无现成经验和模式可借鉴，项目涉及工程设计、施工、管理、造价等诸多专业领域，复杂程度远高于一般工程项目。项目所报审的数据和资料繁复、类型多样、关键资料凭证遗失严重，加之无法赴现场实地调研，审核工作面临难以想象的困难。在此情况下，中咨公司专家团队克服种种技术难题，综合运用法律法规、财务文件、专业规范以及公司丰富的境外咨询业务经验，围绕相关性、真实性和合理性等审核核心要素，采取构建数据整理分析模型、建立核损原则及工程流程、划分四级可信度等整套工作方法，确定损失金额，得到中国信保和各投保企业的认可。

2012年，受中国进出口银行委托，中咨公司对亚吉铁路项目可行性研究进行咨询评估。在技术标准体系杂乱、基础数据缺失等情况下，中咨公司对原有建设方案进行了深入分析和全面优化，按照中国有关规范，重新编制了可行性研究报告，全线统一采用中国铁路技术标准和产品标准进行建设，得到埃塞俄比亚方认可，并被埃塞俄比亚方聘为业主代表执行项目的全过程管理工作。2016年10月5日，东非第一条全电气化铁路——亚吉铁路顺利竣工通车，这是中国在非洲建设的第一个集技术标准、设备、融资、施工、建设管理、运营维护于一体的全流程"中国元素"铁路项目，开创了新时期中非互利合作的新模式。

多年的辉煌历程和光荣业绩，如同一幅恢宏而壮美的画卷，方寸间都彰显着中咨公司非凡的初心使命，涌现出一批经典项目。目前，中咨公司的国际业务涉及全球100多个国家，近五年完成800余项重大涉外咨询任务。在亚吉铁路等"一带一路"标志性工程建设中，从规划论证、可研评估、专题研究，到标准选择、方案优化，再到项目管理，每一个环节都彰显着"中咨智慧"。

（资料来源：聚焦咨询服务主业 中咨公司国际业务屡创佳绩［EB/OL］.（2022-08-19）［2023-07-23］. https：//www.cet.com.cn/wzsy/ycxw/3226054.shtml，有改动）

二 案例评析

以上案例仅仅是中咨公司国际业务的一部分，该公司成立于1982年，是国务院国有资产监督管理委员会管理的中央企业和中央确定的国家高端智库。中咨公司具有甲级工程咨询综合资信、工程咨询专业资信、工程咨询专项资信等专业资质，通过了ISO9001、ISO14001、ISO45001等体系认证。40年里，中咨公司累计完成各类评估、规划咨询任务超过 6 万项，涉及总投资超过 100 万亿元。中咨公司是典型的知识密集型服务企业。中咨公司的发展对于咨询服务在我国服务贸易中发挥重要作用具有如下启示。

◆ 1. 建设专业化的咨询人才队伍

科技是第一生产力，而人才是第一资源，是咨询行业发展的动力，也是国际竞争中的关键因素。我国咨询服务业发展起步较晚，咨询服务人才的储备和培养力度相对较小。中咨公司的发展得益于高素质的人才队伍和庞大的专家资源，其拥有国内外工程建设、经济、法律、国防等多领域的 300 余名专家，其中获得享受政府特殊津贴荣誉的有 20 余人。截至 2019 年底，其正式专家库人数为 10739 人。职工中硕士研究生以上学历者占员工总数的 65%，高级职称者占员工总数的 65%，打造了跨行业、多学科的综合性咨询优势。这启示我们，咨询服务企业必须打造一批专业人才队伍。此外，中资公司将各类培训作为人才成长进步的阶梯，特别注重新职工培训，实现人才质量提升，行业标准严格化，职业认证公开透明化，确保公司薪火相传，赓续前行，以顺利进行国际工程咨询项目的开发。公司还不断引进或在职培养国内外硕士、博士，通过出国进修或考察等方式，充分学习西方咨询服务的理论结构和先进技术，使员工专业知识和国际社会相结合，在实践中不断历练和提高，建立起阶梯化的符合时代要求的高素质咨询人才队伍，进而深化服务贸易的附加值。

◆ 2. 咨询服务高质量发展的"4＋8"战略

作为国务院国有资产监督管理委员会管理的中央企业，中咨公司发展战略中，有"四个必须"和"八个牢牢"。四个"必须"为：必须始终坚持服务国家决策的指导思想不动摇；必须始终坚持"公正、科学、可靠、敢言、多谋、慎断"的中咨精神；必须始终坚持发挥跨行业、多学科的综合优势；必须始终坚持与时俱进的改革精神，锐意进取，开拓创新。八个"牢牢"为：牢牢把握党的领导加强党的建设这个"根"和"魂"；牢牢把握高端智库和一流咨询机构的战略定位；牢牢把握高质量发展的内涵要求；牢牢把握全面深化改革的根本任务；牢牢把握人才引领发展的战略举措；牢牢把握数字化转型升级的发展机遇；牢牢把握质量至上的工作准则；牢牢把握中咨精神的引领地位。以"牢牢把握高质量发展的内涵要求"为例，该公司深耕咨询服务市场 40 年，稳定了业务资源与市场份额。公司注重投资前期的咨询，介入项目时间早，对项目建设目标、资金来源、投资控制、前期可行性有深入的了解。公司选取合适的工程项目，积极进行工程咨询，并从全过程工程咨询的角度协助配合解决项目相关问题，赢得了委托方对公司咨询服务能力的良好评价。公司还积极通过项目培育客户，特别注重向那些合作紧密、有潜力的客户传导全咨理念，培育了工程咨询市场，取得了较好的效果。公司还根据客户不同特色的需求，积极创新工程咨询服务模式，向做大做强做精发展，使公司在国际咨询市场的竞争力不断提升。

◆ 3. 在"与狼共舞"中创立中国咨询服务品牌

2019年以来，新冠疫情导致国际国内服务需求骤减，特别是传统的服务贸易发展陷入困境。但电信计算机和信息服务、咨询服务贸易、专业管理和研发成果转让及委托研发服务等新兴服务多为长期订单，需求较为稳定，且可部分采取远程在线提供方式，受疫情影响可控。从整体上看，虽然我国的咨询服务业与国外相比有明显的差距，但经过多年的发展和市场洗礼，我国的咨询服务公司大都完成了第二代蜕变进而发展成第三代咨询公司。一些有能力提供高层次管理咨询服务的管理咨询公司聚集在北京、上海、深圳等地，这些公司数量不多，但咨询人员一般来自企业的管理层、知名院校及"海归"，具有较高素质，对现代企业管理有着深入的研究，另外，这些咨询服务公司相对于国外咨询公司来说更符合中国企业的实际情况，因而受到了企业界的欢迎，树立了良好的口碑。以中咨公司为代表的"领头羊"虽然只是少数，但依然可以从中看到中国管理咨询服务的优势和希望，其品牌效应将随着我国国际化脚步的加快而在全球显现，我国咨询服务市场应当挖掘新兴市场的潜力，提升我国咨询服务贸易竞争力，大力发展高附加值领域的服务贸易，降低贸易壁垒，增加咨询贸易利润。

案例二 看星巴克在中国如何"作秀"——世界咖啡品牌分销服务案例

一 案情简介

短短几年时间内，星巴克在中国就成了时尚的代名词。它所代表的不只是一杯咖啡，而是一个服务品牌和一种文化。1971年4月，位于美国西雅图的星巴克创始店开业。1987年3月，星巴克的主人鲍德温和波克决定卖掉星巴克咖啡公司在西雅图的店面及烘焙厂，霍华·舒兹则决定买下星巴克，同自己创立于1985年的每日咖啡公司合并改造为"星巴克企业"。

目前，星巴克全球拥有超过33000家门店，是唯一一个把店面开遍四大洲的世界性咖啡品牌。1998年3月，星巴克进入台湾地区，1999年1月进入北京，2000年5月进入上海，到2021年，星巴克已在中国的208个城市开设了5360家门店，2021年在中国市场，整体营收为5.4亿美元①，虽然由于新冠疫情的影响，营收同比下滑，但星巴克已成为国内咖啡行业的第一品牌。

---

① 星巴克2021财年营收291亿美元，中国市场新开店654家[EB/OL]．（2021-10-29）[2023-07-01]．https://baijiahao.baidu.com/s?id=1714959279555564997&wfr=spider&for=pc.

星巴克是靠什么从一间小咖啡屋发展成为国际著名的咖啡连锁店品牌的？同麦当劳的全球扩张一样，星巴克很早就开始了跨国经营，营销策略比较灵活，对不同国家和市场采取不同的合作模式。星巴克与世界各地的合作模式主要有四种：在英国、泰国和澳大利亚等地，星巴克占100%股权；在日本、韩国等地，星巴克占50%股权；在中国的台湾、香港、夏威夷和增资之前的上海等地，星巴克占股权较少，一般在5%左右；在菲律宾、新加坡、马来西亚和我国北京等地，星巴克不占股份，纯粹授权经营。

目前，星巴克在我国有三家合作伙伴：北京美大咖啡有限公司行使其在我国北方的代理权，台湾统一集团行使其在上海、杭州和苏州等江南地区的代理权，南方地区（香港、深圳等）的代理权则交给了香港的一家公司。从理论上来说，中国的咖啡市场还有巨大的增值空间。星巴克在以绿茶为主要饮料的国家的初步成功，也说明它的理念可以被不同文化背景所接受。

星巴克的每家店几乎都开在了租金极高的昂贵地段，租金压力也是经营中的一大风险。比如，星巴克在北京主要分布在国贸、中粮广场、东方广场、嘉里中心、丰联广场、百盛商场、赛特大厦、贵友大厦、友谊商店、当代商城、新东安商场、建威大厦等地，在上海则主要分布在人民广场、淮海路、南京路、徐家汇、新天地等上海最繁华的商圈。星巴克选择在黄金地段开店被有些人看作在"圈地"。从上海淮海中路"东方美莎"到"中环广场"，短短1000米的距离，星巴克就圈了四家店。业内人士估计，这个地段每平方米每天的租金应在2美元左右，再加上每家店固定30万美元的装潢费用，星巴克简直是在"烧钱"。这种做法有风险，但星巴克刻意推行，也延续了统一星巴克集团一贯的"大兵团"作战方法。

星巴克更擅长咖啡之外的"体验"，如气氛管理、个性化的店内设计、暖色灯光、柔和音乐等。就像麦当劳一直倡导售卖欢乐一样，星巴克将其文化逐步分解成可以体验的东西。它注重"one at a time"（当下体验）的观念，强调在工作、生活及休闲娱乐中，用心经营"当下"这一次的生活体验。

视频资源：
星巴克是如何在
中国发展起来的

二 案例评析

星巴克之所以能够走向全球，并不是它的咖啡产品多么让人难以忘怀，而是星巴克的营销策略发挥了独特的作用。美国社会学家雷·奥登伯格在其作品《绝好的地方》中提出，人类的生活主要集中于三个空间：第一空间是家庭居住的场所；第二空间是工作学习的场所；第三空间则是休闲娱乐的场所。第三空间与人们提高生活质量、追求生活品质、丰富生活内容紧密相关。正是基于这种理论，星巴克致力于打造"非家、非办公"的环境，不仅让顾客感到产品的价值，还让其感受到强大的品牌魅力、热情周到的服务。

（一）体验营销是市场竞争的关键

在我国市场，中国台湾地区的上岛咖啡、日本的真锅咖啡、加拿大的百怡咖啡等无不把星克作为最大的竞争对手，星巴克面临的竞争大致可分为四大类。第一类是咖啡同业竞争，竞争者主要是连锁或加盟店，如西雅图咖啡、伊是咖啡、罗多伦咖啡及陆续进入市场的咖啡店及独立开店的咖啡店。第二类是便利商店的竞争，比如便利商店随手可得的铁罐咖啡、铝罐包装咖啡、方便式随手包冲泡咖啡。第三类是快餐店的竞争，如麦当劳快餐店、肯德基快餐店等以咖啡机冲泡的咖啡。第四类是定点咖啡机的竞争，比如机场、休息站咖啡机可以提供方便的现冲咖啡服务。

无论是星巴克还是其他咖啡店，产品都是咖啡，其生产过程不外乎将咖啡豆变成咖啡，没有所谓的核心技术问题，一切完全由市场来决定。2018 年 8 月 28 日，雀巢以 71.5 亿美元的价格获得在星巴克门市以外全球行销星巴克产品的全球永久营销权。雀巢的 Nespresso 和 DolceGusto 咖啡胶囊系列将使用星巴克品牌。可以理解为雀巢收购了星巴克门店场景之外的业务，星巴克品牌被授权允许雀巢在除星巴克门店之外的其他渠道生产和销售星巴克包装产品，包括咖啡豆、速溶咖啡粉、茶叶和胶囊咖啡，并使用星巴克的商标。2021 年 8 月初，雀巢与星巴克又面向中国消费者推出全新的"星巴克家享咖啡"系列产品及为店外饮用场景提供"星巴克咖啡服务"整体咖啡解决方案。

从营销产品角度看，星巴克能够盈利并且迅速推广并不是产品制胜，因为替代性产品和竞争性产品比比皆是；从服务角度看，星巴克既不是自助式服务，也不是个性化服务。星巴克的成功在于掌握了市场规律，以体验营销打造市场竞争的关键优势。

（二）以直营为主而不开放加盟权

星巴克直营的理由是：品牌是公司的理念、认同、动作、纪律、品质的一致性；而加盟者都是投资客，他们只把加盟品牌看作赚钱的途径，是为了赚钱而非经营品牌。如星巴决不会因为成本而吝啬报废物料，目的是为顾客提供最好的咖啡。但是如果开放加盟权，很难说每个加盟店的老板都不会心痛报废物料增加的成本。30 多年来，星巴克坚持走公司直营店道路，在全世界都不要加盟店，"顽固"地拒绝个人加盟。虽然也有质疑的观点认为，在星巴克与世界各地企业的合作模式中，星巴克不占股份而只是纯粹授权经营本质上就是一种加盟的经营模式，比如新加坡、北京（授权经营星巴克在中国华北地区的市场）等。而星巴克管理者认为，寻找一个比较有实力的大公司进行授权合作，双方是合作的关系，不属于平常所说的加盟连锁。也有业内人士分析说，如果星巴克采用"贩卖加盟权"的加盟方式来扩张，它的发展速度肯定会比现在快得多。当然，不一定比现在好得多。直营店与加盟店的不同之处在于：直营店的所有权力均由母公司掌握；而加盟店的负责人有部分权力，母公司只是提供技术或相关资源。星巴克之所以不开放加盟，是因为星巴克要在品质上做最好的控制，不让品牌不受到不必要的干扰。从另一

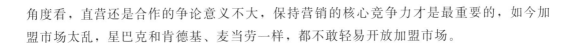

角度看,直营还是合作的争论意义不大,保持营销的核心竞争力才是最重要的,如今加盟市场太乱,星巴克和肯德基、麦当劳一样,都不敢轻易开放加盟市场。

(三)不花一分钱做广告

在各种产品营销与服务风起云涌的时代,星巴克并没有使用其他品牌营销的传统手段,如铺天盖地的广告宣传和巨额的促销预算。星巴克坚持自己的店就是最好的广告,从未在大众媒体上花过一分钱的广告费。因为根据在美国和其他地区的经验,大众媒体一旦泛滥,广告也会逐渐失去公信力。现在欧洲那些名店名品也不依靠在大众媒体上做广告,而将经营好每一家门店作为最好的广告。

星巴克公司把一种世界上古老的商品发展成为与众不同的、持久的、高附加值的品牌。星巴克认为,服务业最重要的营销策略是店铺本身,而不是广告。如果服务营销做得不好,再多的广告只是让人们看到负面的形象。星巴克不愿花费庞大的资金做广告与促销,但坚持每一位员工都拥有最专业的知识与服务热忱。它将广告的支出用于员工的福利和培训,使员工的流动性很小。这对星巴克的品牌影响起到了重要作用。

(四)推广"教育消费"

在不同的国家推广和普及咖啡,首先遇到的是人们情绪上的抵触。星巴克为此首先着力推广"教育消费"。通过自己的店面,以及到一些公司去开"咖啡教室",并通过自己的网络,星巴克成立了一个咖啡俱乐部。顾客在星巴克消费的时候,收银员除了品名、价格以外,还要在收银机键入顾客的性别和年龄,这样公司可以很快知道消费的时间、消费了什么、金额多少、顾客的性别和年龄段等。公司每年还会请专业公司做市场调查。星巴克的"熟客俱乐部",除了固定通过电子邮件发有关产品的消息,还可以通过手机发消息,或是在网络上设置小游戏,顾客一旦过关就可以获得优惠券,由此产生一传十、十传百的效应。

星巴克在上海的每一家店面的设计都是由美国总部完成的。据了解,星巴克总部有一个专门的设计室,星巴克每增加一家新店,就要用相机把店内景和周围环境拍下传到美国总部,由设计师和艺术家设计星巴克新店铺。他们在设计中会将星巴克融入当地商圈的特色,使星巴克的每一家店在品牌统一的基础上,尽量发挥个性特色。这与麦当劳等连锁品牌强调的视觉识别高度统一截然不同。例如,上海星巴克设定以年轻消费者为主,位于城隍庙商场的星巴克外观就像一座现代化的小庙;而濒临黄浦江的滨江分店,则注重表现花园玻璃帷幕和宫殿般的华丽,让顾客可以悠闲地坐在江边,边欣赏外滩风景,边品尝香浓的咖啡。

星巴克的魅力在顾客之间口口相传,是因为星巴克在营销中找到了产品、服务、环境、设计等不同环节的关键点,并精心运用,创造了品牌独特的体验,这种体验包括一流品质的咖啡体验、感性色彩的环境体验、暖心周到的服务体验、店铺之外的延伸体验和创新体验。

星巴克充分运用了目前最热门的"体验"作为其制胜的营销工具。在巧妙运用"体验经济"的情况下,产品和服务的超值利润自然得到充分实现。

案例三　TikTok 事件与数字服务贸易

 案情简介

TikTok(抖音短视频国际版本)是字节跳动旗下的短视频社交平台,是抖音全球化战略的产物。它于 2017 年 5 月上线,愿景是"激发创造,带来愉悦(Inspire Creativity and Bring Joy)"。2017 年 11 月,字节跳动全资收购 musical.ly;2018 年 8 月 1 日,TikTok 与 musical.ly 合并,新产品继承"TikTok"之名,此后专注于海外市场。作为抖音的海外版 TikTok,许多在抖音发展得不错的用户或团队纷纷开设 TikTok 账号,开拓面向境外用户的传播渠道。2018 年 6 月底,TikTok 和 musical.ly 全球覆盖超过 150 个国家和地区,在日本、泰国、韩国、越南、印尼、印度、德国等国家成为当地最受欢迎的短视频 APP。其中在总人口为 1 亿的日本,TikTok 用户达到 2000 万。2018 年 5 月,TikTok 在越南 Google Play 和 App Store 两个应用商店双双拿下总排行榜的第一名。

2020 年上半年以来,新冠疫情对专注于海外市场的公司产生了严重影响,但 TikTok 的流量呈逆势增长。到 2021 年 6 月,抖音和其海外版 TikTok 已超过 6500 万下载量,其中,抖音的下载量占 13%,TikTok 印尼市场的下载量占比为 12%,蝉联全球移动应用(非游戏)下载榜冠军,而原来的"老大"脸书(Facebook)以将近 5200 万次下载量排在第二位。TikTok 全球已经拥有 25 亿次下载,月活用户超过 8.5 亿。目前已经覆盖 150 多个国家,支持超过 75 种语言,是国内出海产品中极少的可以席卷欧美主流区域的内容平台。

众所周知,社交媒体公司几乎所有的收入都来自广告,TikTok 受到大量年轻受众群体的欢迎。TikTok 是一个开放的模式,可以"挂"各种商家的链接;谁能抢占 TikTok 短视频社交流量,谁就能在跨境电商领域获得极其丰厚的回报。

传统跨境电商的流量来源是跨境电商平台内的收费流量和免费流量,TikTok 跨境电商主要依靠智能算法带来的大量免费流量和低廉的 TikTok 流量。TikTok 已经成为中国出海最成功的应用程序,正式挑战了油管(YouTube)、脸书等全球视频和社交网站巨头。2020 年 8 月 3 日,美国总统特朗普在白宫记者会上称,在 9 月 15 日前 TikTok 必须卖给美国公司,否则将迫使其"关门大吉"。8 月 5 日,美国务卿蓬佩奥宣布,拟从运营商、应用商店、移动应用、云服务、光缆等角度,全面实施针对中国的"清洁网络"计划。8 月 6 日,特朗普援引《国际紧急经济权力法》签署行政令,宣布将在 45 天后禁止任何美国个人及企业与 TikTok 母公司字节跳动进行任何交易。美国政府选择封锁

TikTok 等科技公司海外市场的拓展，试图阻断数字人民币的输出路径，借此巩固美元在数字时代的垄断地位。

（资料来源：美国打压 TikTok 背后的全球数字霸权野心［EB/OL］．（2020-08-14）［2023-07-23］．https：//www.163.com/dy/article/FK05FQSE0514R9P4.html，有改动）

二 案例评析

TikTok 事件在国内外引起了广泛的关注，涉及的领域很多。可以从以下三个方面进行分析。

（一） TikTok 与电子商务的关系

从世界贸易的角度看，WTO 最早关于数字贸易领域的规则谈判是围绕电子商务展开的。1998 年，WTO 第二次部长级会议通过了《全球电子商务宣言》，正式开始讨论电子商务议题，并在会议上设立了《电子商务工作计划》，将电子商务定义为通过电子方式进行货物或服务的生产、分配、市场营销、销售或者交付。从这一定义来看，电子商务更强调交易方及其合作伙伴在互联网环境下的商业活动，核心是货物的跨境流动；数字贸易则更强调数字化交付内容、产品和服务，核心是数据和信息的跨境流动。在这一方面，电子商务与数字贸易本质上是一脉相承的，但 TikTok 更强调跨境。此外，它与传统跨境电商不同的一点是，传统跨境电商平台内的收费和免费流量相结合，平台宣传费贵，而 TikTok 网站可以通过挂站链接（独立站或其他平台网站）更加包容。跨境卖家在 TikTok 上展示销售的产品，流量巨大，且是免费流量，浏览者的冲动消费往往很高。

（二） TikTok 与数字贸易和数字货币的关系

2013 年，美国国际贸易委员会在《美国和全球经济中的数字贸易》中正式提出"数字贸易"概念，将其定义为基于互联网，通过数字技术手段在国际或国内传输产品或服务的商业活动，并将数字贸易划分为数字内容、社会媒介、搜索引擎以及数字化的产品和服务四大板块。中国主要的大宗商品，如镍、铜、铁矿、棕榈油、大豆等的对外依赖度均超过了 50%。但由于这些大宗商品分布在世界各地，而目前最通行的世界货币是美元，美元币值的波动蕴含的汇率风险不容忽视。而一旦使用数字货币，大宗商品贸易将开启新纪元。数字货币成为未来趋势主要有以下原因：一是交易成本低，与传统的银行转账、汇款等方式相比，数字货币交易不需要向第三方支付费用，其交易成本更低（特别是与服务供应商提供高额手续费的跨境支付相比）；二是交易速度快，数字货币所采用的区块链技术具有去中心化的特点，不需要类似清算中心的中心化机构来处理数据，交易处理速度更快捷；三是高度匿名性，除了实物形式的货币能够实现无中介参与的点对点交易外，数字货币相比于其他电子支付方式的优势之一是支持远程的点对点支付，它不需要任何可信的第三方作为中介，交易双方可以在完全陌生的情况下完成交易而无须彼此信任，因此具有更高的匿名性，能够保护交易者的隐私，但同时也给网络犯罪创造了便利，容易被一些不法分子利用。

区块链等技术应用的成熟是数字货币真正进入大宗商品贸易的条件。作为基于互联网信息技术的新型贸易方式，数字贸易天然具有开放性特征和自由化要求。它是以数字技术为内在驱动力，以信息通信网络为主要交付形式，以服务和数据为主要标的的跨境交易活动。数字技术不仅能创造新的服务行业，还能改造传统服务业形态，从而丰富全球服务贸易内容。TikTok 正在开发一个允许加密公司在平台上投放广告的程序。加密货币本质上就是数字货币，许多人目前正在将加密货币作为一种投资形式，但在未来，加密货币也可以成为在线购买和货币兑换的主流货币形式，未来更多商品贸易和服务贸易一定会更多地使用数字货币。

（三）数字服务贸易发展中开放与保护的关系

当前，社交媒体平台之争已经上升为国际竞争中的意识形态之争。数据是新时代的"石油"，人工智能（AI）、AI算法、区块链、加密技术和隐私保护等将成为强有力的"隐形武器"，帮助各方全方位角力。美欧日等国家和地区拥有全球领先的信息技术，普遍主张自由宽松的跨境数字流通规则。中国、俄罗斯等发展中国家考虑到自身数字贸易发展水平尚不成熟，主张建立以货物贸易为主的跨境电商规则。非洲等国家考虑到其国内基础设施建设薄弱，反对将数字贸易纳入多边框架进行讨论。TikTok 事件实际上是中美两国在科技与金融领域的博弈，美国企图把已经嵌入美国内供应链中的中国元素清出去。

数字货币发展会推动科技优势向金融层面传导，进而实现主权国家在世界金融体系中的优势地位。为获得数字时代国际货币金融体系的优势，我们需要注重跨境支付，把握全球化经济命脉。随着数字贸易在全球贸易中的比重逐渐攀升，近年来国际数字贸易摩擦不断升级，贸易规则的空白严重地制约了数字贸易的良好发展，直接影响到全球经济发展和地区稳定，如何建立全面、统一的数字贸易规则已成为 WTO 面临的一大挑战。

数字经济在促进全球服务贸易的同时，有两个问题值得人们关注。一是数字化服务贸易中的"数字鸿沟"问题。各国发展存在巨大的差异，在数字化服务贸易中处于不平等的地位，发展中国家可能因此拉大了与发达国家的经济技术差距。二是数字化服务贸易中的"数字安全"问题。数字化服务贸易中产生的大量数据涉及国家安全、企业机密和个人隐私，如果没有全球通行的框架和规则加以规范和协调，可能会产生新的"数字霸权"，从而威胁到全球新型服务贸易体系的开放、安全和稳定。为此，各国有必要进一步重视全球数据安全问题，在数字安全方面达成共识。

复习思考

1. 简述国际商业服务贸易的概念。
2. 国际商业服务贸易有哪些种类？
3. 国际商业服务贸易的特征有哪些？
4. 分销服务有哪些种类？
5. 电子商务的发展对传统分销服务有哪些影响？
6. 国际文化服务贸易有哪些特征？

延伸阅读：
沃尔玛公司的
经营特色

第十二章
环境、健康及其他服务贸易

学习目标

- 熟悉国际环境服务贸易、健康服务贸易的概念；
- 了解我国环境服务贸易、健康服务贸易的发展；
- 了解第三方物流、"中国智造"与服务外包的关系等其他服务贸易案例。

第一节 国际环境服务贸易发展概述

一 国际环境服务贸易的概念和特征

（一）国际环境服务贸易的概念

国际环境服务贸易是以环境服务为贸易对象的贸易活动。根据《服务贸易总协定》的规定，环境服务是指那些通过服务收费方式获得收入的同时对环境有益的活动，主要包括污染控制和监测、垃圾处理和净化，以及废旧治理的技术服务。按 WTO（世界贸易组织）的分类，环境服务主要包括排污服务、废物处理服务、卫生和类似服务以及其他环境服务。环境服务业发展水平是反映环保产业成熟度的重要标志，发展环境服务贸易受到各国特别是发达国家的高度重视，并将其作为新的经济增长点和占领全球新一轮经济发展制高点的重要手段。

1994 年 4 月 15 日，在摩洛哥的马拉喀什举行的关税与贸易总协定乌拉圭回合贸易谈判委员会部长级会议通过了《关于贸易与环境的决定》。该决定重申了《建立世界贸易组织协定》序言中关于环境及可持续发展问题的规定。《关于贸易与环境的决定》结合《里约环境与发展宣言》《21 世纪议程》《关于服务贸易与环境的决定》及《与贸易有关的知识产权协定》等有关文件，做出如下规定。

第一，设立贸易与环境委员会，该委员会对所有 WTO 成员开放。在《建立世界贸易组织协定》开始生效后，该委员会即开始工作。

第二，贸易与环境委员会的职责范围：①确认贸易措施与环境措施之间的关系，以促进可持续发展；②在符合多边贸易体制的开放、公正和非歧视性质的前提下，就是否需要对该体制的规定进行修改提出适当建议。

第三，在以上职权范围内，贸易与环境委员会首先要考虑的几个主要问题是：①多边贸易体制的规定与为环境目的而采取的贸易措施之间的关系，包括按照多边环境协定采取的措施；②具有重大贸易影响的、与贸易和环境政策有关的环境政策与多边贸易体制的规定之间的关系；③多边贸易体制的规定与为环境目的而征收的税费之间的关系；多边贸易体制的规定和产品有关的环境要求（包括标准、技术法规、包装、标签和再利用等）之间的关系；④多边贸易体制的争端中有关出于环境目的的贸易措施及具有重大贸易影响的环境措施和要求的透明度的规定；⑤多边贸易体制的争端解决机制与多边环境协定的争端解决机制之间的关系；⑥环境措施对市场准入的影响，特别是对于发展中国家（尤其是对最不发达国家而言）的这种影响，以及取消贸易限制和扭曲对环境的效益；⑦国内禁止性货物的出口问题。

（二）国际环境服务贸易的特征

◆ **1. 环境服务业项目较集中**

环境服务业是一种智力密集型的服务行业，是环保产业中的一个重要组成部分，它的发展标志着一国环境产业发展的整体水平。目前世界上环境服务业发展最具代表性的是美国、欧洲和日本。2019 年，全球环境服务业市场规模达到 12649.70 亿美元，同比增长 3.20%，预估全球环境服务市场继续保持稳步发展态势（见图 12-1）。北美和欧洲凭借自身雄厚的产业基础和强大的技术创新能力，继续占据全球环境服务业领先地位，产业规模分别达到 4751.23 亿美元和 4018.81 亿美元，分别占比 37.56% 和 31.77%。日本成为亚太地区环保产业发展代表国家，2019 年产业规模达到 1893.3 亿美元，占据亚太地区产业总规模的 60% 以上，位居世界第三。① 2020 年全球环境服务业总规模达到 13048.1 亿美元。

---

① 全球环保产业发展现状与趋势 [EB/OL]. (2020-07-15) [2023-07-21]. https://baijiahao.baidu.com/s?id=1672271857370538924&wfr=spider&for=pc.

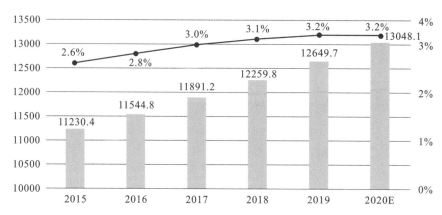

图 12-1　2015—2019 年全球环境服务业总体规模变化情况（单位：亿美元）①

每个国家在环境服务业统计方面的定义与分类多不相同，例如各国对家庭垃圾的清运、饮用水供应及节约能源等活动是否可归类为环境服务业的认识就不相同，而且少数国家并未单独就环境服务业进行统计。根据 UNCTAD（联合国贸易和发展会议）1994 年以 SSCL② 的环境服务业分类项目统计代表性工业国家的结果，环境服务业的产出低于全部服务业产出 0.5％，然而这个数据并未将政府服务的产出列入其中。

根据对环境工业的单项观察，水及废水管理、废弃物管理及空气污染管制为许多国家的重要项目。但并不是每个国家均是如此，如美国的固体废弃物及水处理管理为目前收益最大的项目，同时也是近几年发展最迅速的项目，其最大的水处理公司是环境服务业资本密集度最大的企业，雇用的员工数最多；而日本的空气污染管制是最重要的项目。经济合作与发展组织成员国的环境工业就业人数低于全部劳动力就业 1％。发展中国家经济与人口增长、城市化发展、环境法令更加严格，将导致这些地区的环境市场增长较快。

◆ 2. 公共部门的重要性有所改变

虽然美国市场化和民营化程度较高，但美国废水处理绝大部分的收益仍是由公共事业获得，欧盟的水处理也是由公共事业部门控制，德国及日本等其他国家则由公营部门负责废水处理的工作。而英国 1989 年进行的一项最彻底的变革是将十个废水处理公共事业民营化，法国也有三分之二的废水处理由民营公司经营，马来西亚正在进行污水系统的民营化工作，印度尼西亚、菲律宾及泰国则展开 BOT（bot sewage treatment，污水处理）计划。英国、法国、日本及德国固体废弃物的公营比例分别为 50％、60％、70％ 及 75％。由此可见，很多国家的地方政府仍经营固体废弃物管理，但是长期发展趋势仍以民营化为主。

---

① 2021 年全球环境服务行业市场规模及区域格局分析 北美市场发展良好 ［EB/OL］.（2021-06-24）［2023-07-20］. https：//baijiahao.baidu.com/s?id=1703431624200038648&wfr=spider&for=pc.

② SSCL 是工业的核心，是西门子工业自动化与驱动技术集团在中国的第十五个工厂，也是传感器与通讯部在中国的第二个工厂。

◆ 3. 环境工业企业购并成为发展趋势

一项研究美国环境工业购并的报告显示，企业规模优势及消费者喜好，促使大企业的形成及收益的增加，且更能与小规模对手抗衡。大型企业占优势的原因为：环境技术的复杂性及整合性，加重了小型企业的财务负担；各国环保法规更趋严格；消费者对企业处理的责任及监测的要求更为重视。美国1987年至1991年环境服务业的购并风潮以年均56%的速率增长，1991年购并案达223件，美国民营市场的半数由前十大企业囊括。

虽然欧盟的购并情形不像美国那样严重，但是水处理市场仍是由少数大型企业所占有，废弃物管理则按处理项目的专业性而定。据报道，法国民营市场的半数由前两大企业掌控，英国前六大企业占有半数民营市场。与环境相关的服务业市场如技术工程、环境顾问及管理服务等，也多由大型工程公司所掌控。中小型企业则转型为提供特定专业性服务，成为大型计划的次要受委托执行者。

◆ 4. 环境工业技术发展趋势更强

虽然各项环境服务业所运用的技术已多年未有重大改变，废水处理及固体废弃物管理通常是使用成熟、不具专利性的技术，空气污染控制技术也多已成熟，但以市场导向为原则的环境新法案，促使环境工业转变为以技术导向为主，研发费用逐日升高。一般大型多国环境服务企业，将收益的8%~10%作为研发费用，其中清洁技术的运用成为最主要的竞争工具，环境服务业由传统的末端控制转变为在环境发生源进行控制。

二 国际环境服务贸易的发展

（一）环境服务业的发展

环境服务业是环境服务贸易的基础，在生产领域和消费领域有巨大的市场需求。随着全球对环境问题关注的加强，各国重视治理污染、提升环境质量，促进环境服务业发展迅速。

根据相关贸易数据，2018年全球关于废物处理的商业服务贸易出口额达到229.6亿美元，同比上涨2.4%。从重点地区来看，以欧盟为代表，发达国家环境服务业发展较为迅速，其中欧盟环保产业在2017年吸纳就业461.3万，产值达到8072.9亿欧元，如表12-1所示。

表 12-1 欧盟环境产品和服务业从业人数、产值及增加值状况

年份	从业人数（万人）	产值（亿欧元）	增加值（亿欧元）
2008	405.2	6096.9	2471.3
2009	411.4	5771.1	2415.7
2010	423.6	6377.8	2615.5
2011	449.1	6993.6	2793.8
2012	449.7	7110.7	2857.6
2013	439.1	7155.1	2880.8
2014	430.5	7211.6	2913.2
2015	448.3	7622.8	3122.0
2016	452.1	7713.9	3204.3
2017	461.3	8072.9	3312.4

（资料来源：Eurostat）

日本环保产业也发展迅速，2018年日本环保产业市场规模合计1053203亿日元，是2009年的1.4倍，年均增长率为3.4%。尽管目前全球环境服务市场主要集中在美国、西欧和日本，但发展中国家环境服务市场在不断壮大。由于发展中国家市场难以满足国内迅速增长的环境服务需求，加上国家之间通过多边或双边环境谈判开放环境服务市场，所以发达国家把环境服务业发展的目光转向了发展中国家市场，促使环境服务国际化水平日渐提高，很多国家的环境服务市场允许外资拥有多数股权甚至独资提供环境服务，促进了环境服务市场投资的国际化水平。

（二）环境服务贸易的发展

随着国际社会对生态环境的重视程度日益增加，环境服务贸易作为一种新的经济形态，在环境保护、经济发展、社会进步和国际竞争等各个方面发挥着越来越重要的作用，也逐渐成为各国特别是发达国家竞争的焦点。尽管环境服务贸易目前占比还不是很高，但随着全球对于环境问题的日益关注，如全球控塑等议题的兴起，全球环境服务贸易将得到进一步的发展。

三 中国环境服务贸易的发展

（一）环境服务业起步较晚、发展快

20世纪90年代后期，随着我国生态文明建设进入新阶段，各项法规、政策的出台为发展环境服务业营造了良好的氛围，同时我国的环境技术进步和自主创新能力不断增

强，环境服务标准化工作得到进一步加强，环境污染治理设施运营社会化、市场化、专业化发展的步伐明显加快，环境咨询服务也取得了较大进展。

相关统计显示，2006—2010年，中国环境服务业产值年均增长15%以上。2012年以来，中国环境服务业发展保持了较高增速，2013—2019年，环境服务业财务统计调查口径内环境服务从业企业营业收入年均增速达到22.9%，远高于同期国民经济增速。2019年，中国环境服务收入总额约为11200亿元，占环保产业收入总额比重已超过60%[①]，成为拉动环保产业发展的中坚力量。

中国环境服务行业参与者主要包括国有企业、民营企业和外资企业，同时小微型规模经济单位积极活跃，市场更具多元化特征。2017年，环境服务业财务统计调查口径内环境服务从业企业营业收入达2943.5亿元，同比增长19.2%，实现营业利润额291.4亿元，比上年增长50.1%[②]。一批综合实力强、具有国际竞争力的环境服务骨干企业也涌现出来，如北控水务、首创股份、光大环保、中国节能环保等，增强了行业整体竞争力。新业态不断涌现，精细化方向发展趋势明显。

随着环境治理需求不断提高，我国服务业从传统的技术研发、工程设计与施工、设施运营向注重服务和环境效果的环境综合服务延伸，工业污染领域第三方治理模式、"环保管家"服务模式、环境金融服务模式、资源组合开发模式、生态导向开发模式等商业新模式在环境治理领域得到创新应用。

中国稳步推进环境服务业对外开放，环境服务企业不仅通过"引进来"促进消化、吸收和创新，而且经过多年发展，不少已具备国际竞争力的企业通过"走出去"扩大国际市场。据统计，中国已有40余家环保企业进入全球六大洲54个国家。

在政府采购领域，2007年12月，中国提交加入《政府采购协议》(GPA)申请及首次范围出价，这标志着中国加入GPA正式谈判进程的开始。2011年年底，中国提交了第三次改进出价，这次出价中国首次将噪声消除服务（CPC9405）政府采购市场开放。2013年年底在第五次改进出价中，中国将污水处理服务（CPC9401）政府采购市场纳入对外开放出价范围。2014年，第六次改进出价，中国将除放射性废物以外的固废处置服务（CPC9402）政府采购市场纳入对外开放出价范围。

在环境服务领域，中国仍坚持加入世界贸易组织时所做出的承诺：开放除环境质量监测和污染源检测外的全部环境服务市场，包括污水处理服务（CPC9401）、固废处置服务（CPC9402）、废气治理服务（CPC9404）、噪声消除服务（CPC9405）、自然和风景保护服务（CPC9406）和其他环境服务（CPC9409）。

---

① 扩大环境服务贸易，助力经济高质量发展 [EB/OL]. (2020-09-10) [2023-06-10]. https://m.gmw.cn/baijia/2020-09/10/34173254.html.

② 最新环境服务业统计结果显示：2017年中国环境服务业持续呈现稳中有升的发展态势 [EB/OL]. (2018-08-18) [2023-06-10]. https://www.sohu.com/a/248625037_673516.

在自贸区领域，自中国自由贸易区开始谈判以来，环境服务业市场的进一步开放一直是双边和区域自由贸易区谈判的重要内容和要价。中国在自由贸易区环境服务谈判中以入世时的承诺为基准，部分承诺高于该基准，如在 CEPA 中允许香港服务提供者在内地设立独资企业，提供环保服务。

（二）环境服务贸易走向数字化

推动环境服务数字贸易，有利于促进环保产业快速发展，这主要表现在以下方面。

在延伸时间尺度上，提供环境服务的企业通过在不同时区设置服务站点，可以提供 24 小时不间断服务。例如，苏交科集团在收购美国最大的环境检测企业 TestAmerica 后，在中国分析实验室晚间休息时可以利用美国正处于白天的优势，为中国客户继续提供服务。

在拓展市场范围上，利用互联网，环境服务企业特别是中小企业可以更加方便和低成本地在全球范围内寻找合作伙伴或客户。例如，一些环境服务企业通过谷歌、亚马逊等互联网企业提供的 B2B 或 B2C 服务，将环境服务提供给全球市场客户，并且以低廉的成本获取相关服务、技术信息。

在提升贸易速度上，通过数字传输提供环境服务可不受物理距离和时间的限制。例如，专家可以不用前往实地，通过在线的方式提供相关环境咨询服务，节省了时间和交通成本。

在实现贸易协同上，货物贸易与服务贸易融合是数字化背景下环境服务贸易的新形式。比如，通过数字营销售卖环境产品、服务和技术等，以及通过互联网交付设计图纸，然后在异地实现产品生产和本地销售等。

为进一步推动环境服务贸易以及环境服务业发展，我国密集出台相关政策和措施，主要包括推动产业发展、促进环境服务贸易以及推动数字贸易等方面的政策和措施。

在推动产业发展方面，2020 年 9 月，国家发展改革委等四部门联合印发《关于扩大战略性新兴产业投资 培育壮大新增长点增长极的指导意见》，将节能环保产业作为重点产业，提出探索开展环境综合治理托管、生态环境导向的开发（EOD）模式等环境治理模式创新，提升环境治理服务水平，推动环保产业持续发展等相关内容。"十四五"规划提出，支持绿色技术创新，推进清洁生产，发展环保产业，推进重点行业和重要领域绿色化改造。2021 年全国生态环境保护工作会议强调，在不断满足人民群众日益增长的优美生态环境需要的同时，要不断催生新产业新业态新技术，壮大绿色环保产业。

中国的环境服务不是按环境要素来分类的，而是根据与服务贸易相关的活动分类。国家环境保护总局印发的《2000 年全国环境保护相关产业状况公报》中，中国环境服务业首次被定义为与环境相关的服务贸易活动，具体分为环境技术服务、环境咨询服务、污染设施运营管理、废旧资源回收处置、环境贸易与金融服务、环境功能及其他服务六类。《环境服务业"十二五"发展规划（征求意见稿）》将环境服务业概括为与环境相关的服务贸易活动，认为中国环境服务业主要包括环境工程设计、施工与运营，环境评价、规划、决策、管理等咨询，环境技术研究与开发，环境监测与检测，环境贸易、金融服务、环境信息、教育与培训及其他与环境相关的服务活动。

在促进环境服务贸易方面，2020年11月，国务院办公厅发布《关于推进对外贸易创新发展的实施意见》，提出提高生物技术、节能环保等新兴产业的国际竞争力。2020年12月，国家发展改革委、商务部发布《鼓励外商投资产业目录（2020年版）》，进一步扩大了鼓励外商投资范围，并进一步鼓励外资投向生产性服务业；在研发设计领域，新增或修改了污水处理设施设计等条目。

在推动数字贸易方面，2019年11月19日，中共中央、国务院发布《关于推进贸易高质量发展的指导意见》，提出加快数字贸易发展，提升贸易数字化水平，形成以数据驱动为核心、以平台为支撑、以商产融合为主线的数字化、网络化、智能化发展模式。此外，我国先后出台《国务院关于同意深化服务贸易创新发展试点的批复》《数据安全法》等一系列重要法规和政策文件，为支持和推动数字贸易发展搭建了初步的法律政策体系框架。

综上可见，无论从产业发展基础还是从政策法律框架等方面，我国推动环境服务数字贸易已具备较好基础。今后我国还需要积极推动环境服务贸易的数字基础设施建设和技术研发；构建和完善环境服务数字贸易规则；构建和完善环境服务在数字贸易领域的国际规则，促进我国环境服务通过数字贸易出口到其他国家和地区；推动建设环境服务数字贸易统计核算体系，积极完善数字服务贸易相关法律法规标准体系建设，在确保国家安全和数据安全的前提下，营造环境服务商业数据自由流动环境，推动环境服务数字贸易更好更快地发展。

第二节　国际健康服务贸易发展概述

一、国际健康服务贸易的概念

健康服务贸易是基于健康服务业发展起来的。健康服务业一般是指以预防疾病、促进健康为核心的综合服务产业。就具体的产业载体而言，健康服务业的范围涵盖医疗机构、养老院、居家照护、远程医疗照护与健康保险等部分。健康服务业也指包括健康检查、健康咨询、身体养护、健康规划等预防疾病、促进健康的综合服务产业。

国际健康服务贸易是以健康服务为贸易对象的贸易活动。按 WTO 的分类，健康与社会服务主要包括医疗服务、其他人类健康服务和社会服务等。

国际医疗服务贸易是健康与社会服务贸易的重要组成部分。改善和发展医疗服务贸易既可以增加外汇收入，又可以改善投资环境，促进经济繁荣，加强国家间的友好往来与合作。因此，医疗服务贸易受到各国政府特别是发展中国家政府的高度重视。

医疗属于服务行业，医疗服务就是医疗机构以患者和其他一定社会人群为主要服务对象，以医学技术为基本服务手段，向社会提供能满足人们医疗保健需要，为人们带来实际利益的医疗产出和非物质形态的服务。医疗产出主要包括医疗及其质量，它们能满足人们对医疗服务使用价值的需要；非物质形态的服务主要包括服务态度、承诺、医疗机构形象、公共声誉等，可以给患者带来附加利益和心理上的满足及信任感，具有象征价值，能满足人们精神上的需要。医疗服务也指医疗机构或医疗技术人员以实物和非实物形式满足民众健康需要的一系列行为。它是医疗和服务的有机融合，是医疗活动的重要载体和外在形式，是向民众提供的一种健康服务。

国际医疗服务贸易是指国家间医疗业方面劳务的交换，既包括本国患者的出境治疗，即国际支出医疗，又包括外国患者的入境治疗，即国际收入医疗。按 WTO 国际服务贸易大类的划分标准，医疗服务可以划入商业服务、健康与社会服务两大类中，包括三个子类：医疗与牙科服务；助产士、护士、理疗医生、护理人员提供的服务；医院服务。在提供医疗服务的国家或地区，国外的患者及其家属用于医疗、食、住、行、游、购、娱等方面的开支均用外汇支付。这种获得外汇收入的方式，实质上是一种就地出口贸易，即通过医疗服务的就地输出直接引致的。此外，患者及其家属还要消耗其他活动形式的服务产品，这是因为医疗产品本身所含的服务劳动比重很高，例如，药房供应药品的服务，医师开处方、药剂师配药、护士发药打针等其他服务。

二　中国医疗服务贸易的对外开放

中国入世后签署的加入 WTO 的有关文件表明，中国允许开放医疗、牙医服务两个部门（见表 12-2），我国的医疗服务贸易同时面临机遇和挑战。从某种意义来说，"入世"就是医疗服务贸易法律规范的"入世"。加快改革医疗服务贸易领域有关法律法规，履行 GATS 下我国对医疗服务的承诺，是中国加入 WTO 后的一项重要而急迫的工作。

表 12-2　中华人民共和国医疗服务贸易具体承诺减让表

部门或分部门	市场准入限制				国民待遇限制
	1. 跨境交付	2. 境外消费	3. 商业存在	4. 自然人流动	

续表

部门或分部门	市场准入限制	国民待遇限制
医疗和牙医 （CPC9312）	1. 没有限制 2. 没有限制 3. 允许外国服务提供者与中国合资伙伴一起设立合资医院和诊所，没有数量限制，以符合中国需要，允许外资拥有多数股权。 4. 除水平承诺中内容和下列内容外，不做承诺：应允许持有其本国颁发的专业证书的外国医生，在获得卫生部的许可后，在中国提供短期医疗服务。服务期限为6个月，并可延长至1年	1. 没有限制 2. 没有限制 3. 合资医院和诊所的大多数医生和医务人员应具有中国国籍。 4. 除水平承诺中内容外，不做承诺

（资料来源：《中国加入世贸组织法律文件》（中英文对照），法律出版社 2002 年版）

◆ **1. 跨境交付**

近年来，欧美国家的远程医疗服务发展很快。当患者从不同的国家访问不同的诊所时，他们的健康数据会在不同的国家之间进行共享，这使得远程医疗服务在世界范围内得到了广泛的应用和实施。

我国国务院办公厅于 2018 年提出了《关于促进"互联网＋医疗健康"发展的意见》。为落实该意见有关要求，进一步规范互联网诊疗行为，发挥远程医疗服务积极作用，提高医疗服务效率，保证医疗质量和医疗安全，国家卫生健康委员会和国家中医药管理局组织制定了《互联网诊疗管理办法（试行）》《互联网医院管理办法（试行）》《远程医疗服务管理规范（试行）》，强调建立健全远程医疗技术标准、规范和数据安全、保密等方面的制度，做好医疗资源的整合，简化病人就医流程，降低医疗成本等措施。目前跨境交付已发展到网上检查、网络诊断、网上配药等诸多方面，并不断扩大适用范围。远程医疗服务作为互联网时代医疗服务的一大趋势，必将成为未来医疗卫生服务国际化发展的重要方向，促进国际服务贸易跨境交付模式的发展。

◆ **2. 商业存在**

2000 年 5 月，卫生部和外经贸部制定并发布《中外合资、合作医疗机构管理暂行办法》，对合资合作医疗机构的申办条件、审批程序和执业标准等做出了规定。

《中外合资、合作医疗机构管理暂行办法》存在关于投资额、不许办分支机构等限制，如规定建立中外合资合作医疗机构的投资额必须在 2000 万元人民币以上，可以结合我国的国情和吸引外资的需要，适当降低开设诊所的投资额要求，提高医院的投资额。该办法还要求中外合资合作医疗机构创办分支机构必须重新审批和登记注册，这一规定必然需要进一步研究完善。

◆ 3. 自然人流动

中国的医疗专业人员注册制度可见于《医师法》《护士条例》和《外国医师来华短期行医暂行管理办法》等法律法规中，实行的是医师、护士、外国医师分类注册管理制度，基本上符合当前国情的需要，但与服务贸易协定的承诺相比，中国的注册制度还需进一步完善。例如根据入世承诺表，中国承诺"持有其本国颁发的专业证书的外国医生，在获得卫生部的许可后，在中国提供短期医疗服务。服务期限为6个月，并可延长至1年"，其具体的操作由卫生部门依《外国医师来华短期行医暂行管理办法》执行，根据该办法，外国医师获外国医师短期行医许可后，可在华短期行医，但审批标准有待明确。又如，中国对持有外国医学学历的毕业生，申请中国执业医师的问题没有规定。可见建立完善的外籍医师、护士注册制度是有必要的。

◆ 4. 境外消费

境外消费是一种以消费者自愿流动为前提形成的贸易形式，一般不是政府法律监管的重点。但是消费者在国外往往处于语言不通、人生地不熟、孤立无援的弱势地位，中国应该通过谈判推出适用于对方的地区保险、跨境健康保险以保护本国消费者。同时中国也应建立境外消费信息平台，提供境外消费信息，解答消费者境外消费的疑问，为其提供帮助并建立消费预警及快速反应机制。

与世界发达国家相比，中国的医疗服务贸易还处于起步阶段，各方面还有待完善，医疗保障的改革必须以健全的法律为坚强后盾，正确发挥政府的作用，坚持效率的同时注重公平。中国的医疗服务贸易发展仍需不断努力，其发展前景十分广阔。

第三节　典型案例

案例一　2022年中国国际服务贸易交易会首次设立环境服务专题展区

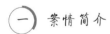

一、案情简介

2022年8月31日至9月5日，中国国际服务贸易交易会（以下简称服贸会）在北京国家会议中心和首钢园区举办。服贸会以"服务合作促发展 绿色创新迎未来"为年度主题，增设了环境服务专题展区。环境服务专题展区设在国家会议中心二期一层及地下一层,展览面积总计 1.6 万平方米。这是中国服贸会首次设立环境服务专题展区,为服贸会增添了一抹绿色意蕴。环境服务贸易是以环境服务为对象的贸易活动,也是 GATS 所规定的 12 大服务贸易类别之一。据北京市国际服务贸易事务中心外联处负责人介绍,此次环境服务专题展区以"双碳赋能·焕发创新动力"为主题,发挥了积极作用,展区设立了低碳能源、气候与碳经济、碳中和与绿色技术、创"双碳"示范城市等四大专区。

低碳能源展区包括太阳能、光伏、风电、水电、氢能、核电、生物质能、地热能、海洋能、甲烷等低碳能源。

气候与碳经济展区包括绿色电力交易、碳交易管理、碳中和相关服务部门、绿色金融机构和能源交易中心。该展区集中展示了气象服务于双碳企业及支撑生态文明的生动实践,吸引了中国气象局直属企业、上市公司、金融交易所以及"墨迹天气"等服务于气候变化的知名企业前来参展。

碳中和与绿色技术展区则集中展示了全球环境服务领域在助力"双碳"目标方面的新技术、新模式和新成果。碳中和与绿色技术包括生物乙醇转化为生物石油产品技术,醇基燃料技术设备,微藻燃料技术,生物光合作用吸收二氧化碳合成乙醇、柴油或其他高碳醇技术,利用氢气与被捕集的 CO_2 反应等制取生物燃料和燃料或高价值化学品技术,生物炼制技术装备,生物质能液体、固体、气体燃料技术。碳中和从前端、中端、后端构建了环保产业投资框架,即前端能源替代,关注环卫新能源装备及可再生能源替代领域,推动能源结构调整;中端节能减排,关注产业转型、节能管理和减排设备应用领域;后端循环利用,关注垃圾分类、再生资源回收利用等。

创"双碳"示范城市展区包括天然氧吧城市等。北京市延庆区作为"中国天然氧吧"创建地区参加其中"创'双碳'示范城市展暨中国天然氧吧第四届文化旅游节",向全国人民展示延庆区的城市风貌。延庆区结合《"中国天然氧吧"助力延庆绿色发展三年行动计划》重点任务,融入氢能源、旅游、生态、文创、农产品等众多延庆特色,划分出绿色低碳、生态文明、旅游产业、乡村振兴等不同板块,展示近几年来全区绿色高质量发展的新业态、新亮点、新成果。

会议还举行了以下有意义的活动。

第一,环境服务专题论坛活动。主题是"气候变化与可持续发展",讨论内容包括气候变化与安全发展、绿色科技创新赋能低碳转型、碳金融和节能建筑与低碳城市。与会人员围绕全球气候变化、气象灾害与极端天气、环境污染及生态系统演变、碳减排与新能源等气候和环境科学领域的热点问题进行探讨,交流了最新科研进展。

第二,投资和商务促进活动。通过组织国别推介洽谈、省区市及港澳台推介洽谈,以及行业推介洽谈等形式丰富展会现场供需信息发布,邀请境外相关政府机构推介发展政策、优势领域、合作项目,促进合作交流。

第三,成果发布活动。首发活动由世界 500 强企业及行业领军企业、独角兽企业等发布全球最新技术、产品、成果及应用;现场还发布了《中国服务贸易发展报告 2021》《数字贸易发展与合作报告 2022》等专题报告。

第四，优秀服务示范案例评选活动和边会活动等。

环境服务展区为各地"双碳"目标和实施路径提供技术解决方案，各地则为环境服务展区带来高质量的需求，有助于实现合作共赢。据初步统计，2021年服贸会包括环境服务展区在内，共有来自148个国家和地区的各类机构、企业和与业内人士参加，还有世界贸易组织、联合国贸易和发展会议、经济合作与发展组织、国际贸易中心、世界贸易网点联盟、世界贸易中心协会等相关国际商协会的代表，共达成各类成果1339个，参展参会企业数量、国际化程度、成交规模和观众人数均超过上届。

视频资源：
2022年服贸会首次设立环境服务专题展区

（资料来源：助力实现"双碳"战略目标，2022年服贸会环境服务专题展9月1日开幕[EB/OL]．（2022-08-25）[2023-07-23]．http：//www.cnenergynews.cn/huizhan/2022/08/25/detail_20220825126450.html，有改动）

二 案例评析

本届服贸会坚持绿色低碳转型，在服务贸易领域鼓励绿色生产、绿色贸易、绿色消费，加强绿色技术合作，产生了积极影响。首次设立环境服务专题展区标志着中国政府高度重视环境服务贸易的繁荣发展，实施更加积极主动的绿色低碳战略，为推动国际环境服务贸易发展做出重要的贡献。环境服务专题展区聚焦"双碳"，与国家级平台"服贸会"主题交汇叠加，产生强大的共振效应，促进了我国环境服务贸易的发展。本届服贸会环境服务专题展区展现了中国环境服务业的成就。

第一，党的十八大以来，我国环境服务业发展保持了较高的增速。我国的生态环境状况实现了历史性转折，雾霾天气和黑臭水体越来越少，蓝天白云、绿水青山越来越多。植树造林占全球人工造林的1/4左右，单位GDP二氧化碳排放量累计下降了大约34%，风电、光伏发电等绿色电力的装机容量和新能源汽车产销量都居世界第一。我国推动达成了《巴黎协定》，明确提出力争2030年前实现碳达峰、2060年前实现碳中和，为国际社会合作应对气候变化、推进全球环境治理做出了重要贡献。

第二，凸显了环境服务业在环保产业的上游和下游发挥的积极作用。环境服务贸易的研发、设计、咨询、监测等子部门的发展和贸易水平增强，有效带动了环境产品制造的升级和贸易的发展，有助于增强我国环保产业的国际竞争力，提高我国环保产业产品和服务高质量供给能力，推动环保产业及其贸易成为新的经济增长点。

第三，提高了我国环境、资源、能源投入产出效率。环境服务业作为生产性服务业，与制造业直接相关，并为其提供配套服务。尽管我国拥有全球门类最齐全的产业体系和配套网络，但许多产品单位产值能耗和污染物排放水平高于世界发达国家水平，所以投入产出效率相对较低。通过积极推动环境服务贸易发展，能够扩大进口和技术交流，提升环境服务高水平供给，降低制造业产品能耗和污染排放水平，提升我国全行业绿色制造水平和竞争力，有助于全行业高质量投入产出，推进贸易与环境协调发展。

第四，促进环境服务业"走出去"，提高了我国对外开放水平。环境服务贸易谈判已经成为 WTO 以及双边和区域自贸区谈判的重要内容，我国通过环境服务贸易框架下市场准入和规则谈判，敦促贸易双方有效实施国内生态环境保护措施，形成较高的环境保护水平，这有利于我国吸收国外技术、资本、经验，为环境服务业的贸易、投资和发展创造市场空间，同时，扫清环境服务业市场进入的障碍，拓展市场边界和需求，扩大环境服务业"走出去"的市场规模，提升我国企业绿色竞争力。

总之，我国的环境服务贸易在国际贸易中还处于初级发展阶段，要用国际化的标准对我国的环境服务型企业进行规范，提升其水平和资质，使其符合国际相关政策；还需要加大对产品检测技术的研究，提升检测技术的水平，让国外一些对环境影响较大的产业和产品在进入我国时"无处遁形"，从源头上阻止一些"洋垃圾"进入，提升我国环境服务贸易的效率。此外，环境服务贸易问题所涉及的范围很广，我国必须加大国际环境服务贸易专业人才的培养力度，营造良好的人才成长环境，培养适应市场需求的创新型环境服务贸易人才。

案例二　中医药"走出去"促进健康服务贸易发展

一　案情简介

中医药是中华民族的伟大创造，包含着中华民族几千年来的健康养生理念和实践，是中国古代科学文化的瑰宝。中医药已经传播到世界许多国家和地区，得到全球认可。作为服务贸易领域中独具特色的行业，尽管近代以来中医药历经坎坷，甚至屡受质疑或否定，但新中国成立后，特别是近几年来，党中央、国务院重视中医药事业发展，中医药服务贸易发展迅猛，已成为国家发展战略。2009 年，国务院发布实施《关于扶持和促进中医药事业发展的若干意见》。2021 年，商务部、中医药局等 24 部门联合印发的《"十四五"服务贸易发展规划》明确指出，促进中医药服务贸易健康发展，加强国际交流合作，为中医药走向世界搭建平台。党的二十大报告也指出，要促进中医药传承创新发展。目前，中医药服务贸易不仅在我国深化医疗改革中发挥着越来越重要的作用，而且在经济、文化、社会、科技、生态、国际交流等方面日益显示出重要价值。

从 GATS 服务贸易的四种提供方式来看，我国的中医药服务贸易在以下方面均有突出表现。

◆ **1. 跨境交付模式下的中医药服务贸易发展**

从跨境交付模式看，远程中医药诊疗、医疗咨询等是典型的中医药服务贸易。2014年，上海建立了我国首个跨境中医药服务平台——"海上中医"国际医疗健康服务平台，并落户德国汉堡和迪拜。"海上中医"国际医疗健康服务平台是商务部、国家中医药管理局与上海市共同推进的重点项目，是在云技术基础上，利用现代中医客观化信息采集技术，通过网络传输来完成中医的望闻问切，使传统的医患双方面对面诊治的模式变得远程化、数字化和系统化，为开展国际医疗合作领域进行了成功的实验。疫情期间，为将我国的中医药诊疗经验推向全球，北京发布了"北京远程健康服务"微信公众号，以中英文双语分享诊疗方案、防控视频，还有近千名专家远程看诊，为境内及境外人士提供中医院相关会诊和咨询服务，这些都是在数字技术下兴起的中医药跨境服务终端。

◆ **2. 境外消费模式下的中医药服务贸易发展**

从境外消费看，随着中医越来越受到世人关注，境外来华就诊人数规模也不断扩大。根据商务部统计，2015年，国内288个向境外人士提供中医药服务的机构和企业共接诊外籍患者约20万人次，接受住院2.5万人次，营业收入达10亿元。[①] 2016年，我国境内288个中医药服务机构和企业共接诊外籍患者23万人次，接收住院2.9万人次，营业收入达14亿元。2017年，我国境内292个中医药服务机构和企业共接诊外籍患者25万人次，接收住院3.1万人次，营业收入达到19亿元。2019年前5个月，纳入统计的292个中医药服务机构共接诊外籍患者13万人次。以海南省为例，2019年该省中医医疗机构中医药服务贸易额有4000多万元。

◆ **3. 商业存在模式下的中医药服务贸易发展**

从商业存在模式看，目前越来越多的国家和地区加入中医药服务贸易"朋友圈"，全球已有194个国家或地区设有中医药医疗机构。中国同仁堂、天士力等60家中医药企业在30多个国家（地区）开办中医药医疗机构，年接诊当地居民28万人次，营业收入达8亿美元。在海外中医药教育机构方面，早在20世纪90年代我国中医药院校便在国外开展合作办学，如北京中医药大学与英国密德萨斯大学、南京中医药大学与澳大利亚皇家墨尔本理工大学的合作等。截至2017年底，全国有43所中医药专业高等院校参与了海外中医药教育机构的教学；在建立中医药海外中心方面，至2016年，中国政府已立项支持在海外建立了10个中医药中心。2019年我国又批准支持建设31个"一带一路"沿线国家海外中医药中心。

---

① 商务部副部长房爱卿出席第四届京交会中医药服务贸易主题日启动仪式并致辞[EB/OL].（2016-05-29）[2023-07-01]. https://www.gov.cn/xinwen/2016-05/29/content_5077882.htm.

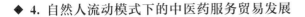

◆ 4. 自然人流动模式下的中医药服务贸易发展

中医药服务贸易的自然人流动模式主要包括援外中医药人才以自然人身份到外教学、中医药人员参加相关中医药文化宣传会议、学术交流等。据统计，我国每年派出中医临床医师约 2200 人，占外派医疗劳务人员总数的 60%。在中国向亚洲、非洲、拉丁美洲的 70 多个国家派遣的援外救援队中，中医药医疗人员约占医务人员总数的 10%。在援外教学方面，北京中医药大学每两年派出 15 名中医药专家到德国的魁茨汀中医医院。在对外进行文化宣讲方面，2019 年 7 月，我国在惠灵顿开展了"中医药文化和健康旅游新西兰推介活动"，中医师向当地市民传播传统中医药文化，吸引了许多民众参加。

2022 年 3 月 31 日，世界卫生组织网站发布《世界卫生组织中医药救治新冠肺炎专家评估会报告》，明确肯定了中医药治疗新冠肺炎（现改名为新型冠状病毒感染）的有效性和安全性，并鼓励成员国考虑中国形成并应用的中西医结合模式。

二 案例评析

以上案例说明，中医药服务贸易现已成为中国与各国开展人文交流、促进东西方文明互鉴的重要渠道。众所周知，中医药是古代丝绸之路上重要的中国元素，中国曾向世界输出了针灸、中医、中药等，也从其他国家带回了南药、阿拉伯医学等。疾病无国界，医疗无国界，医疗的本质就是造福人类。中医药服务"走出去"是中国与世界各国共同增进健康福祉、建设人类命运共同体的重要载体之一。加强中医药服务贸易，不仅可以快速提升中医药诊治能力和应用范围，还可以完善中医药诊治的水平和安全性，在国际监管下建立更多的中医药诊治服务标准，提升中医药诊治服务的竞争力。

◆ 1. 中医药服务贸易渗入人类健康理念

中医药作为中华民族的一种传统文化，经过几千年的发展传承，以"天人合一"的整体观念和以阴阳五行为基础的"辨证论治"思想以及"治未病"的核心理念形成了独特的东方医学。疫情发生后，中医药全面参与疫情防控救治，发挥了重要的作用。在中国援外医疗队中，中医人员不在少数，他们将中医预防和治疗手段在全球范围推广，并获得了广泛的赞誉。我国中医药管理局将应用中医药的疗效等信息整理成英文资料提供给世界卫生组织，还发布了英文版中医药诊疗方案、防控视频，建设全球抗疫中医药服务平台，提供专家线上看诊服务，向海外侨胞提供远程咨询服务，还有数名专家通过视频会议与意大利、德国、日本、韩国等 82 个国家和地区分享交流中医药诊疗方案。疫情启示人类顺应自然、尊重自然、返璞归真，回归"天人合一"的状态，而这与中医药一直以来的整体观念和辨证论治思想一致,也让中医预防的观念深入人心。中医药服务贸易不仅是出口中医药产品,提供中医医疗保健和教育等服务,更是传播中华文化、医药理论和医学知识,输出一种健康向上的养生理念及内外平衡的生活方式,倡导注重生命、追求健康、回归自然、以人为本的生活态度好和保健模式,从一定意义上说,这也是打造中国文化软实力的良好方式。

◆ **2. 现代数字技术助力中医药服务贸易市场扩大**

随着互联网、人工智能、大数据等现代数字技术的应用,以"便捷就医服务"为目标的数字化、便捷化、智能化的互联网医疗健康服务越来越受到人们的欢迎。中医特色的服务从患者需求角度出发,让"机器跑、信息跑、数据跑"代替患者跑,提升了中医药诊治服务的竞争力。

当前中医药服务的海外市场需求不断扩大,我国建立的中医惠侨一带一路服务平台、国际中医药远程服务平台、国际中医药商场健康平台和中医药国际专业服务平台已经运行,并正在打破传统医疗交易服务的时空限制,受到各国的普遍欢迎,中医药国际服务贸易市场规模不断扩大。

◆ **3. 中医药服务贸易有利于突破市场准入壁垒**

我国中医药机构"走出去",到海外开设药店、诊所、中医院等机构往往需要经过各东道国的层层审批,经营范围、股权限制受到严格要求。为争取到最大限度的市场准入和国民待遇,我国与外国政府及有关国际组织已签订了含有中医药合作内容的双边政府间协议96个、专门的中医药合作协议49个。数字服务贸易有利于打破传统中医药服务的时空限制,让远程看诊成为可能,突破了市场准入壁垒,逐步增强了海外人士对中医药的认可度和信任感,促进了中医药领域的国际资金、技术和信息互动及共享,推动了中医药行业的科学发展。如2019年8月在湖南长沙举行的第二届世界中医药服务贸易大会暨2019湖南中医药与健康产业博览会上,南京海昌中药集团发起和推动的全球中医产业联盟正式启动。"让中医药服务于全球"已成为国际呼声。我国实施中医药海外发展工程,推动中医药技术、药物、标准和服务走出去,促进国际社会广泛接受中医药,深化与各国及世界卫生组织、国际标准化组织等的交流与合作,参与国际规则、标准的研究与制订,将逐渐壮大中医药海外服务贸易市场。

◆ **4. 中医药服务促进中国文化贸易发展**

中医药服务贸易也是一种文化贸易,中华优秀传统文化包含多样的文化源流与多彩的人文魅力,涉及天文、地理、哲学、环境科学、生命科学和医药学等。中医药学与多学科相互依存,带有中华民族精神文化的印记,是独立的中华文化形态,源于中华文明的世界观、方法论、价值观、修养论和践行论,承载着我国中医药文化的核心价值体系,对中华文明与世界文明的交融和发展有着独特的贡献,是我国重要的非物质文化遗产。中医药学是中国劳动人民创造的研究人体生理、病理以及疾病诊断和预防的一门学科。在境外传承发扬中医药学,有利于挖掘中医药文化宝藏、抢救中医药文化遗产、普及中医养生保健知识、转变生活方式以及提高境外消费者健康素养。

拓展案例:
中国-乌兹别克斯坦跨国远程医疗系统

自从"一带一路"倡议提出来后,中医药就成为"一带一路"人文交流的重要组成部分,它既可以为世界人民的健康做贡献,又可以推动中医药现代化和产业化的发展,这是我国中医药产业发展的内在需求和动力。

案例三 多企业的物流服务与第三方物流外包

一 案情简介

物流的概念最早在美国形成,由物体的运输、仓储、包装、搬运装卸、流通加工、配送等环节构成。在当今世界市场竞争中,服务外包发挥了独特的竞争优势,越来越多的企业外部服务提供商进入服务外包领域。

A 公司(OC1)是八大欧洲家电制造商之一,B 公司是丹麦的一家第三方物流公司(LSP1),专门从事卡车运输的批量业务,B 公司因为拥有竞争力的价格而成为丹麦的重要分销终端,一些外国生产商和丹麦家电进口通过 B 公司的物流服务抢占先机,再将家电分销并通过物流配送给所有零售商。

B 物流服务公司既为两位意大利人提供运输服务,又为一位法国人和一位斯洛文尼亚人提供商品和存储服务。货物的运输通常是为所有生产者同时在同一传输路径中执行。随着供给被传递给最终用户,对于所有零售商和分销中心而言,无论是 A 公司还是 B 公司都能从这种关系中获得一些积极利润。A 公司因为客户服务水平显著提高,客户的满意度不断增长,而 B 公司业务的稳定性和竞争优势获得了社会的认同。

C 公司(OC2)是法国著名的汽车制造商,其产品在斯洛文尼亚一部分零售销售点颇为有名。D 公司(LSP2)是 C 公司的物流服务主要承包商,它是单一供应商,其管理交付给母公司,即物流服务的分包商。

D 公司是一家国际化的家族企业,其核心业务是车辆物流,其凭借一流的服务成为欧洲领先的物流团体。它负责从生产到交付给经销商的计划编写和分发成品车。10 年来,D 公司由物流服务分包商发展成为车辆物流场的国际性公司,除了整车运输及各种各样的预交付服务外,它还执行 C 公司分布在法国的斯洛文尼亚的分销商业务。这项服务包括车辆分支的集合、车辆检查、存储仓库车辆、轻微交通伤害维修等。2005 年以来,由于其服务的完整程度不断提高,提升了客户满意度,保证了自身在其工作范围内的稳定性,D 公司在市场中的竞争地位不断巩固,成为具有国际全方位服务的物流分包商。

E 公司(OC3)一直致力于生产岩棉保温板并在密封剂制造领域有超过 30 年的传统。该公司 70% 以上收入来源于西欧市场。E 公司的物流服务提供商是 F 公司(LSP3)。F 公司在该地区为客户提供陆、海、空运输、终端服务和各种物流解决方案。F 公司组织送货上门、快递、快递服务和仓储和配送,还延长了服务链,经营了船舶代理等业务,完成了更复杂的物流项目,最后承接了 E 公司整个物流服务外包,成效显著。

(资料来源:帖鹏飞,赵俊卿. 第三方物流服务竞争力的国际定量比较——基于 3PL 服务竞争力模糊综合评价模型 [J]. 物流技术,2014(5):245-248. 有改动)

二 案例评析

企业物流一般可以分为生产阶段的内部物流和采购销售阶段的外部物流。内部物流包括生产过程中的库存控制、机器调度和运作质量控制等,外部物流包括客户服务、运输、库存管理、信息流动和订单处理等。物流服务主要指外部物流,一般有以下几种模式:一是自营模式,主要是指企业自备仓库、自备车队等,企业拥有一个自我服务的体系;二是第三方物流,指企业利用一家外部的物流公司实现其全部或部分物料管理和产品配送职能;三是物流联盟,它是指企业选择少数稳定且有较长时间业务往来的相关企业,与之形成长期互利的、全方位的合作关系,通过彼此之间的优势互补,实现各自的物流目标和战略目标;四是第四方物流,即物流集成商,它是建立于第三方物流和物流联盟基础之上的一个新的物流模式,可以调集和管理组织自己的以及具有互补性的服务提供商的资源、能力和技术,以提供一个综合的物流解决方案。

以上案例说明,企业物流外包是指生产或销售等企业为集中资源和精力在自己的核心业务上,增强企业的核心竞争能力,把自己不擅长或没有比较优势的物流业务部分或全部以合同方式委托给专业的第三方物流服务商运作,摆脱了物流过程的束缚,从而腾出更多的人、财、物去发展自己的主营业务和业务,降低企业的整体运作成本,提高自己在供应链和价值链中的地位。资料显示,早在 20 世纪 90 年代初,全球第三方物流业占 GDP 的比重就突破了 30%,这标志着全球物流的整合化格局已经初步形成。企业开展物流外包时,外包关系处理得好坏直接影响企业外包成功与否。以上案例给我们的启示如下。

◆ **1. 物流发包商要正确选择第三方服务提供商**

第三方物流是在特定的时间段内按照特定的价格向使用者提供的个性化的系列物流服务,即采用承担部分或全部物流运作的业务模式,这是专业化、社会化和合同化的物流。企业把部分业务转交给第三方物流服务商去运作，要看双方在服务理念、企业文化等方面的契合度，只有双方共同愿景和利益分配一致，才能达到强强联合、合作共赢的目的。服务外包合同一旦签订，双方就成了伙伴关系，双方的信任沟通是外包过程中必不可少的元素。换言之，正确选择第三方服务提供商，就是要选择有安全保障、风险保障、资金保障、诚信度高、服务质量好的第三方物流服务商。

◆ 2. 物流发包商能通过服务外包发展自身核心业务

通过物流服务外包，生产制造企业与合适的第三方物流服务商合作，借助第三方物流服务商在国内外的运输和分销网络的技术优势，使得发包企业以最低的投入降低或减少自身运输设备、仓库投资和其他物流过程中所必需的资源，对商品在途运输进行管理，以便做出最新的决策，从而发展自己的核心业务，拓展新的业务和市场，改善公司的盈利状况。尽管有部分企业拥有自主物流体系，可以实现本公司和社会的双重服务，但物流体系的搭建和运营费用高昂，越来越多的生产企业选择将自己的物流业务外包给第三方物流服务商。

◆ 3. 第三方物流服务商可为发包商提供个性化服务

在双方合作上，物流外包是一种长期的、战略的、相互渗透的、互利互惠的业务委托和合约执行方式。既然第三方物流服务商与发包商的关系已经上升到战略伙伴的高度，企业物流外包所推崇的理念是：如果企业在产业价值链的某一环节上不是世界上最好的，又不是自身的核心竞争优势，那就应该把它外包给世界上最好的专业企业去做。第三方物流服务商为发包商承担生产、制造、销售、仓储、运输一体化方案是竞争实力的重要表现。物流生产企业在选择第三方物流服务商的时候，主要看其运作机制是否灵活，能否根据客户需求的变化进行一站式服务。对第三方物流服务商而言，由于是规模经营，还可以从运输公司或者其他物流服务商那里得到比其客户更为低廉的运输报价，大批量购买运输服务，然后集中配载很多客户的货物，大幅度地降低了单位运输成本，提高了自己的综合收益。

◆ 4. 第三方物流服务商依靠数字技术水平提高规模效应

在互联网时代，物流服务正在从劳动密集型向技术密集型转变，发包商在选择第三方物流服务商时会充分考虑其信息化水平、仓库管理和货物运输的透明化，以及数字化服务水平。许多第三方物流服务商与独立的软件供应商结盟或者开发了内部的信息系统，这使得它们能够最大限度地利用运输和分销网络进行货物追踪，提高电子交易和供应链管理水平。如跨境运输、国际通关文件、运输报价和其他信息通常是由第三方物流服务

视频资源：
第三方仓储
物流外包是电商
仓储的"强心剂"

收集和处理等。而对于第三方物流服务商来说，获得这些信息方便而经济，其费用可以分摊到很多客户头上，凭借低成本与较强大的购买力和货物配载能力，其规模经济效应越来越大。

复习思考

1. 简述国际环境服务贸易的特征。
2. 我国环境服务贸易如何走向数字化？
3. 我国医疗服务贸易对外开放表现在哪些方面？
4. 我国发展中医药服务贸易有什么意义？
5. 第三方物流服务商依靠什么提高规模效应？

延伸阅读：
IT系统服务外包
助力国家开发银行
成功改制

中国加入世界贸易组织议定书

服务贸易总协定

参考文献

[1] Buckley P J, Casson M. The Future of the Multinational Enterprise [M]. London: Palgrave Macmillan, 1977.

[2] Buckley P J, Casson M. The optimal timing of foreign direct investment [J]. The Economic Journal, 1981, 91 (361): 75-87.

[3] Clark C. The Conditions of Economic Progress [M]. London: Macmillan, 1935.

[4] Deardorff A V, Stern R M. Measurement of Nontariff Barriers [M]. Ann Arbor: University of Michigan Press, 1998.

[5] Deardorff A V, Stern R M. A centennial of anti-dumping legislation and implementation: Introduction and overview [J]. World Economy, 2005, 28 (5): 633-640.

[6] Dick R, Dicke H. Patterns of Trade in Knowledge [M]. // Giersch H (ed.). International Economic Development and Resource Transfer. Tübingen: J. C. B. Mohr, 1979: 346-362.

[7] Dunning J H. Multinational enterprises and the growth of services: Some conceptual and theoretical issues [J]. Service Industries Journal, 1989, 9 (1): 5-39.

[8] Feketekuty G. International Trade in Services: An Overview and Blueprint for Negotiations [M]. Cambridge: Ballinger Publishing Company, 1988.

[9] Jones R W, Kierzkowski H. The role of services in production and international trade: A theoretical framework [R]. RCER Working Papers, 1970, 22 (3): 362-282.

[10] Jones R W, Ruane F. Appraising the options for international trade in services [J]. Oxford Economic Papers, 1990, 42 (4): 672-687.

[11] Lall S. The Third World and Comparative Advantage in Trade Services [M] // Lall S, Stewart F (eds.). Theory and Reality in Development. London: Palgrave Macmillan, 1986: 122-138.

［12］Markusen J R．Trade and the gains from trade with imperfect competition［J］．Journal of International Economics，1981，11（4）：531-551.

［13］Porter M E．Competitive Advantage of Nations［M］．Los Angeles：Free Press，1998.

［14］Sampson C，Snape R．Identifying the issues in trade in services［J］．World Economy，2010，8（2）：171-182.

［15］Tucker K，Sundberg M．International Trade in Services［M］．London：Routledge，1988：28-29.

［16］Wells L T．The Internationalization of Firms from Developing Countries［M］// Agmon T，Kindleberger C P（eds．）．Multinationals from Small Countries．Cambridge：MIT Press，1977.

［17］巴斯夏．经济和谐论［M］．许明龙，译．北京：中国社会科学出版社，1995.

［18］陈宪，殷凤．国际服务贸易［M］．2版．北京：机械工业出版社，2020.

［19］陈宪，殷凤，韩太祥．服务经济与贸易［M］．北京：清华大学出版社，2011.

［20］崔玮．国际旅游服务贸易［M］．北京：对外经济贸易大学出版社，2015.

［21］邓晓虹．中国金融服务贸易国际竞争力研究［M］．北京：对外经济贸易大学出版社，2014.

［22］冯宗宪，郭根龙．国际服务贸易［M］．2版．西安：西安交通大学出版社，2013.

［23］黄建忠，刘莉．国际服务贸易教程［M］．2版．北京：对外经济贸易大学出版社，2016.

［24］何曼青，李洪涛，张菲．我国服务贸易发展现状［J］．服务外包，2022（6）：19-21.

［25］胡焰初．国际教育服务贸易的演变［J］．武汉大学学报（人文科学版），2006（4）：511-514.

［26］江小涓．服务经济——理论演进与产业分析［M］．北京：人民出版社，2014.

［27］李慧中．国际服务贸易［M］．2版．北京：高等教育出版社，2012.

［28］李小牧．国际服务贸易［M］．北京：电子工业出版社，2007.

［29］李杨，蔡春林．国际服务贸易［M］．北京：人民邮电出版社，2010.

［30］毛传新．国际服务贸易［M］．南京：东南大学出版社，2009.

［31］蒙英华．服务贸易中的商业存在与自然人流动——促进作用还是抑制作用［J］．财贸研究，2009（6）：48-53.

［32］钱中平，王丹中．国际服务贸易及其产业变革研究［M］．镇江：江苏大学出版社，2012.

［33］秦奕斐．中国高等教育服务贸易问题研究［J］．西部金融，2019（8）：92-96.

［34］任靓．中美服务贸易研究［M］．北京：经济科学出版社，2016．

［35］王唯薇，沈树明，王志坚．国际服务贸易［M］．上海：上海大学出版社，2021．

［36］王玉婷．袁永友．数字技术推动我国离岸服务外包产业升级路径研究［J］．对外经贸实务，2022（12）：78-83．

［37］汪素芹．国际服务贸易［M］．3版．北京：机械工业出版社，2016．

［38］魏巍，冯琳．国际服务贸易［M］．5版．大连：东北财经大学出版社，2018．

［39］谢荣军，袁永友，王玉婷．数字技术对中医药产业服务贸易转型升级与创新的影响［J］．税务与经济，2022（5）：87-93．

［40］易瑾超．国际服务贸易教程［M］．北京：人民邮电出版社，2015．

［41］尹晓波，袁永友．国际服务贸易［M］．大连：东北财经大学出版社，2013．

［42］余慧倩．国际服务贸易［M］．杭州：浙江大学出版社，2018．

［43］袁永友．泰国文化市场研究［M］．北京：中国商务出版社，2020．

［44］袁永友．服务外包与示范城市差异化发展［J］．国际贸易，2009（9）：38-41．

［45］张汉林．国际服务贸易［M］．北京：中国商务出版社，2002．

与本书配套的二维码资源使用说明

本书部分课程及与纸质教材配套数字资源以二维码链接的形式呈现。利用手机微信扫码成功后提示微信登录，授权后进入注册页面，填写注册信息。按照提示输入手机号码，点击获取手机验证码，稍等片刻收到 4 位数的验证码短信，在提示位置输入验证码成功，再设置密码，选择相应专业，点击"立即注册"，注册成功。（若手机已经注册，则在"注册"页面底部选择"已有账号？立即登录"，进入"账号绑定"页面，直接输入手机号和密码登录。）接着提示输入学习码，刮开教材封面防伪涂层，输入 13 位学习码（正版图书拥有的一次性使用学习码），输入正确后提示绑定成功，即可查看二维码数字资源。手机第一次登录查看资源成功以后，再次使用二维码资源时，在微信端扫码即可登录进入查看。

版权声明

为了方便学校教师教授和学生学习优秀案例，促进知识传播，本书选用了一些知名网站、公司企业和个人的原创案例作为配套数字资源。这些选用的作为数字资源的案例部分已经标注出处，部分根据网上或图书资料资源信息重新改写而成。基于对这些内容所有者权利的尊重，特在此声明：本案例资源中涉及的版权、著作权等权益，均属于原作品版权人、著作权人。在此，本书作者衷心感谢所有原始作品的相关版权权益人及所属公司对高等教育事业的大力支持！